KW-053-397
NOX FUGIT HISTORIAE LUMEN DUM FULGET IBERIS

J.H. Edwards.

Madrid,

13th June 2003

EL GABINETE DE ANTIGÜEDADES

DE LA REAL ACADEMIA DE LA HISTORIA

Este libro ha sido realizado gracias a la Acción Especial APC 1998-0010 «Estudio de las Colecciones del "Gabinete de Antigüedades" de la Real Academia de la Historia» concedida por la Dirección General de Enseñanza Superior e Investigación Científica de la Secretaría de Estado de Universidades, Investigación y Desarrollo del Ministerio de Educación y Ciencia.

EL GABINETE de Antigüedades de la Real Academia de la Historia / dirigido y editado por Martín Almagro-Gorbea. – Madrid: Real Academia de la Historia, 1999. – 285 p.: il.; 30 cm. – (Publicaciones del Gabinete de Antigüedades; Estudios; 1).

D.L. M-34598-1999 – ISBN 84-89512-47-7

1. Real Academia de la Historia. Gabinete de Antigüedades.
I. Almagro-Gorbea, Martín
II. Real Academia de la Historia (Madrid)
III. Título IV. Serie
CDU 061.12 (460.27M)

Esta obra, forma parte del Programa de colaboración de la Real Academia de la Historia con las Fundaciones «Banco Bilbao-Vizcaya», «Ramón Areces» y «Caja Madrid»

Portada: *Relieve asirio del Palacio de Senaquerib en Nínive.*

Primera edición 1999

I.S.B.N.: 84-89512-47-7
Depósito Legal: M-34598-1999
Impreso en España

Preimpresión: V.A. Impresores, S.A.
Impresión: Taravilla. Mesón de Paños, 6. 28013 Madrid

REAL ACADEMIA DE LA HISTORIA
GABINETE DE ANTIGÜEDADES

EL GABINETE DE ANTIGÜEDADES

DE LA REAL ACADEMIA DE LA HISTORIA

Ciclo de Conferencias pronunciadas en la Real Academia de la Historia del 3 al 17 de mayo de 1998

dirigido y editado por

Martín Almagro-Gorbea
Anticuario Perpetuo

MADRID
1999

REAL ACADEMIA DE LA HISTORIA

COMISIÓN DE ANTIGÜEDADES

PUBLICACIONES DEL GABINETE DE ANTIGÜEDADES

V. ESTUDIOS

V.1. EL GABINETE DE ANTIGÜEDADES DE LA REAL ACADEMIA DE LA HISTORIA

Editado por

Martín Almagro-Gorbea

REGIAE ACADEMIAE HISTORIAE
OMNIBVS SOCIIS
QVI PER ANNOS PLVS QVAM CCL
TEMPORVM TESTIMONIA
AVXERVNT IIDEMQUE CVRAVERVNT

A todos los miembros de la
Real Academia de la Historia
que durante más de doscientos cincuenta años
acrecentaron y cuidaron este legado

ÍNDICE

Página

PRESENTACIÓN

A Real Academia de la Historia, dentro de sus actividades habituales, organizó, del 3 al 17 de Marzo de 1998, un ciclo de conferencias sobre EL GABINETE DE ANTIGÜEDADES.

El motivo de este ciclo de conferencias era dar a conocer el inicio de las labores de renovación del Gabinete, pero, al mismo tiempo, se quería aprovechar para contribuir a divulgar la importancia de esta institución, tan vinculada a la Real Academia de la Historia y de tanto interés para conocer la Historia de la Arqueología Española y de la propia Academia, especialmente por parte de los especialistas en historiografía, así como por un público mucho más amplio deseoso de conocer las joyas de nuestro Patrimonio Cultural que custodia la Real Academia de la Historia. Pero con este ciclo también se pretendía buscar apoyo para las actuales labores de renovación y para su puesta en valor en el futuro al Servicio de la Historia de España, conforme de manera tan explícita señala el Reglamento de la Academia.

El ciclo se llevó a cabo del 3 al 17 de Marzo de 1998 en el Salón de Conferencias de la Real Academia de la Historia. El día 3, el Excmo. Prof. Martín Almagro Gorbea, Académico Anticuario de la Real Academia de la Historia, abrió el ciclo con su disertación sobre ***El Gabinete de Antigüedades: historia y contenido.*** *El día 5, el Excmo. Prof. José Mª Blázquez Martínez, Académico de la Real Academia de la Historia habló sobre* ***Una joya de la Real Academia de la Historia: El Disco de Teodosio.*** *El día 10, fue la Profª. Dra. Dña. Francisca Chaves Tristán, Académica Correspondiente de la Real Academia de la Historia y Profesora Titular de Numismática de la Universidad de Sevilla, la que expuso* ***Las colecciones numismáticas.*** *El 12 de Marzo, el Excmo. Prof. José Manuel Pita Andrade, Académico de la Real Academia de la Historia y de la de Bellas Artes de San Fernado, se refirió a* ***La colección de cuadros y grabados.*** *Finalmente, el 17 de Marzo, el Prof. Dr. D. Juan Manuel Abascal Palazón, Académico Corres-*

pondiente de la Real Academia de la Historia y Profesor Titular de la Universidad de Alicante, cerró el ciclo con su conferencia ***Los fondos documentales sobre Arqueología.***

El interés suscitado por el tema en general y por cada una de las conferencias impartidas, confirmado por el gran éxito de público alcanzado y por el deseo expresado de contar con los respectivos textos, ha animado a la Real Academia de la Historia a publicarlas en recuerdo de dicho acto y para hacerlas llegar a un público más amplio que el que pudo oírlas directamente. Por ello, parece oportuno que esta publicación sea la que abra la serie de publicaciones de la Real Academia de la Historia dedicadas al estudio del Gabinete de Antigüedades y a la Arqueología dentro de esta Institución.

Los textos que a continuación ofrecemos corresponden básicamente a cada una de las conferencias impartidas con las ilustraciones pertinentes. La única excepción pudiera considerarse El Gabinete de Antigüedades de la Real Academia de la Historia: historia y contenido. *Dado el interés del tema, prácticamente inédito, ha parecido aconsejable profundizar algo más en el mismo ofreciendo una más amplia referencia documental y completándolo con varios apéndices, entre los que destaca el Apéndice I dedicado a las biografías de los Anticuarios que desde el siglo XVIII han estado a cargo de la institución, cuya meritoria labor, siempre apoyada por la Academia, es esencial para comprender la historia y vicisitudes del Gabinete de Antigüedades.*

No queremos finalizar esta breve Presentación sin agradecer a todos cuantos nos han ayudado y han colaborado en el éxito de este ciclo de conferencias. En primer lugar, a los compañeros de la Academia, en especial a su entonces Director, D. Antonio Rumeu de Armas, y a D. Eloy Benito Ruano, Secretario Perpetuo, por su continuo apoyo y ayuda en la labor de reactivación del Gabinete de Antigüedades y, más concretamente, por su confianza al encargarnos de la organización de este ciclo de conferencias. Igualmente, a los conferenciantes, que con tanto brillo han aportado sus valiosos conocimientos sobre los distintos aspectos de su especialidad relacionados con el Gabinete de Antigüedades y también a Dña. Marisa Vilariño Otero, Jefa de Secretaría, y a todo el personal de la Academia, cuya eficacia tanto contribuyó al éxito del ciclo y tanto contribuye diariamente a las labores de renovación.

Es obligado también en esta ocasión reconocer la eficaz colaboración recibida de nuestras principales instituciones culturales. En primer lugar, de la Excma. Sra. Dña. Esperanza Aguirre y Gil de Biedma, Ministra de Educación y Cultura, del Excmo. Sr. D. Manuel Jesús González y González, Secretario de Estado de Investigación y Desarrollo y del Ilmo. Sr. D. Tomás García-Cuenca Ariati, Director General de Enseñanza Superior e Investigación Científica. Pero no podemos olvidar la prontitud con que atendió nuestro deseo de colaboración en los citados trabajos de renovación y puesta en valor del Gabinete de Antigüedades la Dirección General de Patrimonio Cultural de la Consejería de Educación y Cultura de la Comunidad de Madrid. Conste por ello nuestro reconocimiento a su Director General, Ilmo. Sr. D. José Miguel Rueda, y al Excmo. Prof. Gustavo Villapalos, Consejero de Educación y Cultura. Por último, es de justicia señalar la gran ayuda prestada en nuestros primeros trabajos en el Gabinete por los compañeros del Cuerpo de Museos, D. Antonio Dávila y D. Eduardo Galán. Y, muy particularmente, queremos agradecer al numeroso público asistente, en especial a los alumnos de la Universidad, su presencia y entusiasmo durante todo el ciclo de conferencias, pues es la mejor recompensa al esfuerzo de todos y el mejor estímulo para llevar adelante estos trabajos.

Martín Almagro-Gorbea

Anticuario Perpetuo
de la Real Academia de la Historia

El «*Gabinete de Antigüedades*» de la Real Academia de la Historia

Pasado, Presente y Futuro

Martín Almagro-Gorbea

INTRODUCCIÓN

L *Gabinete de Antigüedades de la Real Academia de la Historia* puede considerarse una institución única en muchos aspectos dentro del rico panorama que ofrece el patrimonio cultural de España. El Gabinete forma parte de la *Real Academia de la Historia,* una de las más antiguas y prestigiosas instituciones culturales de nuestro país [1], pues su origen se remonta a 1735, cuando Felipe V la fundó por Real Orden del 18 de Abril de 1738, fundación y patrocinio real al que se hace frecuente alusión en el siglo XVIII y que, con contadas excepciones por circunstancias políticas, ha permanecido hasta la actualidad como bien explicita su propio nombre.

Desde el inicio de sus actividades, la Real Academia de la Historia llevó a cabo, junto a estudios históricos específicos, la recogida de «antiguallas», esto es, de monedas, epígrafes y otras antigüedades y objetos diversos que fueron formando el Gabinete de Antigüedades [2], como evidencia la alegoría de la Academia [3] (fig. 1). En consecuencia, esta institución ofrece ya más de 250 años de historia, pero también es interesante señalar que, hasta principios del siglo actual, ha sido el principal centro de investigación de toda España en el campo de la Antigüedad [4]. Con el tiempo, a la colección de antigüedades, inscripciones y monedas se fueron añadiendo paulatinamente algunos cuadros y grabados, hasta formar una colección de indudable interés, en la que destacan varios de Goya con sus correspondientes recibos manuscritos y otras piezas pictóricas de no menos importancia, como el altar-relicario del Monasterio de Piedra o el retrato de Isabel la Católica atribuido a Juan de Flandes. A todos estos fondos se debe aña-

[1] *Fastos de la Real Academia Española de la Historia. Año 1. Madrid, en la Oficina de Antonio Sanz, Impresor de la Academia, Año 1739* (8º); A. Rumeu de Armas, Real Academia de la Historia, en M. Artola (ed.), *Las Reales Academias del Instituto de España.* Madrid, 1992, pp. 105-1.669.

[2] A. Rumeu, *op. cit.,* pp. 119 s.; T. Tortosa y G. Mora, La actuación de la Real Academia de la Historia sobre el Patrimonio Arqueológico: ruinas y antigüedades. *Archivo Español de Arqueología* 69, 1996, pp. 191-217.

[3] J. Garrido, El sello, divisa, mote y medalla de la Real Academia de la Historia, *BRAH* CLXV, 1968, pp. 7-33.

[4] T. Tortosa y G. Mora, *op. cit.,* pp. 197 s.; id. *Historias de Mármol. La Arqueología Clásica española en el siglo XVIII,* Madrid, 1998, pp. 7 ss; A. Marcos Pous, Origen y desarrollo del Museo Arqueológico Nacional, A. Marcos Pous (ed.), *De Gabinete a Museo. Tres siglos de Historia. Museo Arqueológico Nacional.* Madrid, 1993, pág. 23 y sigs.

▲
Fig. 1. *Alegoría de la Academia con el Genio de la Historia que escribe sobre Cronos-El Tiempo animado por España y rodeado de ruinas e inscripciones antiguas.*

dir un no menos importante legado documental, en el que cabe incluir, en primer lugar, toda la información directamente referente a sus propios fondos, pero, también, muy diversas noticias sobre hallazgos y estudios de antigüedades llegadas a la Academia a lo largo del tiempo gracias a su actividad plurisecular, fondos que en ella quedaron archivados y que se han conservado hasta nuestros días.

Sin embargo, a pesar de la riqueza e interés de todos estos elementos, el Gabinete de Antigüedades resulta actualmente casi desconocido por gran parte de la población e, incluso, por muchos arqueólogos y museólogos profesionales, salvado sea un muy reducido número de especialistas que desde hace años estudia en la Biblioteca-Archivo de la Academia de la Historia y, más raramente, en el propio Gabinete. La explicación de este hecho quizás pudiera estar, al menos en parte, en la condición semipública de la colección, constituida desde su fundación más como «gabinete de estudio» que como «museo», lo que le da gran personalidad, pero exige para su visita concertar una cita previa, sin olvidar que también cabe señalar periodos en los que la Academia ha adolecido de falta de suficientes medios materiales y humanos para mantener al día sus instalaciones y atender los servicios imprescindibles. En consecuencia, sus fondos han sido escasamente visitados, siendo aún menor el número de especialistas que conocen la existencia de la rica documentación que atesora, en su mayor parte a la espera del inventario y estudio adecuados.

Pero a pesar de las dificultades que haya podido ofrecer su visita, resulta evidente su importancia cultural e histórica, especialmente para la Arqueología Española y ciencias relacionadas. Este interés se acrecienta por haberse preservado acertadamente su carácter de «gabinete de antigüedades», no de un mero museo, manteniendo la función y la forma de colecciones directamente accesibles para su estudio y disfrute. Este carácter lo ha tenido desde su fundación, por lo que sus instalaciones y fondos ofrecen una personalidad que los hace particularmente atractivos. Además, aunque las colecciones no pueden considerarse ni muy abundantes ni de extraordinaria importancia, alguna de las piezas que las integran son de especial interés, incluso únicas, como el *missorium* o «disco» de Teodosio, el *tiraz* o velo de Hixem II o el altar-relicario del Monasterio de Piedra. Si a estos objetos se añade la importantísima documentación basada en los estudios, informes y noticias de hallazgos conservados en sus archivos desde su fundación, basta para comprender la importancia señera de la institución. Por ello, parece de justicia considerar al Gabinete de Antigüedades de la Real Academia de la Historia como un lugar de visita obligada, incluso en una ciudad que goza de tan ricos y variados museos como Madrid.

HISTORIA DEL GABINETE Y DE SUS COLECCIONES

El Gabinete de Antigüedades, creación de la Real Academia de la Historia

La formación y vicisitudes del Gabinete de Antigüedades están muy estrechamente asociadas a la propia Real Academia de la Historia, ya que el Gabinete, como en cierto sentido ocurre a su vez también con la Biblioteca, es el departamento o sección creado en la Academia para hacerse cargo del cuidado de los restos de cultura material –las antigüedades o «antiguallas» en la terminología tradicional–, considerados desde su fundación, en pleno siglo de la Ilustración, como una de las fuentes documentales de las Historia. Por tanto, es en el marco de dicha magna institución donde se desarrollan y explican tanto la historia como el contenido del Gabinete.

La historia del Gabinete de Antigüedades está todavía por hacer [5]. Para ello será necesario conocer mejor las vicisitudes de su sede y de sus colecciones, así como las de las personas que han llevado a cabo actividades relacionadas con el mismo, empezando por los Anticuarios y siguiendo por cuantos académicos numerarios y correspondientes han tenido relación con el Gabinete, así como también en la Comisión de Antigüedades y en los «viajes literarios», muchas veces estrechamente unidos a las funciones y actividad del Gabinete y de quienes en él trabajaban, sin olvidar las *Memorias* y la publicación de noticias sobre «antigüedades» en el *Boletín de la Real Academia de la Historia*. Pero será el estudio de la documentación tan abundante que atesora la Aca-

[5] Véase una breve referencia en T. Tortosa y G. Mora, *op. cit.* nota 3, p. 206.

demia lo que, en un futuro que esperamos sea próximo, permitirá obtener una visión objetiva y más detallada de la interesante historia de esta institución [6].

[6] *Vid. infra,* Apéndices I y II y apartado sobre «La documentación sobre "antigüedades"», en este mismo volumen.

Las colecciones de la Real Academia de la Historia constituyen un conjunto variado, enriquecido por su importancia histórica y por el valor de algunas piezas de singular importancia, como los vasos campaniformes de Ciempozuelos, el casco corintio de Huelva, el «Disco de Teodosio (fig. 2), el velo de Hixém II o la arqueta del Rey D. Martín, etc., además de su importantísima documentación, basada en estudios, informes y noticias de hallazgos cuyo interés rebasa los estudios meramente historiográficos, pues en algunos casos pueden considerarse de interés general. Para una mejor comprensión de las características que ofrece dicha colección, su contenido se puede clasificar actualmente en cuatro secciones: 1, *Antigüedades;* 2, *Numario;* 3, *Esculturas, pinturas y grabados* y, finalmente, 4, *Documentación sobre el Gabinete y sobre Arqueología Española.*

El origen de las colecciones actuales de la Academia de la Historia no ha sido nunca analizado y su estudio deberá ir precedido del análisis de los fondos documentales conservados en los archivos del Gabinete y en otros existentes en la misma Academia, entre las que es frecuente encontrar referencias, en ocasio-

Fig. 2. Disco de Teodosio, *una de las joyas que atesora la Real Academia de la Historia.*

nes muy interesantes, a las numerosas compras, noticias de hallazgos y donaciones a la Academia [7].

[7] Vid. infra, Apéndices II y IV.

En efecto, los objetos del Gabinete proceden tanto de donaciones y legados cedidos a dicha institución o entregados de acuerdo con la legislación vigente en su momento como de compras, sistema de adquisición que fue frecuentemente empleado para las monedas del Numario o en el caso bien conocido del «Disco de Teodosio». Pero tal vez conviene destacar en la formación de las colecciones de la Academia una mayoritaria procedencia de donaciones, en su mayoría obtenidas de los propios académicos o a través de sus gestiones y que, en ocasiones, son de indudable importancia, pues esta forma de adquisición es preciso analizarla y valorarla para comprender mejor las características de colección semipública que actualmente ofrece el Gabinete como resultado del proceso de su formación.

Las ricas colecciones del Gabinete de Antigüedades no se conocen todavía en su totalidad a falta de un buen inventario, ni se han podido gozar como merecen durante muchos años por falta de medios. Esta es la causa que mejor explica que el inventario y catálogo general de las piezas sean poco válidos en la actualidad [8], así como que sea imprescindible llevar a cabo una línea de restauración que permita su debida conservación y facilite su conocimiento y disfrute, lo que ya se ha iniciado gracias a la generosa colaboración del Instituto del Patrimonio Histórico Español [9]. Esta situación explica que el Museo resulte actualmente una institución casi cerrada, tanto para la investigación de sus ricos fondos como para la visita pública, muy restringida, a pesar de contar con piezas tan notables como el Disco de Teodosio y otras no menos importantes a las que ya se ha hecho referencia. *(vid. supra).*

La pertenencia del Gabinete a la Academia de la Historia explica que su sede haya estado habitualmente vinculada a las vicisitudes de esta última. Como es bien sabido, la primera sede de la Academia estuvo en la Biblioteca Real hasta 1785, lugar donde comenzaron las reuniones de estudio y, también, el depósito de libros y manuscritos, así como de otros documentos, entre los que desde el inicio se incluían inscripciones, «anticuallas» y «medallas», entre éstas una temprana colección de monedas donada por el rey Fernando VI ya en 1751 (fig. 3). El constante aumento de las colecciones, entre las que destacaban la Biblioteca y el Monetario, obligó a buscar una nueva sede. Gracias a Carlos III, el 28 de Julio de 1785 la Academia se había mudado a la Casa de la Panadería, situada en la Plaza Mayor, pero no sabemos las habitaciones que ocupaba en ella el Gabinete, aunque al parecer estaría situado en la primera planta, donde se alojaba la Academia. No tenemos por ahora noticias de qué lugar ni qué instalaciones ofre-

[8] El único catálogo existente es el publicado en el *Boletín de la Real Academia de la Historia* por D. Juan Catalina García (Académico Anticuario), *«Inventario de las antigüedades y objetos de Arte que posee la Real Academia de la Historia».* Madrid, 1º de Octubre de 1903 (en nota al pie se indica que «No se incluyen las medallas, monedas e inscripciones, de que se formará inventarios especiales»); 147 pp., 4º.

Este catálogo comprende hasta 1041 objetos organizados en varias secciones *(vid. infra),* los últimos de los cuales son la corona de oro con que Isabel II coronó al poeta Manuel José Quintana y la bandeja de plata en la que se presentó la corona (nº inv. 1040 y 1041). Sin embargo, este catálogo resulta actualmente de poca utilidad, pues las piezas carecen de ilustración y de procedencia y faltan las fichas correspondientes a un importante número de objetos. Existe también otro catálogo manuscrito anterior, anónimo y sin fecha, titulado *Catálogo de los objetos arqueológicos que se conservan en el gabinete de la Rl. Academia de la Historia,* 76 pp., en 4º, letra caligráfica de muy buena calidad, seguramente iniciado por de la Rada y Delgado, que describe de 1 a 297 objetos. Un tercer catálogo, muy posterior a los anteriores, seguramente hecho después de la Guerra Civil, consiste en fichas en 8º escritas con lápiz a mano y organizadas en carpetas con anillas, que llega hasta el nº 1.400 de inventario, el cual actualmente alcanza las 3.263 piezas.

[9] Conste nuestro agradecimiento a Dña. Isabel Cabrera-Kábana Sartorius, Subdirectora General del Instituto del Patrimonio Histórico Español, así como a nuestros compañeros de dicho centro, Dr. Pedro Lavado, Jefe de la Sección de Arqueología, y D. Vicente Viñas, Jefe de la Sección de Libros y Documentos, que siempre han ayudado a resolver con interés los problemas del Gabinete. Igualmente, los restauradores, Dña. Soldad Díaz y D. Antonio del Rey, han dedicado su mejor vocación y habilidad profesional a dichos trabajos.

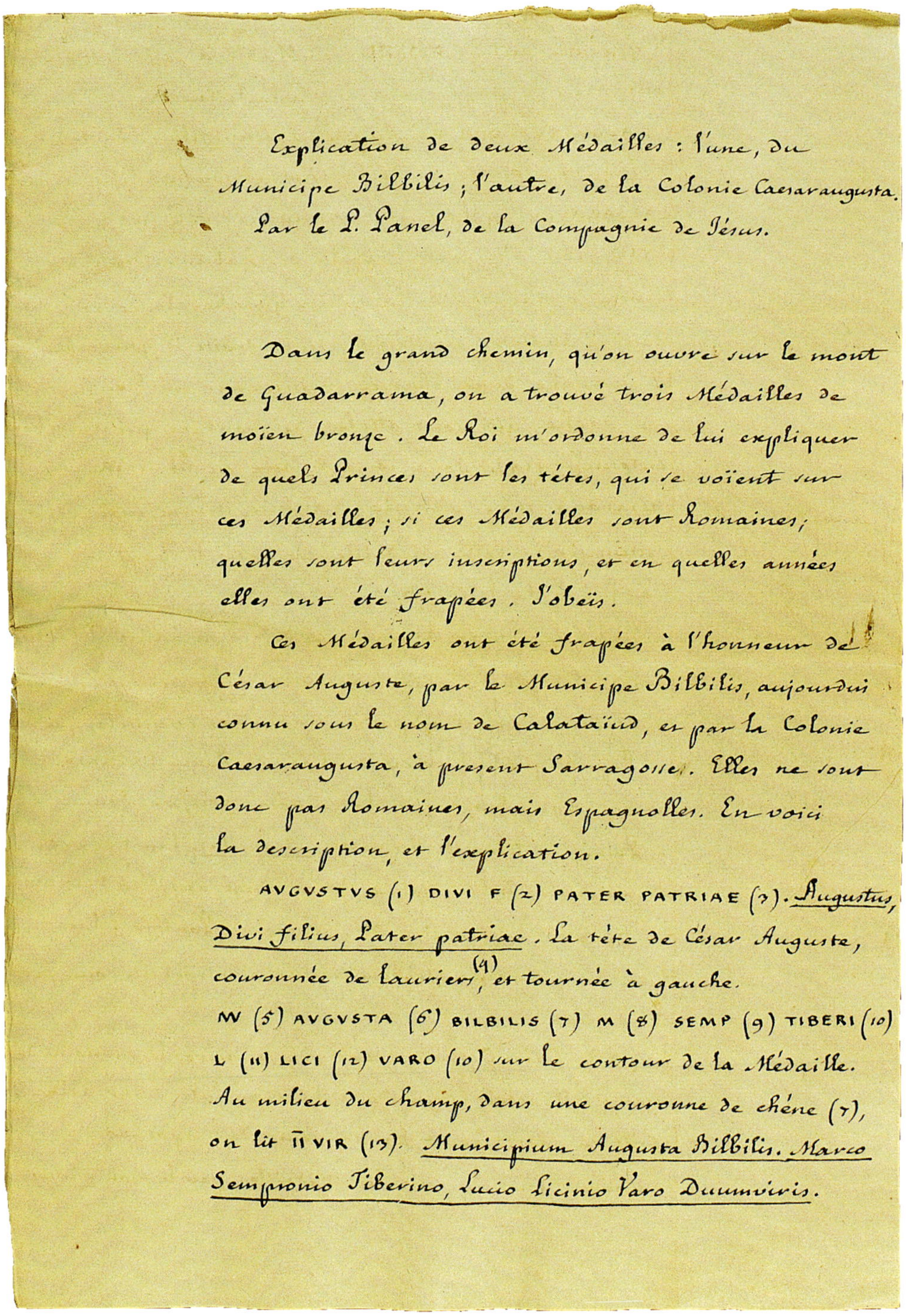

Fig. 3. *Discurso del P. Alejandro Panel, S. J., sobre unas monedas donadas por Fernando VI en 1751 al Numario del Gabinete de Antigüedades.*

Explication de deux Médailles : l'une, du Municipe Bilbilis ; l'autre, de la Colonie Caesaraugusta. Par le P. Panel, de la Compagnie de Jésus.

Dans le grand chemin, qu'on ouvre sur le mont de Guadarrama, on a trouvé trois Médailles de moïen bronze. Le Roi m'ordonne de lui expliquer de quels Princes sont les têtes, qui se voïent sur ces Médailles ; si ces Médailles sont Romaines ; quelles sont leurs inscriptions, et en quelles années elles ont été frapées. J'obéïs.

Ces Médailles ont été frapées à l'honneur de César Auguste, par le Municipe Bilbilis, aujourdui connu sous le nom de Calataïud, et par la Colonie Caesaraugusta, à present Sarragosse. Elles ne sont donc pas Romaines, mais Espagnolles. En voici la description, et l'explication.

AVGVSTVS (1) DIVI F (2) PATER PATRIAE (3). Augustus, Divi filius, Pater patriae. La tête de César Auguste, couronnée de lauriers,(4) et tournée à gauche.
MV (5) AVGVSTA (6) BILBILIS (7) M (8) SEMP (9) TIBERI (10) L (11) LICI (12) VARO (10) sur le contour de la Médaille. Au milieu du champ, dans une couronne de chêne (7), on lit II VIR (13). Municipium Augusta Bilbilis. Marco Sempronio Tiberino, Lucio Licinio Varo Duumviris.

cía en esos primeros años, pero sí se sabe que estuvo en dicho lugar hasta trasladarse definitivamente a su sede actual en 1874, en el palacio del *Nuevo Rezado* de Juan de Villanueva [10] en la calle del León.

Sobre el funcionamiento del Gabinete de Antigüedades sí se sabe que su finalidad primordial era la custodia de los objetos

[10] A. Rumeu, *op. cit.*, nota 2, pp. 113 s.

que integraban sus colecciones. Éstas quedaron, inicialmente, bajo la responsabilidad del Secretario de la Academia, pero, poco a poco, fue creciendo su número hasta llegar a adquirir una importancia considerable. Este hecho determinó que, el 16 de Septiembre de 1763, la Academia estableciera el cargo u oficio de «Anticuario» [11] (fig. 4), el cual pasó a partir del 31 de Marzo de 1775 a custodiar las llaves que anteriormente guardaba el Secretario [12]. La función de este cargo u oficio específico en la Academia era desde su institución, y sigue siendo en la actualidad, la de dedicarse expresamente al cuidado de los crecientes fondos del Gabinete, prestando especial atención a la colección de «medallas», así como la de atender los informes solicitados sobre antigüedades. Desde entonces, este distinguido cargo del organigrama de la Academia ha sido ocupado por algunos de los personajes más importantes de la Arqueología Española, siendo uno de los mejores elementos con que actualmente podemos contar para reconstruir las vicisitudes del Gabinete, además de ofrecer una interesante aportación para conocer mejor la evolución en España de los estudios arqueológicos y de las restantes ciencias relacionadas.

[11] RAH, Acta de la Sesión del 16 de Septiembre de 1763.

[12] RAH, Acta de la Sesión del 31 de Marzo de 1775. A. de Capmany, Breve noticia del privilegio, y progresos de la Real Academia de la Historia, *MRAH* I, 1796, p. XI; G. Mora y T. Tortosa, La Real Academia de la Historia: *In Patriam, Populumque fluit,* M. Díaz-Andreu y G. Mora (eds.), *La Cristalización del Pasado: Génesis y Desarrollo del Marco Institucional de la Arqueología en España,* Málaga, 1997, p. 194; Real Academia de la Historia, *Anuario 1998,* Madrid, p. 117.

Fig. 4. *Acta de la Sesión del 16 de Septiembre de 1763 en que se creó el oficio de Anticuario.*

▼

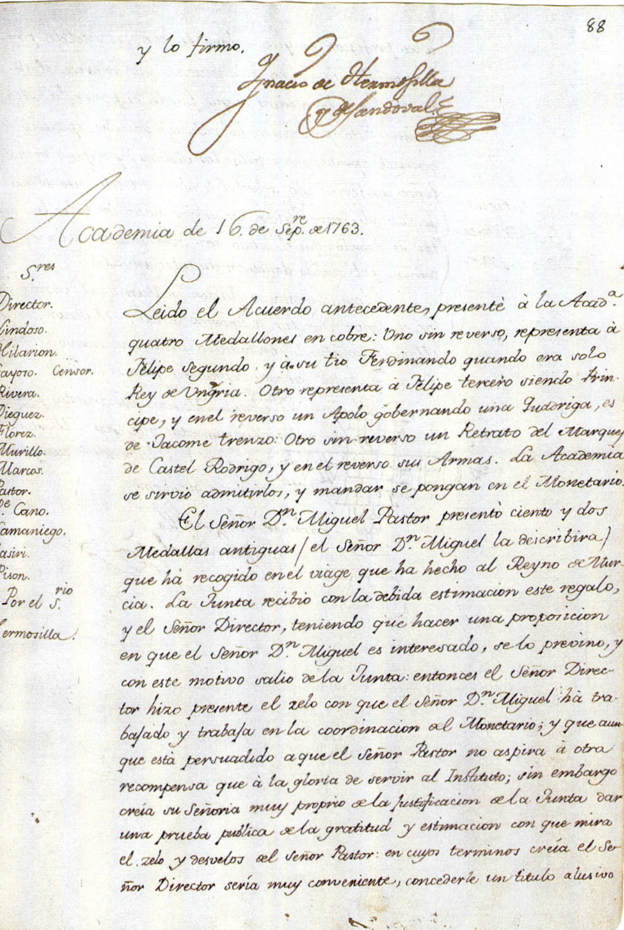

88

y lo firmo. Ignacio de Hermosilla y Sandoval

Academia de 16. de Sep.re de 1763.

S.res
Director.
Lindoso.
Hilarion.
Gayoso. Censor.
Rivera.
Dieguez.
Florez.
Murillo.
Marcos.
Pastor.
P.e Cano.
Samaniego.
Casiri.
Pison.
Por el S.rio
Hermosilla.

Leido el Acuerdo antecedente, presentè à la Acad.a quatro Medallones en cobre: Uno sin reverso, representa à Felipe segundo, y à su tio Ferdinando quando era solo Rey de Ungria. Otro representa à Felipe tercero siendo Principe, y en el reverso un Apolo gobernando una Quadriga, es de Jacome trenzo: Otro sin reverso un Retrato del Marques de Castel Rodrigo, y en el reverso sus Armas. La Academia se sirvio admitirlos, y mandar se pongan en el Monetario.

El Señor D.n Miguel Pastor presentò ciento y dos Medallas antiguas (el Señor D.n Miguel las describira) que hà recogido en el viage que ha hecho al Reyno de Murcia. La Junta recibio con la debida estimacion este regalo, y el Señor Director, teniendo que hacer una proposicion en que el Señor D.n Miguel es interesado, se lo previno, y con este motivo salio de la Junta: entonces el Señor Director hizo presente el zelo con que el Señor D.n Miguel hà trabajado y trabaja en la coordinacion del Monetario; y que aunque està persuadido a que el Señor Pastor no aspira à otra recompensa que à la gloria de servir al Instituto; sin embargo creia su Señoria muy propio de la justificacion de la Junta dar una prueba publica de la gratitud y estimacion con que mira el zelo y desvelos del Señor Pastor: en cuyos terminos creia el Señor Director seria muy conveniente, concederle un titulo alusivo

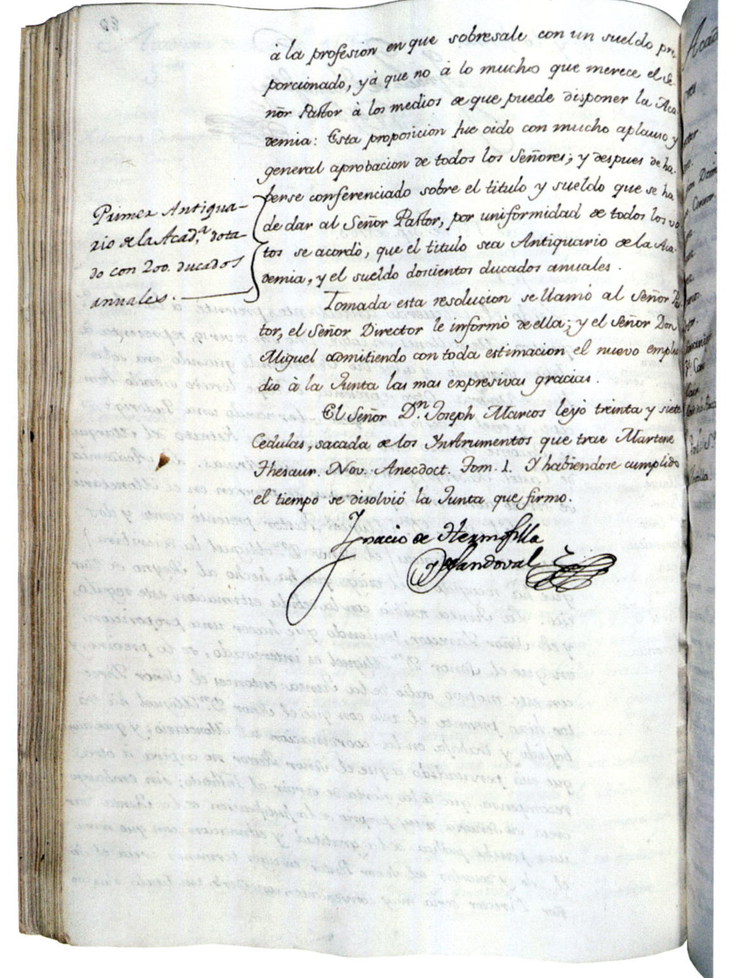

à la profesion en que sobresale con un sueldo proporcionado, yà que no à lo mucho que merece el Señor Pastor à los medios de que puede disponer la Academia: Esta proposicion fue oido con mucho aplauso y general aprobacion de todos los Señores; y despues de haberse conferenciado sobre el titulo y sueldo que se ha de dar al Señor Pastor, por uniformidad de todos los votos se acordò, que el titulo sea Antiquario de la Academia, y el sueldo docientos ducados anuales.

Primer Antiquario de la Acad.a dotado con 200. ducados annales.

Tomada esta resolucion se llamò al Señor Pastor, el Señor Director le informò de ella; y el Señor Don Miguel admitiendo con toda estimacion el nuevo empleo dio à la Junta las mas expresivas gracias.

El Señor D.n Joseph Marcos leyò treinta y siete Cedulas, sacada de los Instrumentos que trae Martene Thesaur. Nov. Anecdoct. Tom. 1. Y habiendose cumplido el tiempo se disolviò la Junta que firmo.

Ignacio de Hermosilla y Sandoval

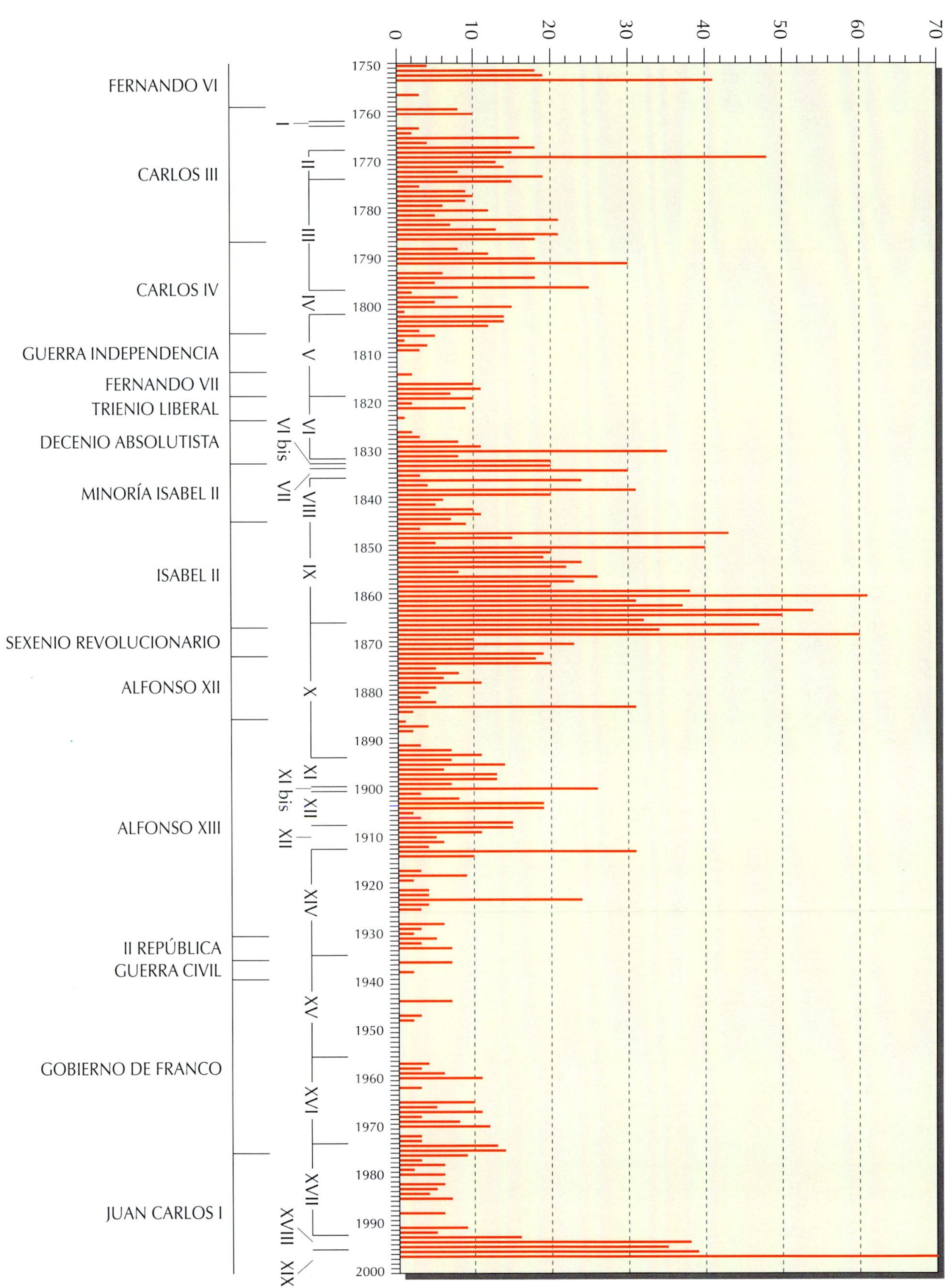

▲ **Fig. 5.** *Número de expedientes por año del Gabinete de Antigüedades relacionados con los Anticuarios y con los principales acontecimientos históricos.*

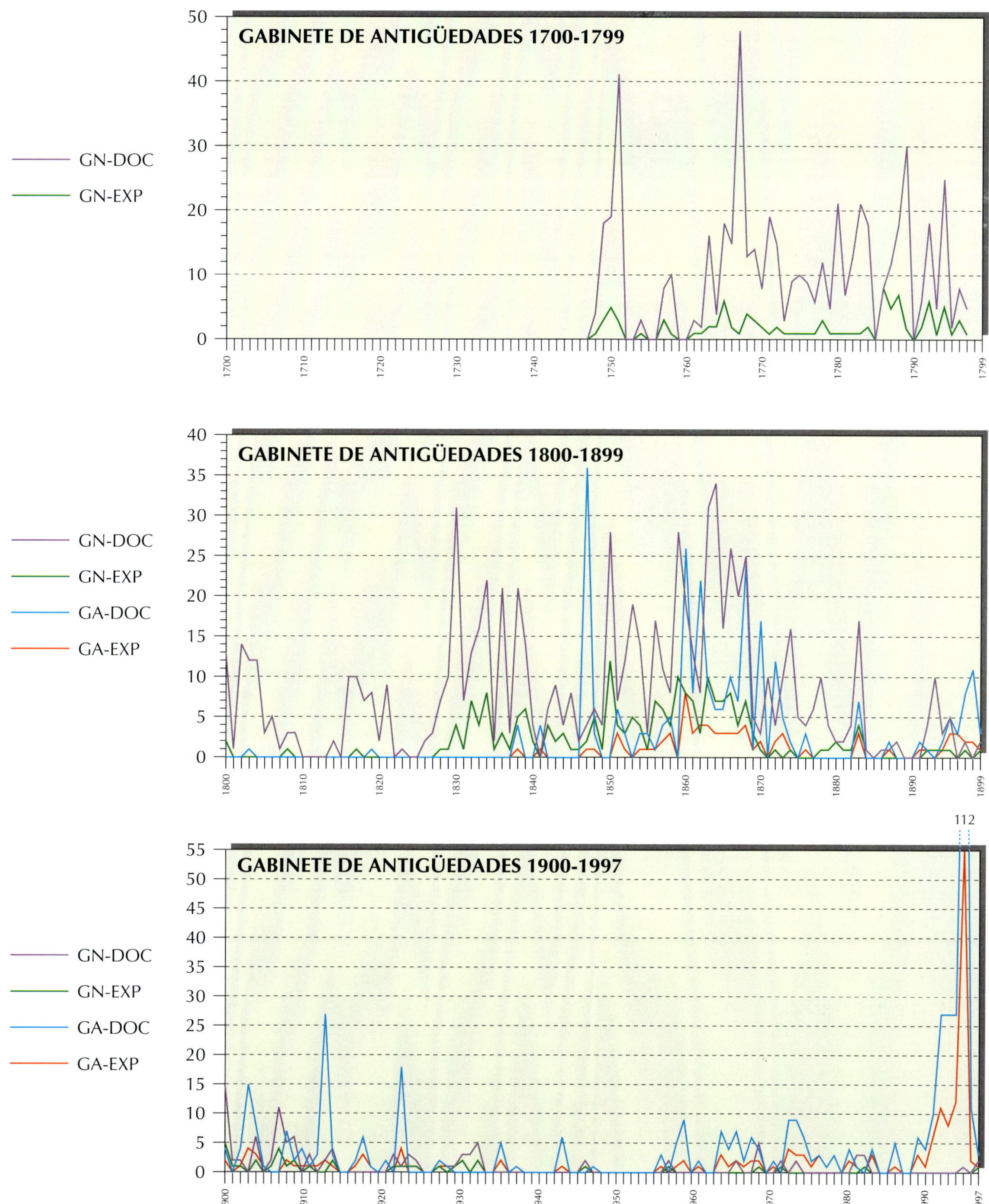

▲ **Fig. 6.** *Polígono de frecuencias de los expedientes conservados del Archivo del Gabinete de Antigüedades (GA) y del Numario (GN).*

Hasta ahora se echaba en falta un estudio sobre el Gabinete de Antigüedades, lo que se comprende por ser la documentación disponible sobre el mismo en la actualidad escasa y poco accesible, pues queda bastante dispersa por diversos fondos de la Academia. Por ello, parece oportuno aprovechar esta ocasión para dar una idea preliminar que se ha basado, esencialmente, en el examen de los expedientes conservados en el Gabinete [13] (figs. 5 y 6) y en los correspondientes a la veintena de anticuarios que han ocupado el cargo hasta la actualidad [14] (figs. 22 y 23), ya que su perfil biográfico y su actividad personal son actualmente una de las mejores referencias para documentar y comprender la vida y evolución del Gabinete de Antigüedades [15].

El siglo XVIII

Como se ha señalado, la Real Academia de la Historia, desde su fundación, fue recogiendo *medallas* y otras *antiguallas* [16], con las que se iba formando una colección, cuyo creciente incremento dio lugar a la formación del Gabinete de Antigüedades y a la creación del oficio o cargo de *Anticuario* en 1763 (fig. 4). Miguel Pérez Pastor fue el primero de ellos [17], aunque murió poco después en ese mismo año, quedando el oficio vacante durante casi siete años, hasta que en 1769 lo pasó a ocupar Alonso Mª de Acevedo.

La vida del Gabinete dirigido por sus anticuarios debió proseguir desde entonces de forma rutinaria, aunque es muy escaso el conocimiento que tenemos de su actividad habitual en estas primeras etapas, en las que, junto a la frecuente noticia de importantes compras, cabe señalar también algunas donaciones reales y privadas, especialmente de monedas y medallas. En 1775 ocupó el cargo José de Guevara y Vasconcelos, pasando las llaves del Gabinete, que desde su fundación custodiaba el Secretario, a ser guardadas por el Anticuario. Guevara debió ser un personaje inteligente y muy influyente en la sociedad y en la corte, pero resultó también una persona conflictiva en la Academia (fig. 7), hasta el punto de que la Corporación, tras repetidos avisos, se vio obligada a hacerle renunciar a su cargo en 1798, aplicándole el *Reglamento* que había sido aprobado pocos años antes, el 15 de Noviembre de 1792 [18]. Gracias a la documentación pertinente, sabemos que Guevara se defendió con una detallada *Memoria* en la que dice haber dejado ordenadas en el Gabinete más de 30.000 monedas a su sucesor, el P. Joaquín Traggia. Pero según otras fuentes [19], en 1796, el Numario del Gabinete sólo contaba con unas 12.000 piezas, lo que parece más acorde con la postura mantenida por la Academia y la información que ésta da en sus disputas con dicho Anticuario.

[13] Este análisis se ha visto facilitado por la ordenación y elaboración de los índices de los expedientes del Gabinete de Antigüedades, recientemente ultimado y editado (M. Almagro-Gorbea y J. Alvarez Sanchís, *Archivo del Gabinete de Antigüedades. Catálogo e índices,* Madrid, 1998), dentro de un programa sistemático de publicación de todos los fondos documentales del Gabinete de Antigüedades en el que participan los Drs. Jesús Alvarez Sanchís y Jorge Maier, a los que queremos agradecer su eficaz labor y la ayuda prestada, así como al Sr. Fernando Fontes, por su colaboración en la organización de la correspondiente base de datos. Igualmente, debemos reconocer la colaboración inicial brindada por la Dirección General de Patrimonio Cultural de la Consejería de Educación y Cultura de la Comunidad de Madrid; de manera particular, queremos expresar nuestro reconocimiento a su Director General, D. José Miguel Rueda, por todo el apoyo recibido.

[14] Real Academia de la Historia. *Anuario.* Madrid, 1998, pp. 117 a 123. Aunque el número oficial de anticuarios es de XIX, en realidad, han sido veintiuno si se tiene en cuenta a A. Siles y a J. de D. de la Rada y Delgado, que sólo desempeñaron el cargo de manera interina durante algo menos de un año, no llegando a ser propuesto oficialmente en la *Junta de Cargos.*

[15] *Vid. infra,* Apéndice I, al final de este trabajo.

[16] A. Capmany, *op. cit.* nota 12.

[17] A este Anticuario se debe el primer catálogo del Gabinete, GN, *Legajo 17/N. 9/1759 (vid. infra,* Numario).

[18] Sin embargo, frente a la opinión de la Academia, gracias al favor real, Guevara logró conservar su domicilio en la misma hasta su muerte, cuando todavía siguieron las discusiones, pues la Academia aún reclamaba los libros de la Biblioteca que se había llevado *(Vid. infra,* su biografía en el Apéndice I).

[19] V. Barrantes, Apéndice III, *Discurso leído ante la Academia de la Historia en su pública instalación en la casa del Nuevo Rezado,...* Madrid, 1874, p. 91.

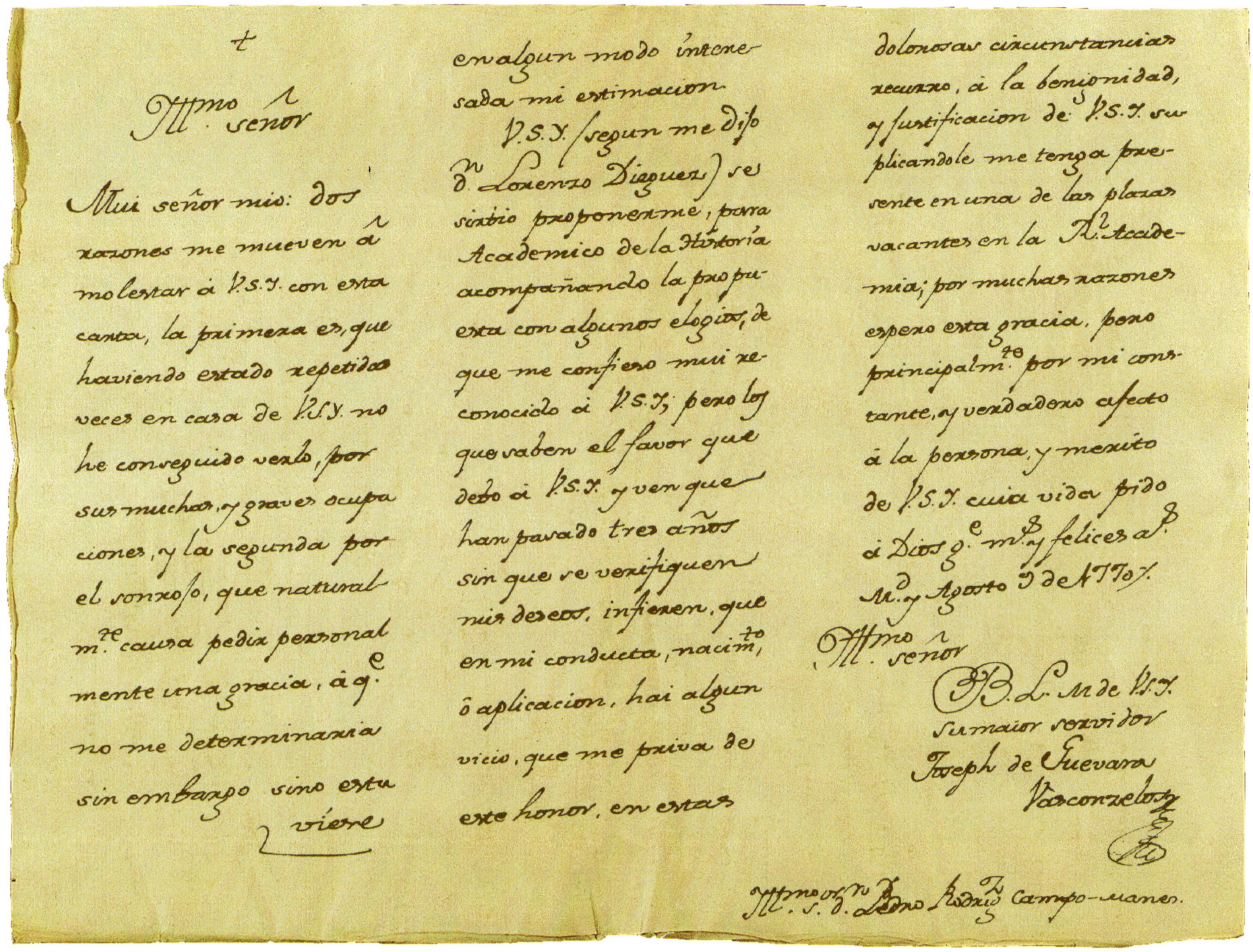

+

Ill.mo Señor

Mui señor mio: dos razones me mueven à molestar à V.S.Y. con esta carta, la primera es, que haviendo estado repetidas veces en casa de V.S.Y. no he conseguido verlo, por sus muchas, y graves ocupaciones, y la segunda por el sonrojo, que natural m.te causa pedir personal mente una gracia, à q.e no me determinaria sin embargo sino estuviere en algun modo interesada mi estimacion. V.S.Y. (segun me dijo D.n Lorenzo Diguez) se sirvio proponerme, para Academico de la Historia acompañando la propuesta con algunos elogios, de que me confieso mui reconocido à V.S.Y.; pero los que saben el favor que debo à V.S.Y. y ven que han pasado tres años sin que se verifiquen mis deseos, infieren, que en mi conducta, nacim.to ô aplicacion, hai algun vicio, que me priva de este honor, en estas dolorosas circunstancias recurro, à la benignidad, y justificacion de V.S.Y. suplicandole me tenga presente en una de las plazas vacantes en la R.l Academia; por muchas razones espero esta gracia, pero principalm.te por mi constante, y verdadero afecto à la persona, y merito de V.S.Y. cuia vida pido à Dios g.e m.s a.s felices a.s M.d y Agosto 3 de 1770.

Ill.mo Señor

B.L.M. de V.S.Y.
Su mayor servidor
Joseph de Guevara
Vasconzelos

Ill.mo S.r D.n Pedro Rodrig.z Campo-manes.

Fig. 7. *Solicitud de una plaza de académico dirigida por José de Guevara Vasconcelos a Pedro Rodríguez Campomanes.*

También en esos años de fines del siglo XVIII se adquirieron varios importantes monetarios y, en 1789, con motivo del acceso de Carlos IV al trono, se encargó a Goya, como pintor de cámara, los *retratos de Carlos IV y María Cristina* que decoran la actual sala de juntas. Asimismo, en 1796, D. Manuel Trabuco y Belluga, Deán de Málaga y Académico Honorario, hizo legado testamentario de su colección de monedas y, ya antes de 1798, había adquirido la Academia la colección de Lezaún [20], mientras que, hacia el año 1800, donó su colección de monedas el Anticuario Joaquín Traggia, lo que denota un continuo incremento de las colecciones del Numario, que en este periodo ofrece su etapa de mayor enriquecimiento [21].

En esta primera etapa, que abarca el siglo XVIII, resulta interesante observar que todos los anticuarios eran eclesiásticos y de

[20] F. de Guevara, *Memoria* presentada a la Academia el 14-3-1799, *vid. infra,* Apéndice I, con la biografía de este Anticuario.

[21] *Vid. infra,* el apartado 6, dedicado al Numario.

formación clásica (fig. 22 y 23) de donde provendría su interés por las «antigüedades y medallas» y, en consecuencia, por recoger, coleccionar y estudiar inscripciones y monedas. La única excepción parece ser la del P. Traggia, en el que predomina su perfil de historiador especializado en historia eclesiástica y del Reino de Aragón, aunque también se ocupara de antigüedades. Además, en los casos en que existe suficiente documentación, se observa que todos muestran amplios conocimientos, algo muy característico de la España Ilustrada, no sólo en lenguas clásicas, sino en lenguas modernas, especialmente Francés e Italiano, en las que dominan tanto la lectura como la traducción. Aún más interesante puede parecer el hecho de que todos ellos, con la excepción del aragonés Traggia, son de procedencia andaluza, lo que revela seguramente el interés existente por las antigüedades en dichas tierras, tan ricas en vestigios, hecho que fomentaría el cultivo de este tipo de estudios, contribuyendo a crear un ambiente que debió favorecer la muy arraigada tradición anticuaria de dichas tierras, que prácticamente ha perdurado hasta pleno siglo XX, explicando la aparición de figuras como la de Manuel Gómez Moreno [22].

Durante esos años la Academia llevó adelante una ingente tarea, en la que cabe destacar algunas misiones científicas, conocidas como «viajes literarios» [23], tan importantes como el del P. Andrés Marcos Burriel, promovido por Fernando VI en los años 1749-1756, durante el cual recogió 13.664 documentos, de los que 4.134 eran inscripciones y 2.021 monedas, o el del Marqués de Valdeflores, de quien se conservan 62 volúmenes en la Academia [24] y para el que se redactaron unas *Instrucciones,* conocidas como «del Marqués de la Ensenada», que deben considerase como precedente de las de 1803 [25]. Dentro de este espíritu se creó la *Comisión de Antigüedades* el 21 de Septiembre de 1782, a la que pocos años después, el 6 de Julio de 1803, por medio de una Real Cédula, la Real Academia de la Historia, da instrucciones *«sobre el modo de recoger y conservar los monumentos antiguos, descubiertos o que se descubran en el Reyno»* [26] (fig. 8), por lo que dicha institución se encargaba del cuidado de las antigüedades, lo que suponía el inicio de la legislación arqueológica en España, aunque este temprano desarrollo se vería después interrumpido a consecuencia de la Invasión Francesa y los azarosos años iniciales del siglo XIX.

El primer tercio del siglo XIX

El año 1803 coincidió con el nombramiento para el puesto de Anticuario de José Antonio Conde, cuya llegada supuso un profundo cambio en el perfil de la persona que hasta entonces había desempeñado este cargo, pues ofrece una personalidad

[22] Esta es la razón que explica que, de los veintiún anticuarios que ha tenido el Gabinete, hasta nueve han sido de procedencia andaluza si se incluye uno de Ceuta formado en Sevilla; más concretamente, el grupo más numeroso de anticuarios del Gabinete proceden de Granada y Sevilla, lo que supone prácticamente un 50%. El origen de los restantes es mucho más disperso: tres de Madrid, dos aragoneses, por no decir oscenses, dos de Barcelona y uno de Cuenca, Guadalajara, Navarra y Asturias, además de otro, Siles, del que no hemos podido precisar el lugar de nacimiento (fig. 22).

[23] G. Mora, *op. cit.,* nota 4, pp. 41 s.

[24] A. Canto, Un precursor hispano del *CIL* en el siglo XVIII: El Marqués de Valdeflores. *BRAH* CXCI, 1997, pp. 499-516; G. Mora, *op. cit,* nota 4, pp. 44 s.

[25] *Instruccion formada por la Academia para la execucion del reconocimiento de las antiguedades de España, remitida al Rey para su aprobación (Año de 1752. Leg. 21. Nº 2),* dentro de la cual se contiene el *Proyecto de la instrucción, que havrà de darse al Academico, â quien S. Magd. cometiese el viaje de España,* 9 fols. (RAH, Legajo nº 9, Carpeta nº 2, Lección 5ª). R.O. 8.4.1752.

[26] *Real Cédula de S.M. y señores del Concejo, por la cual se aprueba y manda observar la Instrucción formada por la Real Academia de la Historia sobre el modo de recoger y conservar los monumentos antiguos descubiertos ó que se descubran en el Reyno. Año 1803. Cordoba : Imprenta Real de Don García Rodriguez de la Torre* (9 pp., folio). J. Maier, *Comisión de Antigüedades. Comunidad de Madrid,* Madrid, 1998, pp. 11 s.

REAL CEDULA

DE S. M.

Y SEÑORES DEL CONSEJO,

POR LA QUAL SE APRUEBA Y MANDA OBSERVAR la Instruccion formada por la Real Academia de la Historia sobre el modo de recoger y conservar los monumentos antiguos descubiertos ó que se descubran en el Reyno.

AÑO 1803.

CORDOBA : IMPRENTA REAL

DE DON JUAN GARGIA RODRIGUEZ DE LA TORRE.

Fig. 8. *Real Cédula de 1803 redactada por la Real Academia de la Historia con instrucciones «sobre el modo de recoger y conservar los monumentos antiguos».* ▶

muy distinta a la de sus predecesores, adelantándose a las características que serían propias a partir de mediados del siglo XIX. Su carácter liberal y afrancesado le obligó a abandonar Madrid en 1808, siendo suspendido de su cargo. La Academia lo readmitió, aparentemente con la mayor normalidad y generosidad, en 1811, lo que deja entrever que existiría un buen concierto entre sus miembros y que Conde sería merecedor de cierta estima, lo que contrasta con los conflictos con Guevara de unos años antes. Sin embargo, los problemas de Conde debieron continuar, pues en 1812 se vio obligado a huir de nuevo y, de 1813 a 1819, estuvo desterrado, quedando, de hecho, apartado del cargo, aunque la Academia no nombró nunca sucesor. El interés principal de estos acontecimientos, que afectaron también a otros Académicos, como Antonio Siles, que ocuparía años después igualmente el puesto de Anticuario, es que revelan hasta qué punto el Gabinete de Antigüedades se vio inmerso en los profundos conflictos de su época, especialmente de la Invasión Napoleónica, siendo la única vez en toda su historia en que se ha visto suspendido de su cargo un Anticuario.

Pero la figura de Conde, además de romper al secularizarse con la tradición de eclesiásticos en este cargo, que todavía proseguiría su sucesor, Sabáu y Blanco, es aún más innovadora porque ya no se interesó únicamente por las antigüedades clásicas, si bien incluso llegó a publicar traducciones del Griego. Fue Catedrático de Árabe en la Universidad de Alcalá y, aunque sea todavía muy poco lo que se sabe de su actividad en el Gabinete, por su espíritu y campo de estudios, representa el primero de las grandes figuras de orientalistas que tanto brillo han dado desde entonces a la Academia [27], siendo en este sentido un notable precursor de la figura de Antonio Delgado, que ocupó el cargo apenas una generación más tarde.

Durante el primer tercio del siglo XIX es poco lo que se sabe del funcionamiento del Gabinete, pues la información es prácticamente inexistente, aunque el primer expediente conservado sea de 1803 [28], año en que se publica la famosa Real Cédula de S.M. sobre el descubrimiento de monumentos antiguos [29] (fig. 8). Estos años de crisis política debieron repercutir en la vida de la Corporación, aunque a fines del reinado de Fernando VII, concretamente, a partir de 1828, se observa un incremento de los ingresos y donaciones, consecuencia de la mejora económica de la Academia [30], periodo que coincide con alguna publicación muy significativa [31], pero pocos años después la Academia estaba en una situación de penuria que pudiera considerarse crónica [32] y que parece reflejarse en la disminución de expedientes del Gabinete (figs. 5 y 6). Por consiguiente, esta etapa representa una fase de transición en la que se inician las dificultades y penurias económicas que caracterizan buena parte del siglo XIX, únicamente

[27] A. Rumeu, *op. cit.*, nota 2, pp. 156, 162 y 164.

[28] Se refiere a un informe remitido por Martín Fernández de Navarrete, que posteriormente sería Director de la Academia, sobre unos hallazgos realizados en el Convento de los capuchinos de Tarragona, en el que ya se indica que los «monumentos pasen a la Sala de Antigüedades».

[29] *Op. cit.*, nota 26.

[30] P. Sabáu, *Noticia de las actas y tareas de la Real Academia de la Historia, leídas en su junta pública anual de 24 de abril de 1853,* Madrid, 1853, p. 1, dice textualmente: *«habíase mejorado desde el arreglo de la Hacienda Pública que se hizo en 1828... mejorando notablemente en este periodo el estado de sus intereses,... la Academia ha podido atender ya con desahogo a sus ocupaciones, dirigidas siempre a promover los adelantos de la historia de España...»*

[31] Juan Agustín Ceán Bermúdez, *Sumario de las antigüedades romanas que hay en España, en especial de las pertenecientes a las Bellas Artes,* Madrid, 1832.

[32] P. Sabáu, *op. cit.*, nota 30, p. III, *«... en los presupuestos de 1835 quedó reducida la dotación de la Academia á 30.000 rs., de los que en muchos años apenas percibió la mitad, con lo que era de todo punto imposible atender a los objetivos del instituto».*

amortiguadas, a partir de mediados de siglo, por nuevos ingresos llegados como consecuencia de la Desamortización de Mendizábal y de las primeras disposiciones promulgadas para la protección del Patrimonio Artístico y Cultural, de las que en buena medida sería beneficiaria la Academia. Como anticuarios a lo largo de este primer tercio de siglo se sucedieron José Sabáu (1820-1833), obispo electo de Osma, interesado más que conocedor de la Numismática, pero sin particular brillo en ella, Antonio Siles (1833-1834), que sólo ocupó el cargo interinamente un año, y Juan P. Pérez Caballero (1833-1836), un medievalista de quien es muy poco lo que se sabe de su vida y actividades en la Academia.

Sin embargo, a fines de este primer tercio del siglo XIX las colecciones habían aumentado tan considerablemente que se reiteraron las gestiones cerca de Fernando VII para buscar un mejor alojamiento a la Academia [33]. Aunque estas gestiones fracasaron, el rey visitó la sede de la Casa de la Panadería en 1832 y se llegó, incluso, a proyectar la organización de un *Museo Nacional de Antigüedades* al cuidado de la Academia, con cátedras para la enseñanza [34], idea que puede considerarse un último eco de la concepción del Museo Real tan característico de la Ilustración, por lo que puede ser considerado como un primer indicio de lo que sería la creación del Museo Arqueológico Nacional en el último tercio de siglo.

[33] M. López, La casa de la Real Academia de la Historia. El Nuevo Rezado. *BRAH,* vol. C, 1932, p. 785; aunque todavía no es posible disponer de datos sobre el incremento de antigüedades y monedas, según este autor, el incremento de la Biblioteca se puede calcular por haber pasado de 1.101 volúmenes en 1767; a 9.166, en 1796; a 19.000, en 1876 y a más de 200.000, en 1932.

[34] Id., pp. 785-786. Esta idea de un Museo Regio en la Academia, aludida repetidas veces en la documentación existente, no aparece recogida entre los «gabinetes ilustrados» que se citan como precedentes del Museo Arqueológico Nacional aunque bien pudiera considerarse su precedente más directo; *vid.* A. Marcos Pous (ed.), *De Gabinete a Museo. Tres siglos de Historia. Museo Arqueológico Nacional.* Madrid, 1993, pág. 189-256 y, especialmente, M. Almagro-Gorbea y J. Maier, El futuro desde el pasado: la Real Academia de la Historia y el origen y funciones del Museo Arqueológico Nacional, *Boletín del Museo Arqueológico Nacional y de los museos españoles,* 18, 1998 (en prensa).

La actividad del Gabinete de Antigüedades a mediados del siglo XIX

El funcionamiento tradicional del Gabinete comenzó a cambiar a causa de la Desamortización de Mendizábal tras los decretos del 19 de Febrero y del 5 y 8 de Marzo, que provocaron el mayor desastre sufrido por el Patrimonio Cultural de España, sólo comparable a la Invasión Francesa y, en algunas regiones, a las destrucciones de la Guerra Civil. Por consiguiente, el segundo tercio del siglo XIX se caracteriza por las consecuencias de la Desamortización y sus efectos sobre los Monumentos y Antigüedades, cuyos graves riesgos de pérdida o de venta al extranjero se evidencian en numerosas disposiciones publicadas a partir de esa fecha, aunque supuso un paulatino aumento de la importancia del Gabinete, cuyas colecciones se enriquecieron con nuevos objetos. Ejemplos característicos de estos hechos es la donación, en 1838, de la *arqueta de marfil de D. Martín el Humano* procedente de la Cartuja de Valdecristo, en Segorbe (fig. 9) o el envío del *Altar-Relicario del Monasterio de Piedra* por el Director General de Fincas del Estado en 1848 (fig. 91).

En esos años cruciales desempeñó el cargo de Anticuario Juan B. Barthe (1836-1848), quien, finalmente, se vería obligado a renunciar por tener que vivir en Toledo como Jefe de Correos, aunque, al morir en 1854, legó su colección de monedas a la Academia a través de Antonio Delgado, que fue su amigo, albacea y sucesor en el cargo, lo que parece indicar el buen ambiente que existía entre los académicos.

El Gobierno de Narváez procedió a una reorganización administrativa en 1844 que supuso la creación de las Comisiones de Monumentos por R.O. del 13 de Junio con su correspondiente Reglamento, lo que facilitaría la formación de Museos Provinciales [35]. La actividad de las Comisiones Provinciales, inicialmente coordinada por la Academia conforme todavía subraya una R.O. del 16 de Noviembre de 1854, acabarían por ir sustituyendo paulatinamente las tareas de la Real Academia, aunque ésta mantuvo su teórico papel ordenador hasta la *Ley de Excavaciones Arqueológicas* de 1911. En consecuencia, la actividad tradicional del Gabinete vio acrecentada su importancia casi 100 años después de su fundación. Además, a partir de 1865, una R.O. del 24 de Noviembre, reglamentó que se depositasen en la *Real Academia de la Historia* todas las antigüedades que se fueran descubriendo en nuestro país, lo que de nuevo contribuyó a incrementar considerablemente la incorporación de fondos al Gabinete y a darle una mayor actividad. Como resultado, hasta la fundación del *Museo Arqueológico Nacional* y de los Museos Arqueológicos Provinciales en 1867 [36], hecho que, por lógica, pronto comenzó a reflejarse en la disminución de ingresos, y, en especial, hasta la creación de la *Junta Superior de Excavaciones y Antigüedades* en 1914, el Gabinete de Antigüedades fue atesorando objetos y monedas de muy diversa procedencia, tanto llegados a través de sus Correspondientes y de las Comisiones Provinciales de Antigüedades como de donaciones efectuadas gracias a su creciente prestigio social.

[35] T. Tortosa y G. Mora, *op. cit.* nota 3, pp. 205 s.; F. Hernández y E. de Frutos, Arqueología y Museología: la génesis de los Museos Arqueológicos, en G. Mora y M. Díaz Andreu (eds.), *La Cristalización del pasado: Génesis y Desarrollo del Marco Institucional de la Arqueología en España*. Málaga, 1997, pp. 141-147; J. Maier, *op. cit.* nota 26, pp. 22 s.

[36] A. Marcos Pous. *op. cit.*, nota 4, pp. 23 y sigs.

En efecto, la segunda mitad del siglo XIX, especialmente hasta el último cuarto de siglo, es la fase de mayor vitalidad del Gabinete de Antigüedades (figs. 5 y 6) [37], cuando, por añadidura, pasó a estar dirigido por grandes personalidades académicas, muchos de las cuales también desarrollaron una importante labor en el campo social y político (figs. 22 y 23), aunque esta actividad fuera para ellos secundaria.

[37] *Vid. infra,* Apéndices II y III.

El primero de ellos sería Antonio Delgado (1848-1874), una de las máximas figuras de la Numismática Española y uno de los más brillantes especialistas en la moneda árabe de todos los tiempos. Fue, además, Catedrático, como lo había sido Conde y lo serían a partir de entonces todos sus sucesores, con la lógica excepción del P. Fita. Durante su paso por el Gabinete, que

▲ **Fig. 9.** *Arqueta del rey de Aragón D. Martín I el Humano.*

corresponde aproximadamente al trentenio de 1847 a 1877, la actividad del centro parece haberse multiplicado, según se deduce del número de expedientes y documentos conservados en el Gabinete que, en esos años, se enriqueció con numerosos ingresos, en ocasiones múltiples, cuya documentación ha quedado conservada gracias a la esmerada labor de dicho Anticuario [38]. Dicha documentación no es, por lo general, muy abundante, salvo en algunos años por motivos especiales: por ejemplo, la adquisición en 1847 del Disco de Teodosio y su publicación se reflejan en 36 documentos; el año 1860, una especial actividad dio lugar a otros 26, mientras que los 22 de 1862, en su mayoría se deben a la adquisición del plomo de Gádor y del sarcófago de Burguillos y, especialmente, a los bronces de Mengíbar (fig. 10), cuya donación y subsiguientes excavaciones motivan 10 de ellos. Por similar causa, en 1868, 14 de los 24 documentos de ese año se refieren a la adquisición del retrato del P. Hervás y Panduro por Angela Kauffman y a la confección de una copia para su ex-propietario, y, en 1870, 12 de los 17 documentos tratan de la adquisición del torques de Melide.

[38] GA 1856/1; 1869/1; 1883/2, etc. *Vid. infra*, Apéndices III y V.

▲
Fig. 10. *Bronce ibérico del Cortijo de Maquiz, Jaén.*

Estos años fueron trascendentales para la formación de las colecciones del Gabinete. Entre otros muchos ingresos, que se suceden año tras año, cabe destacar la colección de monedas legadas por el Anticuario anterior, D. Juan B. Barthe, en 1854. Pero aún mayor importancia tuvo la adquisición de las piezas más importantes que actualmente constituyen la colección del Gabinete de Antigüedades. En 1847, se adquirió el Disco de Teodosio (fig. 2), con gran esfuerzo por parte de la Academia, que tuvo que pagar 27.500 reales de vellón (GA 1847-50/1), siendo publicado por el Anticuario Antonio Delgado con gran prontitud (fig. 11)[39]; en 1851, el Director General de Fincas del Estado envió a la Academia el Altar-Relicario del Monasterio de Piedra (GA 1851/1) y, también en ese mismo año de 1851, ingresó por donación la colección de D. Antonio López de Córdoba, diplomático

[39] M. Almagro-Gorbea, Historiografía del hallazgo del Disco de Teodosio. Documentación conservada en la Real Academia de la Historia, en M. Almagro-Gorbea et alii (eds.), *El Disco de Teodosio,* Madrid, 1999 (en prensa).

▶
Fig. 11. *Litografía del Disco de Teodosio publicada por A. Delgado en 1848.*

e historiador y primer importador de caballos de raza árabe a España en tiempos de Isabel II. En sus viajes a Oriente debió entrar en contacto con A.H. Layard, que a la sazón excavaba las ruinas de Nínive y que sería posteriormente nombrado Académico Honorario en 1870; seguramente fue a través de esta gran figura de la Arqueología como Antonio López de Córdoba se interesó por adquirir dos bellos fragmentos de relieves asirios del palacio de Senacherib (fig. 12) y el magnífico epígrafe con el título del rey (fig. 62), que donó a la Academia en 1851 (GA 1851/3), seguramente junto a una colección de más de 400 monedas que publicaría A. Delgado [40]. Poco después, en 1853, en la iglesia parroquial de Santa María del Rivero, de San Esteban de Gormaz, apareció el *tiraz* de Hixem II, que gracias a las gestiones del deán de Osma y académico correspondiente, D. Eusebio Campuzano, pasó también a enriquecer los fondos de la Academia.

Fig. 12. *Relieve asirio con guerreros del Palacio de Senaquerib en Nínive.*

[40] La documentación correspondiente a Layard, que creemos inédita, se conserva entre los *Expedientes de Extranjeros*. Cfr. Marqués de Siete Iglesias, Real Academia de la Historia. Catálogo de sus individuos. Noticias sacadas de su archivo. *BRAH* CLXXV,1978, pp. 19-105, 309-352, 533-574 y CLXXVI, 1979, pp. 7-37, 287-365 y 499-538. No parece posible que dichos relieves pasaran a propiedad de éste años antes, como indica el Marqués de Siete Iglesias, *op. cit.*, p. 317, al señalar que «*En 1829, a su regreso de su primera etapa en Constantinopla* (cuando había sido Ministro residente y encargado de negocios en Turquía), *regaló a la Academia cuatro trozos de mármol con relieves del palacio de los Reyes de Nínive*», pues las excavaciones de H. Layard en Nimrud, que el identificó con Nínive, se desarrollaron de 1845 a 1847; Cfr. A.H. Layard, *The Monumets of Niniveh,* London, 1848. Por el contrario, J. F. Riaño, Inscripción asiria, *BRAH* XIV, p. 264, indica que fue adquirida pensando en donarla a España cuando estuvo de Ministro en Constantinopla hacia 1844 y pudo ver los trabajos de P. E. Botta y de H. Layard en Koyounjik o Nebi Yunus, ruinas consideradas de la antigua Nínive. Antonio López de Córdoba encargó en 1847 como cosa personal la adquisición de los relieves y «medallas» a Nicholas Gliocho, famoso tratante de caballos árabes de origen griego que tenía la misión de comprar caballos para Isabel II. Gliocho consiguió adquirir dos relieves a su paso por Mosul en 1849, pero al morir en un viaje al Kurdistán, caballos y relieves asirios fueron recogidos por una comisión enviada al efecto, llegando a Madrid el 17 de noviembre de 1850. Debemos estas últimas noticias a la amabilidad de A. K. Steen, que tiene en preparación el libro *All the Queen's Horses. The Saga of Nicolas Gliocho's Life and Aventures* sobre este interesante personaje griego, con la documentación correspondiente.

Sobre las monedas, véase *Nota de las cuatrocientas cuatro monedas, adquiridas en Jerusalen y en otros puntos de Palestina, que han sido donadas á esta Real Academia de la Historia por su individuo de número... D. Antonio López de Córdova. Noticia de la Real Academia de la Historia, ó resumen de sus actas de 1850.* Ver igualmente, *Explicación de las diez y seis monedas dibujadas en la lámina 1ª de este tomo cuarto, escogidas entre las cuatrocientas veinte y seis, que fueron donadas al museo de la Academia (de la Historia) por el Excmo. Sr. D. Antonio López de Córdoba en 1851. Memorial Histórico Español IV.* Madrid, 1852.

Fig. 13. *Dibujo enviado por Zóbel del plomo de Gádor, Almería.*

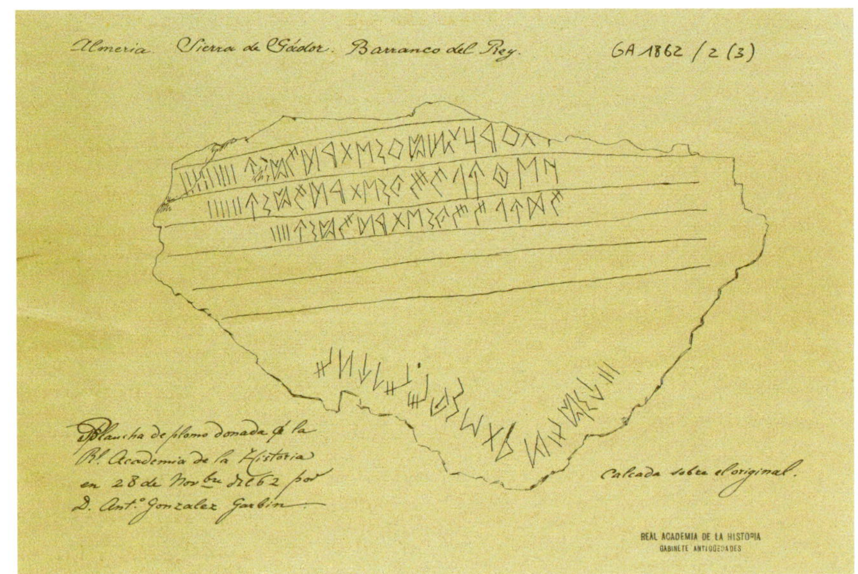

Ya en 1857 se adquirió el magnífico retrato de Goya de *Fr. Juan Fernández de Rojas* (GA 1857/1) y se recibió el facsímil del Mosaico de Ifigenia enviado por D. Esteban Paluzie, Inspector de Antigüedades de los Reinos de Aragón y Valencia (GA 1857/1). En 1858, ingresaron varias momias guanches, que se llegaron a considerar perdidas por el camino (GA 1858/1); en 1860, año de particular actividad, se reciben en donación dos hachas halladas en Corona de Castiello, Asturias (GA 1860/1) y, además de otros objetos, el Anticuario A. Delgado, adquirió la figurilla de plata de Pan (GA 1860/4); también en ese año se recibió un numeroso conjunto de objetos encontrados en el trazado del ferrocarril

Fig. 14. *Sarcófago paleocristiano de El Tolmo (Hellín, Albacete), con Cristo entre los apóstoles.*

Madrid-Zaragoza (GA 1860/6) y el gran *pondus* de pórfido verde con su asa de bronce hallado en Barañez, Huete (GA 1860/7), etc.

En los últimos años del cargo de Antonio Delgado prosiguió y se intensificó la actividad del Gabinete. En 1861, se adquirió otro pondus, éste de bronce con leyendas en plata, hallado en Córdoba (GA 1861/2) y dos cálices y una especie de vinajera con escudos reales, todos ellos de estaño, legados al morir por J. Corominas, canónigo de Burgos (GA 1861/3). Otro año de gran actividad fue el de 1862, en que ingresó un crucifijo románico del siglo XII (GA 1862/1), se halló y donó a la Academia el plomo de Gádor (GA 1862/2) (fig. 13) y se adquirieron el sarcófago de Burguillos, hallado en 1627 en la villa de Layos (GA 1862/3) y los bronces de Maquiz, en Mengíbar, Jaén (fig. 10), donados por D. Manuel de la Chica (GA 1862/4). De 1864 es la adquisición de una escultura de jabalí y de un gran espadón o montante del siglo XVI (GA 1864/1) y el ingreso del sarcófago de Hellín (fig. 14), del que hay referencias a su hallazgo en el yacimiento del «Tolmo» (GA 1864/2). En 1865 se donó un bello candil de bronce árabe (GA 1865/2) y, en 1866, se entregó a la Academia una baraja de 1525 hallada en la Torre de los Lujanes (GA 1865/2), sobre la que informaron D. Pascual Gayangos y D. Pedro de Madrazo, recibiéndose también la donación a la Academia por D. Lamberto Janet de 50 doblas de oro «de la banda» de Juan II de Castilla [41].

[41] Según informe de Fernández Guerra conservado en su expediente personal; cfr. Marqués de Siete Iglesias, *op. cit.*, nota 39, documento 30.

El Gabinete de Antigüedades durante la Restauración

Tras la labor de Antonio Delgado, le sucedieron en el Gabinete Aureliano Fernández-Guerra (1867-1894) y a éste, Juan F. Riaño (1894-1901), ambos grandes personajes de su época, igualmente catedráticos, pero de campos de estudio diferentes, relacionados respectivamente con la Historia y la Historia del Arte. Uno y otro representan el inicio de la tradición de anticuarios que prosigue hasta el primer tercio del siglo XX, tradición que incluye y que concluye con la figura de Gómez Moreno, y que se caracteriza por ser personalidades de gran prestigio social e incluso con cierto peso político, derivado en todo caso de su consideración social como grandes figuras en el campo de la cultura.

En los años del último tercio de siglo XIX, desde la caída de Isabel II hasta el desastre del 1898, prosiguió la actividad del Gabinete sin variar sensiblemente, aunque, a partir del decenio de 1870, ya al entrar en el último cuarto de siglo, resulta evidente la disminución de los ingresos y de la documentación en general, lo que parece indicar una pérdida de vitalidad. Este hecho pudiera deberse, tal vez, a una disminución de la actividad personal del Anticuario, Sr. Fernández Guerra, pero más bien puede reflejar la creación del Museo Arqueológico Nacional en 1867 y el inicio de su creciente actividad, especialmente tras su inauguración oficial en 1895, así como la de los Museos Arqueológicos Provinciales. Este hecho histórico en la Arqueología Española representaba un sólido avance en el campo de la administración y gestión del Patrimonio Arqueológico y Cultural de España, pues suponía el paso del control de las antigüedades por parte del Estado, desde una corporación no especializada como la Academia, a esta nueva institución recientemente creada con funcionarios plenamente dedicados a esa función específica, lo que representaba para el Estado tener por primera vez a su servicio órganos técnicos y especializados en el cuidado del Patrimonio Arqueológico. Por ello, ésta parece ser la mejor explicación de la drástica disminución de la entrada de objetos y la paralela disminución de expedientes en el archivo del Gabinete de Antigüedades (fig. 5 y 6).

Durante la etapa en que Fernández Guerra estuvo al frente del Gabinete, cabe señalar, en 1867, la adquisición de una falcata y otros objetos hallados en Almedinilla (GA 1867/1), así como la reclamación de la inscripción ibérica en plomo de Alcoy, retenida por la Academia de Arqueología y Geografía (GA 1867/2) y que acabarían pasando al Museo Arqueológico Nacional. Otro año de gran actividad fue 1868, en el que, a través de Fermín Caballero, se adquirió por donación el retrato del P. Hervás y Panduro pintado por Angélica Kauffman en 1728 (GA 1868/2), así como el torques de oro de Melide, La Coruña, que se compró por 192 escudos (GA 1870/2), ingresando también, en este caso, por donación, dos téseras de bronce (fig. 15), una de ellas celtibérica procedente de Fosos de Bayona (GA 1868/1). También en 1872 se recibió la maza de guerra hallada en un sepulcro de Torre Mormojón, Palencia (GA 1872/2) y la lápida sepulcral de D. Alonso Díaz de Montalvo para el «Museo del Cuerpo» (GA 1872/1), expresión que evidencia un cambio de nombre significativo en el Gabinete, al indicar un deseo de exposición pública de las piezas hasta entonces no documentado. Igualmente, en 1874, se adquirieron diversos objetos procedentes de Huete, Cuenca, entre otros un interesante homóplato con alfabeto árabe (GA 1874/1).

De 1891 es la donación de los hallazgos de Valdocarlos, Arganda del Rey (GA 1891/1) [42], y ya a partir de estos años, se constata la actividad inicial pero creciente del P. Fidel Fita, por ejemplo, en la donación en 1883 de un ara romana dedicada a Jupiter procedente de León (GA 1883/1) y, en 1895, de una lápida de Baeza con el nombre antiguo de la ciudad (GA 1895/2), ésta siendo ya el Anticuario D. Facundo Riaño. De 1895, es la donación de una hoja de laurel de oro hallada en una tumba de guerrero de la Vía Sacra de Atenas a Eleusis (GA 1895/3) y por esos mismos años de 1894-1895 se descubre el famoso yacimiento campaniforme de Ciempozuelos, que primero fue excavado de urgencia por Antonio Vives con recursos de la Academia, pero que corrieron a cargo del Marqués de Cerralbo en la segunda campaña [43].

[42] F. Fita, Noticias, *BRAH* XIX, 1891, pp. 455-456; J. Vilanova y Piera, Objetos protohistóricos de Arganda del Rey, *BRAH* XIX, 1891, pp. 513-515. Una revisión actual de estos materiales en C. Blasco, J. Baena y S. Rovira, *La Prehistoria madrileña en el Gabinete de Antigüedades de la Real Academia de la Historia. Yacimientos de Ciempozuelos y Arganda del Rey*. Madrid, 1998.

[43] J.F. Riaño, J. de D. de la Rada y J. Catalina, Hallazgo prehistórico en Ciempozuelos. *BRAH* XXIV, 1894, pp. 436-451; C. Blasco, J. Baena y S. Rovira, *op. cit.* nota anterior.

Fig. 15. *Tésera de Fosos de Bayona, según el dibujo enviado a D. Aureliano Fernández Guerra.*

ciudades. A mi juicio Contrebia estuvo donde hoy Montalban provincia de Teruel y Carbaca es la misma que los árabes llamaron Darteca, y Darteca nosotros, en la provincia de Zaragoza. _ Bronce.

3.ª _ Cabeza ibérica imberbe con collar, mirando tambien á la derecha y con delfin delante. Al lado opuesto en los referidos caractéres SE, principio del nombre de Sethisa: Ginete con palma, cubierto con un capacete y mostrando en el pecho como dos faleras. Debajo descifra el Sr. Delgado la leyenda SETHISA y reduce esta moneda á la poblacion de Sax, provincia de Alicante.

Los objetos de bronce son estos:

1.º Pasador figurando con elegancia una sierpe, como se representa á continuacion en su propio tamaño

2.º Toro de bronce marcado en la paletilla izquierda; tiene enroscada la cola y se dibuja aquí de su mismo tamaño.

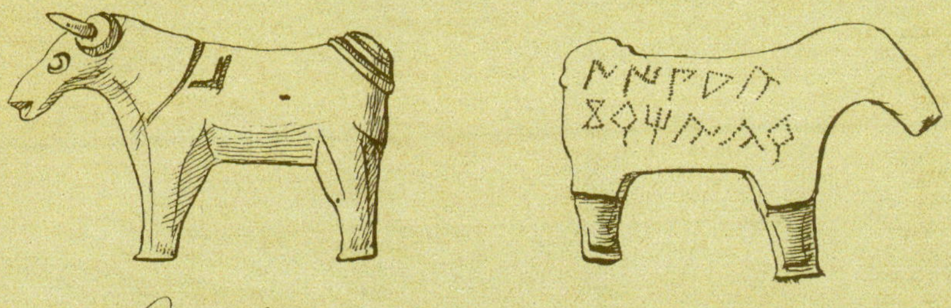

Dividido artificialmente por la mitad el simulacro, para que resultasen dos partes iguales, muestra en la cara lisa interior dos renglones con once caractéres celtíberos, cuyo valor respectivo en letras latinas, evidenciado por medallas ibéras de Bilbili, Calagurri, Carbaca, Celsa, Contre-

A fines de siglo, concretamente en 1898, ingresó la Colección de D. Pascual de Gayangos (fig. 16), que, sin lugar a dudas, debe considerarse como la más importante en lo que se refiere a antigüedades (GA 1898/1). Éste importante personaje de la cultura del siglo XIX [44], logró reunir una interesante y variada colección de antigüedades, seguramente en sus numerosos viajes, que, tras su muerte ocurrida en Londres en 1897, fue donada a la Academia por sus hijos [45], Excmos. Sres. D. José de Gayangos y Dña. Emilia de Gayangos, ésta esposa del entonces Académico Anticuario, D. Juan Facundo Riaño, el cual, de joven, había trabajado con Gayangos en la organización de la Biblioteca y Archivos centrales de Gran Bretaña. De esta colección existe un catálogo con descripciones muy resumidas, publicado tras el Catálogo del Gabinete [46], según el cual, la colección comprende las siguientes secciones: Civilizaciones primitivas (nº 750-774), Egipto, Fenicia, Indostán (nº 775-809), Civilización clásica, Arte hispano-romano, Imitaciones (nº 810-993), Antigüedades mahometanas (nº 994-1020) y, finalmente, Antigüedades americanas (fig. 17) (nº 1021-1028).

[44] Marqués de Siete Iglesias, *op. cit.*, nota 39, nº 125, pp. 325-329. M. Manzanares, *Arabistas españoles del siglo XIX*, Madrid, 1971, pp. 81 s.; J. Vallvé, Pascual de Gayangos (1809-1897). A propósito del centenario de su muerte. *BRAH* CXCI, 1997, pp. 459-488.

[45] Esta donación se hizo con la expresa condición de que se exhibieran en vitrinas específicas, cfr. A. Rumeu, *op. cit.*, nota 2, p. 120, por lo que, hasta una reciente remodelación del edificio, se exponían en una serie de vitrinas situadas en la actual Sala de Conferencias, en la planta principal.

[46] Juan Catalina García 1903, *op. cit.* nota 8, núms. 750 a 1028.

Fig. 16. *Retrato de D. Pascual de Gayangos y placa alusiva a la donación de su Colección a la Academia.*

COLECCION DE DON PASCUAL GAYANGOS
REGALADA Á LA ACADEMIA
POR SUS HIJOS
DOÑA EMILIA Y DON JOSÉ

Otra donación a la Academia digna de ser reseñada en esos años, es la del famoso retrato de Isabel la Católica atribuido a Juan de Flandes, cedido por Dña. Manuela Redondo, viuda de O'Reilly, en 1897 [47] y que actualmente preside la Sala de Juntas.

[47] Ver Expediente GA 1897/2. La donación fue informada por los Sres. Madrazo y de la Rada, el 18.6.1897.

Es también en esa época de la Restauración cuando se comienza a percibir una cierta preocupación por hacer más visitable el Gabinete de Antigüedades y convertirlo en «museo», siguiendo una tendencia ya constatada desde 1872. Este hecho puede reflejar las nuevas corrientes museológicas de finales de siglo, en las que cabe incluir la creación y organización del Museo Arqueológico Nacional y de los Museos Arqueológicos Provinciales y de otros centros como el Museo de Reproducciones Artísticas, instituciones cuya dirección, no casualmente recayó repetidas veces en el cargo de Anticuario de la Academia (fig. 23). En esta línea de renovación de la exposición de objetos, debe explicarse un escrito de 1895 por el que se solicitaba la cesión por parte del Ministerio de Fomento de las vitrinas que se habían utilizado en la Exposición Histórica Europea (GA 1895/1). Aunque no se sabe con certeza si tales vitrinas llegaron al Gabinete, tal vez pudieron haber sido cuatro cuya estructura resulta semejante a la de algunas actualmente todavía conservadas en los almacenes del Museo Arqueológico Nacional y que, hasta la reciente reorganización del Gabinete, ocupaban la cuarta estancia situada al fondo del mismo, aunque, a juzgar por sus huellas en el suelo de la primera sala, parece deducirse que debieron haber estado en ese lugar anteriormente durante un largo tiempo [48].

Fig. 17. *Vaso nazca en forma de mujer-botijo de la Colección de D. Pascual de Gayangos.*

[48] *Vid. infra,* apartado dedicado a «Las instalaciones actuales».

La labor del Gabinete de Antigüedades en el siglo XIX

Además de incrementarse las colecciones y comenzar a preocuparse por su exhibición pública, no fue menor la labor del Gabinete al servicio de los hallazgos y restos arqueológicos de

España. El contacto con las Comisiones Provinciales de Antigüedades, el incremento de los hallazgos, especialmente los debidos a las obras públicas acometidas durante la Restauración, y el aumento de sensibilidad de las clases altas de la sociedad hacia las antigüedades junto a su valoración por el creciente nacionalismo de la segunda mitad del siglo, particularmente en lo que se refiere a impedir su salida al extranjero, también se percibe en la documentación conservada, que reflejan actividades que muchas veces se confunden con las que eran propias de la Comisión de Antigüedades.

Por ejemplo, ya desde 1803, seguramente como aplicación de la Real Orden publicada en la Gaceta de ese año sobre *Instrucciones... de... conservar los monumentos antiguos... bajo la inspección de la Real Academia de la Historia,* recogida en la *Novísima Recopilación,* Ley III, libro VIII, título XX de 1805, cabría señalar el informe citado sobre hallazgos de Tarragona (GA 1803/1). Esta innovadora preocupación por la gestión administrativa suscitada a inicios de siglo desde la Academia debe considerarse consecuencia del interés y del desarrollo de los estudios surgidos durante la Ilustración. Sin embargo, a pesar de sus carencias, por otra parte propias de la época, parece haberse perdido posteriormente en los duros avatares del siglo XIX, lo que supuso un retroceso real en el cuidado de nuestro Patrimonio Cultural, que además coincidió con el proceso de Desamortización de Mendizábal, lo que acentuó el retroceso en este punto en relación con otros países de Europa.

Por ello, únicamente tras la organización en tiempos de Narváez de las Comisiones Provinciales de Antigüedades, coordinadas por la de la Academia, se comienza a percibir a mediados de siglo la remisión de algunas memorias a la institución, como la muy interesante sobre la Comarca de Olot y el facsímil del Mosaico de Ifigenia (fig. 18), enviados en 1857 por Esteban Paluzie (GA 1857/2), quien escribe a la Academia como «Inspector de Antigüedades de los Reinos de Aragón y Valencia» (GA 1857/1). También es preciso resaltar el nuevo espíritu que refleja una Comisión de la Real Academia que, en 1858, desestimó la propuesta D. Jorge Loring solicitando que pasasen a su propiedad las antigüedades que encontrara en las excavaciones que él llevara a cabo (GA 1858/2), lo que suponía de hecho un freno a este planteamiento ultraliberal respecto al control de las antigüedades.

El 3 de Abril de ese mismo año de 1858 se publica un folleto con los *«Premios que la Real Academia de la Historia adjudicará por descubrimientos de antigüedades»* [49], alertando ante el peligro de que *«se proyectan y se hacen... caminos... y estas construcciones van a remover en pocos años todo el suelo de España y a descubrir... muchos vestigios de su antigua civiliza-*

[49] Madrid, 1858, Imprenta de José Rodríguez (19 pp, 4º).

▲
Fig. 18. *Copia del mosaico del «Sacrificio de Ifigenia» hallado en Ampurias, enviada por Esteban Paluzi en 1857.*

ción y monumentos preciosos..., el ignorado asiento de sus... ciudades..., piedras, estatuas, inscripciones, monedas y otros objetos preciosos que la Academia de la Historia ha procurado recoger o examinar y dar a conocer». Dichos premios se adjudicaban a quienes enviaran el plano de un mínimo de 100 km. de vía romana, existiendo otros para los que hallaran y comunicaran inscripciones inéditas, dándose instrucciones sobre

Fig. 19. *Memoria manuscrita de D. Eduardo Saavedra sobre la vía romana de Uxama a Augustóbriga por Numancia.*

cómo localizar las vías y cómo hacer los calcos de las inscripciones para obtener los premios. En esta misma línea de aumento de la preocupación por los restos arqueológicos, se debe señalar que, a partir de los años 1860, se observa una creciente atención hacia ellos por parte de los ingenieros encargados de las obras públicas, especialmente en el trazado de ferrocarriles, pues los envíos de objetos encontrados en tales circunstancias se repiten en algunos casos (GA 1860/6), ambiente al que no sería extraña la actividad de figuras como la de D. Eduardo Saavedra (fig. 19), eminente ingeniero y personaje de la Restauración, nombrado Académico en 1862 y que llegó a ser Director de la Academia en 1908 [50].

Aún más significativa resulta otra Comisión que, en 1862, se pronunció por la conveniencia de que existiera una Ley de

[50] A él se debe una de los más bellos e interesantes manuscritos que se conservan en el Gabinete, su *Descripción de la Vía romana de Uxama a Augustóbriga por D. Eduardo Saavedra, Ingeniero Jefe de 2ª clase de Caminos, Canales y Puertos, Profesor de la Escuela Especial (Madrid) 1861* (folio mayor, 90 pp. + 3 láms. en encartes de 9 + 3 + 3 pp. + estuche con *«medallas»).* Este trabajo, ejemplar por su precisión, cuidadoso dibujo y presentación, fue publicado como *Memoria sobre la vía romana de Augustóbriga a Uxama Argaela* en las *Memorias de la Real Academia de la Historia* IX, Madrid, 1879.

Antigüedades para regular los hallazgos y excavaciones (GA 1862/4/7) o el hecho de que, en una fecha relativamente tan temprana como 1867, J. Amador de los Ríos, en un Informe, planteara ya la importancia de la Arqueología Prehistórica (GA 1867/3), lo que evidencia el progresivo avance y aceptación de esta nueva ciencia histórica [51]. Sin embargo, la expresión más evidente de la creciente importancia que los hallazgos y monumentos arqueológicos iban adquiriendo en la sociedad de esos años puede verse en que, en 1870, se llegó a señalar la necesidad de crear cuerpos de arqueólogos auxiliares de la Academia en provincias (GA 1870/2), idea que debe considerarse como un posible desarrollo del Cuerpo de Archiveros, Bibliotecarios y Anticuarios creado en 1858 y tan vinculado a la misma Academia a través de su formación en la Escuela Superior de Diplomática [52].

En consecuencia, la actividad de la Academia en estos campos durante la Restauración no sólo no parece decrecer, sino que, en 1883, otro Informe de la Academia se ocupa de la solicitud de la Sociedad Arqueológica de Vich para la conservación del templo romano recientemente descubierto (GA 1883/3), lo que manifiesta el creciente interés por la conservación de los restos arqueológicos. En otro orden no menos importante de cosas, precisamente en 1897, se inició la publicación del *Boletín de la Real Academia de la Historia*. Esta publicación, que fue concebida como una revista mensual al inicio, después trimestral, siendo actualmente cuatrimestral, venía a sustituir de hecho a las *Memorias,* de publicación muy irregular [53]. Gracias al *Boletín* y a los estudios que en esta publicación se recogían, la Academia se confirmó como la institución señera en España en el campo del estudio e investigación de la Antigüedad, con una actividad, reflejada en sus publicaciones, que abarcaba desde la Arqueología a las restantes ciencias relacionadas, en especial la Epigrafía gracias a la ingente labor del P. Fita, pero que también incluía la Prehistoria. Por ello, el *Boletín* fue a partir de entonces el principal órgano representativo de la Academia y la principal publicación española sobre antigüedades hasta la desaparición del P. Fita en el segundo decenio del siglo XX.

Todas estas actividades permiten reconocer la labor desarrollada por el Gabinete de Antigüedades y la Academia de la Historia durante el siglo XIX, que puede considerarse en general como meritoria, a pesar de sus carencias y limitaciones, debidas tanto a la falta de medios materiales y humanos como a la inexistencia de la sensibilidad actual y de la consiguiente legislación y apoyo social, porque es necesario saber interpretarla dentro de la mentalidad y del funcionamiento de nuestras instituciones decimonónicas para no caer en fáciles anacronismos [54].

[51] M. Ayarzagüena, Historiografía española referida a la Edad de Piedra desde 1868 hasta 1880, en J. Arce y R. Olmos (eds.), *Historiografía de la Arqueología y de la Historia Antigua en España,* Madrid, 1991, pp. 69-72.

[52] G. Pasamar e I. Peiró, Los orígenes de la profesionalización historiográfica española sobre Prehistoria y Antigüedad (tradiciones decimonónicas e influencias europeas), en J. Arce y R. Olmos (eds.), *op. cit.,* nota anterior, pp. 73-77; I. Peiró y G. Pasamar, El nacimiento en España de la Arqueología y la Prehistoria (academicismo y profesionalización 1856-1936), *Kalathos* 9-10, 1989-1990, pp. 9-30; I. Peiró y G. Pasamar, *La Escuela Superior de Diplomática,* Madrid, 1996.

[53] Los volúmenes I y II aparecieron en 1796; el III, en 1799, el IV, en 1805; el V, ya en 1817; el VI, en 1821; el VII, en 1832; el VIII, en 1852; el IX, en 1879; el X, en 1885; el XI, en 1888; el XII, en 1901; el XIII, en 1903 y el XIV, en 1909. Instituto de España y Reales Academias, *Bibliografía general,* Madrid, 1985, pp. 138-140. Sobre el *Boletín,* véase Marqués de Siete Iglesias, Primer centenario de la publicación del Boletín de la Real Academia de la Historia, *BRAH* CLXXV, 1977, pp. 53-92.

[54] Aunque comprendemos la dificultad de emitir un juicio interpretativo objetivo, es preciso huir del anacronismo que supone enjuiciar circunstancias del pasado desde nuestra óptica actual, pues lleva a una visión de los acontecimientos que puede resultar superficial y poco rigurosa al considerar que la Academia debería haber funcionado como un centro administrativo de finales del siglo XX. En este sentido, algunas interpretaciones como la del artículo, en otros aspectos valioso, de T. Tortosa y G. Mora, *op. cit.* nota 3, pp. 204 y 207, por ejemplo respecto a la inhibición de la Academia hacia la actividad de las Comisiones Provinciales o para legislar sobre excavaciones, pueden ser particularmente representativas por no llegar a comprender el funcionamiento real de la institución y de la sociedad contemporánea. Basta para ello comprender el esfuerzo y trastorno que supuso para la institución un hecho tan concreto como la adquisición del Disco de Teodosio (id., p. 200-201) o el esfuerzo que suponía la realización de sus publicaciones; por ello, parece más acertada, por estar mejor contextualizada, la visión de Mª. A. Almela, La aportación de José Ramón Mélida a la consolidación de la Arqueología como disciplina científica en España, en J. Arce y R. Olmos (eds.), *op. cit.,* nota 51, p. 133.

El Gabinete de Antigüedades en el siglo XX

A partir de 1900, las colecciones del Gabinete, que había perdido ya casi todas sus funciones administrativas, fueron adquiriendo el carácter testimonial que hoy poseen, con escasas adquisiciones, salvo los retratos de sus directores, aunque alguno de éstos sean de gran calidad, como el de Cánovas, firmado en 1883 por Casado del Alisal, o el de Menéndez y Pelayo, pintado por Moreno Carbonero en 1913, más alguna otra obra aislada, como la del cuadro *La batalla de Alcolea,* donada por D. Manuel Alfaro (GA 1908/1) [55].

Pero lo más característico durante la primera mitad del siglo XX será el desarrollo de una activa política de intercambios de objetos, llevada a cabo a base de depósitos. Ya en 1876 el Museo Arqueológico Nacional había cedido en depósito el sillón de la época de Carlos III que actualmente ocupa la presidencia del Salón de Actos (GA 1876/1) e, igualmente, se documenta que la Academia, a su vez, realizó diversos depósitos de sus fondos en otras instituciones. Uno de los más importantes fue un nutrido conjunto de objetos cedidos al Museo Arqueológico Nacional a partir de 1907 [56], constituidos por inscripciones y antigüedades diversas, especialmente ibéricas, entre las

[55] Catálogo de la exposición *Cánovas y la Restauración,* Madrid, 1997, pp. 163, 191 y 296; *Vid. infra,* apartado dedicado a las Esculturas, cuadros y grabados.

[56] Véase José Mª Luzón, Fechas para la Historia del Museo Arqueológico Nacional y colecciones precedentes, en A. Marcos Pous, *op. cit.,* nota 4, p. 521, aunque dicho autor sólo da la siguiente referencia: «*1907 - Ingreso de la colección de inscripciones latinas de la Real Academia de la Historia*», sin indicar que se trata de un depósito en el que también había piezas arqueológicas, algunas de gran importancia. Debe tratarse del depósito de 113 piezas, en su mayor parte de fecha 8.6.1907, conservado en el expediente 19.6.1909 del Gabinete, en el que firma como Secretario y Anticuario de la Real Academia de la Historia, Juan Catalina García, en esos años también Director del Museo Arqueológico Nacional, y como Secretario de esta última institución, Francisco Alvarez-Ossorio. Este depósito fue ampliado el 19.6.1909 con nuevas piezas, núms. 111 a 113. Dicho documento incluye el «*Inventario de los objetos que la Real Academia de la Historia deposita en este Museo Arqueológico Nacional*». De este depósito, fueron a (la Sección de) «*Antigüedades Egipcias*» 24 piezas, entre ellas 3 esfinges

Fig. 20. *Esfinge fenicia de Villaricos, actualmente depositada en el Museo Arqueológico Nacional.*

del Llano de la Consolación y de Villaricos, una cabeza de toro, 2 capiteles y otros fragmentos de «cornisas» ibéricas. A (la Sección de) *Antigüedades Clásicas*, se destinaron las piezas 25 a 88, entre ellas más de una veintena de inscripciones, dos lingotes de plomo con sus marcas, varios fragmentos de escultura y elementos arquitectónicos, etc. y a (la Sección de) *Edad Media y Moderna* diversos capiteles árabes y románicos, esculturas, etc., núms. 89 a 110.

[57] *Vid. infra*, Apéndice I con la biografía de los anticuarios.

que se incluyen algunas importantes esculturas ibéricas, como las esfinges del Llano de la Consolación y otras piezas igualmente significativas, y, en otras ocasiones, también se cedieron importantes objetos de Villaricos (fig. 20), Segóbriga, etc., siguiendo una política de depósitos que se vería favorecida por la estrecha relación existente entre el cargo de Director del Museo Arqueológico Nacional y el de Anticuario de la Academia [57] (fig. 23).

Aunque los Anticuarios del Gabinete de Antigüedades continuaron siendo, en especial a partir de esas fechas, las primeras figuras de los estudios arqueológicos, epigráficos y numismáticos en España desde el punto de vista científico por ser personajes de la mayor relevancia en el campo oficial y administrativo, los medios del Gabinete parecen haber decaído a partir de estos años. En efecto, desde los tiempos de Riaño, se observa como, prácticamente, todos los anticuarios, desde el punto de vista profesional, son catedráticos de Universidad, con la lógica excepción del P. Fita, y, además, la gran mayoría de ellos eran también miembros del Cuerpo de Archiveros, Bibliotecarios y Anticuarios, con la excepción de Manuel Gómez Moreno y José Mª Blázquez. Además, prácticamente la mitad de ellos ocuparon el cargo de Director del Museo Arqueológico Nacional: de la Rada, García y López, Mélida, Navascués y, también en funciones, Vázquez de Parga. Sin embargo, la posible compenetración y apoyo mutuo entre ambas instituciones, que podría suponerse por lógica favorecida por dicha circunstancia, apenas se percibe, pues no hay evidencias, fuera del intercambio de depósitos ya señalado, de una actividad visible de potenciación mutua de ambas instituciones, que dan la sensación de haber vivido casi desconociéndose mutuamente. En efecto, la actividad del Anticuario se fue limitando cada vez más al cuidado de los objetos del Gabinete, especialmente de la rica colección de monedas, sin que se perciba un deseo de darle mayor contenido y actividad.

Quizás por ello mismo, la catalogación de las colecciones fue un tema que, en gran medida, ha ido quedando pendiente. Existe un inicio de *Catálogo* (fig. 21), atribuible por su caligrafía a Juan de D. de la Rada (1901), que sería, por tanto, quien emprendió la redacción del primer inventario del Gabinete, pero la persona que lo llevó a cabo y publicó, aunque de forma muy somera, fue Juan Catalina García y López (1901-1908) en 1903 [58]. Sin embargo, en esta publicación no se incluyeron muchas piezas y, desde entonces, no se ha llegado nunca a abordar con eficacia finalizarlo y emprender el catálogo de los fondos epigráficos, de las esculturas, pinturas y grabados, ni, por supuesto, de las ricas colecciones numismáticas y documentales, tareas sólo muy recientemente iniciadas.

[58] Juan Catalina García (Académico Anticuario). *Inventario de las antigüedades y objetos de Arte que posee la Real Academia de la Historia*. Madrid, 1903 (147 pp.). Tirada a parte del *Boletín de la Real Academia de la Historia* XLII, 1903, pp. 321-368 y 484-505 y XLIII, 1903, pp. 257-322.

A García y López le sucedió el P. Fidel Fita, S.J., notable epigrafista que parece marcar una cierta ruptura por su carácter eclesiástico frente a los anticuarios funcionarios que pueden considerarse norma habitual desde mediados del siglo XIX, pero, sin lugar a dudas, su labor como estudioso resalta entre las primeras figuras que han pasado por el Gabinete [58a], siendo evidente cómo éste se vio enriquecido gracias a su interés y actividad, especialmente en lo que respecta a la adquisición de epígrafes y monedas. En 1913, el P. Fita renunció al cargo de Anticuario al ser nombrado Director de la Academia, pasando a desempeñar este oficio José R. Mélida (1913-1935), insigne catedrático de Arqueología, director de las excavaciones de Numancia y Mérida y uno de los más brillantes directores que ha tenido el Museo Arqueológico Nacional. Además de algunos materiales de Numancia, en su etapa cabe destacar alguna gestión para obtener nuevas vitrinas (GA 1918/1), aunque no se sabe con qué resultado, y el ingreso del casco corintio de la Ría de Huelva, ocurrido en 1930 y del legado del Conde de Cartagena en 1933 (GA 1933/1), así como de varios depósitos del Museo del Prado a los que a continuación se hace referencia.

En 1911 se publicó la Ley de *Excavaciones Arqueológicas* y, en 1912, su Reglamento, creándose la *Junta Superior de Excavaciones y Antigüedades,* lo que supuso el final de la actuación de la Academia de la Historia en asuntos administrativos relacionados con las antigüedades [58b]. En consecuencia, si desde fines de siglo la mayoría de los objetos procedentes de hallazgos y excavaciones ya se depositaban en el Museo Arqueológico Nacional, a partir de entonces la Academia también dejó de hacerse cargo de toda responsabilidad administrativa en lo que atañe a las antigüedades, por lo que prácticamente cesa la documentación sobre informes y hallazgos de antigüedades que se venían archivando en ella y que tan ejemplarmente ha sabido conservar, por lo que actualmente constituyen uno de sus principales legados.

[58a] J. M. Abascal, *El P. Fidel Fita y su legado documental en la Real Academia de la Historia,* Madrid, 1998.
[58b] J. Maier, *op. cit.* n. 26, p. 36.

Catálogo de los objetos arqueológicos que se conservan en el gabinete de la Rl Academia de la Historia.

1 Caja pequeña con trigo carbonizado encontrado en las ruinas de Castulo, por el Sr. Góngora y regaladas á la Academia por dicho Sr. en 1857.

2 Impronta en badana de un sello encontrado en la Alcudia cerca de Elche remitida por D. José Rafael Guerra al Sr. Delgado, y por este donada á la Academia en 1859: dice así al rededor de un escudo de armas
Del caballero de Egea ó de Exea, habla la crónica escrita por el Rey D. Jaime el Conquistador y dice que Exea intervino en la conquista de varios pueblos inmediatos á Ali–

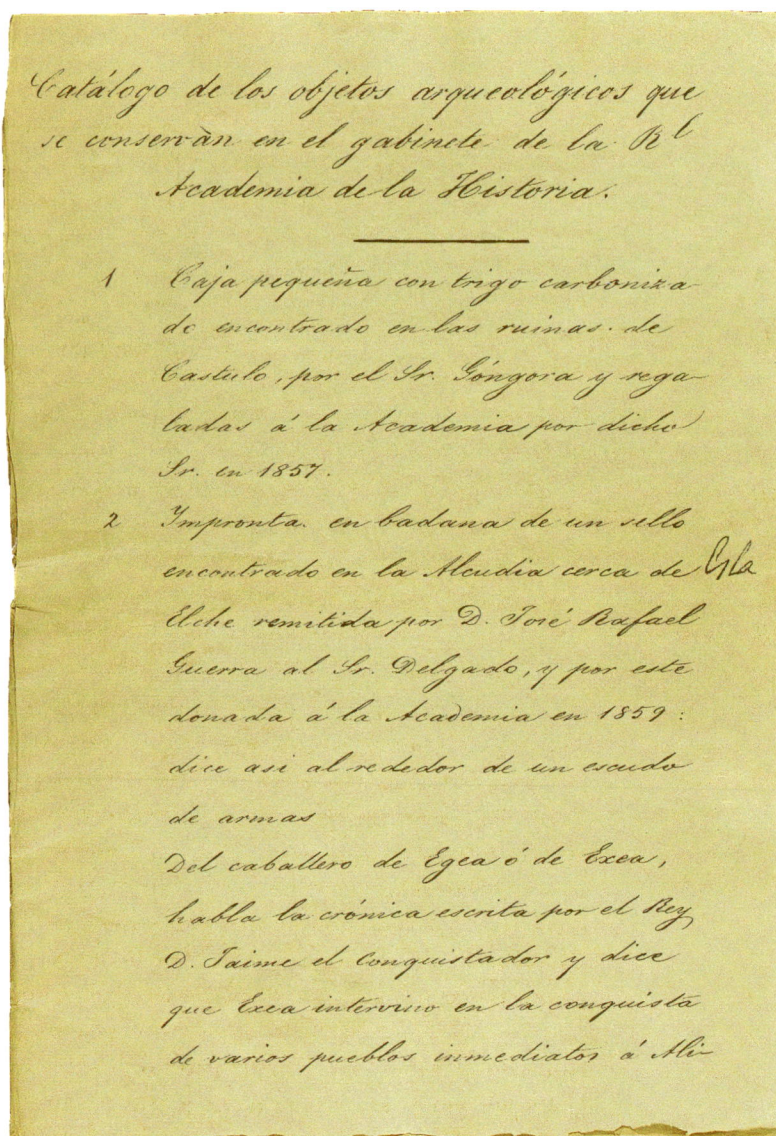

▲ **Fig. 21.** *Catálogo manuscrito del Gabinete de Antigüedades atribuible a D. Juan de Dios de la Rada y Delgado.*

Por esos años se evidencian nuevos movimientos de los fondos prestados por otras instituciones. A los depósitos citados destinados al Museo Arqueológico Nacional se añadieron otros varios, en su mayoría procedentes del Museo del Prado. De esta institución están documentados, al menos, cuatro depósitos distintos, formados por algunas esculturas y numerosos cuadros. El primero, en 1913, corresponde a las dos estatuas que decoran la entrada, la de *Don Pelayo* y *La Felicidad,* pero en ese año se hicieron, al parecer, dos depósitos más (GA 1913/2), que representan el grueso de dichos fondos, constituidos por una larga serie de retratos con los que se pretendía formar el llamado «Museo Iconográfico» [59], una interesante idea que no llegaría a prosperar. Finalmente, otro depósito documentado es del Ministerio de la Guerra [60], por el que llegaron a la Academia los retratos de Alfonso XII y de la reina María Cristina (GA 1918/1), expuestos actualmente en el Despacho del Director. Ya en 1923 se efectuó la donación de la importante colección de 134 monedas, medallas y sellos de Carlos V por D. Francisco de Laiglesia y ese mismo año consta un nuevo depósito de 44 cuadros por la Dirección General de Bellas Artes, sin duda procedentes también del Museo del Prado.

Después de la gran figura de Mélida, en el cargo se han sucedido diversos anticuarios, entre ellos una personalidad tan insigne como Manuel Gómez Moreno (1935-1956), quien, tras veinte años en el oficio, renunció por su avanzada edad. Este erudito, que proseguía la antigua tradición anticuaria andaluza, fue el descubridor, publicador y donante de parte de la serie tan interesante de inscripciones visigodas sobre pizarra conservadas en la Real Academia [61], así como algún cuadro de interés, como el *retrato de Arias Montano* atribuido a Pacheco legado por el Marqués de la Vega Inclán [62]. Pero a partir de la Guerra Civil, con muy escasas excepciones, la documentación del Gabinete se limita básicamente a una rutina de solicitud de visitas o de estudio de piezas, así como a responder a oficios burocráticos de la Administración de Museos. Por esos años, en 1943, también como depósito del Museo del Prado, llegó por Orden Ministerial el *retrato de Felipe V* de Jean Ranc, que actualmente preside el Salón de Actos, mientras que, en 1950, se transfirieron desde la Academia toda una serie de retratos al Instituto de España, que, con la excepción de uno, correspondían a su vez a parte de los que había previamente depositado en la Academia el Museo del Prado en 1913 [63].

A Gómez Moreno le sucedió su discípulo Joaquín Mª de Navascués (1956-1974), en cuya etapa se debió remodelar por última vez el Gabinete, aprovechando la importante reorganización y ampliación de la sede de la Academia que supuso la adquisición del Palacio del Marqués de Molins, donde actualmente se hallan instaladas las salas de exposición. Durante el desempeño de su cargo, en 1961, la Academia recibió una pequeña colección

[59] Los registros no precisan bien el número de cuadros que llegaron a la Academia, pues hay pruebas de que cuadros que estuvieron en la misma no aparecen, así como de otros que sólo se mencionan en las Reales Ordenes de depósito, pero que probablemente nunca llegaron a ella. Además, posteriormente, hacia 1950, 26 o 27 de estos cuadros fueron enviados, a su vez, al Instituto de España desde la Academia de la Historia. Alguno de estos cuadros se han publicado en «Museo Iconográfico», Mercedes Orihuela (ed.), *Museo del Prado. Inventario General de Pinturas III. Nuevas adquisiciones.* Madrid, 1996, pp. 569-591.

[60] Acta de la Sesión del 24 de Mayo de 1918.

[61] La donación de las inscripciones visigodas en pizarra parece haberse efectuado antes de 1966 (M. Gómez Moreno, *Documentación goda en pizarras,* Madrid, 1996, p. 8, en una nota, indica que son de la Academia las piezas II a VII y XLVI, quedando las restantes en depósito), pero en 1978 se entregaron al Museo de Ávila 42 pizarras visigodas de las que estaban en depósito en la Academia (GA 1978/2). El Marqués de Siete Iglesias *(op. cit.,* nota 39, p. 323), como documento 70 de Gómez Moreno, del 23 de enero de 1966, ofrece la relación de las pizarras entregadas a la Academia; el documento 71 indica las devueltas al Museo de Ávila en 1968, mientras que el documento 55, del 27.6.1919, es un recibo de adquisición por Gómez Moreno de la pizarra nº 53. Isabel Velázquez, *Las pizarras visigodas: edición crítica y estudio,* Murcia, 1989.

[62] Un oficio a F. Sánchez Cantón del 22.12.1942 hace explícita referencia a su entrega a la Academia por los albaceas testamentarios en la sesión del 11 de dicho mes. A pesar de ello, el citado catálogo del Museo del Prado, *op. cit.,* nota 59, nº 25, p. 577, lo incluye erróneamente. Agradecemos a nuestra compañera Mª Luisa Meléndez, Conservadora del Museo Sorolla, las referencias amablemente facilitadas sobre este tema.

[63] En consecuencia, dichas piezas, actualmente, pueden ya considerarse desvinculados de la Academia y depositadas directamente por el Museo del Prado en el Instituto de España.

de nueve piezas donada por D. Eugenio M. O. Dognée y, también por esos años ingresó la Colección de D. Alejandro Lifchuz, formada por una espléndida serie de sestercios romanos. De la organización del Gabinete hasta entonces, consta todavía en 1970 que la «antesala del Salón de Sesiones Públicas contiene antigüedades prehistóricas y romanas. Entre ellas... el Disco de Teodosio», mientras que, en el «Oratorio», «entre otras antigüedades están instalados... los sarcófagos de Hellín (Albacete) y Layos (Toledo)» y el tríptico del Monasterio de Piedra [64]. Por último, se menciona el «Salón de Sesiones Ordinarias», donde, como en la actualidad, se conservaba la colección de retratos de Goya y otros autores, y el «Monetario», con los muebles para las monedas. En esa fecha, las colecciones de la Academia podían «ser visitadas, discrecional y gratuitamente, en días laborales de 10,30 a 12,30».

[64] Oficio remitido por el Secretario Perpetuo al Delegado Provincial del Ministerio de Información y de Turismo con fecha 23.2.1970, respondiendo a la solicitud de «descripción breve de *«Museos de España»*.

En el último cuarto de siglo han ocupado el cargo de Anticuario Luis Vázquez de Parga durante casi veinte años (1975-1994) y, después, José Mª Blázquez (1974-1976), quien renunció a su vez, pasando el oficio, en fecha muy reciente, a Martín Almagro-Gorbea (1996), que es quien actualmente lo desempeña.

Hacia una visión de síntesis

Como resumen de la historia del Gabinete de Antigüedades, puede decirse, en primer lugar, que esta institución queda estrechamente asociada a la personalidad de los anticuarios que han estado al frente del mismo, aunque, como es lógico, resulta, al mismo tiempo, profundamente inserta en las vicisitudes de la Real Academia de la Historia, viéndose, como ésta, afectado por la evolución política, social e ideológica de los últimos 250 años de Historia de España, hecho en el que radica el especial interés de esta institución, esencial para comprender las vicisitudes históricas de la evolución cultural de España.

A lo largo de su larga vida, cabe señalar una fase inicial paralela a la Ilustración, que finaliza bruscamente con la ruptura que supuso la Invasión Francesa. El reinado de Fernando VII, durante el primer tercio de siglo XIX, es una etapa de continuidad y, frente a lo que pudiera parecer, no siempre de estancamiento, pues existieron momentos de bonanza económica con normalización de las publicaciones y ambiciosos planes de futuro, como el intento de creación del Museo de Real Antigüedades, pero al mismo tiempo también parece observarse cierto retroceso en algunos aspectos, como la menor capacidad científica de los anticuarios.

La Desamortización de Mendizábal y el consiguiente régimen liberal supuso, indirectamente, hasta finales de siglo, una revitalización del Gabinete, pues resultó ser el único órgano capaz de enfrentarse en aquellos difíciles años a las duras circunstancias que para el Patrimonio Cultural Español supusieron las medidas desamortizadoras y sus consecuencias a lo largo de todo el siglo XIX. Por ello mismo, es también la etapa más creativa y en la que sus anticuarios, no sin evidentes dificultades, parecen desarrollar una mayor actividad. Ésta fue especialmente evidente en los cargos de Barthe, Delgado, en los primeros años del de Fernández Guerra y continuó, también, en los de Riaño y el P. Fita, que pueden considerarse como la Edad de Oro de la institución.

En todo caso resulta evidente que la actividad del Gabinete dependía, ante todo, de la personalidad de sus anticuarios, aunque hay que recordar, pues no siempre se sabe valorar, que éstos no eran funcionarios, sino que actuaban de forma benévola y voluntaria. La mejor prueba de ello es que la mayor parte de las piezas de las colecciones son donaciones y legados personales, prácticamente en su mayoría a través de gestiones personales de los académicos, lo que fue dando a la colección del Gabinete ese carácter tan peculiar que ofrece y que lo aproxima mucho más a una colección privada que a lo que se entiende hoy como museo público. Si a ello se añade que su actividad se veía casi siempre frenada por la falta de suficientes medios económicos, como se evidencia con toda claridad en las dificultades que supuso la compra del Disco de Teodosio y la tarea de dar continuidad a las publicaciones, que sólo se logra con el *Boletín* a partir de la Restauración, y si también se tiene en cuenta la inexistencia de una legislación y una política eficaces por parte de la Administración en lo que se refiere a hallazgos y excavaciones arqueológicas, se puede llegar a comprender mejor la actividad desarrollada por el Gabinete de Antigüedades [65].

A partir de la Restauración, con la creación por parte de la Administración de funcionarios, instituciones y leyes cada vez más especializados para el cuidado de los restos arqueológicos y, en general, del Patrimonio Cultural Español, se produce un creciente anquilosamiento de la institución, reducida a poco más que al cuidado de los objetos de sus colecciones, proceso que ha continuado, con pocas variaciones, hasta el final de este siglo.

Si a la visión que este rápido repaso de todo lo dicho en las páginas precedentes se aúna el interés de las colecciones, a pesar de su limitada importancia, se comprende de forma inmediata cómo, actualmente, el Gabinete de Antigüedades de la Real Academia de la Historia puede considerarse una institución única en España por su historia y por ser uno de los centros de estudio más antiguos y señeros de nuestro país. Las vicisitudes y circunstancias de su plurisecular historia explican que su colección sea hoy

[65] Es necesario tener en cuenta las circunstancias citadas para comprender el funcionamiento del Gabinete y de la misma Academia a lo largo de su historia, tanto más cuando fue el único órgano, durante casi 150 años, que se preocupó por estos aspectos de nuestro Patrimonio a pesar de sus evidentes carencias. Por ello, las críticas que sugieren que su falta de competencia y eficacia dependía de que *«no quiere ser independiente, es una institución acostumbrada a funcionar bajo la protección del poder político»* (T. Tortosa y G. Mora, *op. cit.* nota 4, p. 207), parecen algo superficiales y poco ajustadas a la realidad de su contexto.

de la mayor relevancia, tanto por el significado de sus fondos dentro de nuestro Patrimonio Cultural, uno de los más destacados entre los muchos que atesora España, como, especialmente, por testimoniar cómo se han ido conformando y evolucionando los saberes arqueológicos, las ciencias relacionadas y el interés por los restos arqueológicos y las antigüedades en general a lo largo de más de 250 años de nuestra Historia.

La importancia de este patrimonio tan singular ha hecho que, a partir de 1997, la Real Academia de la Historia haya emprendido una revitalización de este centro. Para ello, tras haberse nombrado un nuevo Anticuario, se ha iniciado un proceso dirigido a estudiar sus ricos fondos y las circunstancias en que se encuentra la colección, para actualizar los inventarios, agilizar su funcionamiento general y facilitar de este modo en el futuro inmediato su estudio por parte de especialistas y su disfrute por toda la sociedad en general. Para ello, se pretende, como objetivo final, darlo a conocer de forma adecuada publicando el catálogo de todos sus fondos para facilitar de este modo el trabajo de cuantos estudiosos necesiten frecuentarlo y reorganizar sus locales de exhibición o «Museo» para facilitar en un futuro próximo su debida apertura y exposición al público.

LOS ANTICUARIOS

Para comprender la Historia y las características del Gabinete de Antigüedades resulta también de indudable interés examinar el perfil sociológico y humano de las personas que han ocupado el cargo de Anticuario, pues de ellas ha dependido, en gran medida, el desarrollo de esta institución (Apéndice I). Para ello, basta observar alguno de los aspectos más relevantes, pues permiten una buena visión del conjunto (figs. 22 y 23), en la que destacan algunas características de indudable interés.

Hasta la actualidad, desde su institucionalización en 1763, este cargo ha sido desempeñado por 21 personas, lo que supone un promedio de poco más de 11 años de duración en el cargo, aunque quien más tiempo lo llegó a desempeñar ha sido Aureliano Fernández Guerra, que ocupó el cargo durante 27 años. Más interesante es que de los 21 anticuarios existentes, 18 han sido *Anticuarios perpetuos* al ser elegidos en la correspondiente Junta de Cargos celebrada a finales de año, mientras que sólo 2 han ocupado el puesto de forma interina, sin que su cargo llegara a ratificarse por haber fallecido antes de dicha Junta. Un caso especial lo ha representado J.M.ª Blázquez, cuyo cargo ha sido ratificado por dicha Junta durante dos años consecutivos, a pesar de lo cual prefirió desempeñarlo con carácter interino.

Fig. 22. *Cuadro de los Anticuarios de la Real Academia de la Historia con las fechas y lugar de nacimiento, formación, profesión, especialidades y afición al coleccionismo personal.*

Nº	ANTICUARIOS	NACIM.	ORIGEN	FORMACIÓN				PROFESIÓN				ESPECIALIDAD				COLEC.
				Clásica	Orient.	Mediev.	Otras	Presb.	Liberal	Univer.	ABM	Arqu.	Epigr.	Numis.	Hist.	
I	Pérez Pastor	1721	Guadix GR	XXX				1749					X	X		
II	Acevedo	c.1735	Sevilla	XXX			X	c.1749							X	
III	Guevara	1737	Ceuta	XXX				a.1767					X	X	X	
IV	Traggia	1748	Zaragoza	XXX		XXX	X	a.1767					X	X	XXX	X
V	Conde	1765	Peraleja CU	XX	XXX	X		O.M.		1789?	1795*			XX	XXX	
VI	Sabau y Blanco	1756	Tamarite HU	XX				a.1800						X	X	
VIbis	Siles y Fernández	c.1770	?	XX			X	a.1801	?	a.1801					XX	
VII	Pérez Caballero	1785	Madrid	X		X	XX		X	c.1820				X	X	
VIII	Barthe	c.1790	Guadix GR	XXX	X	X			a.1829				XX	XX	X	X
IX	Delgado	1805	Sevilla	XX	XXX					a.1860		XX	X	XXX	X	X
X	Fernández-Guerra	1816	Granada	XXX		X	XXX			c.1860			X	X	XXX	X
XI	Riaño	1829	Granada	?	XXX	X	XXX			a.1863	1879		XX		X	
XI bis	de la Rada	1827	Almería	XX			X			a.1876	1858	XX	X	XX	X	
XII	García y López	1845	Salmerón GU	XX		XX				1890	1885	X	X	X	XX	
XIII	Fita	1835	Arenys de M. B	XXX	XXX			1863				X	XXX	X	XXX	
XIV	Mélida	1856	Madrid	XXX						1912	1881	XXX				
XV	Gómez Moreno	1870	Granada	XX	XX	XXX	XX			1913		XXX	XXX	XX	XXX	X
XVI	Navascués	1900	Cintruénigo NA	XX	X					1950	1921	X	XXX	XXX		
XVII	Vázquez de Parga	1908	Madrid?	X		XXX					1930	X			XXX	
XVIII	Blázquez	1926	Oviedo	XX						1966		XXX	X	X	XXX	
XIX	Almagro Gorbea	1946	Barcelona	X			XXX			1976	1969	XXX	X	X	XX	
TOTAL		21		20	7	9	9	8	3?	13	7(8)	10	14	16	18	5

Fig. 23. *Cargos profesionales, académicos y políticos de los Anticuarios de la Real Academia de la Historia (RAH = Real Academia de la Historia; RASF = Real Academia de San Fernando; RAE = Real Academia Española; RAJL = Real Academia de Jurisprudencia y Legislación).*

Nº	ANTICUARIOS	ING.	EDAD	REAL ACADEMIA DE LA HISTORIA									ACADEMIAS			CARGOS			POLITICA		
				Corre	Super	Num	ANTIC	Bibl	Cens	Secr	Direc	Dec	RASF	RAE	RAJL	Univ	ABM	Dir. MAN	Dipu.	Sena.	Dir. Grl.
I	Pérez Pastor	1763	42	1753	1756		1763							1763	X						
	vacante	1763					1763														
II	Acevedo	1769	?		1765		1769														
III	Guevara	1775	38-61		1770	1775	1775	1794	1799			1802		1779	X						
IV	Traggia	1798	50-54	1791	1792	1795	1798	1798													
	cargo suprimido						1802														
V	Conde	1803	38-55		1801	1804	1803							1802		1789?	1795*				1808*
	suspendido						1808														
V	Conde						1811														
	suspendido						1813														
V	Conde						1819							1818							
VI	Sabau y Blanco	1820	63-76		1819	1823	1820	1821													
VI bis	Siles y Fernández	1833	>60?		1801	1832	1833	1833		1812*					?	a.1801					
VII	Pérez Caballero	1834	49-51		a.1834		1834						1827?	1830		c.1820					
VIII	Barthe	1836	?	1829	1836	1847	1836														
IX	Delgado	1848	43-62		1846	1847	1848			(1850)						a.1860			1857		
X	Fernández-Guerra	1867	51-78	1853		1856	1867							1847		c.1860				1884	X
XI	Riaño	1894	65-72			1869	1894						1888 D			a.1863	1879		X	XXX	
XI bis	de la Rada	1901	74	1854		1875	1901						1882	X	X	a.1876	1858	1891		X	
XII	García y López	1901	56-63	1870		1894	1901			1908						1890	1885	1900		X	
XIII	Fita	1909	74-78	1865		1879	1909				1913	1917		1917							
XIV	Mélida	1913	57-77			1906	1913						1899			1912	1881	1916			
XV	Gómez Moreno	1935	65-86			1917	1935					1968	1931	1942		1913					1930
XVI	Navascués	1956	56-75			1953	1956						1958			1950	1921	1952			
XVII	Vázquez de Parga	1975	67-86			1973	1975	1973									1930				
XVIII	Blázquez	1994	68-70			1990	1994									1966					
XIX	Almagro-Gorbea	1996	50-			1996	1996									1976	1969	1998			
TOTAL		21	38-86	7	10	18	(19)21	5	1	2(3)	1	3	6	8	4	13	7(8)	5	2	4	3

El primer dato de interés que se debe destacar es la edad. El Anticuario más joven ha sido José Guevara, nombrado con 38 años, pues en el primer siglo de existencia del Gabinete, de mediados del siglo XVIII hasta mediados del XIX, parece que era habitual que el Anticuario no superarse los 50 años, salvando las excepciones de Sabáu y de Siles. Esta edad parece cambiar de forma casi brusca a partir de dicha fecha, en que tendió a situarse por encima de los 60 años; la causa debe verse en razones profesionales *(vid. infra),* al pasar el cargo a ser desempeñado por importantes personajes que lo alcanzaban al final de una larga carrera universitaria, especialmente, en el Cuerpo de Archivos, Bibliotecas y Museos, lo que supuso un lógico avance en la edad del Anticuario.

Otro aspecto interesante es la procedencia de los Anticuarios. Más de un tercio de los anticuarios proceden de Andalucía, lo que a primera vista podría resultar sorprendente; pero el predominio de andaluces es tan patente que, particularmente en los siglos XVIII y XIX, los de otras regiones de origen, entre las que destaca Aragón con dos casos, resultan casi excepcionales. La razón debe verse, sin duda alguna, en la tradición anticuaria de Andalucía [66], que en este hecho parece ofrecer un nuevo indicio de su tradicional vitalidad y pujanza desde el Renacimiento. Sin embargo, esta tendencia también cambia con la llegada del siglo XX, en el que los orígenes de los anticuarios se diversifican, con cierta leve tendencia a favor de Madrid, aunque todavía la notable figura de Gómez Moreno también en este hecho pueda considerarse como el último representante de dicha tradición anticuaria andaluza.

[66] J. Beltrán y F. Gascó (eds.), *La antigüedad como argumento. Historiografía de arqueología e historia antigua en Andalucía,* Sevilla, 1993; id., *La antigüedad como argumento II. Historiografía de arqueología e historia antigua en Andalucía,* Sevilla, 1995.

Si se analiza la formación de los anticuarios, a pesar de la falta de datos precisos en algunos casos, es evidente, en primer lugar, la importancia de la formación clásica, que puede considerarse prácticamente como general. En segundo lugar, es de destacar la formación en lenguas y cultura orientales, especialmente árabe y, también, hebrea. En este campo de estudios en el que tanto ha destacado la Real Academia de la Historia, cabe incluir figuras tan señeras como Conde, Delgado, Riaño, Fita o el mismo Gómez Moreno. El tercer lugar lo parecen ocupar los anticuarios de formación medievalista, que entra de pleno en la tradición anticuaria romántica, y, finalmente, cabe señalar otras especializaciones, como los que ofrecen una formación jurídica, entre los que destacan Siles y Pérez Caballero en el primer tercio del siglo XIX, Riaño, que fue crítico de Arte, y Almagro-Gorbea, como prehistoriador.

En relación con la formación está la profesión. El primer hecho que destaca es que, hasta el segundo tercio del siglo XIX, todos los anticuarios han sido presbíteros o, al menos, han recibido las órdenes menores, como es el caso de Conde, que llegó a ser Cura de Montuenga. Más dudoso es el caso de Siles, cuya trayectoria de afrancesado y cuya especialización en Historia y Derecho Eclesiásticos abogan por la misma idea, aunque falta documentación sobre este particular. Posteriormente, la única excepción en este sentido ha sido el jesuíta P. Fita, a inicios del siglo XX [66a]. Al margen de este hecho muy significativo y que revela un particular arraigo de las aficiones anticuarias entre el clero ilustrado del siglo XVIII, cabe señalar una tímida presencia de profesiones liberales en el segundo cuarto del siglo XIX, representadas por sendos letrados, Siles y Pérez Caballero, que también eran, sin embargo, profesores universitarios, y por la figura de J.B. Barthe, quien, al parecer, pertenecía a la Administración y que acabaría renunciando al cargo de Anticuario para desempeñar la Jefatura de Correos de Toledo.

[66a] J. M. Abascal, *op. cit.* n.º 58a.

Muy interesante es la evolución profesional que se evidencia a lo largo del tiempo. Si la tradición eclesiástica se mantuvo hasta el primer tercio del siglo XIX, posteriormente dio un leve paso a gentes de ocupaciones liberales hasta mediados de dicho siglo, pero a partir de esa fecha el panorama cambia de manera radical, pues los anticuarios pasan a ser, casi en su totalidad, profesores de universidad y miembros del Cuerpo de Archivos, Bibliotecas y Museos, tradición que, con la sola y lógica excepción del P. Fita, se ha mantenido hasta la actualidad.

Este cambio, muy significativo, evidencia una creciente especialización profesional en los saberes de la Antigüedad que pasaron a estar desempeñados por funcionarios de carrera especializados. Este hecho ya se inicia con la figura de Conde, que en este sentido es un adelantado a su tiempo, pero se generaliza a partir de Antonio Delgado, tras el cual, prácticamente todos los anticuarios han sido catedráticos de la universidad, con la citada excepción de Fita y la de Vázquez de Parga. Igualmente, es de destacar la muy estrecha relación con el Cuerpo de Archivos, Bibliotecas y Museos; de nuevo Conde, como Bibliotecario, puede considerarse como un precedente antes de la constitución de dicho Cuerpo en 1858 [67]. Desde entonces, a partir del siglo XIX, a él han pertenecido la mayoría de los anticuarios, comenzando por Riaño y con las únicas excepciones de P. F. Fita, Manuel Gómez Moreno y José Mª Blázquez. Además, es de destacar, pues puede parecer más sorprendente, el hecho de que, prácticamente, la mitad de los anticuarios han ocupado también el cargo de Director del Museo Arqueológico Nacional, como de la Rada, García y López, Mélida, Navascués, Vázquez de Parga, quien lo fue en funciones, y Almagro-Gorbea. Esta coincidencia se explica por cuanto la Dirección del Museo Arqueológico ha representado el máximo ascenso en el escalafón profesional del Cuerpo de Museos, hasta una reciente reforma de resultados bastante desafortunados.

[67] I. Peiró y G. Pasamar, *op. cit.*, nota 52.

Por último, cabe señalar, en relación con la formación y la profesión, la especialidad de los anticuarios, para la que se ha valorado, muy especialmente, sus estudios y publicaciones. Prácticamente, todos los anticuarios han cultivado los estudios históricos de una u otra forma. Pero, como especialidad, destaca numéricamente la dedicación a la Numismática, lo que se explica por ser una cualidad expresamente solicitada por el *Reglamento (vid. infra)*. También puede considerarse muy ampliamente desarrollados los estudios epigráficos, por más de dos tercios de los anticuarios, hecho perfectamente explicable dentro de la tradición anticuaria, mientras que la Arqueología, al menos tal como se entiende en dicha tradición, sólo resulta practicada por poco más de un tercio de los anticuarios y únicamente a partir del siglo XX, lo que indica un cambio evidente en las tendencias de estudio de los anticuarios a partir de esa fecha. En este mismo sentido, hay que señalar que muchos anticuarios han debido tener su propia colección de antigüedades y medallas, hecho documentado en Traggia, Barthe, Delgado, Fernández Guerra y, finalmente, en Gómez Moreno, quien también en este aspecto representa el último de los anticuarios coleccionistas, frente al de mero estudioso de las antigüedades de los especialistas actuales.

Otro aspecto que puede ofrecer interés en este análisis de conjunto es la participación de los anticuarios en la vida académica, tanto en la propia Academia de la Historia como en otras academias e instituciones, así como en la vida política.

Frente a lo que pueda parecer, en algunos casos, más frecuentes de lo que a primera vista pudiera suponerse, el cargo de Anticuario se ha alcanzado antes que el de Académico de Número, lo que seguramente se explica por la necesaria especialización de la persona que lo debía desempeñar, no habiendo un Académico Numerario capacitado que deseara el oficio. En efecto, Pérez Pastor, Acevedo y Pérez Caballero ni siquiera llegaron a ser Numerarios, mientras que Conde, Sabáu y Barthe fueron Anticuarios antes que Numerarios. Pero, a partir de Delgado, la elección se ha producido siempre entre los Numerarios, norma habitual que se ha mantenido sin excepción y, más bien, con cierta tendencia a un notable lapso de tiempo entre el nombramiento de Numerario y la obtención del cargo, aunque esta tendencia ha tendido a disminuir a partir de Navascués.

Otro aspecto de interés es la relación del Anticuario con otros cargos de la Academia. En este sentido, destaca una relativa falta de relación entre el anticuariado y los demás cargos académicos, lo que seguramente se explica porque el Anticuario es un oficio altamente especializado dentro de la Academia que exige y desarrolla una vocación especial con independencia de los otros cargos. En efecto, sólo en cinco casos, un 25%, un Anticuario ha llegado a ser Bibliotecario, generalmente más tarde, aunque Vázquez de Parga lo fue antes. Esta proporción puede considerarse alta y se explicaría por la relativa afinidad entre bibliotecarios y arqueólogos, pero resulta muy baja la proporción de anticuarios que han desempeñado otros oficios de la Academia, hasta el punto que parecen resultar prácticamente excluyentes, como el de Tesorero (ninguno), Censor (uno, Guevara), Secretario (dos, Siles interinamente y García López) y en un caso Director, cargo que llegó a desempeñar el P. Fita. Por el contrario, sí es interesante constatar la relativa longevidad de algunos anticuarios, pues en tres casos han llegado a ser Decanos de la Academia.

Finalmente, no menor interés ofrece la relación de quienes han ocupado el cargo de Anticuario con su nombramiento en otras academias o para cargos políticos. La interrelación de nombramientos entre las distintas academias debe considerarse, hasta cierto punto, como normal, especialmente en casos de afinidad de campos de estudios, lo que explicaría la alta proporción de anticuarios que han sido también académicos de la Real Academia de Bellas Artes de San Fernando (6 casos, un 28%). Pero más extraño es la relación todavía más alta con la Academia Española (9 casos, más del 40%), así como con la de Jurisprudencia, a la que han pertenecido, al menos, tres anticuarios (15%). En este hecho podría verse, en general, un reflejo de las relaciones existentes entre las diversas instituciones académicas, con cierta tendencia a la cooptación endogámica, pero, ante todo, refleja la gran personalidad de algunos anticuarios, como Guevara Vasconcelos, Conde, Pérez Caballero, Fernández Guerra, Riaño, de la Rada y Delgado, Fita, Mélida o Gómez Moreno, cuya presencia en las citadas academias de San Fernando y de la Lengua resulta en algunos casos más notable que en la de la Historia, como es el caso de Riaño, que llegó a ser Director de la de San Fernando o Mélida, que desempeñó en ésta el cargo de Tesorero. Por otra parte, es evidente que esta interrelación académica resulta especialmente notable en el último tercio del siglo XIX y en el primero del XX, lo que revela una notable presencia del Anticuario de la Academia en la sociedad intelectual y culta de su época, hecho explicable por su peso en la ideología de la Restauración. No es por ello casual que dichas figuras de anticuarios de fines del siglo pasado e inicios de éste sean también las que ostentaron diversos cargos políticos, en algunos casos relacionados con el Patrimonio Histórico y Artístico, como diputados (2 casos), senadores (4 casos) y en tres ocasiones, Director General, cargo en el que cabría destacar a Gómez Moreno como Director General de Bellas Artes.

En resumen, las figuras de los 21 anticuarios que han ocupado este oficio presentan, en su conjunto, un perfil sociológico sumamente interesante y revelador, fruto de una elección que resulta ser bastante especializada, por lo que las características personales que reflejan ofrecen una de las mejores evidencias de la evolución del cargo y, en consecuencia, del propio Gabinete de Antigüedades en sus casi 250 años de Historia.

LOS ESTATUTOS

El Gabinete de Antigüedades es un organismo especializado de la Real Academia de la Historia, por lo que en su funcionamiento ofrece cierta personalidad dentro de dicha institución. Como ocurre con la Biblioteca, cuenta con una relativa autonomía y para su cuidado y gobierno existe una persona específicamente encargada: el Anticuario. Dicho cargo u «oficio» tiene la consideración de *perpetuo,* apelativo que indica que se trata de un puesto vitalicio, habiéndose constituido con este carácter ya desde su creación en el siglo XVIII, seguramente para darle mayor estabilidad y garantizar de este modo su independencia para el mejor cuidado de las colecciones.

Desde sus inicios, el Gabinete de Antigüedades ha estado regulado por los artículos que le afectan de los *Estatutos de la Real Academia* (fig. 24). En efecto, el oficio de Anticuario es uno de los siete cargos existentes en esta institución para su gobierno, que incluye los de Director, Secretario, Censor, Anticuario, Bibliotecario, Tesorero y Adjunto a la Comisión de Hacienda,

Fig. 24. *Estatutos de la Real Academia de la Historia, redactados en 1792, referentes al Anticuario.*

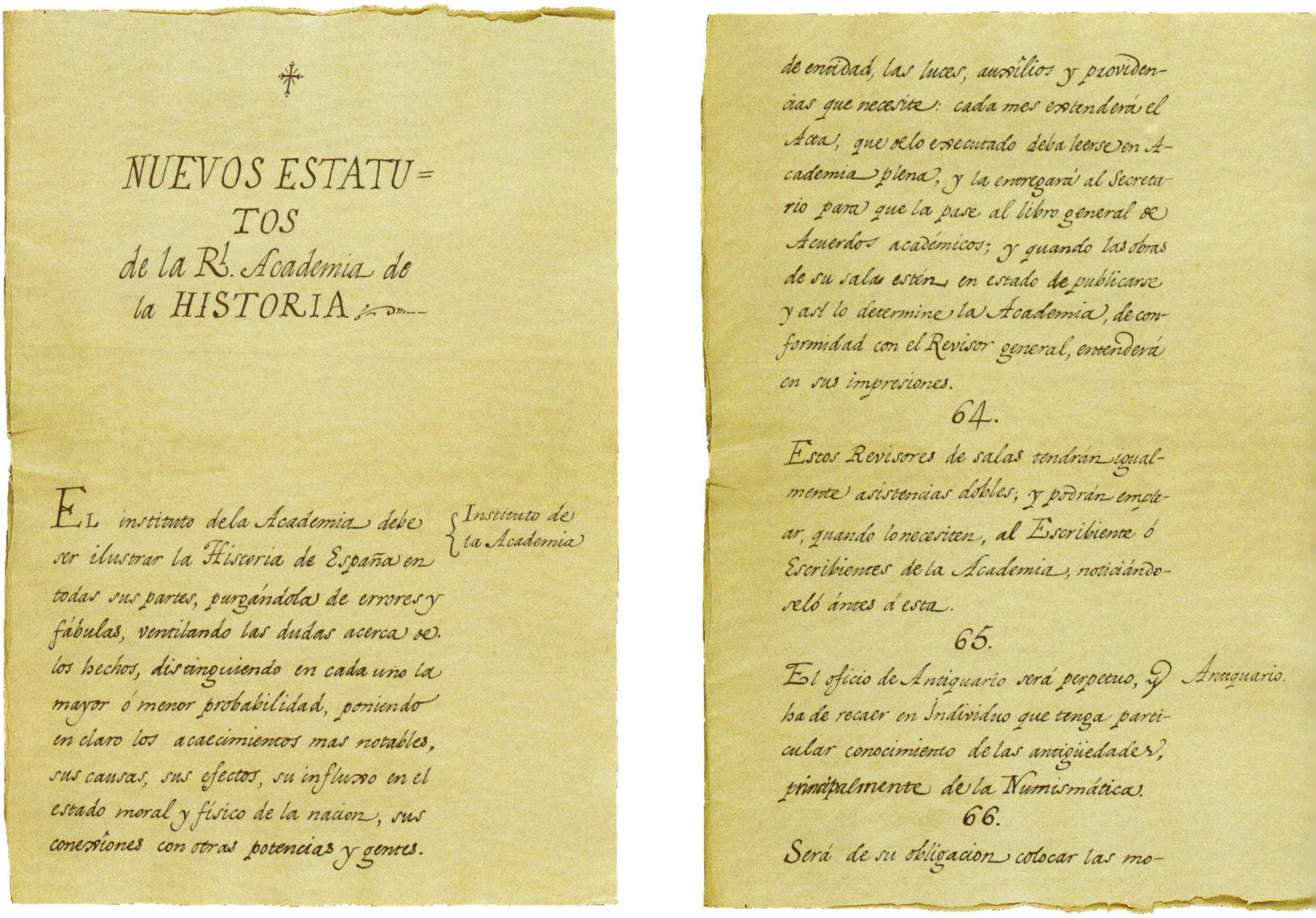

NUEVOS ESTATUTOS
de la Rl. Academia de
la HISTORIA

Instituto de la Academia

EL instituto dela Academia debe ser ilustrar la Historia de España en todas sus partes, purgándola de errores y fábulas, ventilando las dudas acerca de los hechos, distinguiendo en cada uno la mayor ó menor probabilidad, poniendo en claro los acaecimientos mas notables, sus causas, sus efectos, su influxo en el estado moral y físico de la nacion, sus conexiones con otras potencias y gentes.

de entidad, las luces, auxilios y providencias que necesite: cada mes extenderá el Acta, que de lo executado deba leerse en Academia plena, y la entregará al Secretario para que la pase al libro general de Acuerdos académicos; y quando las obras de su sala estén en estado de publicarse y así lo determine la Academia, de conformidad con el Revisor general, entenderá en sus impresiones.

64.

Estos Revisores de salas tendrán igualmente asistencias dobles; y podrán emplear, quando lo necesiten, al Escribiente ó Escribientes de la Academia, noticiándoselo ántes á esta.

65.

Antiquario.

El oficio de Antiquario será perpetuo, y ha de recaer en Individuo que tenga particular conocimiento de las antigüedades, principalmente de la Numismática.

66.

Será de su obligacion colocar las mo-

todos los cuales integran la Comisión de Hacienda y Gobierno [68]. De ellos, el de Anticuario, como los de Secretario y Bibliotecario, desde su constitución son cargos perpetuos, es decir, de carácter vitalicio.

Para su nombramiento, como para los restantes cargos exceptuado el de Director de la Academia, para el que todo numerario es elegible, el Director presenta ternas en una Junta que, desde 1776, se denomina de *proposición de oficios,* y que está compuesta por el Secretario, el Censor y los dos numerarios más antiguos. Pero, en caso de producirse una vacante, el Director nombra un interino hasta que se cubre dicha vacante en la última junta del año.

También es un aspecto de interés la reglamentación que, concretamente, afecta al Gabinete. Los actuales *Estatutos de la Real Academia de la Historia* [69], modificación efectuada en 1962 de los creados en 1792 [70] (fig. 24), dedican el apartado VII a los Cargos, entre los que se incluyen los de Director, Secretario, Censor, Anticuario, Bibliotecario y Tesorero. A continuación, al Director se

[68] Real Academia de la Historia, *Anuario,* Madrid, 1998, p. 54.

[69] Real Academia de la Historia, *Estatutos y Reglamento,* Madrid, 1962.

[70] *Nuevos Estatutos de la Real Academia de la Historia aprobados por S.M. por Real Resolución del 15 de noviembre de 1792 a consulta de la Academia de 4 de octubre del mismo año,* A. Capmany, *op. cit.* nota 12, pp. CXV-CXXXI, con los artículos referidos al Anticuario, en las pp. CXXVI-CXXVII; existe un ejemplar manuscrito, conservado en los archivos de la Secretaría, *Nuevos Estatutos de la Real Academia de la Historia,* en el que los artículos 65 a 71 se refieren al Anticuario.

nedas que posea la Academia, ó que nuevamente se adquieran, en sus respectivas series, explicar sus leyendas, inscripciones y tipos: formar índices y catálogos, así de las medallas como de las demás antigüedades que junte la Academia.

67.

Luego q. estén formados los índices y catálogos de lo que actualmente posee la Academia, dará cuenta en Junta ordinaria; y cada año la dará de lo q. en él se haya adquirido, y de la serie ó sitio en q. se haya colocado.

68.

Será de su obligacion informar sobre los asuntos de antigüedades, así sobre el precio como sobre la rareza y mérito de los monumentos que se remitan á la Academia, ó que esta piense en adquirir: y la Academia no procederá ni á la adquisicion ni á dar informe sin oir antes á su Antiquario.

69.

El gabinete de medallas y demás antigüedades, debe existir en la casa de la Acad.a, pero sus llaves estarán en poder del Antiquario, quien recibirá por inventario q.to hubiese de su inspeccion, y será responsable de ello.

70.

No queriendo el Secretario ocupar la habitacion de la Academia, tendrá derecho preferente á ella el Antiquario, con tal que se encargue de llenar las obligaciones de Bibliotecario y Archivero.

71.

Si ni al Secretario ni al Antiquario acomodasen las expresadas vivienda, y obligaciones que han de estar siempre unidas con ella, serán preferidos los Académicos de Número por su antigüedad.

72.

Bibliotecario y Archivero.

El que tenga los cargos de Bibliotecario y Archivero, recibirá por inventa-

dedican los artículos VIII al X; el XI, al Secretario; el XII, al Censor y el XIII, al Anticuario. Según indican textualmente dichos estatutos, *«Al Anticuario corresponderá custodiar, bajo su responsabilidad, el Gabinete de medallas y antigüedades, formando sus series y catálogos, e informar sobre el mérito y precio de los monumentos que se remitan a la Academia, la cual no resolverá en estos asuntos sin oir antes su dictamen»* [71].

También el *Reglamento actual,* que fue aprobado por la Academia el 10 de Febrero de 1899 [72], trata sobre el *Gabinete de Antigüedades.* A él dedica los artículos 54 a 57. El 54 señala que *«el Anticuario es el conservador del Gabinete de antigüedades y tendrá bajo su responsabilidad todas las llaves».* El 55, indica que *«... hará la adquisición de las monedas y otros objetos de antigüedad que acuerde la Academia»,* detallando cómo, *«en caso de urgencia podrá comprar, de acuerdo con el Director, los que se presenten... siempre que su coste no exceda de una cantidad moderada».* Igualmente señala que *«propondrá a la Academia los cambios convenientes de medallas que tenga dobles o múltiples por otras de que carezca»* y, finalmente, *«propondrá asimismo la compra de obras relativas a numismática y otros objetos arqueológicos que falten en la Biblioteca y sean necesarios».* El artículo 56 se refiere a que *«cuidará de colocar los objetos en sus respectivas series, explicando sus leyendas, inscripciones y tipos y formando de todo índices y catálogos completos, los cuales pondrá en estado de imprimirse cuando lo acuerde la Academia»,* añadiendo también que *«los objetos legados o donados se acompañarán siempre del nombre de la persona que hizo la donación».* Finalmente, en el 57, se le encarga realizar los informes para las *«adquisiciones de medallas o antigüedades por compra, donativo u otro medio»* y, por último, se señala que *«será de su obligación presentar, en diciembre de cada año, una memoria sobre el estado del Gabinete de antigüedades...y de las mejoras que pudieran hacerse».*

Además de lo que recogen los Estatutos y el Reglamento, también se debe tener en cuenta lo que supone la tradición de su aplicación en el funcionamiento del Gabinete de Antigüedades. Según es norma habitual, el Gabinete funciona, al igual que la Biblioteca, como un organismo de conservación y asesoría de la Academia en sus actividades específicas, por lo que se organizan y funciona de manera autónoma. Dentro de estas prácticas, el Anticuario lleva a las Juntas ordinarias, que se celebran los viernes útiles del año, todos aquellos temas que afectan al Gabinete, al igual que el Bibliotecario lleva cuanto afecta a la Biblioteca. En la primera parte de dicha Junta, tras la lectura y aprobación del Acta de la sesión anterior y de los informes oficiales si los hubiere, se analizan las solicitudes llegadas de estudio y de documentación, los préstamos de piezas para exposiciones, las salidas para restauración, las donaciones y compras, etc. El Anticuario se encarga de informar sobre los temas que le incumben, como es preceptivo,

[71] En los estatutos de 1792, más amplios y prolijos, se dedica al *Antiquário* los epígrafes LXV a LXXI, siendo de interés señalar el LXV, que recoge que *«El oficio de anticuario será perpetuo, y ha de recaer en individuo que tenga particular conocimiento de las antigüedades, principalmente de Numismática»,* y el LXIX, *«El Gabinete de medallas y demás antigüedades debe existir en la casa de la Academia; pero sus llaves estarán en poder del Anticuario, quien recibirá por inventario quanto hubiere de su inspección, y será responsable de ello»,* A. Capmany, *op. cit.,* nota 12, p. CXXVI.

[72] Real Academia de la Historia, *op. cit.,* nota 69, pp. 71 s.

pero la decisión se toma colectivamente por todos los académicos presentes, pasando la decisión tomada a las Actas de las Sesiones, donde queda debidamente registrada por el Secretario.

LA INSTALACIÓN ACTUAL: SALAS DE EXPOSICIÓN Y RESERVAS

Apenas tenemos noticias de las diversas instalaciones que ha tenido el Gabinete a lo largo de su historia, especialmente en la calle del Tesoro y en la Casa de la Panadería, primeras sedes ocupadas por la Academia en sus años iniciales. Sólo cabe señalar que, al menos desde 1763, el Gabinete debía disponer de una sala especial, la custodia de cuya llave pasó en 1775 del Secretario al Anticuario de la corporación, pero tampoco hay mucha información de las vicisitudes del Gabinete en el actual edificio.

En la actual sede de la Academia, el Gabinete de Antigüedades está ubicado en dos zonas diferentes: una corresponde al Gabinete de Antigüedades propiamente dicho y otra al Museo o Salas de Exposición, además de ocupar también tres pequeños almacenes repartidos provisionalmente por diferentes estancias del edificio (fig. 25). Hasta hace pocos años, también se utilizaba como sala de exposición el actual Salón de Conferencias situado en la primera planta, donde estaban instaladas las antigüedades prehispánicas, principalmente de la Colección Gayangos, así como la arqueta ebúrnea de D. Martín el Humano.

El *Gabinete de Antigüedades* propiamente dicho está situado actualmente en el primer piso del edificio del *Nuevo Rezado* [73], palacio construido por Juan de Villanueva que tiene su entrada por el nº 21 de la calle León y que fue cedido a la Academia por R.O. del 23 de Julio de 1837, siendo utilizado, tras la necesaria adaptación, a partir de 1874 [74]. En dicho palacio ocupa en la actualidad 4 salas de la primera planta que dan a la calle de Huertas, dos grandes y dos pequeñas, todas las cuales recientemente han sido remodeladas. La primera, había contenido a inicios de siglo cuatro grandes vitrinas, quizás las cedidas por el Ministerio de Fomento en 1895, que posteriormente se debieron trasladar a la sala cuarta, donde han estado depositadas hasta 1997 y en las que se disponían los más variados objetos con una aglomeración muy del siglo XIX (figs. 26 y 27). Al trasladar dichas vitrinas de la primera sala a la cuarta, en su lugar se dispusieron los seis armarios del siglo XVIII con bandejas que contienen el Numario, de las que no consta donde estarían previamente. Pero, en la actualidad, esta primera sala cumple la función de lugar de estudio a la entrada del Gabinete. A continuación, existen dos pequeñas salitas, la segunda, con balcón a la calle, fue en tiempos un pequeño despacho con un empapelado y una estufa del siglo XIX bastante bien conservados.

[73] M. López, *op. cit.* nota 33.

[74] Anuario, *op. cit.*, nota 68, p. XXVII.

Fig. 25. *Plano de la Real Academia de la Historia con el emplazamiento pasado ■, actual ■ y futuro ■ del Gabinete de Antigüedades.* ▼

Fig. 26. *Antigua Sala del Gabinete de Antigüedades*

Fig. 27. *Vitrina del antiguo Gabinete de Antigüedades.*

Aunque había sido trasformado posteriormente en almacén, en la actualidad se le ha devuelto su función de despacho. Respecto a la tercera sala, que es ciega, se utilizaba hasta ahora como lapidario o almacén de las inscripciones, en su gran mayoría, calcos, que estaban dispuestos sobre repisas en los muros; esta sala se ha convertido actualmente en el archivo del Gabinete. Finalmente, la cuarta sala, situada al fondo, contenía hasta la reciente reforma las 4 grandes vitrinas, que originariamente debieron estar situadas en la sala primera, en las que se disponían sobre baldas de cristal todas las antigüedades no expuestas en el Museo, existiendo también en esta sala varias ánforas (fig. 26). Recientemente, en 1997, dicha sala se ha acorazado para albergar el Numario, pues en ella han quedado instalados los seis armarios con las monedas y otra vitrina con las inscripciones en pizarra visigodas.

Fig. 28. *Disposición de la colección de anillos en el antiguo Gabinete de Antigüedades.*

El *Museo* o salas de exposición está situado en el piso principal del Palacio de Molins, justo frente a la Sala para Sesiones Públicas o Solemnes, que ocupa el resto de esa planta. Está formado actualmente por 3 salas, que pueden considerarse cerradas al público, aunque es posible visitarlas previa petición razonada en espera de que se dote del personal necesario y de que se remodelen las instalaciones.

La sala primera contiene los dos sarcófagos de mármol de Hellín y Burguillos; la segunda, cuatro vitrinas con materiales egipcios, griegos, romanos y visigodos, así como los relieves del palacio de Nínive de Senaquerib, de la colección López de Córdoba. Finalmente, la sala tercera ofrece varias vitrinas (fig. 29): en la primera destacan los materiales campaniformes de Ciempozuelos; en la segunda, diversos ajuares argáricos, especialmente de Monteagudo (Murcia) y el torques de Melide; la tercera muestra bronces prerromanos e hispano-romanos, destacando los cascos de la Ría de Huelva y de Quintanarredonda, diversos exvotos ibéricos, algunas téseras celtibéricas, etc.; finalmente, las dos últimas, contienen cerámicas americanas prehispánicas de la Colección Gayangos.

Aparte, se debe tener en cuenta la existencia de varios almacenes. Estos están instalados repartidos por tres salas distintas ubicadas provisionalmente en lugares diferentes del edificio de la Academia. Uno contiene más de 100 cajas con antigüedades, otro, las copias en yeso de objetos e inscripciones y el tercero, los grabados con sus cobres correspondientes [75].

Respecto a las instalaciones y servicios, basta señalar que los inventarios y ficheros existentes están cuidados, pero resultan bastante incompletos y pueden considerarse obsoletos, reflejando en gran medida la carencia de medios de tiempos pasados [76], a pesar de que se refieren a significativos elementos del Patrimonio de una gran potencia cultural como es España. Por otra parte, debe tenerse en cuenta que la mayor parte de las piezas requieren una urgente labor de limpieza y restauración, pues han sufrido la contaminación secular del centro de Madrid. Para esta tarea en estos últimos años ya se ha contado con la generosa colaboración prestada por el Instituto del Patrimonio Histórico Español, que ha ofrecido una importante y eficaz ayuda, que ha sido esencial en la restauración de aquellas piezas que lo requerían con mayor urgencia, entre ellas el Disco o *Missorium* de Teodosio. Pero prácticamente todos los objetos necesitan una limpieza adecuada y muchos de ellos, una restauración más o menos profunda. Igualmente, también se han abordado tareas de mejora y actualización relativas a los sistemas de seguridad existentes contra robo e incendio.

Por todo lo dicho, en la actualidad, el Gabinete de Antigüedades ha emprendido una remodelación cuya finalidad es lograr en un tiempo lo más breve posible disponer de unas instalaciones renovadas, tanto para exponer al público los más interesantes objetos de sus colecciones y la no menos valiosa documentación correspondiente, tan llena de interés, como para mejorar las condiciones de conservación y seguridad de las piezas, así como para facilitar a todos los estudiosos el acceso más fácil y eficaz posible para el estudio de los objetos y de su documentación. En consecuencia, se está en trance de llevar a cabo una labor imprescindible de restauración, catalogación y estudio de las piezas que permita realizar su inventario informatizado y su estudio y publi-

[75] Queremos agradecer y felicitar a los Sres. Eduardo Galán y Antonio Dávila, del Cuerpo Facultativo de Museos, actualmente conservadores del mismo en el Palacio Real, por su eficaz labor en la ordenación de dichos fondos durante sus trabajos de prácticas en el Gabinete de Antigüedades, que fueron facilitadas por la Dirección General de Bellas Artes, a quien igualmente expresamos nuestro reconocimiento.

[76] Como ejemplo, baste señalar que la mayor parte de las fichas están hechas a lápiz, por lo que son de imposible consulta pública, pero más grave es la descontextualización de la mayoría de las piezas respecto a su documentación, que poco a poco se está restableciendo a medida que se estudian los muy ricos archivos.

▲
Fig. 29. *Vista actual de una de las salas del Museo del Gabinete de Antigüedades.*

cación, a fin de cumplimentar con cuanto prescribe el Reglamento vigente, permitiendo a la vez facilitar el acceso público definitivo a todas las colecciones.

Estas tareas se consideran prioritarias en esta fase del Gabinete de Antigüedades, a fin de que esté a la altura que le exigen los tiempos y su largo pasado, tan vinculado a una institución de tanto prestigio y significado en España como la Real Academia de la Historia.

LAS ANTIGÜEDADES

Las colecciones de la Real Academia de la Historia constituyen hoy día un conjunto variado, enriquecido por su importancia histórica y por el valor de algunas piezas de singular relevancia, tal como se deduce de las noticias históricas sobre su formación.

El problema básico de estas ricas colecciones ha sido no habérseles concedido la atención requerida durante largos años por falta de medios y de un cuidado eficaz, lo que explica la ausencia de un inventario y catálogo adecuados y de una labor de restauración continuada para su debida conservación y disfrute por parte del público. Estas carencias han limitado su conocimiento y disfrute, hasta el punto de que el Museo del Gabinete de Antigüedades, en la actualidad, resulta una institución prácticamente cerrada tanto para la visita pública de piezas tan notables como el Disco de Teodosio (fig. 2), el arca ebúrnea de D. Martín de Aragón o el casco corintio de Huelva, etc. (figs. 9 y 31), como para la investigación de sus riquísimos fondos documentales. Por ello, la Academia ha resuelto superar cuanto antes las actuales circunstancias para que este rico conjunto de nuestro Patrimonio se conserve debidamente y pueda ser estudiado por los especialistas y disfrutado por el gran público.

Las *Antigüedades* conservadas en el Gabinete son muy variadas y de muy diversas procedencias, aunque su gran mayoría son españolas. Dentro de la amplia variedad de objetos que contiene, destacan algunas piezas muy significativas, como los vasos campaniformes de Ciempozuelos, el casco griego de Huelva, el Disco de Teodosio o la arqueta ebúrnea del Rey D. Martín, etc. Pero no son de menor interés los relieves asirios, piezas únicas en el Patrimonio Español, la pequeña serie de vasos griegos, etruscos e itálicos, las cerámicas precolombinas, además de algunas otras piezas singulares de época medieval y moderna, como los sarcófagos paleocristianos de Burguillos y Hellín, el velo de Hixem II, dos astrolabios árabes medievales, la «vara» castellana de Felipe II, un «metro» de la Convención de París, etc.

En el catálogo publicado por Juan Catalina García en 1903 se ordena la Sección de Antigüedades en diversos apartados, como se indica en su índice [77]. Este sistema, en principio, resulta válido para dar idea de su contenido general, por lo que puede seguirse dicha clasificación para analizar dichas colecciones y sus piezas más significativas. En consecuencia, esta Sección de Antigüedades se puede organizar en dos grandes conjuntos: Antigüedades Españolas y Antigüedades Extranjeras.

[77] *Vid. supra,* nota 8. Su clasificación es la siguiente: 1.1, Civilizaciones primitivas; 1.2, Arte prerromano; 1.3, Objetos indefinidos; 2.1 Pueblos orientales; 3.1, Antigüedades americanas; 4.1, Civilización clásica; 4.2, Arte hispano-romano; 4.3, Imitaciones clásicas; 4.4, Edad Media (sic); 5.1, Civilización arábiga. Aparte debe considerarse la Colección del Sr. D. Pascual de Gayangos, cuya clasificación se da de manera independiente. Los objetos que se citan en las páginas siguientes se acompañan del nº de este Inventario de 1903.

Las Antigüedades Españolas comprenden diversos objetos prehistóricos, prerromanos, romanos, tardorromanos y visigodos, árabes, cristianos medievales y modernos. En las procedentes del extranjero, cabe diferenciar las Antigüedades Orientales, las Antigüedades Clásicas y las Antigüedades Americanas.

Entre las Antigüedades Españolas Prehistóricas, se debe destacar el rico conjunto de vasos campaniformes de Ciempozuelos

Fig. 30. *Vasos campaniformes de Ciempozuelos, Madrid.*

Fig. 31. *Casco griego hallado en la Ría de Huelva.*

(fig. 30), formado por dos cuencos, varias cazuelas, un vaso y otros fragmentos menores, enriquecido por dos elementos metálicos, un puñalito y un punzón, así como por varios cráneos, uno de ellos trepanado (nº 581). Entre los objetos prehistóricos, también se deben citar algunos ajuares argáricos, procedentes en su mayoría de Monteagudo, Murcia, y algunos instrumentos líticos de Arganda del Rey, destacando una bella hoja de laurel solutrense, así como algunas hachas de bronce, como las procedentes de Cangas de Onís (nº 36-37).

De las Antigüedades Prerromanas, es preciso citar el casco corintio de mediados del siglo VI a.C. (nº 1215), procedente de la Ría de Huelva (fig. 31), pieza esencial que añade a su propio interés su importancia para estudiar las relaciones de la colonización griega con Tartessos. De la Cultura Ibérica, destacan las dos preciosas piezas de bronce de Maquiz (fig. 10), Mengíbar (nº 178-179), pertenecientes a un carro o a un lecho fúnebre, que cabe considerar como una de las grandes creaciones de la toreútica ibérica; también se conserva una pequeña colección de 42 exvotos ibéricos (nº 77-93, 769-770?) y diversas cerámicas y armas ibéricas, destacando un conjunto de Almedinilla de buena calidad, formado por 2 urnas, 4 lanzas, 2 *soliferrea* completos, 3

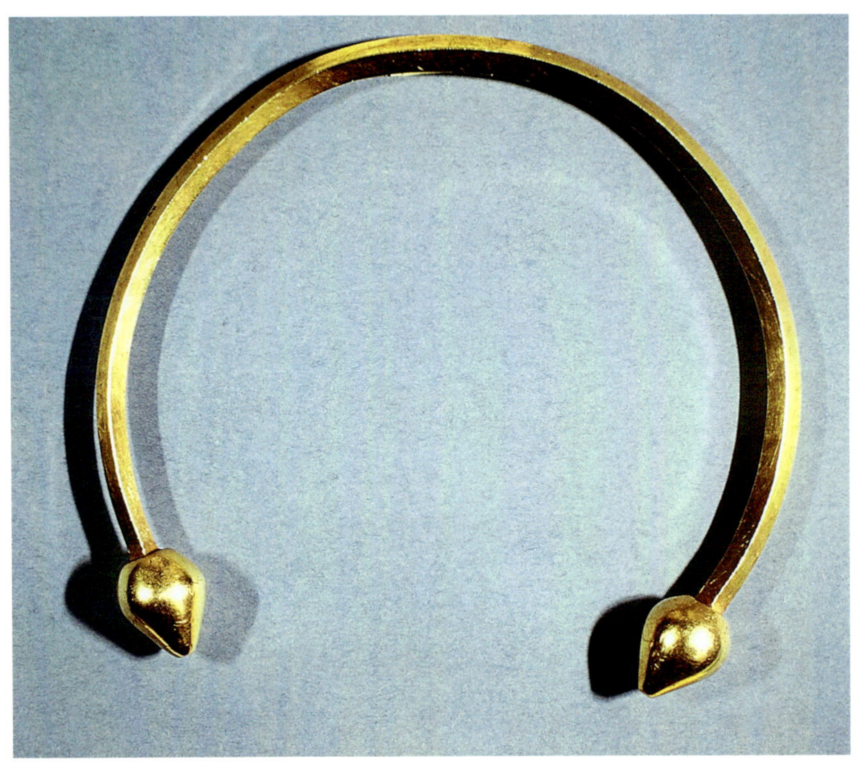

Fig. 32. *Torques galaico de oro procedente de Melide, la Coruña.*

falcatas, 1 espada de frontón, etc. (533-537). De las culturas célticas, es preciso resaltar un magnífico torques de oro galaico procedente de Melide (fig. 32), La Coruña (nº 67), así como el casco céltico de Quintanarredonda, Soria (nº 546), además de cerámicas y otros materiales de Numancia, varias fíbulas de caballito, una pesa, probablemente ibérica (fig. 33), en forma de jabalí (nº 97), etc. El Gabinete también guarda diversos documentos interesantes de epigrafía prerromana (nº 76?, 425, 428, 758?, 765), entre los que hay que destacar el Plomo ibérico de las minas de Gádor (fig. 12), en Almería (nº 52), y varias téseras de hospitalidad (nº 94, 487), una de ellas con la leyenda celtibérica *cortika libiaca kar,* además de calcos importantes de diversas inscripciones y la única reproducción directa conservada de la tésera conocida como «Bronce de Luzaga», Guadalajara, cuyo original se considera perdido desde hace muchos años.

Fig. 33. Pondus *prerromano en forma de jabalí.*

Las Antigüedades Romanas son más variadas si cabe. Tal vez lo más característico sea un pequeño pero selecto grupo de pequeñas esculturas de metal (nº 153-172), entre las que destacan las figurillas de Júpiter Stator y Júpiter Serapis, varias de Venus y Hércules, así como otra de Mercurio y, sobre todo, una de plata (fig. 34), representando al dios Pan (nº 167), etc. Como escultura, destaca una bella cabeza femenina de mármol blanco per-

Fig. 34. *Figurita de plata representando al dios Pan, adquirida por Antonio Delgado.*

teneciente quizás a una estatua de Venus o Diana (fig. 35), procedente de Cádiz (nº 180). Muy dentro del espíritu anticuario, hay que considerar una amplia colección de casi 100 lucernas romanas (nº 238-263, 276-277), alguna de ellas de bronce (nº 407-8), que se completa con algún otro ejemplar griego (nº 850) y paleocristiano (nº 828-831). También hay algunas ánforas completas (fig. 36) y una buena serie de vasos de *terra sigillata,* en gran parte procedente de las excavaciones del siglo pasado en Tarragona. Son de interés igualmente varios *pondera* (nº 413, 446, 459, 828-852), uno de ellos, de gran tamaño, hecho de pórfido verde con su asa de bronce, procedente de Huete, y otro de bronce procedente de Córdoba con sus inscripciones de plata; dos lingotes de plomo (nº 448-449), con la marca *M.P. ROSCEIS. M.F. MAIC* (fig. 37); un glande (nº 545) con la inscripción *CN. MAG. IMP* (fig. 38), etc. De escaso valor arqueológico pero de cierto interés por

Fig. 35. *Cabeza femenina de Diana o Venus procedente de Cádiz.*

Fig. 36. *Anforas romanas conservadas en el Gabinete de Antigüedades.*

su sabor «anticuario», son varios cuadros enmarcados hechos a base de fragmentos de estucos y de mosaicos conservados y expuestos de este modo, muy al estilo de los anticuarios del siglo XIX.

Entre las Antigüedades Tardorromanas y Visigodas destaca, sin lugar a dudas, el famoso Disco de Teodosio (nº 176), pieza máxima de la argentería tardorromana (fig. 2), de la que la Academia conserva toda la documentación referente a su hallazgo y azarosa adquisición, incluyendo la piedra de la litografía de su primera publicación (fig. 14), debida a Antonio Delgado [78].

[78] *Memoria histórico-crítica sobre el gran disco de Theodosio encontrado en Almendralejo.* Madrid, 1849. M. Almagro-Gorbea *et alii* (eds.), *El Disco de Teodosio*, Madrid, 1999 (en prensa).

Fig. 37. *Lingotes de plomo con la leyenda: M.P. ROSCEIS.M.F. MAIC.*

Fig. 38. *Glande de plomo con la inscripción CN. MAG. IMP.*

Pero también son piezas dignas de ser resaltadas los magníficos sarcófagos de Hellín (nº 584), que, en realidad, se ha podido documentar que procede del yacimiento de El Tolmo, y de Burguillos (nº 585), éste hallado en Layos en el siglo XVII (fig. 39), con una serie de escenas que representan la resurección de Lázaro, la curación del ciego, Adán y Eva ante el árbol de la vida, el paralítico de la piscina, una orante en el centro y, a su izquierda, el milagro de las bodas de Canáan, el sacrificio de Isaac y el milagro de Moisés haciendo brotar el agua de una fuente. También conserva una buena serie de ladrillos paleocristianos (nº 635) de diversas procedencias (fig. 40) e, igualmente, cabe destacar en este apartado algunos ajuares visigodos, como varios broches visigodos (fig. 41) de la necrópolis de Uxama (Osma). Más singular es todavía la rica colección de pizarras visigodas, para las que se ha construido un armario exprofeso, pues constituyen un conjunto de inigualable interés epigráfico e histórico [79].

Entre las Antigüedades Árabes, destaca, ante todo, el espléndido *tiraz* bordado de Hixem II (fig. 42), procedente de S. Esteban de Gormaz (nº 749) [80]. Otras dos piezas muy importantes son los dos astrolabios procedentes de la Colección Gayangos (fig. 43), uno firmado por Ahmed ibn Husein ibn Bes, fechado en el 664 de la Hégira, equivalente al 1266 de la Era cristiana (nº 1017), y otro confeccionado por Ibrahim ibn Mohamed ibn Arrocam de Guadix, el 720 de la Hégira, que corresponde al 1320 de la Era (nº 1016). Finalmente, está la bellísima arqueta ebúrnea del rey D. Martín el Humano (fig. 9), seguramente una pieza granadina o siciliana del siglo XIII o inicios del XIV procedente de la Cartuja de Valdecristo, de Segorbe (nº 737) [81]. Pero también merecen ser señalados otros objetos, como candiles de bronce o el homoplato con alfabeto árabe del Cerro del Castillo, de Huete (nº 748), ciertamente una pieza menor, pero quizás la mejor de las de este tipo actualmente conocidas, que son de

[79] *Vid. supra,* nota 61.

[80] R. Amador de los Ríos, Fragmento de *izár* o velo de Hixem II, *BRAH* XXI, 1892, p. 512-513.

[81] R. Amador de los Ríos, Arqueta de marfil, *BRAH* XXI, 1892, p. 510-512.

Fig. 39. *Sarcófago de Layos, Toledo, decorado con escenas bíblicas.*

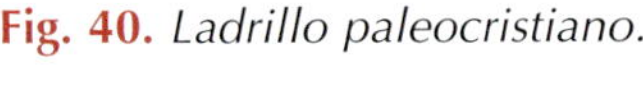

Fig. 40. *Ladrillo paleocristiano.*

tanto interés para conocer la enseñanza del alfabeto árabe en Al Andalus.

Fig. 41. *Broche visigodo de la necrópolis Uxama.*

Las Antigüedades Medievales cristianas son también bastante variadas. Además de un crucifijo de bronce del siglo XII y de algunos cálices de plomo o estaño procedentes de Burgos (nº 660-663), se pueden destacar algunas piezas singulares, como el bacinete (fig. 44), quizás de fabricación aragonesa, de fines del siglo XV procedente de Córdoba (nº 673), con el mote o leyenda en latón dorado [82]:

Fig. 42. *Velo bordado de Hixem II.*

[82] Esta interesante pieza está actualmente en proceso de restauración en el Departamento de Restauración del Patrimonio Nacional; conste por ello a D. Fernando Fernández Miranda, Jefe del mismo, nuestro agradecimiento por las facilidades dadas y a D. Alvaro Soler, Conservador de la Armería Real, las referencias amablemente facilitadas para la clasificación del bacinete.

DICEN MI BIEN E TORMENTO LAS LETRAS DE AQUESTE ASIENTO. También cabe señalar una bella maza de hierro hallada en Torre Mormojón, Palencia (nº 685), y un puñal del siglo XV cuya inscripción indica estar hecho en Soria (nº 680), así como varios sellos medievales (nº 637-648).

Fig. 43. *Astrolabios árabes de los siglos XIII y XIV.*

Las Antigüedades Modernas representan un conjunto todavía mas variopinto, dentro de la tradición de lo que llegaron a ser los gabinetes de antigüedades. En ellas se incluye desde piezas como un montante o gran espadón de hierro del siglo XVI (nº 674), hasta otras tan comunes como una daga de acero con cachas de hueso. Llama la atención una preciosa baraja de 40 naipes (fig. 45) fechada en 1524, hallada en la Torre de los Lujanes, en Madrid (nº 668). Pero entre los variados objetos de esta época, seguramente hay que destacar la vara castellana de Toledo (fig. 46) mandada hacer por Felipe II en 1568 (nº 683), de la que se conserva una copia de 1791 guardado junto con otra vara en madera del Almotacén de Madrid y la equivalencia de estas medidas obtenida en 1791 por Jorge Juan respecto a la toesa de París, por lo que constituye un conjunto de importancia extraordinaria en la historia de la metrología de la Península Ibérica. Igualmente, se conserva una piezas del metro Lenoir (nº 681).

Dentro de la diversidad de elementos que contiene este apartado, aún se puede hacer referencia al traje de gala y a las insignias y el anillo con sello en un gran topacio donados por el Conde de Cartagena (fig. 47) o a la corona de oro (fig. 48) y

Fig. 44. *Bacinete del siglo XV .*

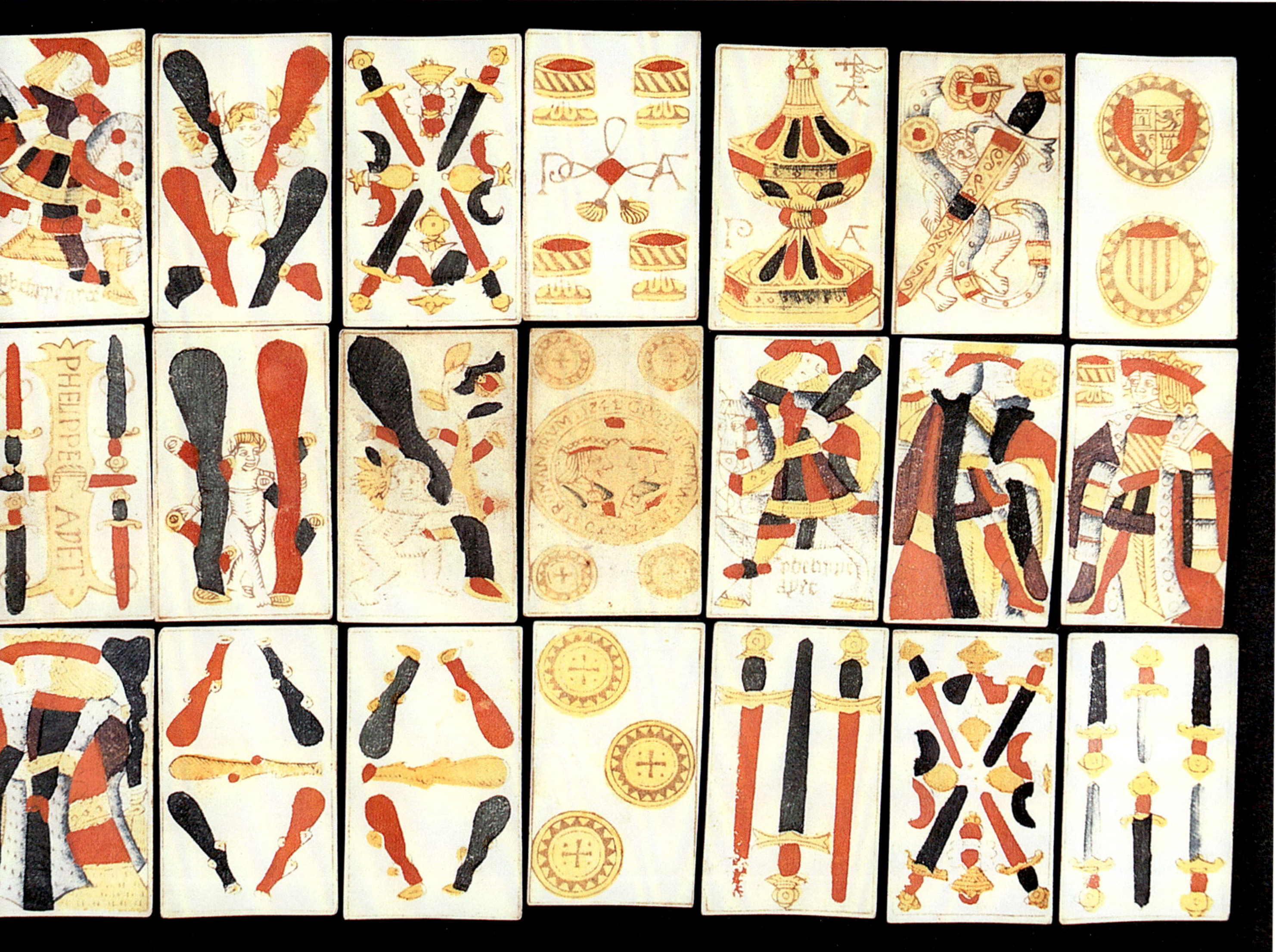

▲
Fig. 45. *Baraja de 40 naipes de 1524 hallada en la Torre de los Lujanes, Madrid.*

la bandeja de plata con que fue coronado por Isabel II el poeta Manuel José Quintana en 1855 (nº 1040-1041). Pero aún es más sorprendente encontrar objetos como la llave de la tumba de Javier de Isturitz (GA, Ref. A4/2b/14). Por último, no hay que olvidar algunas falsificaciones (nº 76, 100, etc.), cosa muy característica de este tipo de colecciones. Entre las más interesantes existentes, se puede destacar las de la supuesta Tumba egipcia hallada en Tarragona a mediados del siglo pasado (nº 112-113), invención que tanto ha despertado desde entonces la curiosidad[83] (fig. 49).

Igualmente, también resultan muy características del Gabinete un buen conjunto de reproducciones, la mayor parte en yeso, alguna de ellas merecedora de atención. Sin contar las epigráficas, que por su número e interés merecen un estudio detalla-

[83] C. Marcos y E. Pons, Sobre falsificaciones egipcias de Tarragona a mediados del siglo XIX, *Boletín del Museo Arqueológico Nacional* 14, 1996, pp. 157-177.

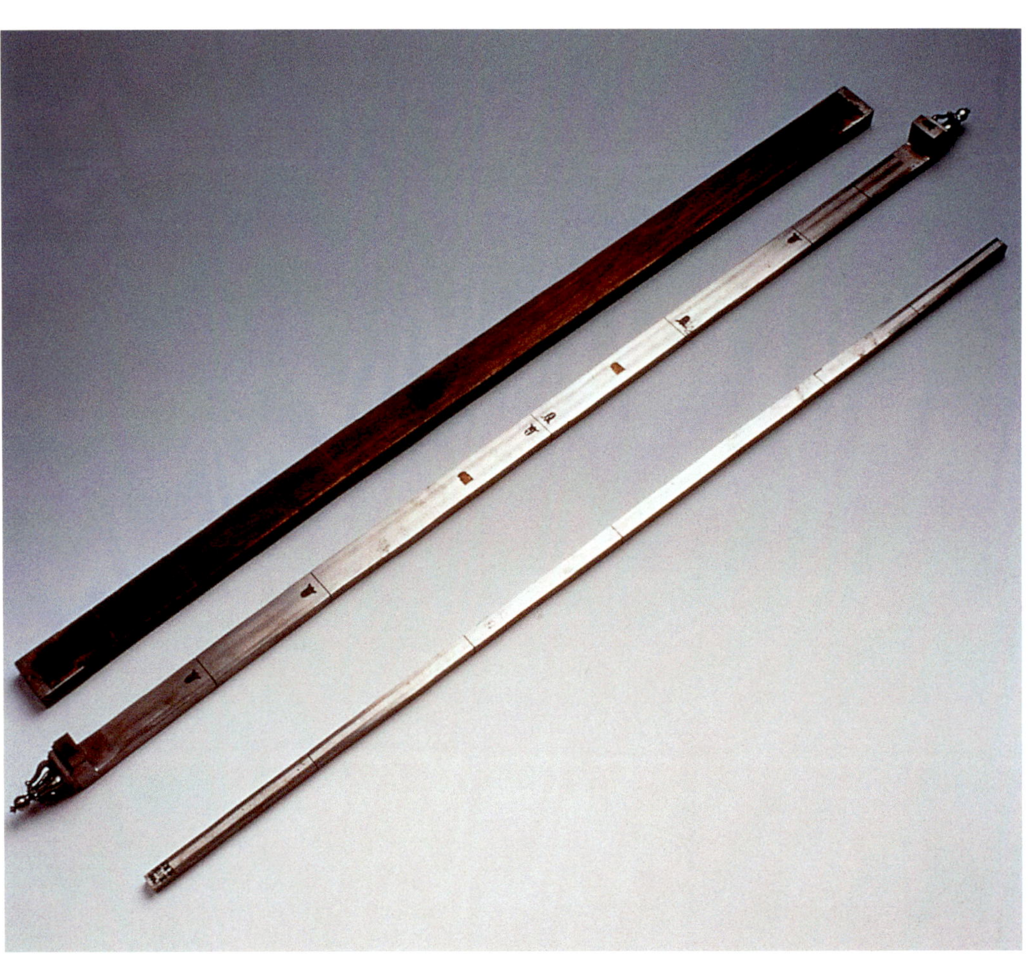

Fig. 46. *«Vara de Burgos» encargada por Felipe II y controlada por Jorge Juan en el siglo XVIII.*

[83a] J. M. Abascal y H. Gimeno, *Catálogo del Gabinete de Antigüedades de la Real Academia de la Historia. Epigrafía,* Madrid, 1999 (en prensa).

do [83a], cabe incluir aquí desde una cuidadosísima reproducción pintada del Sacrificio de Ifigenia (nº 212), regalo de Sr. Paluzie en 1857 (fig. 18), a una reproducción de la pátera de Otañes, hecha en el propio pueblo, otra de los vasos de Vicarello, con las mansiones de la vía romana de *Gades* a Roma, otra de la tabla de bronce de la *turma Salluitana,* etc.

Fig. 47. *Sello en forma de anillo del Duque de Cartagena.*

Fig. 48. *Corona de oro regalada al poeta Manuel José Quintana.*

Fig. 49. *Una de las falsificaciones «egipcias» de Tarragona.*

La colección de Antigüedades Extranjeras procede, en su mayor parte, de la Colección de D. Pascual de Gayangos. La importancia intrínseca de estas piezas resulta algo menor, aunque ofrecen el interés de reflejar una moda surgida en la burguesía europea del siglo XIX siguiendo la tradición de los anticuarios del Renacimiento y de la Ilustración, moda que se vió acrecentada por los descubrimientos y excavaciones desarrollados a partir del siglo XIX en Italia, Grecia y, especialmente, en Oriente. Si se sigue la clasificación del Inventario, además de algunos objetos de «civilizaciones primitivas» sin mayor importancia, cabe señalar, entre las Antigüedades Egipcias, diversos ushebtis (fig. 50) y esculturitas de bronce, de Isis, Horus, Osiris (fig. 51), etc. (nº 104-116, 775-807). En este apartado, destacan por su importancia y belleza dos fragmentos de bajorrelieves asirios en alabastro (figs. 11 y 52) del palacio real de Senaquerib en

Nínive (nº 118), además de una inscripción, también en alabastro, con el título de dicho rey. Todos ellos, procedentes del palacio de Nebi Younus, Nínive, fueron regalados por D. Antonio López de Córdoba en 1851 [84]. En este apartado, heterogéneo por su formación y procedencia, igualmente cabría incluir algunas figurillas «indostánicas» o indochinas de los siglos XVIII y XIX, que no ofrecen particular interés (nº 123, 808-809).

Fig. 50. *Ushebti egipcio.*

[84] Inicialmente citadas por A. de Longpérier, *Notice des antiquités assyriennes... du Louvre (3e. Ed),* Paris, 1854; J.F. Riaño, Inscripción asiria, *BRAH* 27, 1895, pp. 264-266; J.E. Reade, The neo-assyrian court and army: evidence, from the sculptures, *Iraq* 34, 1972, pp. 87-112, indica su adquisición en 1851 y que se desconoce de qué habitación podían proceder estos relieves, aunque los atribuye a la guardia personal de Senaquerib (id., p. 103 y 110, lám. XXXVIIa); J.M. Peñuela, Tres restos de lápida asirios en la Real Academia de la Historia, *Sefarad* 26, 1966, pp. 247-252; R. D. Barnett, *Sculptures from the Southwest Palace of Sennacherib at Niniveh,* London, 1998, p. 73, lám. 141, nº 205-206, donde se atribuyen a la sala IX.

Entre la pequeña colección de Antigüedades Clásicas, destacan algunos vasos griegos, todos de pequeño tamaño (nº 822 y ss., 855, 856, 857-873, 881-920). Entre ellos se puede señalar un aríbalos corintio y varios vasos áticos, como un *kylix* de figuras negras de hacia el 500 a.C. (fig. 53) con una lucha de guerreros (nº 860), un *lekithos* y un pequeño *oinochoe* con escenas de género del siglo IV a.C. (nº 861, 882) y diversas piezas de barniz negro y suditálicas, entre las que destaca un bello *kántharos* apulio de la segunda mitad del siglo IV a.C. (fig. 54). De procedencia etrusca deben considerarse un *kantharos* de *bucchero nero* y varios vasos de *impasto,* entre ellos dos copas (nº 870, 883) con decoración grabada de lotos orientalizante (fig. 55). Igualmente, la colección ofrece algunas figuras de terracota (nº 930, 933-935) y dos ungüentarios greco-púnicos de pasta de vidrio multicolor (nº 810 y 813), uno de ellos en forma de anforita (fig. 56). En este apartado también cabe incluir buena parte de la colección de joyas, griegas, etruscas y romanas, que contiene diversos anillos

Fig. 51. *Figurita egipcia de Osiris.*

Fig. 52. *Relieve asirio con un palafrenero del Palacio de Senaquerib en Nínive.*

Fig. 53. *Kylix ático con guerreros.*

(nº 203-211, 469-473, 493-7, 693-697) y algunos zarcillos de oro (nº 71, 129, 130, 131, 517) y en la que cabría destacar una laminilla griega en forma de hoja de laurel hallada en el Cerámico de Atenas (nº 574) y un collar etrusco del siglo IV a.C. con su bula (fig. 57), pieza muy rehecha en la restauración sufrida en el siglo pasado (nº 978). Finalmente, también incluye esta colección alguna pequeña escultura de mármol y algunos pequeños bronces romanos (nº 939-961).

Fig. 54. *Kantharos apulio del siglo IV a.C.*

Por último, se debe hacer referencia a las Antigüedades Americanas, constituidas en su mayoría por *huacos* o cerámicas precolombinas de formas más o menos llamativas (nº 1021-1028). En la colección cabe señalar un ídolo de tipo Chapalo, del periodo Jalico (1-500 de JC.) y diversos vasos chimús del Perú, del 1200-1470 de JC (nº 916, 1021-1022, 1053-1056), de color negro, uno con un personaje llevando un animal a la espalda, otro con un mono rojo (fig. 58), etc., así como vasos nazcas (nº 1059. 1060. 1063), uno de ellos en forma de mujer-botijo (fig. 17), y mochicas, como uno pintado con langostas (nº 1057; fig. 59), otro en forma de personaje entre pájaros (nº 1051; fig. 60), una figura de estilo Chicuase (fig. 61), un ídolo de Costa Rica, varios objetos de la zona de Malchinguí, Ecuador [85], etc.

[85] César Alfonso Pastor, Barros precolombianos de Ecuador, *BRAH* LXXII, 1918, pp. 484-495.

Fig. 55. *Vaso etrusco orientalizante de impasto.*

Fig. 56. *Ungüentario greco-púnico en forma de anforita.*

Dentro del Gabinete de Antigüedades, una referencia especial debe hacerse a sus ricos fondos epigráficos, que revelan el interés que desde el siglo XVIII han debido suscitar en la Academia los hallazgos de Epigrafía, hasta el punto de que, hasta la reciente reorganización, existía una pequeña sala especialmente dedicada a estos objetos, donde en la actualidad se custodia el archivo del Gabinete, en la que estaban dispuestas ali-

Fig. 57. *Joyas etruscas.*

▲ **Fig. 58.** *Vaso chimú en forma de mono.*

Fig. 59. *Vaso mochica decorado con una langosta.* ▼

◄ **Fig. 60.** *Vaso mochica con personaje entre pájaros.*

► **Fig. 61.** *Figura de estilo Chicuase.*

▲
Fig. 62. *Inscripción real asiria del Palacio de Senacherib en Nínive.*

neadas sobre repisas una serie de inscripciones, en su mayoría moldes [86].

De las inscripciones existentes, cabe señalar por su exotismo el título honorífico del rey asirio Senaquerib (fig. 62), pieza ya citada procedente de su palacio de Nínive [87], más un fragmento de papiro egipcio y un códice médico ceilandés en hojas de palma (fig. 63), posiblemente del siglo XIX.

Pero su mayor interés radica en los numerosos calcos conservados de inscripciones, que dan idea de la ingente labor de recopilación y documentación llevada a cabo por la Academia gracias a sus Anticuarios y colaboradores, entre los que hay que considerar la red de Correspondientes, con figuras tan destacadas como el P. Fita, labor que tanto contribuyó a la redacción del *Corpus Inscriptionum Latinarum*.

Entre las piezas más destacadas, cabe enumerar los calcos del Puente de Alcántara, tanto de las inscripciones romanas como de alguna de época árabe; también son muy interesantes los de las inscripciones del Cerro de los Santos (fig. 64) y en la Academia se conserva, igualmente, como se ha indicado, la única reproducción fotográfica de la Tésera de Luzaga (fig. 65), importante inscripción celtibérica actualmente en paradero desconocido. Entre las inscripciones originales conservadas en el Gabine-

[86] El estudio de esta colección ha sido emprendido por la Dra. Helena Gimeno y el Prof. Dr. J.M. Abascal, a quienes agradecemos su desinteresada ayuda para llevar a cabo el *Catálogo del Gabinete de Antigüedades. Epigrafía,* actualmente en avanzado estado de preparación.

[87] La lectura dada por J.F. Riaño, según el Prof. A.H. Sayce, de la Universidad de Oxford, básicamente coincide con la de J.M. Peñuela: «*Palacio de Senacherib / rey grande, rey universal, / rey de Asiria, héroe poderoso / señor de todos los príncipes*», *op. cit.*, nota 84.

▲ **Fig. 63.** *Códice medicinal ceilandés sobre hojas de palma.*

te, hay que resaltar una famosa inscripción púnica de Villaricos, actualmente depositada en el Museo Arqueológico Nacional (fig. 66), la inscripción ibérica de Gádor (nº 52; fig. 12) y dos téseras celtibéricas (nº 94; fig. 15), mientras que gran parte de las romanas fueron cedidas en depósito al Museo Arqueológico Nacional, aunque aún se conserva una muy bella inscripción de un *Reburrus* (CIL II, 938 y 5343) y otra paleocristiana del siglo V de JC. de *Bonifatia coniux Silvani*[88] (fig. 67). Pero, quizás, el

[88] J. Vives, *Las inscripciones cristianas de la España romana y visigoda*, Barcelona, 1962, p. 18, nº 23; J.Mª. Navascués, *Conceptos de la Epigrafía, consideraciones sobre la necesidad de su ampliación*, Madrid, 1953, pp. 54-56.

▶ **Fig. 64.** *Calco de una inscripción del Cerro de los Santos hecho en papel de estaño.*

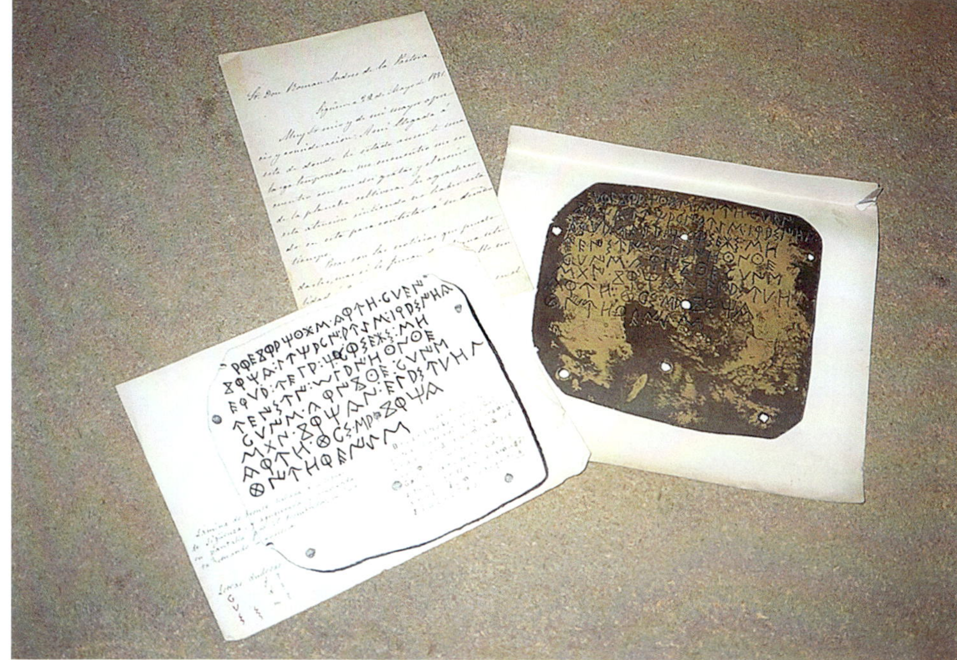

Fig. 65. Daguerrotipo y transcripción *de la tésera celtibérica de Luzaga.*

conjunto epigráfico más interesante seguramente son las ya citadas pizarras visigodas (fig. 68), en su mayoría procedentes de Ávila y Salamanca, con documentos diversos, especialmente de contabilidad, pudiéndose añadir también la escápula con alfabeto árabe (fig. 69), procedente de Huete (nº 748), por su buena conservación y esmerada caligrafía, que la convierten en una de las mejores piezas conocidas de este tipo de documento tan característicos de la España musulmana.

Fig. 66. *Inscripción púnica de Villaricos, actualmente depositada en el Museo Arqueológico Nacional.*

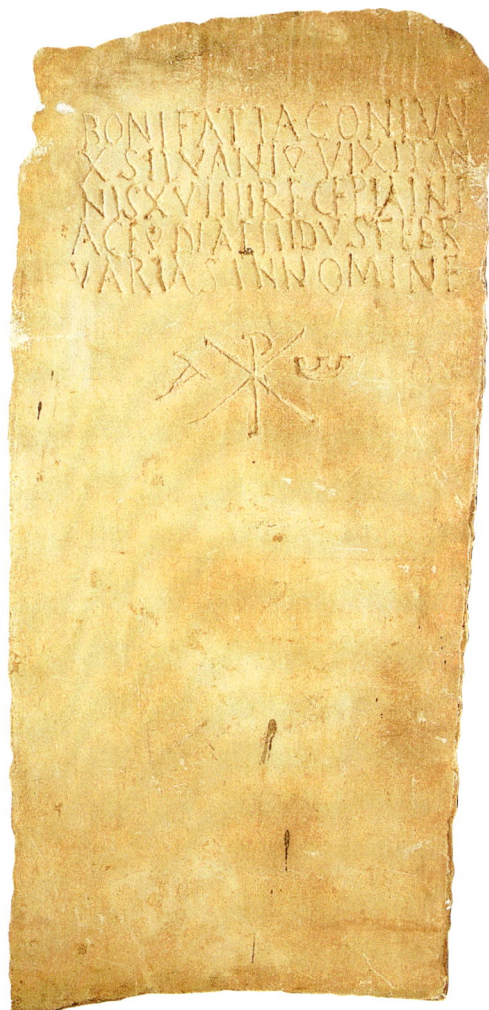

Fig. 67. *Estela funeraria tardorromana de* Bonifatia.

Fig. 68. *Pizarra visigoda de El Barredo, Cáceres, con una carta.*

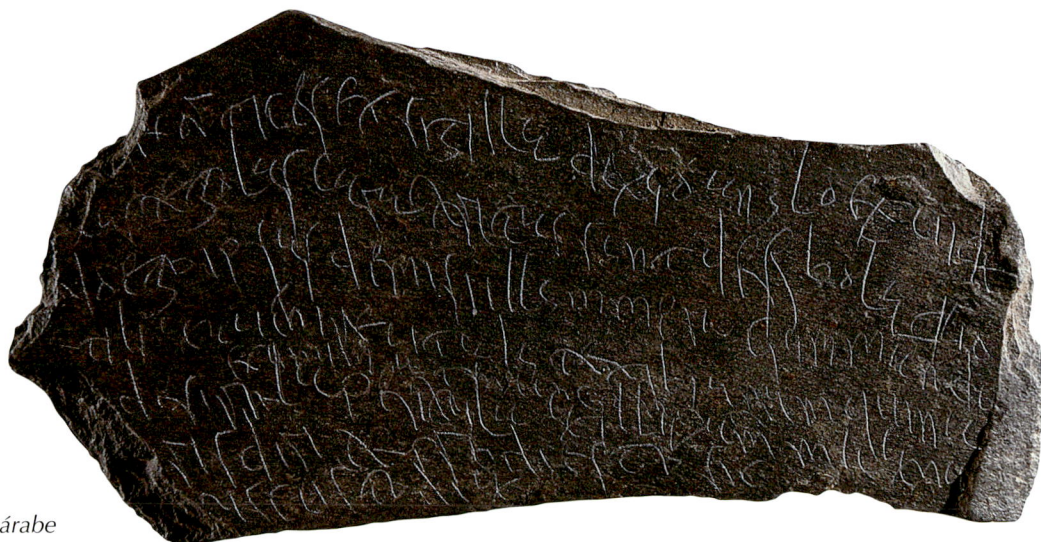

Fig. 69. *Escápula con alfabeto árabe procedente de Huete (Cuenca).*

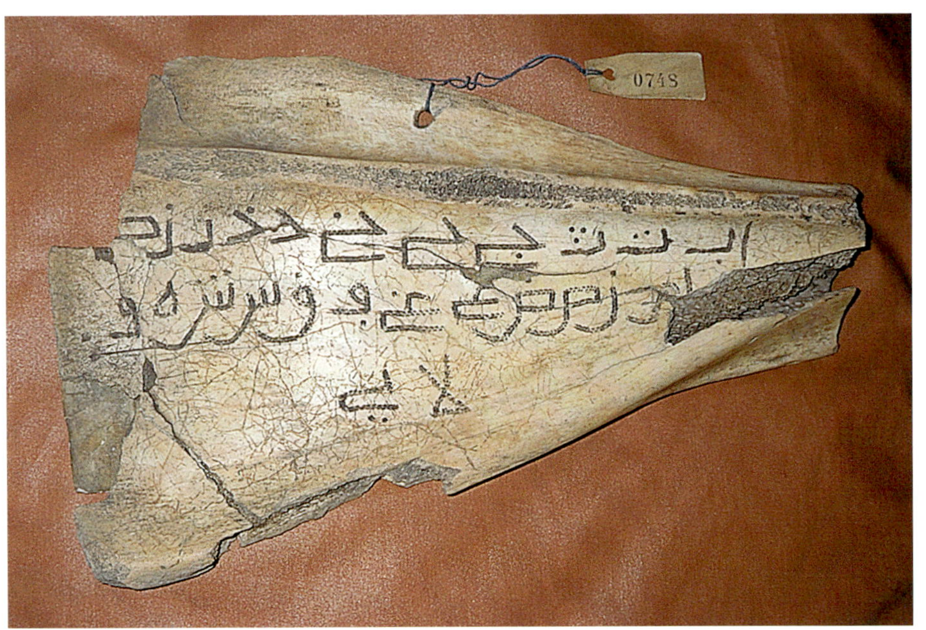

Si a estos documentos se añade la riquísima documentación existente, se comprende el interés que siempre debió sentir la Academia por la Epigrafía y los documentos escritos, por considerarlos como uno de los más fieles testimonios de la Historia, a cuyo servicio estaba la institución. Este hecho explica la importancia numérica, la calidad y la particular relevancia historiográfica de la colección epigráfica del Gabinete de Antigüedades, así como que dicha colección, junto con la de monedas, gozara de especial personalidad.

EL NUMARIO [89]

Dentro del Gabinete de Antigüedades siempre se consideró de particular importancia su rica colección de monedas, por lo que el Numario parece haber tenido una especial personalidad. Fue, al parecer, una donación real, la «apreciable» colección de monedas regalada en 1751 por Fernando VI (fig. 3), lo que debió dar origen al futuro *Gabinete de Antigüedades*. Este tipo de donativos regios se repitió de forma parecida en los reinados siguientes, y tras la creación del Gabinete, a ellos se fue añadiendo la compra de piezas y de diversas colecciones en cantidades aún más numerosas, pues en el memorial elevado a Carlos III se habla de un *«copioso monetario»* [90], del que se tiene noticias por A. Capmany en 1796 [91]. Este autor señala, a fines del siglo XVIII, que su inicio fue una iniciativa de Fernando VI en 1750, recogiendo la compra de un monetario en 1751 y de las colecciones del Marqués de la Cañada en 1766 y del Conde de Saceda, así como el pago de 200 ducados a D. Miguel Pérez Pastor, el I Anticuario, *«por haberlo coordinado, aumentado y custodiado»*. Señala que había 200 monedas de plata y 2000 de cobre celtibéricas, 800 coloniales, 17 godas, de las árabes, 55 de oro, 462 de plata y 846 de cobre, no indicando el número de cristianas. De Macedonia, 40 de oro, plata y cobre, de los Seleúcidas, 52, y 30 de los Ptolomeos, etc. De Grecia, 400 de los tres metales y de Roma, 600 republicanas o *«consulares»*, 157 de oro, 1000 de plata y 1000 grandes bronces, 600 medianos y 1500 pequeños, además de *«50 medallones griegos y latinos»*, existiendo ejemplares de diversos países de Europa, especialmente de Rusia, lo que da idea de la importancia de la colección, que sumaba unas 12.000 monedas, incluidas las duplicadas [91a].

89 Sobre las colecciones numismáticas puede verse, V. Barrantes, *op. cit.* nota 19, y Francisca Chaves, «La Colección de monedas y medallas», en este mismo volumen.

90 M. López, *op. cit.* nota 33, p. 784.

91 A. Capmany, *op. cit.*, nota 12, pp. CV-CXI.

91a Sin embargo, alguna de las principales piezas de esta colección están actualmente en paradero desconocido, desaparecidas quizás durante la Invasión Napoleónica. Aunque no se ha encontrado documentación sobre este tema, parecen darse ya por perdidas en la obra *Colección de los retratos de los Reyes de España desde Felipe II a Carlos III, y diseños de todas las monedas acuñadas en los respectivos reinados..., según las originales que en los años de 1773 existían en la Real Academia de la Historia y se sacaron sus dibujos, con un índice explicación de ellas,* Madrid, 1817 (Imprenta de Don Ventura Cano; folio).

Fig. 70. *«Memoria de las monedas de Aragón», conservada en el archivo del Numario.*

Pero, además, el indudable interés de esta colección de monedas y medallas se acrecienta por la muy rica documentación conservada sobre ellas (fig. 70), prácticamente toda inédita aunque actualmente en estudio [92], ya que el número de documentos referente a ella supone, aproximadamente, más del doble que los que conserva el archivo de las antigüedades, lo que da idea del mayor cuidado que se prestó al Numario desde su creación a mediados del siglo XVIII (fig. 5 y 6). En efecto, se conservan abundantes referencias a donaciones y compras de las colecciones numismáticas existentes, así como sobre su ordenación y catalogación e, incluso, noticias de la procedencia de muchas piezas, pues, entre estos documentos, también hay estudios y noticias de hallazgos, entre los que se incluyen diversos tesorillos hasta el presente desconocidos.

Las monedas fue la principal preocupación del Anticuario desde la creación de este oficio en 1763, aunque sólo el 31 de Marzo de 1775 pasaron a su cargo las llaves del monetario, hasta entonces custodiadas por el Secretario. Con anterioridad, parece desprenderse de algunas alusiones que las monedas se guardaban inicialmente en la casa del Director y, también, en la de alguno de los académicos [93].

Aunque la documentación no es del todo precisa, el sobrio estilo Luis XV de los armarios o *burós* del monetario, decorados con simples rocallas, hace suponer que se habrían hecho hacia mediados del siglo XVIII (fig. 71). Aunque existe la referencia a que el 6 de agosto de 1751 se compró un monetario [94], parece lógico pensar que los muebles actuales se debieron haber encargado al pasar la Academia en 1785 a su nuevo domicilio en la Casa de la Panadería, por lo que podría ser a estos muebles a los que se refería en su Memoria el Anticuario Francisco de Guevara al declarar que, cuando entregó las llaves del monetario a su sucesor, Joaquín Traggia, había dejado las monedas *«colocadas en los armarios con distinción y orden»*. Sin embargo, existen otras referencias anteriores, por ahora insuficientemente precisas, que indican la existencia de armarios para la clasificación de las monedas. La más antigua puede considerarse que, en el catálogo iniciado por el primer Anticuario, Miguel Pérez Pastor, en 1763, ya aparecen las monedas ordenadas por bandejas y armarios, lo que hace suponer que, al menos desde entonces, se guardarían en dichos armarios o en unos similares [95]. Otro documento del 6 de Abril de 1771 refiere diversos gastos relacionados con la realización de dos muebles o armarios del monetario *«hermoso y muy lucido»*, lo que indica que en esa fecha ya estarían en uso [96]. Poco más se sabe de dónde y cómo estaba dispuesto, aunque cabe conjeturar que sería en una habitación cerrada, cuya llave guardaba inicialmente el Secretario hasta que pasó a poder del Anticuario.

[92] El documento más antiguo del Numario hasta ahora conocido data de 1749 (fig. 3). Es un *Discurso del Rº. Alejandro Panel (francés) sobre tres monedas halladas en el camino de Guadarrama (Explications de deux Médailles: l'une, du Municipe Bilbilis; l'autre de la Colonia Caesaraugusta», par le P. Panel de la Compagnie de Jésus)*, remitido por el Marqués de la Ensenada, que lo firma en el *Buen Retiro, 30 de Dizbre. de 1749* (GN, Legajo 17, nº 1). En él se estudian tres ases de Augusto, uno de Bilbilis y dos de Caesaraugusta, que *Le roy m'ordonne de lui expliquer de quels Princes sont...*, labor en la que el autor emplea 30 folios muy llenos de erudición de la época. La importancia de este documento no estriba tanto en el hallazgo que relata, sino en revelar el interés que mostraba el rey Fernando VI por las monedas. Por otra parte, también parece indicar que el P. Alexandre Xavier Panel (Nozeroy, Jura, 1699 – Madrid, 1777), llamado a España en 1738 para ser preceptor de los infantes y del futuro rey Fernando VI, siendo el conservador del Gabinete Real de Medallas (C. Sommervogel, S.I., *Bibliothèque de la Compagnie de Jesús*, vol. VI, Bruxelles-Paris, 1895, cols. 162-166), debió también haber jugado un papel determinante en la idea de formar la colección de la Academia, pues a él pudiera deberse, incluso, el diseño de los armarios del monetario (GN 55/22, del 2.1.1772).

[93] Un indicio en este sentido es que en el memorial elevado a Carlos III para solicitar un local adecuado para la Academia se indica que *«andaban los efectos errantes de casa en casa cada vez que mudaba el Director o Secretario, con riesgo de extravío...»* (M. López, *op. cit.* nota 33, p. 784; otro testimonio es que, el 27.12.1764, Francisco de Rivera recibe de D. Lorenzo Diéguez, Secretario Perpetuo, 418 monedas... *en su monetario que existe en la casa del Sr. Tesorero...*, cf. GN, Leg. 54, Carp. 3, Secc. 22). También un Informe del 7.8.1767 plantea dónde dejar el Monetario al *«removerlo de la casa mortuoria del difunto Sr. Domínguez...»* y en él *«se previene que desde su principio se matuvo siempre en la del Sr. Director»* (GN, Leg. 54, Carp. 4, Sec. 22). Igualmente, A. Rumeu, *op. cit.* nota 2, p. 111, indica que en esta primera etapa también los libros y documentos se guardaban en la casa del primer director, D. Agustín de Montiano, lo que documenta una propuesta de acuerdo del 7 de Agosto de 1767 (GN Leg. 17/ nº 14) *»Sobre el sitio donde se había de colocar el monetario»*, en la que se indica que *«habiendo nacido el monetario en Casa del Sr. Director Montiano* (1738-1764), *y conservándose en ella hasta su fallecimiento... este principio debería ser consecuente con todos los señores Directores...»*.

[94] A. Capmany, *op. cit.*, nota 12, p. CVI.

En 1763 se había elegido para dicho oficio a *D. Miguel Pérez Pastor y Molleto*[97] a fin de que atendiera el Numario. Pérez Pastor inició inmediatamente un catálogo del que se conservan los dos volúmenes iniciales[98] (fig. 72). Tras su temprana muerte ocurrida en ese mismo año, se documenta en los años siguientes la inquietud de los académicos sobre el estado de la colección[99], inquietud que obligó a actuar al propio Conde de Campomanes, a la sazón Director de la Academia, quien, según indica la documentación conservada, acabó interviniendo personalmente.

De estos trabajos de catalogación preliminares, se sabe que el 13.5.1785 se habían reordenado las series de oro y plata imperiales romanas. En un documento de 1786 se conserva una breve clasificación del Monetario de la Academia y, aunque no precisa la fecha ni el autor, es evidente que por esos años se había hecho ya un breve catálogo de las monedas romanas. El 30.8.1793 consta el arreglo de las medallas árabes de la Academia por Joséf Banqueri. Sin embargo, el documento más significativo debe consi-

Fig. 71. *Buró del Numario del siglo XVIII.*

[95] M. Pérez Pastor, *Catálogo del Monetario,* vols. I y II (GN, Leg. 17/nº 9/ 1759; cfr. infra), en los que cada burò, nombre con que se denominan a estos armarios, aparece dividido en 64 *gabetas* o cajones, que contenían, a su vez, bandejas con 40 piezas cada una. Esta referencia hace suponer que en esta época ya estaría hecho al menos parte del actual mobiliario, formado por los seis armarios en los que, desde entonces, se guarda la mayor parte y lo más selecto del monetario del Gabinete. Además, dichos muebles, a juzgar por su estilo y decoración a base de simples rocallas, pueden perfectamente atribuirse a mediados del siglo XVIII, como se ha señalado.

[96] GN leg. 55/22; El mismo documento señala que se habían pagado 60 doblones por dos armarios a juzgar por una factura del día 2 de Enero de 1772 firmada por el maestro Joseph García Ramírez, aunque otro documento de ese legajo indica que «*los dos Monetarios de la Academia se hicieron por encargo del P. Panel. Después de hechos no los quiso y se quedó con ellos el ebanista, de quien se compraron.... fue en tiempo de Dn. Sebastián del Castillo*», quién fue Secretario interino de la Academia en 1741 y 1742 y en propiedad, de 1743 a 1759, así como Cronista de Indias en 1744 (RAH, *Anuario,* p. XXI y 88), dato que parece confirmar que el Numario se empezó a organizar ya en tiempos de Fernando VI.

[97] Véase su biografía en el Apéndice I.

[98] *Discurso y Catálogo de el /Monetario de la / Academia. / Por / El Señor Dn. Miguel Perez Pastor/ con / El dictamen de los señores revisores* (3 vols., 8º); uno, con el discurso y su dictamen y dos de catálogo, que incluyen el *Burò* 1º y el *Burò* 2º, respectivamente.

[99] Por ejemplo, uno de los documentos dice textualmente: «*existen otras muchas (monedas) sin orden, ni separación por haber faltado el Sr Pastor, que sabía colocarlas en su lugar...*» (GN, Leg. 54, Carp. 3, Secc. 22).

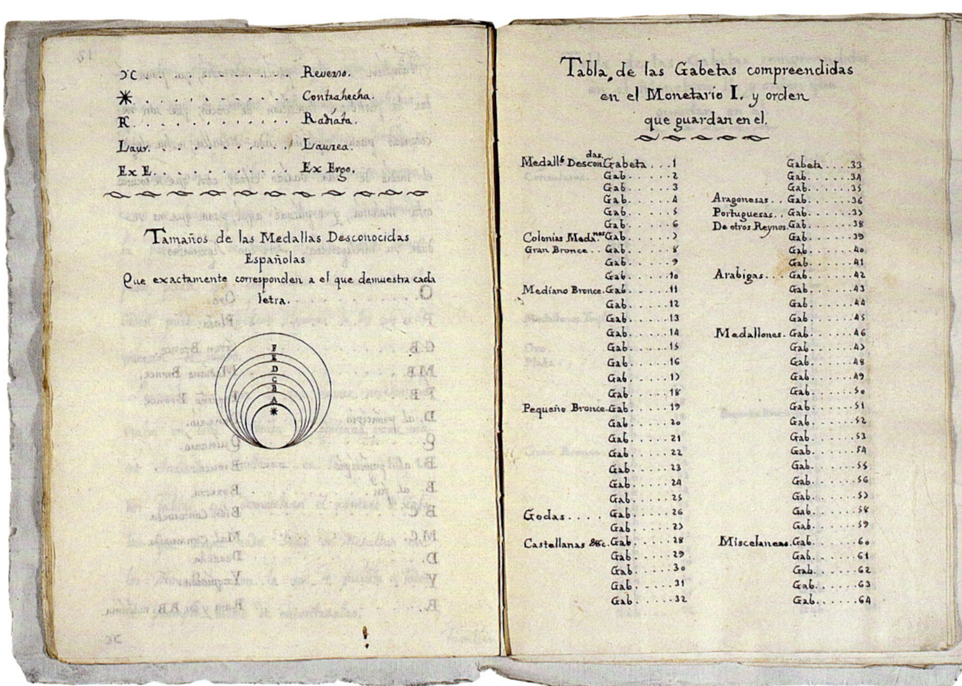

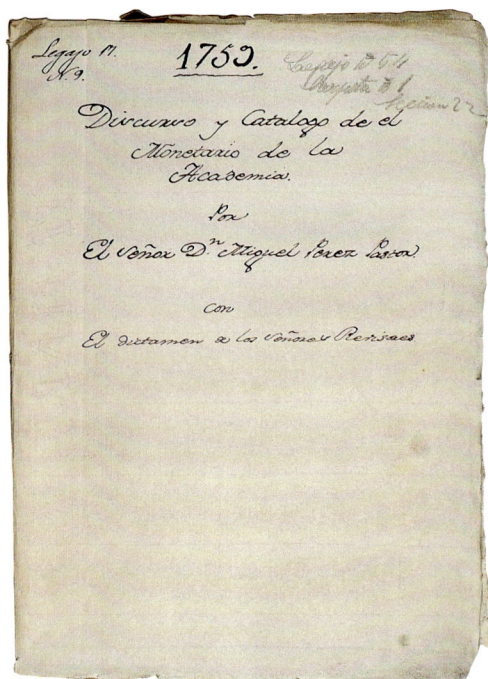

Fig. 72. *Catálogo del Numario redactado por el I Anticuario, Miguel Pérez Pastor, en 1763.*

derarse un oficio del 15 de Enero de 1791 por el que Campomanes urge el arreglo del Catálogo del Monetario, para lo que se debió formar una Comisión constituida por él mismo como Director, por Guevara como Anticuario, por los Padres Banqueri y Cuenca y por Capmany, como Secretario. Esta comisión se reunió al menos 37 días de Julio a Noviembre de ese año, pues su actividad se documenta desde el 17 de Julio hasta el 7 de Noviembre de 1791, lo que indica un trabajo intenso, del que quedan algunas referencias, como la clasificación de las monedas griegas y romanas (22.7.1791) y *godas* (8.8.1791) (GA 55/22).

Pero es gracias a las discusiones surgidas entre el Anticuario José de Guevara Vasconcelos y la Academia a propósito de su falta de atención por el numario, por lo que se sabe algunas noticias más sobre su funcionamiento. Por ejemplo, al Anticuario se *«le exigía el indice y catálogo que manda el estatuto nº 66 del 15 de Noviembre de 1792»*, pues dicho personaje, a pesar de contar con el favor regio, se vió forzado a dimitir de su cargo el 15 de Marzo de 1799 a causa de la falta de dedicación a estas obligaciones adquiridas como Anticuario, por lo que renunció, no sin resistencia, a dicho empleo. Además, en el cruce de acusaciones, se le acusa de que *«sabemos lo que ha trabajado en sus 25 años que ha sido Anticuario, pues al cabo de este tiempo ha dejado el monetario sin indice, sin catálogo, sin inventario, después de habérselo exigido la Academia con repetidísimos recuerdos en los 10 últimos años antes de su renuncia...»*. Para defenderse, Guevara escribió una extensa Memoria de la que entregó copia a su sucesor, el P. Joaquín Traggia, cuyo principal interés estriba en permitirnos saber el estado y funcionamiento del Numario, los conocimientos que poseían los anticuarios y la bibliografía que utilizaban [100].

[100] En dicha *Memoria*, que es merecedora, por su interés, de un estudio pormenorizado, Guevara indica que *«he entregado unas treinta mil monedas en oro, plata, cobre, plomo y metal, de varios tamaños, módulos y formas... colocadas en los armarios con distinción y orden, habiendo además entregado las llaves... Ninguno de los monetarios que hay en España, incluso el de la Rl. Biblioteca, tiene mayor ni mejor orden... que el de la Academia de la Historia...»* La citada Memoria explicita como estaba ordenada la colección: *«Monedas fenicias, celtibéricas y «rurricas»,... coloniales, por orden alfabético de acuerdo al método que observó el P. Mª Enrique de Flores en sus tres tomos de Las Monedas Geográficas de España. La colección gótica, con 17 inéditas, ordenadas por reyes y ciudades... Las árabes... Para los pueblos y ciudades griegas y latinas sigue el método alfabético, desde Abdera de Tracia hasta Zefiros y Ulia...»* Para más detalle sobre estos enfrentamientos, véase el Apéndice I, dedicado a la biografía de los Anticuarios.

Del notable interés suscitado por el Numario del Gabinete en esos años finales del siglo XVIII da buena idea las sucesivas adquisiciones, tanto procedentes de donaciones como de compras, así como las noticias referentes a numerosos hallazgos, muchos de ellos inéditos y de indudable interés [101]. Aunque Guevara en su detallada Memoria dice haber dejado más de 30.000 piezas clasificadas, esta cifra parece algo exagerada, pues, en todo caso, según otra fuente, en 1796 se calculaba en más de 12.000 sus monedas y medallas, contando los numerosos duplicados [102]. Sin embargo, sí parece evidente que el periodo de más intensas compras fueron los años finales del siglo XVIII, aunque todavía no se ha podido llevar a cabo el estudio de la documentación pertinente [103].

En años posteriores la colección se iría incrementando progresivamente, pero todavía no podemos conocer el ritmo e intensidad de los ingresos por donación y compra, que debieron variar según los tiempos. Tras la crisis que debieron suponer los avatares de la primera mitad del siglo XIX [103a], parece evidenciarse un nuevo momento de acopio que debió producirse en la segunda mitad del siglo, en especial durante el periodo que va desde Antonio Delgado, famoso numismático del que el Gabinete conserva las xilografías de una de sus más famosas obras (fig. 73), al P. Fidel Fita (1848-1913), años en los que parecen haber sido más frecuentes los envíos de piezas adquiridas o regaladas por medio de los académicos correspondientes y de otras muy diversas personas, según evidencia la documentación guardada en el archivo del Gabinete, pues incluso se conservan algunos de los paquetes certificados como valor declarado en los que llegaban las monedas (fig. 74).

Fig. 73. *Xilografías del* Nuevo método de clasificación de las medallas autónomas de España, *de A. Delgado.*

[101] Como ejemplos de noticias de hallazgos importantes, puede considerarse la del envío por Tomás de Torres y Moya en 1766 a D. Lorenzo Diéguez de 24 monedas antiguas halladas en las ruinas de Cabeza de Griego (GN 54/3/22); otra del 9.3.1767 se refiere al hallazgo de un tesoro celtibérico con joyas y monedas en Lejarza, Larrabezua (GN 54/4/22); del 29.3.1795 es otra noticia de Jacome Capistrano de Moya, que envía 2 monedas de *Sekobirikes* desde Pedro Naharro; el 31.10.1806 se da noticia del hallazgo del Tesoro de Liria; el 21.3.1782, de un tesoro de monedas de Marco Antonio, Augusto, Tiberio y Domiciano (?); el 1.5.1774 se refiere el hallazgo de un tesoro de 225 denarios romanos en el castillo de Colmenar de Oreja; años después, el 24.7.1829, el entonces Anticuario José Sabáu hace referencia al hallazgo de 24 monedas «góticas» en Extremadura; etc.

[102] V. Barrantes, *op. cit.*, nota 19.

[103] Sin tener en cuenta otras adquisiciones menores, consta una carta de Franco Dávila fechada en Paris del 9.9.1767 en la que valora su colección en 150.000 pesos y se ofrece como conservador del Gabinete si se adquieriese, lo que, al parecer, no ocurrió. De Túnez llegaron el 22.11.1768 tres sacos de monedas, por lo menos algunas de ellas antiguas, dirigidas al P. M. Masó; en 1769 se compró la colección del Marqués de la Cañada (GN 54/6/22); el 7.6.1771 se documenta el catálogo de monedas compradas al Marqués de Belrunce; en 1771 pasan al Numario algunas colecciones de monedas encontradas en diversas casas de los Jesuitas tras su expulsión y confiscación de bienes; el 29.10.1784, se adquieren numerosas monedas de oro a la testamentaría de D. Tomás Prieto; el 3.11.1773, se compra la colección del Deán de Huesca. No se sabe exactamente en que año, por esas fechas, se adquirió también el monetario de D. Pedro José de Estrada (GN 55/22) y el maravedí de oro de Alfonso IX de León (GN 55/22, anteriormente, GN 18/35), etc.

[103a] *Vid. supra*, n. 91a.

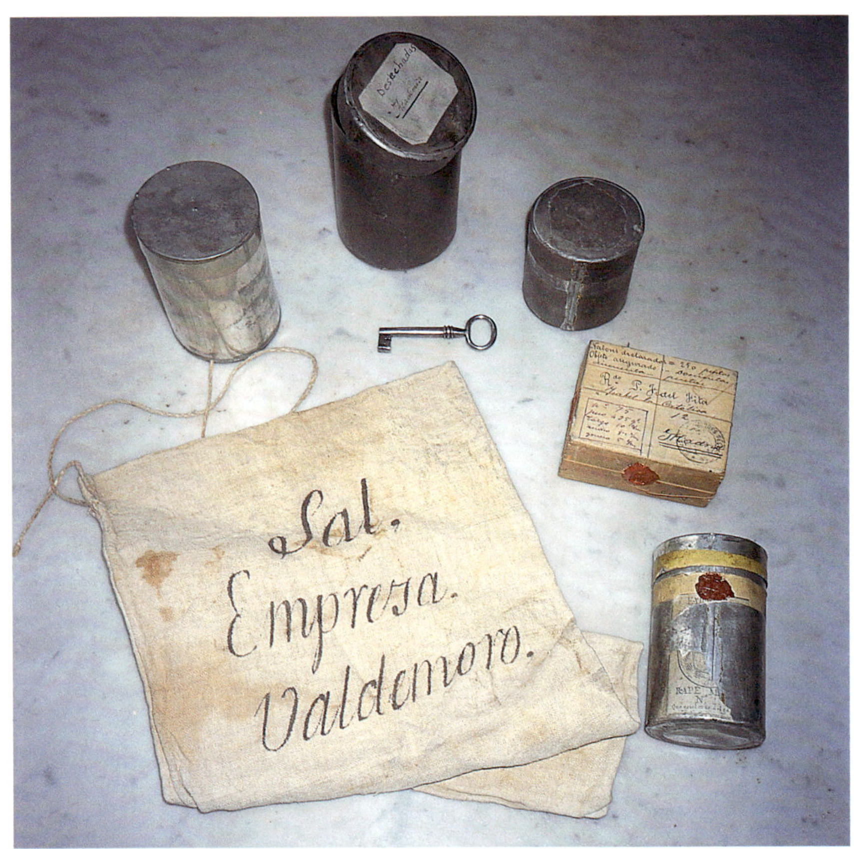

Fig. 74. *Llave del monetario que custodiaba el Anticuario en su casa y cajas usadas para enviar monedas al Gabinete dirigidas al P. F. Fita, S.J.*

Fig. 75. *Bandeja del siglo XVIII con la colección de doblas «de la banda» de Juan II, cedidas por D. Lamberto Janet.*

Entre las más importantes aportaciones, conviene resaltar también algunas donaciones particulares, además de las debidas a la munificencia regia. Hacia 1800 hizo donación de su colección el P. Traggia, igualmente, el anticuario D. Juan Bautista Barthe, además de presentar *un índice numérico ordenado por series*[104], dejaba a su muerte a la Academia su colección, de la que se hizo cargo y publicó, como albacea y amigo, D. Antonio Delgado[105]. También por esos años D. Antonio López de Córdoba, el donante de los relieves asirios del Gabinete, hizo entrega de varias series de monedas adquiridas en Oriente, igualmente publicadas por Delgado[106], aunque la colección particular de este gran numismático, desgraciadamente, se dispersó al venderla poco antes de su muerte[107]. En 1866, D. Lamberto Janet cedió a la Academia las 50 doblas «de la banda»[108] (fig. 75) y, en años posteriores, se produjo alguna otra donación significativa, como, a fines de siglo, las colecciones de moneda árabe de D. Francisco Caballero Infante y de D. Celestino Pujol y Camps[109] y, en 1923, las magníficas piezas de Carlos V que formaban la Colección de D. Francisco de Laiglesia (GN 1923/1) y alguna otra más reciente, como la de D. Alejandro Lifchuz, constituida por una magnífica colección de sestercios de los emperadores romanos[110].

Gracias a estos acopios, la colección actual del Numario del Gabinete de Antigüedades ofrece más de 42.000 piezas, entre las que se incluyen algunas series de excepcional importancia, como las monedas hispánicas, las romanas imperiales, las hispano-musulmanas y las medallas papales. Aproximadamente, la mitad de las monedas se guarda ordenada en los cajoncitos de los seis armarios o *burós* de roble del siglo XVIII a los que más arriba se ha hecho referencia, aunque otra parte ligeramente más numerosa se conservaba en sobres e, incluso en sacos, que estaban depositados en diversos cajones y armarios pendiente de su clasificación, estudio y ordenación y que actualmente se guardan en archivadores a la espera de su clasificación definitiva. Para dar una mejor idea, el armario 1 albergaba 3.408 monedas hispánicas y 829 griegas; el armario 2, 4.001 romanas; el armario 3, 3.453 romanas bajoimperiales y 465 bizantinas. El armario 4 contenía 1.386 hispano-árabes, 2.833 hispano-cristianas y 959 extranjeras. En el armario 5 se guardaban 894 monedas extranjeras y 735 medallas y, en el armario 6, otras 1.761 medallas. Pero, como resulta lógico, esta ordenación que actualmente presenta el Numario se deberá modificar a medida que se vayan estudiando y clasificando todas las monedas que integran cada una de las distintas series. Desde la reciente reorganización, tanto los armarios originales del Numario con las monedas que contenían como las restantes piezas que se conservaban en cajitas, sobres e, incluso, en sacos, se custodian debidamente en una cámara acorazada.

[104] P. Sabáu, *op. cit.*, nota 30, p. XX.

[105] *Catálogo de las monedas y medallas que pertenecieron a Don Juan Bautista Barthe*. Madrid, 1854.

[106] *Nota de las cuatrocientas cuatro monedas, adquiridas en Jerusalen y en otros puntos de Palestina, ...donadas á esta Real Academia de la Historia por su individuo de número... D. Antonio López de Córdova. Noticia de la Real Academia de la Historia* 1850. Ver también, *Memorial Histórico Español IV*. Madrid, 1852, lám. I.

[107] *Vid. infra*, Apéndice I, biografía de Antonio Delgado.

[108] Marqués de Siete Iglesias, *op. cit.*, nota 39, documento 30 del expediente de D. Aureliano Fernández Guerra.

[109] A. Rumeu, *op. cit.*, nota 2, p. 127.

[110] Donada el 7 de Diciembre de 1973.

Fig. 76. *Dishekel de Asdrúbal.*

[111] L. Villaronga, *Las monedas hispano-cartaginesas,* Barcelona, 1973, p. 146, n. 5, considera que, seguramente, procede de la Colección Zóbel *(MNE* IV, p. 178).

Fig. 77. *Denarios celtibéricos del tesoro de Quintanarredonda, Soria.*

[112] F. Chaves, *Los tesoros en el Sur de Hispania: conjuntos de monedas y objetos de plata durante los siglos II y I a.C.* Sevilla, 1996, pp. 244 s.

Fig. 78. *Dirhem del reino tarifa de Alpuente, Valencia, una de las rarezas de la colección.*

En el futuro, para organizar estas colecciones del Numario se piensa dividirla en Monedas y Medallas, clasificables, a su vez, en Españolas y Extranjeras. Entre las monedas españolas, destacan las 3.785 hispánicas, con alguna pieza tan célebre como el dishekel con el retrato de Asdrúbal? y elefante [111] (fig. 76) o los denarios celtibéricos incusos por defecto de acuñación del tesoro de Quintanarredonda (fig. 77). Las monedas visigodas son 67, pero hay improntas de otras 7 más. La colección de moneda árabe también es de gran interés, pues incluye 5.539 ejemplares, en su mayoría peninsulares, destacando alguna pieza tan rara como el dirhem de la ceca taifa de Alpuente, Valencia (fig. 78). De la España medieval cristiana hay 2.115 piezas, entre las que cabe destacar el morabetín de Fernando II de León (fig. 79) o el rico conjunto de doblas «de la banda» de Juan II de Castilla (fig. 75) y, de la España Moderna, otras 3581, con algunos duros notables, así como un magnífico «cincuentín» de Felipe IV acuñado en Segovia en 1623 (fig. 80).

El monetario también posee unas 1.530 monedas de Grecia y hay un total de 20.392 piezas de Roma, de las que 2.298 son de la República, predominantemente denarios, incluyendo el famoso tesoro de La Oliva, Córdoba [112]; 5.610 son del alto Imperio, con algunas piezas excepcionales como un magnífico sestercio de Nerón con el puerto de Ostia (fig. 81), y 12.013, del Bajo Imperio, además de 471 indeterminadas en espera de su debida clasificación. También posee el Numario una colección de

Fig. 79. *Morabetín de Fernando II de León.*

Fig. 80. *Cincuentín de Felipe IV de 1623 de la ceca de Segovia.*

Fig. 81. *Sestercio de Nerón con el puerto de Ostia.*

monedas bizantinas, formada por 632 piezas. Además, hay 3.567 monedas de diversos países extranjeros, predominando las europeas e islámicas, sin contar con una curiosa colección de 534 monedas de bronce de China.

En lo que respecta a las medallas, éstas también se deben clasificar en españolas y extranjeras, sumando en

Fig. 82. *Medalla de Leone Leoni sobredorada de Carlos V e Isabel de Portugal de la Colección Laiglesia.*

Fig. 83. *Medalla acuñada en 1938 para conmemorar el Bicentenario de la Real Academia de la Historia.*

total 2.528 piezas [113]. Entre las españolas cabe destacar las de proclamación real y la colección dedicada a Carlos V, de gran calidad, con alguna pieza muy bella, como una de oro con el Emperador e Isabel de Valois (fig. 82) y la del Bicentenario de la propia Academia, que no se llegó a distribuir (fig. 83).

Respecto a las Medallas Extranjeras, existen dos magníficos ejemplares, uno de ellos en bronce dorado, de la medalla de Alfonso V de Nápoles firmada por A. Pisanello (fig. 84), siendo también muy importante la serie de medallas papales (fig. 84), y, entre otras curiosidades, cabe reseñar una serie de meda-

[113] A. Rumeu, *op. cit.,* nota 2, p. 127.

Fig. 84. *Medalla de Alfonso V de Nápoles por Pisanello.*

Fig. 85. *Medallas papales del siglo XVI en una bandeja del siglo XVIII.*

llas de zares rusos guardadas en su estuche-carpeta original del siglo XVIII, así como algunos troqueles de acero.

Además de las monedas y medallas, en el Numario se conservan también algunos sellos, aunque esta colección no está a la altura de la anterior. Entre los sellos reales, destacan dos de Pedro IV de Aragón (nº 637) y también existe algún sello papal y sellos particulares de la Edad Media, siendo de mayor interés el sello del Concejo de Madrigal (nº 644; fig. 86).

Finalmente, cabe considerar como parte integrante de las colecciones del Numario no solamente su rica documentación, a la que ya se ha hecho referencia, sino algunas piezas que forman parte de sus historia, como la «llave» de su puerta, los preciosos armarios o «burós» de mediados del siglo XVIII donde se guardan las monedas, las cajitas de madera y estuches de estaño utilizados a fines del siglo XIX para los envíos de piezas al Gabinete, alguno de ellos conservado con los sellos originales, y piezas todavía más curiosas, como los cobres para las láminas del *Medallas de Proclamaciones y Juras de los Reyes de España,* de Adolfo Herrera y Chiesanova [114] y una caja con pruebas o matrices de madera para ilustrar monedas por medio de xilografías, seguramente de la obra de Antonio Delgado, Nuevo método *de clasificación de las medallas autónomas de España* [115], aunque finalmente no se debieron llegar a emplear (fig. 73).

Fig. 86. *Sello del Concejo de Madrigal.*

[114] Obra publicada en la Imprenta de Manuel Ginés Hernández, Madrid, 1882 (284 pp., 107 láms.).

[115] Sevilla, 3 vols., 1871- 1876.

ESCULTURAS, CUADROS Y GRABADOS

[116] A. Rumeu, *op. cit.*, nota 2, p. 128 s.; José Manuel Pita Andrade, «La colección de cuadros y grabados de la Real Academia de la Historia», en este mismo volúmen.

Además de las antigüedades y monedas, el Gabinete tiene a su cargo un conjunto formado por esculturas, en su mayor parte pinturas y también algunos grabados, aunque este conjunto presenta muy desigual interés [116].

Entre las esculturas, además de algunas copias y vaciados de yeso, que carecen por ello de relevancia, se debe reseñar dos esculturas de mármol de tamaño mayor que el natural que representan a Don Pelayo (fig. 87a), por Jorge Pagniuci, de 1856, y a La Felicidad (fig. 87b), por Andrés Rodríguez, obra de 1860. Estas obras del siglo XIX llegaron en 1913 como Depósito del Museo del Prado y actualmente decoran el vestíbulo de entrada. A ellas hay que añadir algunos bustos-retrato de interés, entre los que merece la pena destacar dos de los que actualmente ocupan las cuatro pequeñas hornacinas de la Sala de Juntas: el del benedictino P. Martín Sarmiento, que fue Cronista de Indias, y el de Gaspar Melchor de Jovellanos (fig. 89), obra de Angel Moro esculpido en Sevilla en 1809, que constituye un magnífico ejemplo del mejor estilo neoclásico y que fue regalada a la Academia por D. Pascual de Gayangos.

Fig. 87a. *El Rey D. Pelayo, por Jorge Pagniuci.*

También posee actualmente la Academia una buena colección de más de 100 cuadros. Éstos son en su inmensa mayoría retratos, alguno de ellos de particular interés y valor, como varios retratos de Goya con sus recibos originales (fig. 88). La mayor parte de los cuadros que actualmente se conservan en la Academia deben considerarse de su propiedad, en algunos casos por proceder de legados o donaciones, en ocasiones con sus claúsulas especiales, como los retratos de Pablo Morillo, del Marqués de San Román, etc., pero también hay alguna referencia antigua a depósitos de cuadros por particulares y un amplio depósito del Museo del Prado.

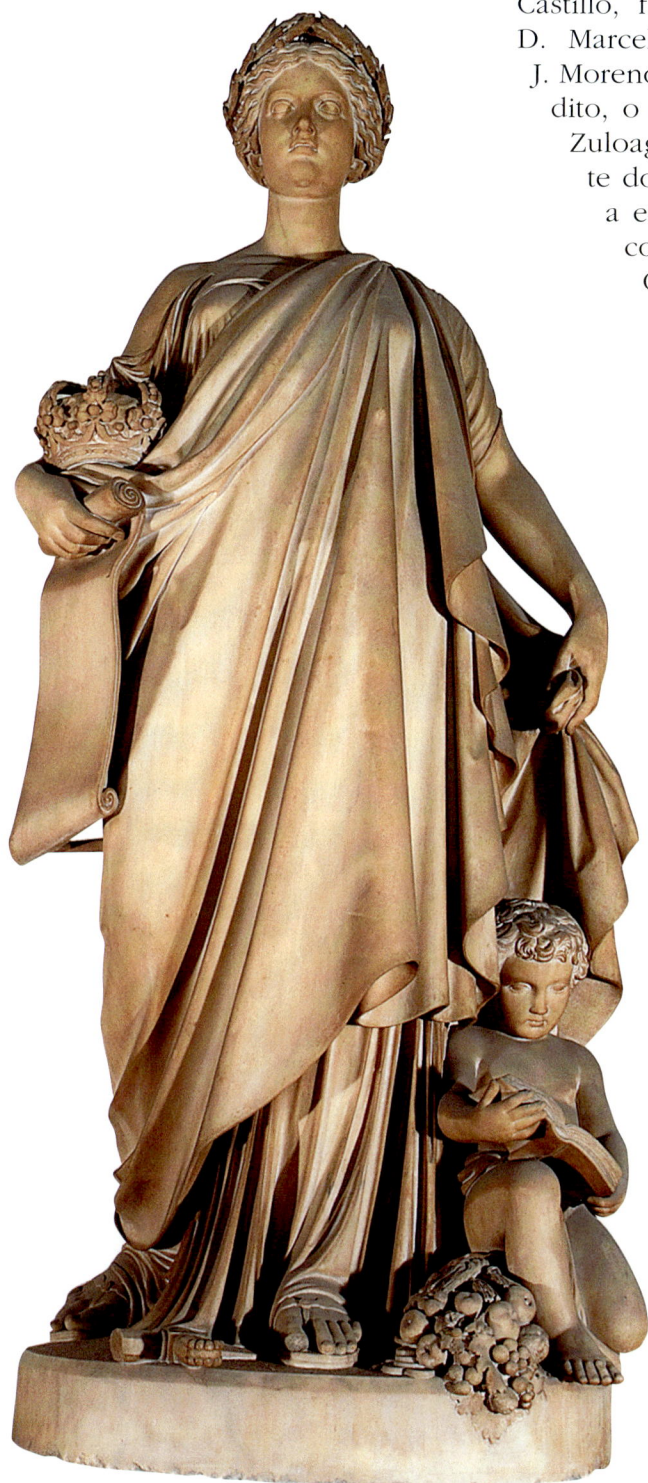

Entre los cuadros, destaca la colección de retratos de los Directores de la Academia. Algunos de ellos, como los de Pedro Rodríguez Campomanes, son copias del siglo XIX; otros, son retratos de gran calidad, como el de D. Antonio Cánovas del Castillo, firmado en 1883 por José Casado del Alisal, el de D. Marcelino Ménendez y Pelayo, pintado y regalado por J. Moreno Carbonero en 1913, el del Duque de Alba, por Benedito, o el magnífico dibujo al carboncillo y tiza por Ignacio Zuloaga de D. Emilio García Gómez (fig. 90), recientemente donado por su viuda, la Condesa de los Alixares. Junto a estos retratos, cabe señalar algún otro de académicos, como el del Tesorero y Bibliotecario, D. Miguel Salvá, Obispo de Mallorca, pintado por Juan Maestre y donado por el Correspondiente D. Rafael Ballester y Castell, el del Conde de Romanones y el cuadro-miniatura del Conde de Cartagena, obra del pintor francés Horace Vernet.

Fig. 87b. *Escultura de la Felicidad, por Andrés Rodríguez.*

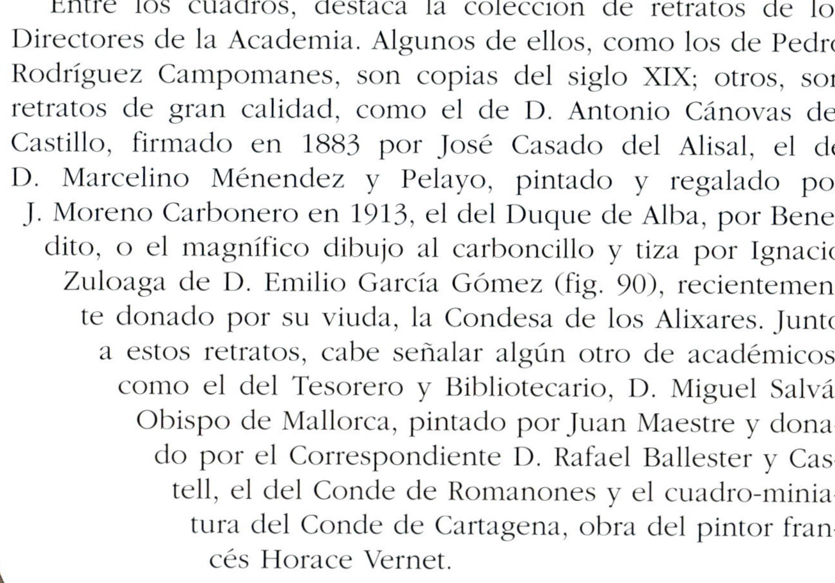

Pero el conjunto de pinturas más interesante está constituido por cinco cuadros de Francisco de Goya expuestos en la Sala de Juntas. En efecto, en 1789 la Academia encargó a Goya los *Retratos de Carlos IV y María Cristina* que actualmente se conservan en dicha sala junto a sus recibos originales, y, de pocos años después, 1805, es el retrato de su entonces Director, *D. José de Vargas Ponce,* del que también se conserva una interesante documentación (fig. 88), y que puede considerarse incluible en la serie de retratos de Directores de la Academia. Aunque no se sabe bien cómo, por esos años también ingresó en la Academia un retrato de Mariano Luis de Urquijo, también pintado por Goya y, en 1857, se adquirió el muy cuidadoso retrato hecho por este pintor de Fr. Juan Fernández de Rojas, legado a la Academia por disposición testamentaria (GA 1857/1), obra que se expone formando pandán con el retrato del polígrafo jesuita, P. Lorenzo Hervás y Panduro, S.J., pintado en Italia por Angélica Kauffman en 1728 y donado por Valentín Cardedera en 1868 a través de Fermín Caballero (GA 1868/2). Finalmente, en 1899 y también por donación, en este caso de la Vda. de O'Reilly, ingresó el *Retra-*

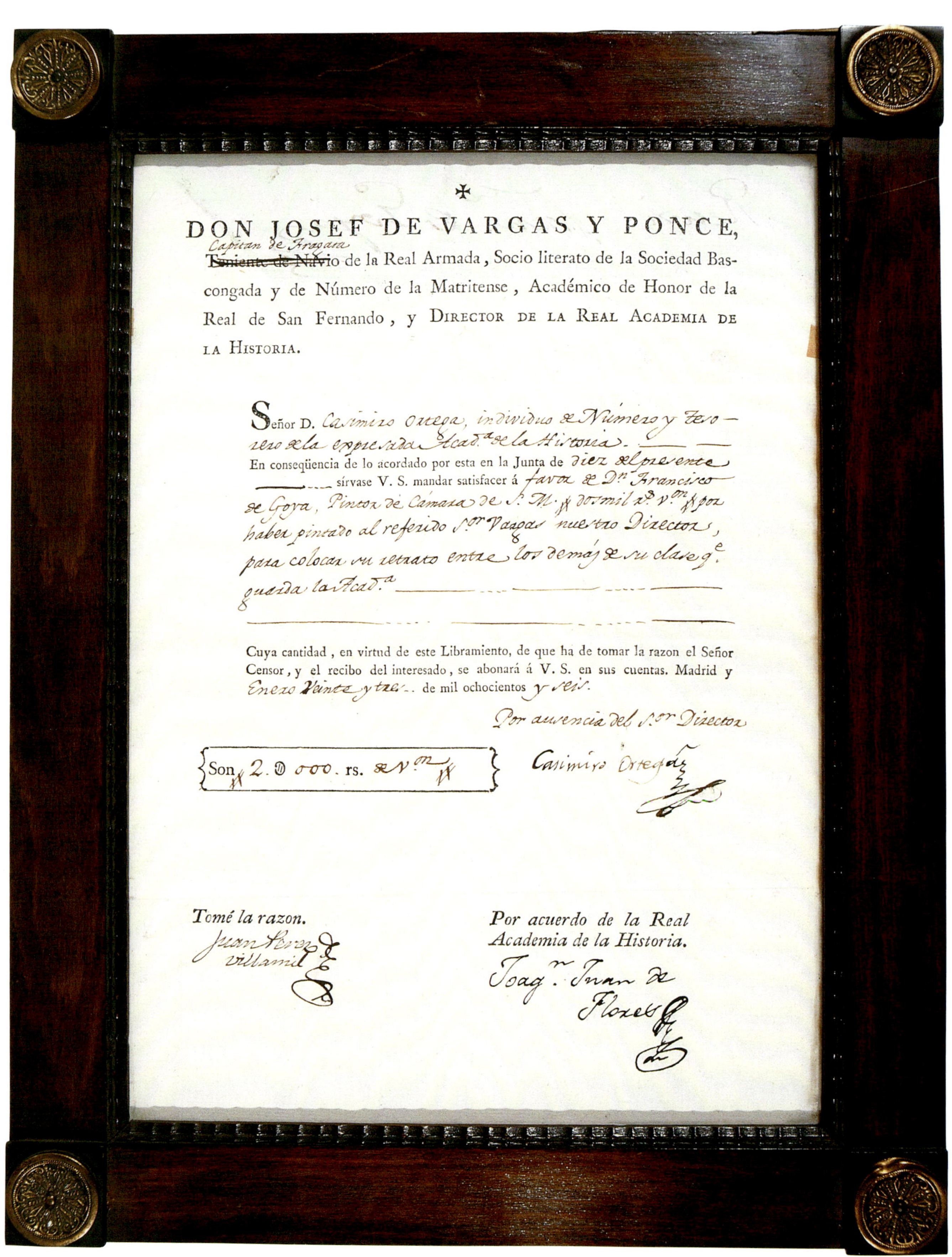

✠

DON JOSEF DE VARGAS Y PONCE,

Capitan de Fragata ~~Teniente de Navío~~ de la Real Armada, Socio literato de la Sociedad Bascongada y de Número de la Matritense, Académico de Honor de la Real de San Fernando, y DIRECTOR DE LA REAL ACADEMIA DE LA HISTORIA.

Señor D. Casimiro Ortega, individuo de Número y Tesorero de la expresada Acad.a de la Historia.

En conseqüencia de lo acordado por esta en la Junta de diez del presente sírvase V. S. mandar satisfacer á favor de D.n Francisco de Goya, Pintor de Cámara de S. M. dos mil r.s de v.on por haber pintado al referido S.or Vargas nuestro Director, para colocar su retrato entre los demás de su clase q.e guarda la Acad.a

Cuya cantidad, en virtud de este Libramiento, de que ha de tomar la razon el Señor Censor, y el recibo del interesado, se abonará á V. S. en sus cuentas. Madrid y Enero Veinte y tres de mil ochocientos y seis.

Por ausencia del S.or Director

Casimiro Ortega

Son 2.000 rs. de v.on

Tomé la razon.

Juan Perez Villamil

Por acuerdo de la Real Academia de la Historia.

Joaq.n Juan de Flores

Fig. 88. *Orden de pago de 2.000 reales de vellón a Francisco de Goya por el retrato de Vargas Ponce, Director de la Academia.*

▲
Fig. 89. *Busto de mármol de D. Gaspar Melchor de Jovellanos.*

to de Isabel la Católica (GA 1897/2), que se halla situado en el lugar central de dicha Sala de Juntas.

Otros retratos regios dignos de destacar son el vistoso *retrato de Felipe V* por Jean Ranc que actualmente preside el Salón de Actos y que ingresó por O. M. en 1943 como depósito procedente del Museo del Prado, otro, de no mala calidad, de Fernando VII por Antonio Carnicero y los retratos de Alfonso XII y de la reina Mª Cristina depositados en 1918 por el Ministerio de la Guerra (GA 1918/1).

Sin embargo, una de las piezas más notables de la colección de pinturas y de todas las antigüedades de la Academia es el magnífico y precioso Altar-Relicario del Monaterio de Piedra (fig. 91). Es obra de un artesano mudéjar aragonés, aunque fue pintado por un maestro italianizante del mejor estilo gótico internacional. Está fechado en el año 1390, y fue un encargo del abad D. Martín Ponce. Abandonado en el monasterio tras la Desamortización, fue enviado en 1851 por el Director General de Fincas del Esta-

▶
Fig. 90. *Retrato de D. Emilio García Gómez, Director de la Real Academia de la Historia, obra de Ignacio Zuloaga donada por su viuda, la Excma. Sra. Condesa de los Alixares.*

do, D. Felipe Canga Argüelles, a la Real Academia, donde desde entonces se conserva (GA. 1851/1). Ofrece forma de tríptico con siete arcos polilobulados para los relicarios en su cuerpo central y dos alas decoradas en su interior con ocho preciosas figuras de ángeles músicos (fig. 91a) y con escenas de la vida de la Virgen y de Jesús, al exterior (figs. 91b y c). Junto a esta pieza, pero a gran distancia en lo que se refiere a calidad e interés, cabe señalar una curiosa tabla pintada al temple perteneciente al lateral de una mesa de altar gótica de fines del siglo XV, decorada con motivos vegetales y leones sobre un fondo azul y bermellón de la que se desconoce, por el momento, la procedencia, pero que llegaría al Gabinete como una más de tantas otras antigüedades recogidas en

▲ **Fig. 91a.** *Puerta lateral izquierda del Altar-relicario del Monasterior de Piedra.*

▶ **Fig. 91b y c.** *Anunciación y Jesús ante Pilatos de la Vida de María y de Cristo del exterior de las puertas del Altar del Monasterio de Piedra.*

el mismo (fig. 92). Además de estas pinturas medievales, entre los escasos cuadros que no son retratos, también se debe destacar un bella vista de la *La batalla de Alcolea,* librada el 28 de Septiembre de 1868, que permitió el triunfo de la Revolución y la caida de Isabel II [117], y otro cuadro curioso es el titulado *Plano de las acequias, ríos, vertientes y desagües de la Ciudad de Méjico,* fechado en 1753 (fig. 93), que se conserva en la Sala de Conferencias.

[117] Aunque recientemente ha sido publicado como anónimo, *Cánovas y la Restauración,* Madrid, 1997, p. 163, consta que fue pintado por J. M. Rodríguez Losada (GA 1908/1).

Por el contrario, son propiedad del Museo del Prado una larga serie de retratos depositados en la Academia y destinados a formar un «Museo Iconográfico» (GA 1913/2), idea seguramente inspirada en las Galerías Nacionales del siglo XIX que se pensaría desarrollar en esta institución. Dicho depósito se completó en 1923 con 44 nuevos cuadros cedidos por la Dirección General de Bellas Artes, hasta que, en 1950, se transfirió a su vez al Instituto de España la mayor parte de los cuadros depositados en la Academia por el Prado desde 1913.

Fig. 92. *Lateral de un altar gótico del siglo XV.*

Entre dichos retratos, copias más o menos acertadas, en su mayoría de fines del siglo XIX, cabe destacar figuras reales, como uno de Jaime I «el Conquistador» de Aragón y unas buenas copias por Ferro de los retratos de Ticiano de Carlos V y Felipe II; grandes capitanes y generales, como Gonzalo Fernández de Córdoba o Francisco Javier Castaños, Duque de Bailén; humanistas como Juan Luis Vives o Arias Montano (fig. 94), atribuido a Pacheco y legado a la Academia por el Marqués de Vega Inclán [118]; santos y figuras de nuestra espiritualidad, como Juan de Ribera, fundador del Colegio del Patriarca, en Valencia, San Ignacio de Loyola o San José de Calasanz, fundador de las Escuelas Pías o algunos arzobispos de Toledo, como D. Pedro Tenorio o Luis Manuel de Portocarrero. También hay retratos de alguno de nuestros literatos más insignes, desde Miguel de Cervantes y Félix Lope de Vega y Carpio (copia anónima de un original del Museo del Ermitage) a Angel Saavedra, Duque de Rivas, así como historiadores, como el P. Juan de Mariana, arquitectos, como Juan Guas, pintores, como Alonso Sánchez Coello, etc. Entre los estadistas del siglo XVIII están representados el Conde de Aranda, el Conde de Cabarrús y Ramón Pignatelli y Moncayo y, entre las figuras políticas del siglo XIX, se incluirían los generales Francisco Javier Elío, Luis Fernández de Córdoba y el Marqués de San Román, éste pintado por Antonio María Esquivel en 1888.

[118] Según consta en un oficio del 22.12.1942 dirigido a D. Francisco Sánchez Cantón.

▲ **Fig. 93.** *Cuadro con el plano de la Imperial Ciudad de Méjico en 1753.*

[119] A. Rumeu, *op. cit.*, nota 2, p. 150. Conste nuestro reconocimiento al Prof. Antonio López Gómez, Bibliotecario Perpetuo de la Real Academia de la Historia, y a la Dra. Carmen Manso, encargada de dicha sección, por las facilidades dadas para examinar los fondos en ella existentes relacionados con las antigüedades.

En la Academia existe también una sección de *Cartografía y Bellas Artes* organizada en 1985 por el entonces Director, D. Diego Angulo Íñiguez [119]. Esta sección, independizada de la Biblioteca pero estrechamente relacionada con ella, ofrece también una indudable importancia para el Gabinete, pues en ella se guardan las ricas colecciones de mapas antiguos entre los que merecen aquí una especial referencia los de la Hispania antigua, así como los planos, dibujos, grabados, fotos y otros documentos sobre antigüedades de los siglos XVIII a inicios del XX, alguno de ellos de gran interés para la Historia de la Arqueología en España, pues forman parte de la documentación obtenida en los viajes literarios, como el de Cornide por Extremadura y Portugal, y los enviados como documentación gráfica por los correspondientes.

Al margen de estos fondos procedentes de la Biblioteca, en el Gabinete de Antigüedades se conservaban también una interesante serie de grabados, algunos de tema histórico (fig. 95a) y

Fig. 94. *Retrato de Arias Montano, atribuido a Pacheco, legado a la Academia por el Marqués de la Vega Inclán.*

otros incluso con sus cobres originales, en su gran mayoría pertenecientes a los «viajes literarios» de Cornide y Hemosilla, cuyos trabajos fueron publicados en las *Memorias de la Real Academia de la Historia*. Igualmente, también se conservan algunas piedras litográficas de otros trabajos semejantes, como la citada reproducción del «Disco de Teodosio» (fig. 14), por lo que aúnan a su interés anticuario su importancia como documentos historiográficos [119a].

Entre estas series de grabados y cobres, se puede señalar los correspondientes a las excavaciones de Cabeza de Griego, la antigua *Segobriga,* dibujados por el arquitecto Melchor Prado y Mariño bajo la dirección de José Cornide (fig. 95b), quien, como Numerario de la Academia, fue encargado por Campomanes de visitar los hallazgos que se habían efectuado en el yacimiento [120],

[119a] *Vid. supra,* nota 39.

[120] M. Almagro, *Segobriga I. Los textos de la antigüedad sobre Segobriga y las discusiones acerca de la situación geográfica de aquella ciudad (Excavaciones Arqueológicas en España 123),* Madrid 1983, pp. 84 s.

Fig. 95a. Desembarco del Rey Nuestro Señor delante de la bahía de Nápoles ... el día diez y seis de Abril de 1702. *Dibujado por Felipe Palota (Madrid, 1703), grabado por I. Berterman e impreso en Bruselas en 1704 por E. H. Fricx.*

DESEMBARCO
e Baya de Napoles, pasſando de la R.l de Françia, en que iva à la
à S. Mag.d con la Eſquadra, el dia diez y seis del mes de Abril de 1702.
ACION DE LAS LETRAS
nasidonia ſu Cavallerizo mayor. C. el Conde de Venauente Sumiller
Esquadra de los Vajdes de Françia lleuando el timon de la Feluca. de
lamado el fulminante. F. otro llamado el Admirable. G. el Afortunado
Leon. L. otros dos de la miſma Esquadra. M. la Galera Capi-
an Diego. P. S. Fernando. Q. S. Franciſco. R. Caſtillo de Baya.
Ysquia. T. la Ysla de Prochita
VIAS TUAS DO
MINE DEMON
STRA MIHI ET
SEMITAS TU
AS EDOCE
ME
graphus Regius exc. Brux. 1704
I. Berterham sculpsit

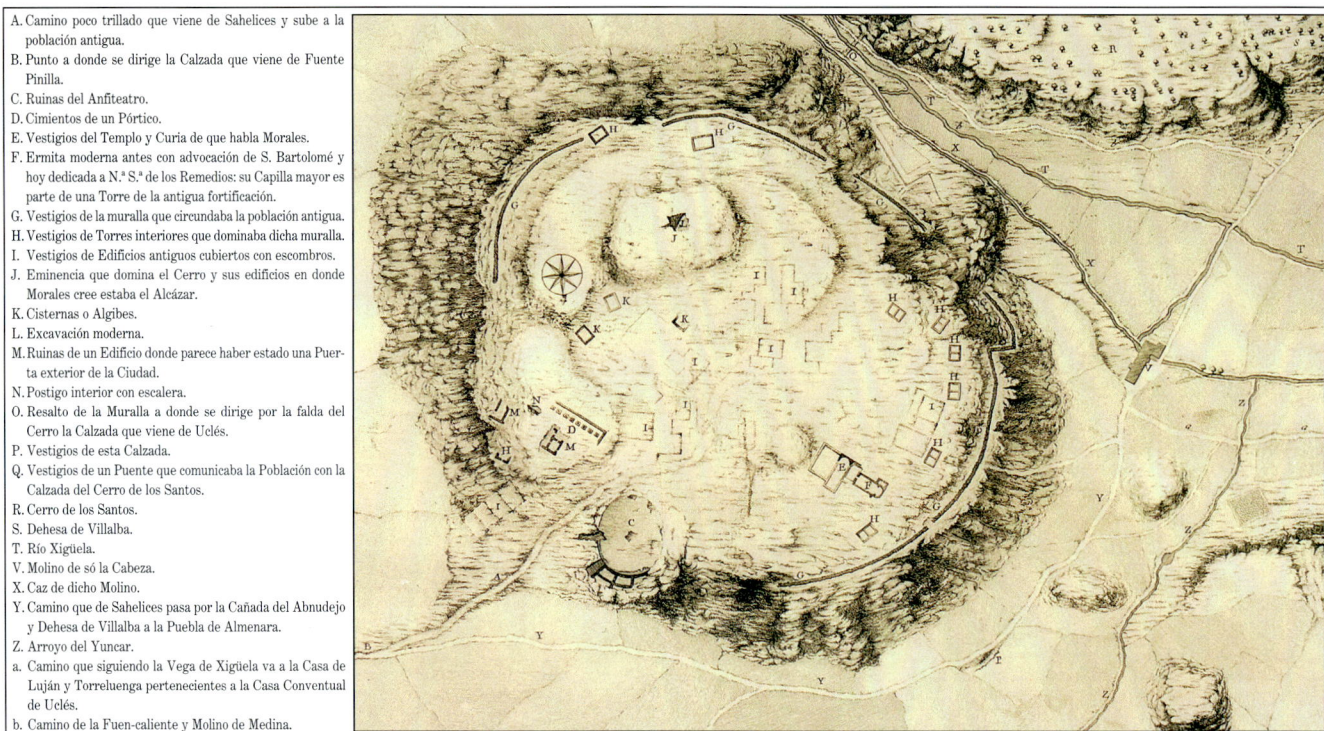

A. Camino poco trillado que viene de Sahelices y sube a la población antigua.
B. Punto a donde se dirige la Calzada que viene de Fuente Pinilla.
C. Ruinas del Anfiteatro.
D. Cimientos de un Pórtico.
E. Vestigios del Templo y Curia de que habla Morales.
F. Ermita moderna antes con advocación de S. Bartolomé y hoy dedicada a N.ª S.ª de los Remedios: su Capilla mayor es parte de una Torre de la antigua fortificación.
G. Vestigios de la muralla que circundaba la población antigua.
H. Vestigios de Torres interiores que dominaba dicha muralla.
I. Vestigios de Edificios antiguos cubiertos con escombros.
J. Eminencia que domina el Cerro y sus edificios en donde Morales cree estaba el Alcázar.
K. Cisternas o Algibes.
L. Excavación moderna.
M. Ruinas de un Edificio donde parece haber estado una Puerta exterior de la Ciudad.
N. Postigo interior con escalera.
O. Resalto de la Muralla a donde se dirige por la falda del Cerro la Calzada que viene de Uclés.
P. Vestigios de esta Calzada.
Q. Vestigios de un Puente que comunicaba la Población con la Calzada del Cerro de los Santos.
R. Cerro de los Santos.
S. Dehesa de Villalba.
T. Río Xigüela.
V. Molino de só la Cabeza.
X. Caz de dicho Molino.
Y. Camino que de Sahelices pasa por la Cañada del Abnudejo y Dehesa de Villalba a la Puebla de Almenara.
Z. Arroyo del Yuncar.
a. Camino que siguiendo la Vega de Xigüela va a la Casa de Luján y Torreluenga pertenecientes a la Casa Conventual de Uclés.
b. Camino de la Fuen-caliente y Molino de Medina.

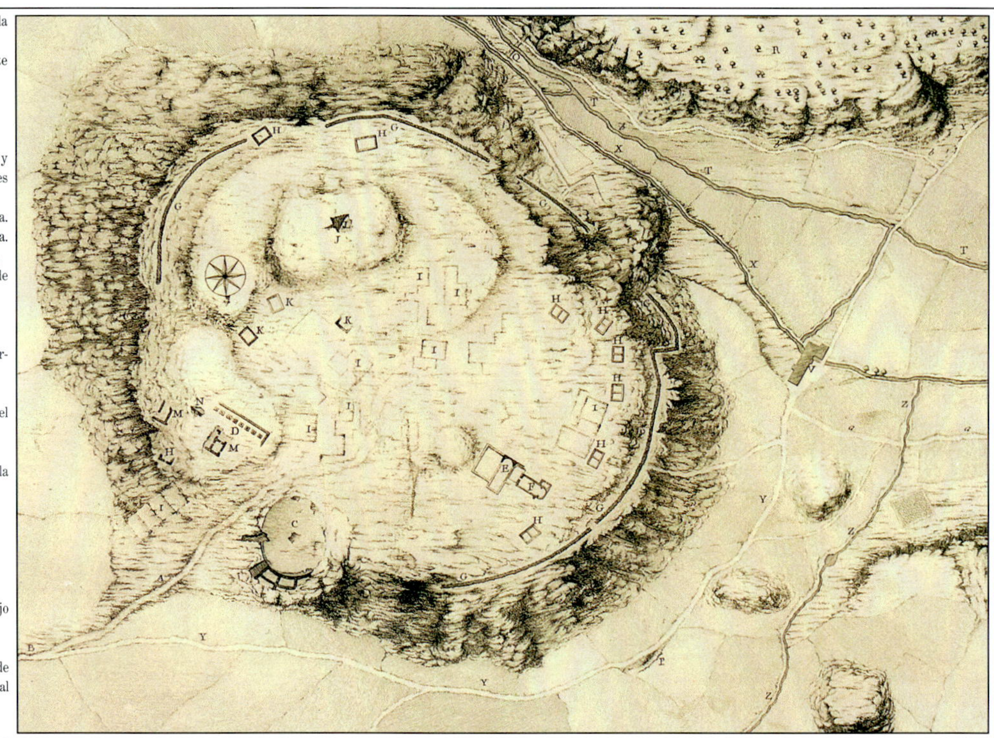

Fig. 95b. *Grabado con la planta de Segóbriga, publicada por José de Cornide en las Memorias de la Academia de 1798.*

hallazgos que publicó en el tomo III de las *Memorias*[121], trabajo del que, por fortuna, se han conservado incluso los cobres originales[122]. Del mismo autor, también se conserva el cobre de un pequeño grabado de la Torre de Hércules (fig. 96), de La Coruña[123], publicado en su famoso estudio del monumento, del que la Academia guarda el manuscrito[124].

De todavía mejor calidad son los cobres para las ilustraciones encargadas al grabador Jerónimo A. Gil para el estudio que el extremeño Ignacio de Hermosilla y de Sandoval y Rojas hizo sobre el templo y demás hallazgos de Augustóbriga, grabados de los que se conservan los dibujos originales (fig. 100) en la sección de Cartografía y Bellas Artes y que fueron publicados en el volumen I de las *Memorias de la Real Academia de la Historia*[125].

Todos estos grabados, actualmente en proceso de limpieza y catalogación, constituyen un fondo de gran interés, pues raramente se han conservado con sus cobres y la documentación correspondiente hasta nuestros días. Por ello mismo representan, dentro del Gabinete, un elemento estrechamente relacionado con las publicaciones y manuscritos de la Biblioteca, con los mapas y grabados de la citada sección de Cartografía y Bellas Artes, con los objetos conservados en el Gabinete y con la documentación sobre los mismos, siendo un buen ejemplo que permite apreciar la diversidad y riqueza de los fondos conservados en la Academia de la Historia.

[121] J. Cornide. Noticia de las antigüedades de Cabeza del Griego reconocidas de orden de la Real Academia de la Historia. *Memorias de la Real Academia de la Historia* III. Madrid, 1799.

[122] Estos cobres y grabados han sido recientemente restaurados y estudiados por la Calcografía Nacional; conste por ello, nuestro agradecimiento a José Manuel Matilla y José Miguel Medrano, así como por la valiosa información proporcionada sobre los mismos. Véase M. Almagro-Gorbea, El descubrimiento y estudio de las ruinas de Segóbriga. José de Cornide y la Real Academia de la Historia, en *Anticuaria y Arqueología. Imágenes de la España Antigua 1757-1877*. Gabinete de Estudios de la Calcografía Nacional, Madrid, 1997, pp. 37-39. El 14.8.1794 consta en el Libro de Actas de la Academia que el viaje de Cornide costó 2.256 reales de vellón y que el 22.5.1795, por los dibujos y grabados, se pagan otros 3.000 reales. A este conjunto pertenece el Mapa de la Celtiberia, realizado bajo la dirección de Tomás López, que costó 2.400 reales de vellón (1.4.1796) y otro de la Provincia Eclesiástica Carthaginense, ambos publicados con el texto de Cornide. A su vez, el Plano de Cabeza de Griego, el Templo de Diana y diversas inscripciones, supu-

▲ **Fig. 96.** *Cobre y grabado de la Torre de Hércules, en La Coruña, según José de Cornide.*

LA DOCUMENTACIÓN SOBRE «ANTIGÜEDADES»

Si las antigüedades y monedas del Gabinete han sido merecedoras siempre de la mayor atención, junto a ellas, la Academia custodia la que cabe considerarse en justicia como *la más importante colección documental existente sobre Historia de la Arqueología Española*. Estos fondos documentales que hacen referencia directa o indirectamente a los fondos del Gabinete, en sentido estricto, no le pertenecen, pues en su inmensa mayoría se conservan en la rica Biblioteca de la Academia, mientras que los mapas, grabados, dibujos y fotografías corresponden a la sección de Cartografía y Bellas Artes y más documentación, de no menor importancia, se guarda en los Archivos de Secretaría.

Probablemente por este motivo, este rico legado documental hasta ahora había pasado casi desapercibido, a pesar de ser parte integrante esencial del mismo patrimonio cultural que el Gabinete de Antigüedades. En consecuencia, la estrecha relación con las actividades del Gabinete y con los fondos que en él se custodian obligan a considerarlos, al menos para su estu-

sieron 3.680 reales y el plano de la basílica y otros diversos restos arquitectónicos, otros 2580 rs.

[123] J.M. Matilla, La documentación histórica de la arquitectura romana. José Cornide y las investigaciones sobre la Torre de Hércules, en *Anticuaria y Arqueología, op. cit.* en nota anterior, p. 27-28.

[124] J. Cornide Saavedra, *Investigaciones sobre la fundación y fábrica de la Torre de Hércules, situada a la entrada del puerto de La Coruña*. Madrid, 1792.

[125] Ignacio Hermosilla y Sandoval, Noticias de las ruinas de Talavera la Vieja. *Memorias de la Real Academia de la Historia I*, Madrid, 1796.

dio y valoración, como una parte más de este conjunto, tan estrechamente relacionado y merecedor de un análisis y estudio específico [126].

Esta sección queda integrada, en consecuencia, por los ricos fondos archivísticos sobre antigüedades guardados en la Biblioteca y en los Archivos de la Academia [127], que en el futuro convendrá ir localizando, haciendo sus índices y estudiando, tras lo que quizás algún día puede llegar a ser conveniente el reestructurarlos y quizás, incluso en algún caso, llegar a reunir. Tales fondos constituyen una documentación imprescindible para conocer las propias colecciones de antigüedades conservadas en el Gabinete, pero también están integrados por manuscritos originales del siglo XVIII hasta nuestros días, por lo que son esenciales para cualquier estudio historiográfico amplio de la Arqueología Española.

En la disposición actual de estos ricos fondos, cabe señalar diversos conjuntos [128]. El primero, está formado por la documentación conservada en el *Gabinete de Antigüedades,* dentro del que cabe diferenciar el *Archivo del Gabinete de Antigüedades* (GA) propiamente dicho (figs. 5 y 6), recientemente publicado, con documentos tan interesantes como la comunicación a la Academia de la noticia del hallazgo de la Dama de Elche (fig. 97) [129], el *Archivo del Gabinete del Numario* (GN) y el *Archivo de Pinturas y Cuadros* (GP). El primero (GA) ofrece 171 expedientes y más de 512 documentos, todos ellos conservados en sus archivadores; de ellos, 83 y 280, respectivamente, corresponden al siglo XIX, pero la cantidad

[126] Juan Manuel Abascal, «Los fondos documentales sobre Arqueología Española en la Real Academia de la Historia», en este mismo volumen.

[127] Conste nuestro reconocimiento al Prof. Antonio López Gómez, Bibliotecario Perpetuo de la Real Academia de la Historia, y a Dña. Mª Victoria Alberola Fiorabanti, Directora facultativa, así como al personal de la misma, por su apoyo y ayuda para examinar los fondos existentes relacionados con las antigüedades. Igualmente, queremos agracecer al Prof. Eloy Benito Ruano, Secretario Perpetuo de la Academia, y a Dña. Marisa Vilariño Otero, las facilidades dadas para la consulta y estudio de documentos de los Archivos de Secretaría relacionados con el Gabinete de Antigüedades.

[128] *Vid. infra.*, Apéndice IV.

[129] *Vid. supra,* M. Almagro-Gorbea y J. Álvarez Sanchís, *op. cit.* nota 13, p. 84, fig. 34.

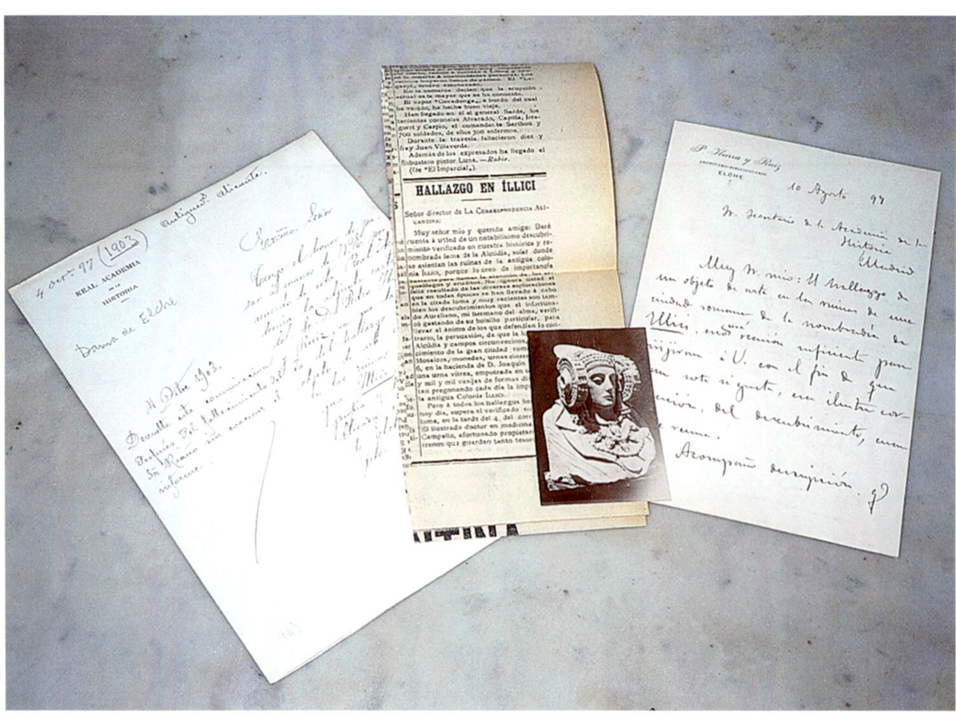

Fig. 97. *Documentación sobre el hallazgo de la Dama de Elche, remitida por D. Pedro Ibarra en 1897.*

de documentación del siglo XX es proporcionalmente inferior, pues hasta 1936, se conservan 31 expedientes y 107 documentos, y desde 1936 a 1993, sólo hay 57 expedientes y 131 documentos, siendo más irregular si cabe, pues de 1936 a 1957, años que corresponden a la etapa de Gómez Moreno, sólo hay 5 expedientes y 13 documentos. Respecto a la documentación relativa al Gabinete Numismático, puede considerarse mucho más abundante, regular y, en general, de mayor interés, lo que refleja la especial atención que merecieron desde sus inicios (Apéndice V). De esta documentación se conservan 343 expedientes y 1777 documentos: 102 y 462 respectivamente, del siglo XVIII, 210 y 817, del XIX, en su gran mayoría del segundo tercio, disminuyendo mucho en el XX, pues sólo existen de éste 31 expedientes con 89 documentos. También se conservaban en el Gabinete algunos manuscritos, como la Memoria de Saavedra sobre la vía romana de Augustóbriga a Uxama Argaela pasando por Numancia [130], lo que se explica porque incluye las monedas y otros objetos encontrados durante su realización. Más extraño podía parecer la presencia de un manuscrito sobre la pretendida tumba egipcia de Tarragona o de otro sobre la Comarca de Olot [131], que se han remitido a la Biblioteca. Respecto al Numario, su documentación es mucho más voluminosa, pues ocupa más de seis archivadores, pero su catalogación todavía no ha sido posible llevarla a cabo.

Otro conjunto documental muy importante es el formado por las *Comisión de Antigüedades* [132] (CA). Éste es, tal vez, el más voluminoso de los archivos conservados relativos a antigüedades, la realización de cuyos índices ya se está realizando para facilitar su consulta y estudio [133]. Otra documentación esencial para conocer el origen y las circunstancias de llegada y, muchas veces también, del hallazgo de las piezas, son las *Actas de las Sesiones* (AS), cuyo análisis se piensa abordar a continuación. En cuarto lugar, otro conjunto de información muy valiosa procede de los *expedientes personales de los académicos numerarios* (EAN), *correspondientes* (EAC) y *extranjeros* (EAE), guardados en los Archivos de la Secretaría de la Academia, así como de sus fondos o *legados personales,* que se conservan en la Biblioteca, pues alguno de ellos, como los de el P. Andrés Marcos Burriel, los del Marqués de Valdeflores o los de José Cornide, Fidel Fita [133a] o Antonio Delgado, pueden considerarse merecedores de un estudio monográfico. También se deberá revisar el *Archivo de Cuentas* (AC), por la posible información sobre los gastos del Gabinete y de sus adquisiciones. Finalmente, se deberán examinar también los expedientes de *Obras y Documentos* (OD), *Historia, organización y cargos* (HOC), *Edificio* (E), *Fundaciones* (F), *Legados* (L), *Premios* (P) y *Regalos* (R), así como los de las distintas comisiones, especialmente la *Comisión Mixta Organizadora de las Comisiones Provinciales de Monumentos* (COPM) y las de *Antigüedades* (CAA), *Cortes y Fueros* (CF), *Publicaciones* (CP) y *de la España Sagrada* (CES).

[130] *Vid. Supra,* nota 50.

[131] B. Hernández Sanahuja, *Descripción razonada del sepulcro egipcio encontrado en Tarragona en Marzo de 1850. Dirigida a la Real Academia de la Historia* (signatura 9/7974/4) y E. Paluzie, *Memoria topográfica de la cuenca de Olot* (sig. 2/4/1/7).

[132] J. Maier, *op. cit.,* n. 32, pp. 11 s. Para dar idea de la riqueza de este conjunto documental, actualmente en proceso de organización y publicación en estrecha colaboración con las administraciones e instituciones culturales autonómicas, basta señalar que lo forman más de 2500 expedientes, organizados por provincias, pertenecientes 571 a Andalucía, 85 a Aragón, 79 a Asturias, 37 a las Baleares, 472 a Castilla-León, 256 a Castilla-La Mancha, 16 a las Canarias, 42 a Cantabria, 261 a Cataluña, 152 a Extremadura, 87 a Galicia, 111 a Madrid, 3 a Melilla, 77 a Murcia, 65 a Navarra, 62 al País Vasco, 10 a La Rioja y 88 a Valencia. Además, hay 87 de diversos países del extranjero.

[133] En 1998 se ha finalizado el de la Comunidad de Madrid (J. Maier, *op. cit,* nota anterior) y se han iniciado los de las comunidades de Aragón, Cantabria y Castilla-La Mancha, dentro de una política de abierta colaboración con instituciones locales y con las comunidades autónomas.

[133a] J. M. Abascal, *op. cit.,* nota 58a.

▶
Fig. 98. *Dibujo del siglo XVIII de un petroglifo gallego.*

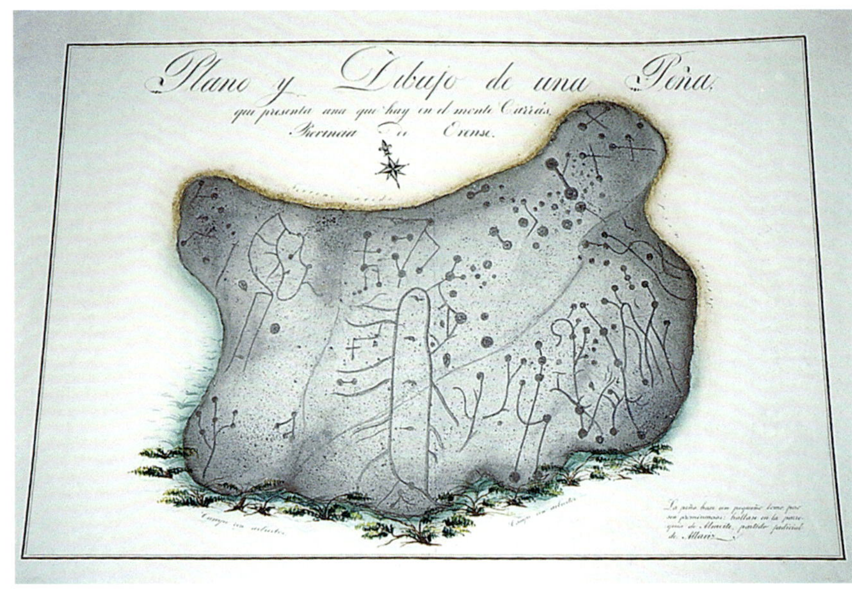

Pero en esta rápida enumeración, también debe recordarse lo dicho a propósito de la sección de *Cartografía y Bellas Artes* (SC y SBA), cuya importancia documental desde este punto de vista es indudable, pues en ella se guardan desde dibujos originales (fig. 98), a mapas y planos antiguos (fig. 99), muchos de ellos manuscritos, algunos incluso procedentes de los «viajes literarios»[134] (fig. 100), siendo de especial interés los referentes a la *Hispania Antiqua* y los planos y dibujos y algunas fotografías de excavaciones y hallazgos de los siglos XVIII al XX, por lo que ofrecen particular importancia para la Historia de la Arqueología en España.

[134] G. Gómez de la Serna, *Los viajeros de la Ilustración,* Madrid, 1974.

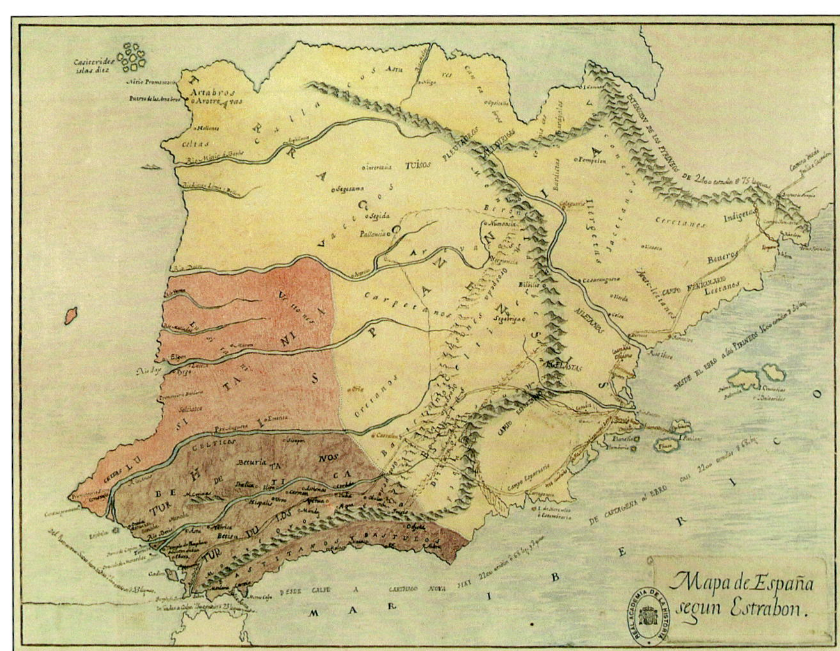

▶
Fig. 99. *Mapa manuscrito del siglo XVIII con* Iberia *según Estrabón.*

Fig. 100. *Dibujo del templo romano de Évora, según J. Cornide.*

EL GABINETE HACIA EL FUTURO: INVESTIGACIÓN, PUBLICACIONES Y MUSEO

Las líneas anteriores han intentado dar una idea de lo que es el Gabinete de Antigüedades de la Real Academia de la Historia y explicar su origen y evolución, los variados elementos que integran sus colecciones y su funcionamiento actual.

Pero para comprender a fondo esta institución, es necesario plantearse también su finalidad presente y su futuro. En efecto, al hacernos cargo de esta insigne institución y al emprender actualizar su funcionamiento, se plantea la necesidad de planificar su actividad, presente y futura, a fin de hacer más rentables los esfuerzos que requiere su reactivación y, sobre todo, para saber y poder discutir y precisar qué debe ser y cómo debe seguir funcionando el Gabinete hacia el futuro. Además, el éxito de la empresa y la consecución de los fines propuestos, así como la obtención de los medios necesarios para ello puede depender en gran medida de saber plantear unos buenos objetivos hacia el futuro.

En este sentido, ¿qué debe ser el Gabinete de Antigüedades de la Real Academia de la Historia? ¿cómo se debe organizar? ¿cómo se puede potenciar su conocimiento y las actividades que le son inherentes en su funcionamiento, como la investigación y el disfrute y divulgación de sus fondos? Y, finalmente, ¿qué función debe tener en el futuro?

La respuesta a estas preguntas es compleja, pues depende de diversos factores, algunos incluso variables, como la cantidad de fondos y de apoyo técnico disponibles, pero aún más se debe tener en cuenta el lógico proceso de cambio continuo, actualmente acelerado, que ofrece toda sociedad, dentro de la que debe considerarse inserta una institución tan señera como el Gabinete de Antigüedades.

La Real Academia de la Historia, consciente del patrimonio cultural que ha ido atesorando y de la responsabilidad que ello implica ha decidido llevar a cabo una reforma del Gabinete de Antigüedades que supone, al mismo tiempo, potenciar estos campos de estudio y valorar los objetos que atesora y que representan un conjunto tan significativo del Patrimonio Histórico y Cultural de España.

Las circunstancias que atravesaba el Gabinete de Antigüedades por diversos motivos, en especial la necesidad de actualizar sus instalaciones, exigían llevar a cabo un plan eficaz global, a fin de potenciar una institución de tanto renombre nacional e internacional como es la Real Academia de la Historia. Esta necesidad era tanto más importante dada la riqueza de sus fondos, hasta ahora poco conocidos y prácticamente fuera del disfrute de la sociedad.

En consecuencia, la idea esencial de la actual reorganización ha sido poner al servicio de la sociedad, a través de la Real Academia de la Historia a la que pertenece, este órgano especializado, para que su adecuada actividad satisfaga las necesidades de una sociedad cada vez más interesada por su pasado y su Patrimonio Histórico, máxime cuando nuestro legado cultural puede considerarse como uno de los más ricos e importantes del mundo.

Para ello ha sido necesario acometer esta empresa, desde hace muchos años nunca abordada de forma global y eficaz. De acuerdo con el plan trazado, se ha comenzado por inventariar y estudiar los fondos del Museo y de la Colección Numismática, por ser las secciones más solicitadas actualmente por los investigadores y más necesitadas de atención y estudio, aunque paralelamente se piensa emprender la catalogación y publicación de los cuadros y el estudio de los fondos documentales, a fin de poder identificar la procedencia de las piezas de este conjunto tan importante del Patrimonio Cultural Español.

Como primer objetivo, se ha planificado lograr un conocimiento adecuado de las piezas que integran las colecciones, lo que supone su catalogación exhaustiva, para conseguir su mejor valoración y conservación, así como para facilitar su puesta a disposición del público por medio de su debida publicación y su acceso a través de Internet, para, finalmente, hacerlas accesibles a la visita pública.

Para alcanzar dichos objetivos, se ha trazado un plan de trabajo flexible que se pretende llevar a cabo en varias líneas de actuación paralelas e independientes, dirigidas a atender las cuatro secciones que ofrece el Gabinete: las antigüedades, el numario, los objetos artísticos y la documentación. Se piensa actuar, siempre que sea posible, de forma coordinada entre las diversas secciones, en especial en lo que respecta a su documentación. La labor en cada sección se llevará a cabo por medio de procesos sucesivos que agilicen su ejecución y aumenten su eficacia y máxima rentabilidad, a fin de lograr los objetivos propuestos en un tiempo mínimo y con la máxima eficacia y rentabilidad del esfuerzo invertido. De acuerdo con estas premisas, la necesidad de ajustarse a un plazo realista y práctico ha obligado a dar preferencia a las actuaciones más urgentes e importantes para lograr resultados eficaces en un plazo breve.

Por ello, se considera prioritario inicialmente abordar de forma paralela la sección de antigüedades y la colección numismática, por ser actualmente, como se ha indicado, las más requeridas de estudio por parte de los investigadores y las que están más necesitadas de inventario, catalogación y publicación. Pero su estudio requiere abordar conjuntamente el de su documentación, dado que muchas piezas han perdido su procedencia originaria a lo largo del tiempo, labor ya iniciada pero que exigirá una cuidadosa tarea de reidentificación a través de los ricos fondos documentales existentes en la Academia. De forma similar, se piensa abordar la catalogación y estudio de las esculturas, cuadros y grabados, aunque esta labor no resulta tan urgente en la fase inicial de actuación.

A pesar de la complejidad de estas tareas, los objetivos señalados pueden ser abordados con eficacia dado que la colección es relativamente reducida y prácticamente cerrada, lo que permite planificar perfectamente los plazos de ejecución de acuerdo con los medios que vayan siendo disponibles. Las principales etapas a abordar son las siguientes:

1º) Revisión general de los fondos por especialistas, para clasificar y ordenar todos los objetos, lo que ha supuesto el recuento y localización topográfica de todos los objetos y monedas de la colección.

2º) Lavado, siglado y restauración, cuando ha sido necesario.

3º) Inventario y documentación fotográfica, preferentemente digital para facilitar la aplicación de sistemas informáticos de catalogación.

4º) Estudio y clasificación de la piezas.

5º) Publicación exhaustiva, con preferencia por algunas series como la moneda hispánica o la hispano-árabe, que pueden considerarse entre las más importantes del mundo aún inéditas.

6º) Exposición al público de forma adecuada de los materiales más selectos y conservación del resto de los fondos en las reservas.

De forma paralela, se piensa llevar a cabo la revisión de toda la documentación, tarea que ya se ha iniciado comenzando por aquellos fondos, como los del archivo del propio Gabinete [134a], que son más importantes para llegar a identificar su procedencia, circunstancias de hallazgo y modo de ingreso en la Academia.

[134a] *Vid. supra,* nota 13.

Esta tarea de estudio de la documentación se piensa abordar por etapas. Una primera etapa, prácticamente finalizada, ha consistido en la localización y obtención de una visión general de los fondos existentes y de los problemas que plantea su análisis y futura utilización. En una segunda fase, actualmente ya en proceso, se ha acometido el vaciado de los documentos y la realización de los índices de lugares, personas y materias de toda la documentación referente al Gabinete y a las antigüedades en general, pues no es fácil en muchos casos establecer diferencias. El examen de los expedientes del Gabinete de Antigüedades ya se ha finalizado y actualmente se ha iniciado el trabajo en los documentos de la Comisión de Antigüedades y en los del Gabinete Numismático. También es urgente abordar el examen de las Actas de Sesiones y del Boletín de la Academia. Posteriormente se deberán abordar los expedientes personales, los legados depositados en la Biblioteca y la documentación existente en las Comisiones Provinciales de Monumentos, en el Archivo de Cuentas y en la sección Cartográfica y de Bellas Artes. Finalmente, con toda la documentación accesible, se va a ir procediendo a la identificación de las piezas y a la confección de índices generales de objetos, lugares, personas y fechas como instrumento de trabajo para la investigación futura.

El objetivo último de todos estos trabajos es lograr un conocimiento adecuado de estas colecciones tan importantes del Patrimonio Cultural Español, aunque el objetivo a corto y medio plazo sea el de poner a disposición de todos los estudiosos las colecciones debidamente inventariadas, catalogadas y documentadas, como ya se ha iniciado con la reinstalación de una pieza tan emblemática como el Disco de Teodosio (fig. 101).

Como un segundo objetivo, esencial en toda tarea científica, se pretende organizar la publicación exhaustiva del *Catálogo del Gabinete de Antigüedades de la Real Academia de la Historia,* actualizado y de acuerdo con la más moderna metodología, incluyendo CD para facilitar el acceso al mismo por medios informáticos.

Este estudio y publicación del Catálogo se piensa abordar por medio de series paralelas, sistema que viene exigido por las diversas secciones que estructuran el Gabinete de Antigüedades. Dichas series, por consiguiente serían: *I, Antigüedades y Epigrafía; II, Monedas y Medallas; III, Esculturas, cuadros y grabados* y *IV, Documentación.*

De la Serie I ya está muy avanzado un volumen dedicado al Disco de Teodosio, por ser la más importante joya que guarda el Gabinete, que se va a publicar como recuerdo de su presentación pública tras su restauración por el Instituto de Patrimonio Histórico Español[135]. A continuación, se abordará el *I.2, Catálogo de Antigüedades Españolas,* mientras que ya está más avanzada la

[135] M. Almagro-Gorbea *et alii, op. cit.* nota 39.

▲
Fig. 101. *Presentación del Disco de Teodosio en el Salón de Espejos en homenaje a S.M. la Reina Sofía de Grecia el día de su nombramiento como Académica de Honor el 10 de noviembre de 1998.*

preparación del *I.3, Catálogo de Epigrafía,* dirigido por J. M. Abascal y H. Gimeno.

De la serie II, el primer volumen que se piensa publicar será el *1,1, Catálogo de las Monedas Hispánicas* y el *1.3, el Catálogo de las Monedas Hispano-árabes.* Otros catálogos previstos son el 2,2 dedicado a la *Moneda Romana Republicana,* el 2.3, a la *Moneda Romana Imperial;* el 3.1, a las *Medallas Españolas* y el 3.2, a las *Medallas Extranjeras* y el 1.4, dedicado a las *Monedas Visigodas y Medievales Cristianas.*

La serie III del Catálogo se dedicará a la escultura, pintura y el grabado y estará integrada por el volumen, 1, *Catálogo de Pintura,* y el 2, *Catálogo de los Grabados.* Otros catálogos previsibles son los de escultura, quizás publicables como un apéndice del 1, y los de mapas y dibujos arqueológicos, cuyo estudio y publicación se debería llevar a cabo junto con la Biblioteca y el servicio de Cartografía y Bellas Artes.

Finalmente, una IV serie del Catálogo se debe dedicar a la rica documentación referente al Gabinete y a las antigüedades en general. Dada su mayor complejidad, esta serie ha sido conveniente subdividirla, de forma que su publicación sea más fácilmente alcanzable a medida que se estudian los distintos fondos de la Academia. Una primera subserie, IV-1, se ha dedicado a los catálogos de los distintos archivos: 1, *Archivo del Gabinete de Antigüedades*[135a]; 2, *Archivo del Gabinete del Numario;* 3, *Archivo de Pinturas y Cuadros;* 4, *Comisión de Antigüedades,* que actualmente ya se encuentra en avanzado proceso de realización, con varios volúmenes editados y en prensa[136]; 5, *Actas de las Sesiones;* 6, *Archivo de Informes Oficiales;* 7, *Expedientes personales de los académicos;* 8, *Archivo de Cuentas;* 9, *Documentación de la Sección de Cartografía y de Bellas Artes;* 10, *Publicaciones,* incluyendo las *Memorias,* el *Boletín* y los *Discursos de ingreso* y, quizás, una última, 11, dedicada a los *Legados personales.*

[135a] *Vid. supra,* M. Almagro-Gorbea y J. Álvarez Sanchís, *op. cit.* nota 13.

[136] J. Maier, *op. cit.*, nota 132.

Otra serie, V, se dedica a recoger los estudios derivados de esta documentación, para facilitar su conocimiento y difusión. Por consiguiente, la integrarán desde biografías a publicaciones de obras inéditas o, incluso, de facsímiles, como, por ejemplo se tiene previsto hacer con la *Memoria sobre la vía romana de Augustóbriga a Uxama,* redactada por Eduardo Saavedra, ya que puede considerarse como uno de los más bellos manuscritos de la Arqueología española. Otro trabajo ya ultimado es el estudio realizado por el profesor J.M. Abascal dedicado al P. Fidel Fita[137] y el del Dr. J. Maier, a Jorge Bonsor[138], y también está muy avanzada la publicación del libro inédito de *La moneda islámica,* de Antonio Delgado, cuya edición tienen en preparación los profesores A. Canto y T. Ibrahim.

[137] *El P. F. Fita y su legado documental en la Real Academia de la Historia.* Madrid, 1999.

[138] *Jorge Bonsor (1855-1930). Un Académico Correspondiente de la Real Academia de la Historia y la Arqueología Española.* Madrid, 1999.

Este programa de publicaciones puede parecer ambicioso, pero un estudio de su viabilidad hace que pueda considerarse alcanzable gracias a la colaboración brindada por los numerosos estudiosos y especialistas interesados. El Catálogo de las colecciones se verá facilitado al no ser éstas excesivamente numerosas, mientras que la realización de los catálogos de la documentación, empresa seguramente más compleja, encontrará seguro apoyo por contribuir a los estudios historiográficos, actualmente tan en boga y tan necesitados de disponer de esta insustituible documentación.

Finalmente, esta necesaria reorganización debe contribuir a trazar el futuro del Gabinete de Antigüedades. Si esta institución, gracias al actual plan de potenciación a corto y medio plazo, logra recuperar la necesaria vitalidad que ha gozado en otros tiempos, puede convertirse de nuevo en un centro que contribuya a reconducir, coordinar e impulsar la investigación en campos relacionados con su actividad, como la Museología, la Historiografía Arqueológica o la Numismática, siempre bajo el patrocinio de la Real Academia de la Historia y tal vez contando con el asesoramiento de la Comisión de Antigüedades, que en esta tarea podría encontrar una nueva y eficaz actividad.

Además, tras las tareas de investigación, estudio y publicación del Catálogo, se podrá proceder con mucha más eficacia a una digna exposición de las piezas más relevantes, abriendo al público el «Museo» del Gabinete de Antigüedades de la Real Academia de la Historia. Esta tarea se ha pensado comenzarla con la organización de una nueva vitrina para el Disco de Teodosio, que se ha dispuesto en el Salón de Espejos del Palacio de Molins (fig. 101). Pero, en un futuro próximo, existe el proyecto de renovar todas las actuales salas de exposición del «Museo» de la Academia, mejorando la seguridad y estanqueidad de las vitrinas y su iluminación y accesibilidad, así como la correspondiente información al público (fig. 25). Según el plan previsto, se pretende conservar y recrear todo lo posible el ambiente de lo que era un «gabinete de antigüedades» en los siglos XVIII y XIX, con su acumulación de piezas y su carácter de colección más que de museo, algo que ha ido desapareciendo paulatinamente y que, en el caso del Gabinete de la Academia, podría y debería enriquecerse con una muestra de la documentación tan rica como interesante que atesora esta institución.

CONCLUSIONES

Para finalizar, como conclusión de cuanto hemos expuesto a propósito de una institución tan importante como es el Gabinete de Antigüedades de la Real Academia de la Historia, a modo de colofón, conviene destacar algunos aspectos de interés.

Al margen de su interés concreto como lugar donde se atesoran y conservan algunas piezas muy significativas del rico Patrimonio Cultural de España, el Gabinete de Antigüedades, con sus más de 250 años de historia, ofrece el valor añadido de su capacidad de contribuir a potenciar la actividad y el prestigio de la Real Academia de la Historia en su campo de actuación, no tanto por valorar su Patrimonio Histórico, Arqueológico y Cultural, sino, muy especialmente, porque siguen plenamente vigentes las ideas de servicio a la Historia de España a través del estudio y difusión del legado histórico que supone su cultura material.

Esta noble tarea es la que el Gabinete puede y debe seguir realizando hacia el futuro aprovechando el prestigio que le da su larga historia y la importancia de la institución en la que radica. En este sentido, desaparecida la función originaria para la que fue creado de guardar las antigüedades, ya que existen actualmente otras instituciones más adecuadas para ello, su actividad en los años próximos debería orientarse de manera prioritaria a potenciar la investigación en el campo de la Arqueología y, especialmente, de la Antigüedad, por ejemplo, en el campo de la Historiografía de nuestro Patrimonio Arqueológico. Igualmente, puede contribuir eficazmente a apoyar a cuantos pretendan llevar a cabo trabajos relacionados con estudios territoriales o a estudiar los principales yacimientos arqueológicos de España, para lo que atesora una documentación tan útil como valiosa. Con ello, creemos que el Gabinete de Antigüedades de la Real Academia de la Historia seguirá manteniendo en el presente y hacia el futuro la alta función para la que fue creado, al cumplir el gran servicio que debe rendir a la Investigación y al Patrimonio Cultural de España, tarea a la que está obligado para ser consecuente con los objetivos buscados en su fundación, plasmados en sus Estatutos y avalados por su plurisecular historia.

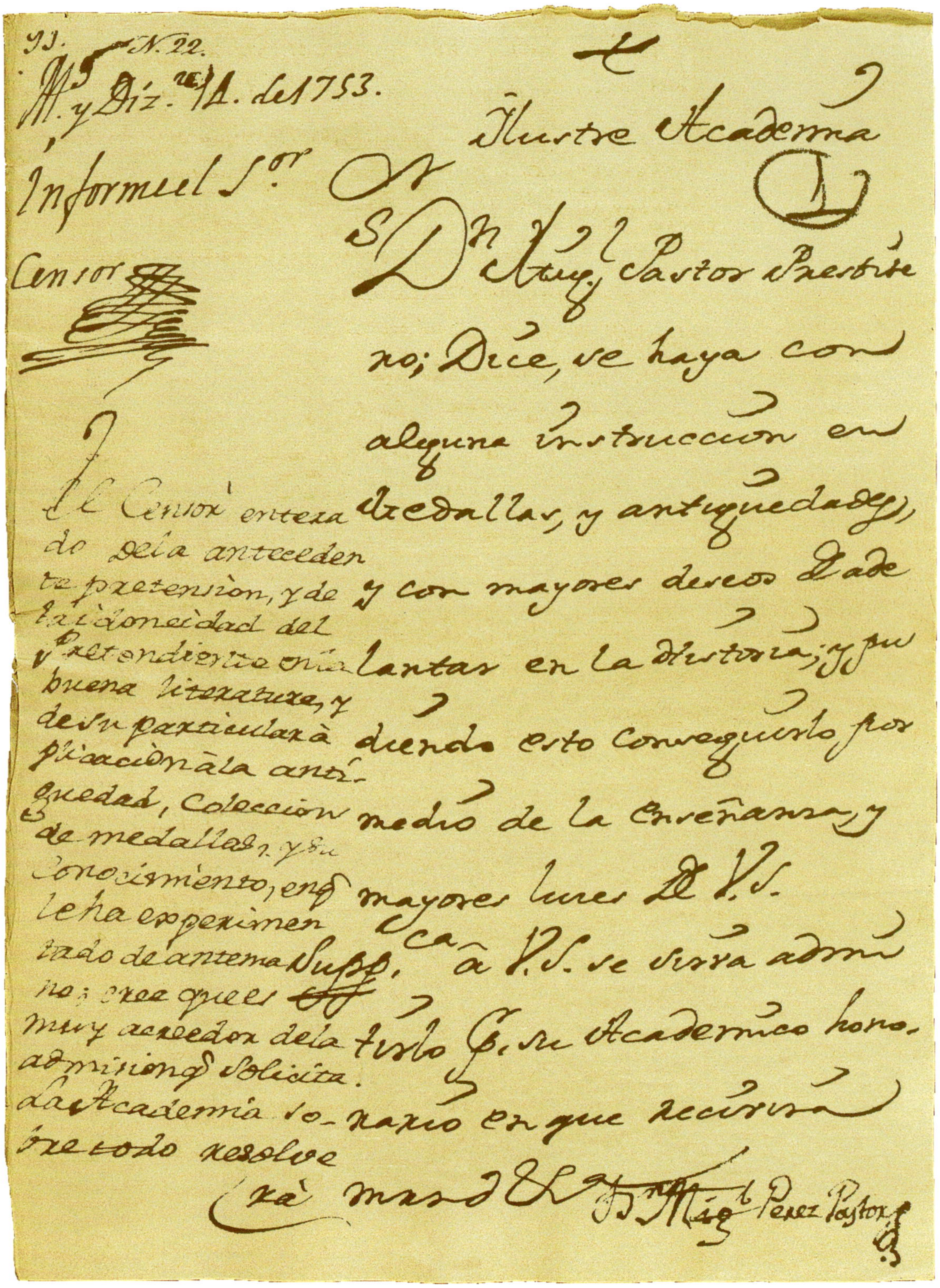

93. N. 22.

M.d y Diz.re 11. de 1753.

Informe el S.or Censor

El Censor enterado dela antecedente pretension, y de
la idoneidad del
Pretendiente en la
buena literatura, y
de su particular à-
plicacion àla anti-
guedad, coleccion
de medallas, y su
conocimiento, en q.
le ha experimen-
tado de antemano;
cree que es
muy acreedor dela
admision q. solicita.
La Academia so-
bre todo resolverà.

Ilustre Academia

S.r

D.n Mig.l Pastor Presbite-
ro; Dice, se haya con
alguna instruccion en
Medallas, y antiguedades,
y con mayores deseos de ade-
lantar en la Historia; y su-
diendo esto conseguirlo por
medio de la Enseñanza, y
mayores luces de V.S.
Sup.ca â V.S. se sirva admi-
tirlo p.r su Academico honorario en que recivirá
mrd de V.S. D.n Mig.l Perez Pastor

▲ **Fig. 102.** *Solicitud de ingreso de D. Miguel Pérez Pastor, en 1763, como I Anticuario.*

Apéndice I

Biografías de los *Anticuarios* de la Real Academia de la Historia

I. Miguel Pérez Pastor y Molleto (1763) [139]

Nacido de familia noble de Guadix, el 2 de febrero de 1721, fue hijo de D. Fernando Pérez Pastor, Coronel del Regimiento de Milicias de Guadix, Alcalde Mayor Perpetuo y Regidor de la Ciudad, y de Dña. Isabel Molleto Cruzat, de familia originaria de Valencia y Murcia «desde el tiempo de la conquista».

Hizo sus primeros estudios en Murcia, en el Colegio de la Anunciata y estudió Derecho Civil en Granada, en S. Bartolomé y Santiago, donde se graduó de Doctor, viniendo posteriormente a Madrid para *«tratar los hombres doctos y aprender»*. El 9 de Marzo 1748 se ordenó sacerdote, por lo que es el primero de los presbíteros que ocuparon el cargo de Anticuario.

El 21 de Diciembre de 1753 fue admitido como Académico Correspondiente, tomando posesión el 28 de ese mes, según el Oficio de nombramiento, que conserva interesantes noticias sobre el procedimiento de toma de posesión del que sería el primer Anticuario de la Academia (fig. 102). Dicho documento indica que el Censor, a la sazón D. Pedro Rodríguez de Campomanes, *«enterado de la antecedente pretensión y de la idoneidad del Pretendiente en la buena literatura y en su particular aplicación a la antigüedad, colección de medallas y su conocimiento, en que ha experimentado de antemano, cree que es muy acreedor de la admisión que solicita. La Academia sobre todo resolverá»*.

Su *Discurso de ingreso,* que se conserva en su Expediente Personal, resulta bastante tópico y genérico, como sería norma en aquel tiempo. En él se cita desde a Pitágoras y Platón, como ejemplos de sabiduría, a Aristóteles. La Historia, según la cita que recoge de Cicerón *(de Orat. ad L.,* 2) *«es testigo del tiempo, maestra de la vida, luz de la verdad, vida de la memoria y nuncio de la antigüedad»*, relatando, incluso, la anécdota de que D. Alfonso el Magnánimo se curó de una tenaz terciana con la lección gustosa de Tito Livio. Prosigue con el elogio a Felipe V y señala *«haberse perdido infinitos testimonios de nuestra antigua gloria, que en lápida y medallas eran recomendable memoria de la existencia y situación de muchos pueblos, cuyos nombres citados por Plinio y otros autores nos hacen desear noticia más puntual; haviendo (sic) sido tal la desidia, que muchas destas piezas apreciables (especialmente lápidas) sirven desfiguradas de escalones, en algunas casas de particulares, y las medallas de que ha sido mayor*

[139] Los datos de esta biografía se han obtenido de su hoja necrológica, conservada en la Real Academia de la Historia, en su *Expediente personal,* Legajo 100, Carpeta 13, Sección 114. No aparece recogido en la publicación del Marqués de Siete Iglesias, Real Academia de la Historia, Catálogo de sus individuos. Noticias sacadas de sus archivos. *BRAH* CLXXV, 1978, pp. 19-105, porque no llegó a ser Numerario.

la perdida han tenido igual desgracia en poder de los fundidores de metales». Señalando igualmente que dichos restos «*...facilitan con su noticia la de muchas Colonias y Municipios que en tiempos de los Romanos y los cartagineneses tuvieron distinguido nombre, gozando privilegios del derecho antiguo Itálico... Toda Europa nos propone multitud de exemplos de la importancia desta aplicación, en la multitud de obras eruditas que salen de su clase, y en los Regios Museos que casi todas sus monarquías conservan con la mayor estimación*». En consecuencia, se añade que «*Esta Real Academia no mirando con indiferencia lo util deste trabajo, tiene destinado un habil individuo que con el mayor acierto desempeña el encargo de recoger con exactitud las memorias que quedan de la Antigüedad...*»

El 1 de Abril de 1756 fue admitido en la Academia de la Historia como Supernumerario y, al crearse el cargo u oficio de Anticuario el 16 de Septiembre de 1763, pasó a ser el I Anticuario de la Academia, hasta su muerte, ocurrida en Madrid el 20 de Noviembre de ese año, debida a «*la enfermedad de tabardillo y dolor de costado*»[140], siendo sepultado en la Iglesia Parroquial de la Santa Cruz.

Consta que el 19 de Junio de 1756 fue nombrado del Consejo de Castilla por los Censores de Libros, siendo Censor del 2 de Julio de ese año hasta el 24 de Junio de 1757 y fue también miembro de la Real Academia Española[141]. De sus obras impresas[142], cabe destacar su *Disertación sobre el Dios Endovellico, y noticia de otras Deidades gentílicas de la España antigua*[143], lo que evidencia su interés por la Epigrafía y la Historia de las Religiones. Además, tradujo del Francés al Castellano *La Historia general de los viajes,* del Abate Prevot y del Italiano, *La devoción arreglada,* de Muratori, «con un docto prólogo añadido»[144], pero la traducción que más interesa aquí seguramente es la del libro de Charles Patin, *Histoire des médailles ou introduction à la connaisance de cette science* (2ª ed., Paris 1695)[145]. Finalmente, también es el autor del primer *Catálogo de las medallas de la Academia,* manuscrito, del que se conservan dos volúmenes[146]. De estos trabajos se deduce su formación clásica y religiosa y cierta dedicación a la Numismática y a la Epigrafía, hecho bastante general en las figuras de los anticuarios del Gabinete.

[140] Muy probablemente, tifus.

[141] Según indica F. Aguilar Piñal, *Bibliografía de autores españoles del siglo XVIII.* Madrid, 1988, p. 375.

[142] F. Aguilar Piñal, *op. cit.* nota anterior, pp. 375-376.

[143] Madrid, Joachin Ibarra, 1760. (107 pp. + 2 láms.; 4º).

[144] Madrid, 1763.

[145] *Historia de las medallas o introducción al conocimiento de esta ciencia,* Madrid, 1771.

[146] *Catálogo del Monetario,* vols. I y II (GN, Leg. 17/nº 9/1759).

II. Alonso María (o Alfonso) de Acevedo (1769-1774)

Poca información se conserva en la Academia sobre el segundo Anticuario[147] (fig. 103). Sí se sabe que debía ser amigo y conocido de José de Guevara, pues fue quien presentó a éste último a la Academia, habiendo estudiado con él en el Colegio de los Jesuitas de Sevilla y en la Facultad de Filosofía y Theología de esa ciudad, donde debió doctorarse en Sagrados Cánones, según señala en una de sus obras. Estas circunstancias indican su origen sevillano y una edad aproximada a la de J. de Guevara, pero no se conoce la fecha de su nacimiento y se sabe que murió bastante antes que Guevara.

En su solicitud de ingreso en la Real Academia de la Historia[148], se declara «Caballero contador nombrado por su estado de Hijosdal-

[147] Véase RAH, *Expediente Personal,* Legajo nº 127, Carpeta nº 13, Sección 11; *Enciclopedia Universal Ilustrada Europeo-Americana* II. Madrid, 1908 (reed. 1967), p. 204.

[148] Con fecha del 10 de Mayo de 1765.

go notorios de la ciudad de Zamora, Doctor en Cánones en la Universidad de Sevilla, su opositor a Cátedras y Miembro honorario de la Real Academia de las Buenas Letras de Sevilla». También existen referencias de haber estudiado los tratados de S. Agustín y de que dominaba la lengua griega. Otro indicio de que debió ser un personaje culto y leído es que era bibliotecario del Colegio de San Isidro, en Madrid.

En la Academia, fue admitido como Supernumerario el 17 de Mayo de 1765, tras presentar su solicitud el día 10 de ese mes, agradeciendo su nombramiento al día siguiente y tomando posesión el día 24. Para el cargo de Anticuario, que debía estar vacante desde hacía un largo periodo de tiempo de más de cinco años, fue nombrado el 5 de Mayo de 1769, pero murió pocos años después, en el Ferrol, el 19 de mayo de 1774.

Sus obras conocidas indican su formación y dedicación prioritarias a la jurisprudencia [149]. En efecto, dejó escritas cuatro *disertacio-*

[149] *Alfonsi de Acevedo J.C. Hispani, SS. Canonum in Hispalensi Universitate Doctoris,... De Rerum absolutione conjecta crimina negantium apud equuleum: ac de hijus usu eliminando, praesertim ab ecclesiasticis tribunalibus exercitatis.* Matriti, Joachimus Ibarra, 1770 (8+184 pp., 8º); obra traducida al castellano, *Ensayo acerca de la tortura ó cuestión del tormento; de la absolución de los reos que niegan en el potro los delitos que se les imputan; y de la abolición del uso de la tortura, principalmente en los Tribunales eclesiásticos. Publicado en latín en 1770 por Don Alonso de Acevedo... anticuario de la Real Academia de la Historia, etc. Traducido por D. C.G.O.* (Casimiro Gómez Ortega), *de la misma Academia*. Madrid, Collado, 1817 (XXIV+198 pp., 8º). Además, dejó sin acabar otra obra, *Idea de un nuevo cuerpo Legal*. Por el contrario, no puede ser autor del largo poema titulado *Creación del mundo por el Doctor Alonso de Acevedo, Canónigo de la Santa Iglesia de Plasencia,* publicado en *Biblioteca de Autores Españoles, XXIX,* Madrid, 1854, pp. 245-287, pues dicha obra consta que fue realizada en Roma en 1615.

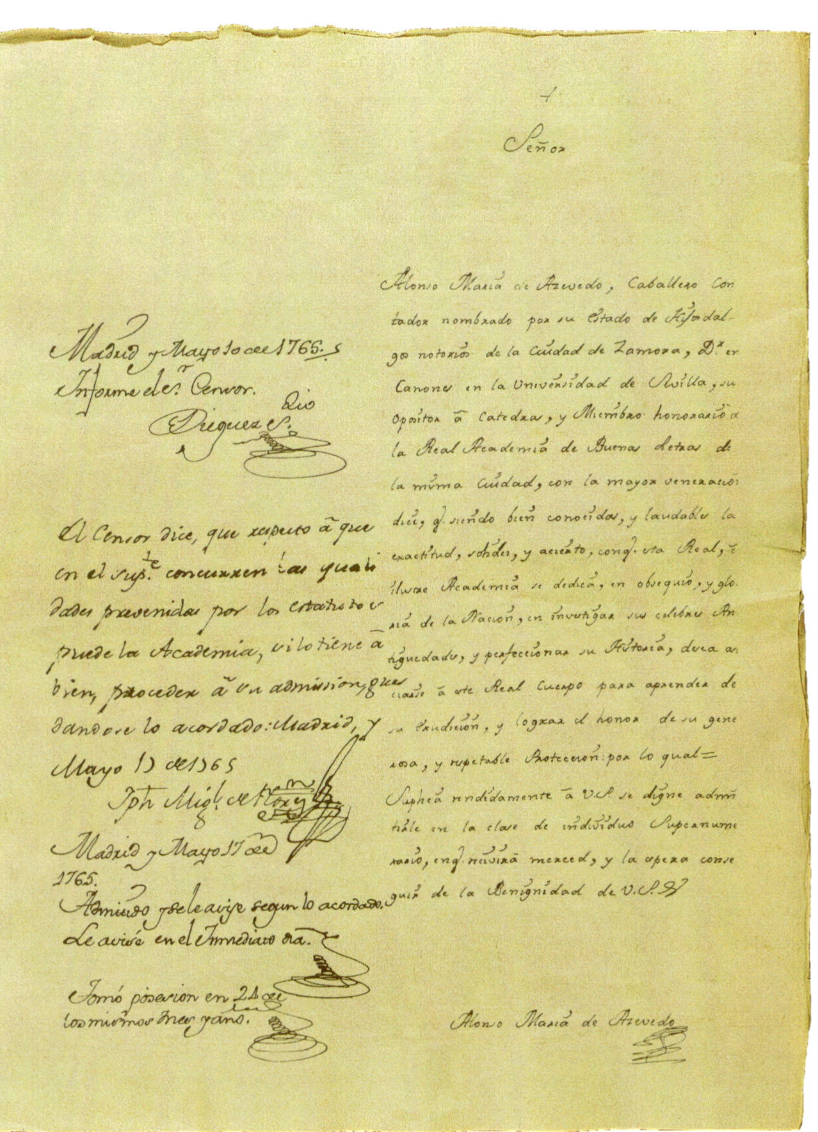

1

Señor

Madrid y Mayo 10 de 1765.
Informe el Sr. Censor.
[illegible]

El Censor dice, que respecto à que
en el supp.te concurren las quali-
dades prevenidas por los estatutos
puede la Academia, si lo tiene à
bien, proceder à su admision, guar-
dandose lo acordado: Madrid, y
Mayo 13 de 1765
Jph. Migl. de Flores

Madrid y Mayo 17 de
1765.
Admitido y se le avise segun lo acordado.
Le avisé en el inmediato dia.

Tomó posesion en 24 de
los mismos mes y año.

Alonso María de Acevedo, Caballero Contador nombrado por su Estado de Hijosdal-
go notorios de la Ciudad de Zamora, Dr. en
Canones en la Universidad de Sevilla, su
Opositor à Catedras, y Miembro honorario de
la Real Academia de Buenas Letras de
la misma Ciudad, con la mayor veneracion
dice, que siendo bien conocidas, y laudables la
exactitud, solidez, y acierto, con que esta Real, è
Ilustre Academia se dedica, en obsequio, y gloria de la Nacion, en investigar sus celebres Antiguedades, y perfeccionar su Historia, desea as-
ciarse à este Real Cuerpo para aprender de
su Erudicion, y lograr el honor de su generosa, y respetable Proteccion: por lo qual=
Suplica rendidamente à V.S. se digne admi-
tirle en la clase de individuo Supernumerario, en que recivirà merced, y la espera conseguir de la Benignidad de V.S.

Alonso María de Acevedo

Fig. 103. *Solicitud de ingreso de D. Alonso María de Acevedo, II Anticuario.*

nes, una sobre el lenguaje de los brutos, otra, sobre el modo de escribir por notas de los antiguos, lo que supone formación epigráfica, una tercera, sobre Derecho Canónico, pero la más famosa es la dedicada a abreviar el Código Civil. Prácticamente ninguna de sus obras conocidas se dedica a la Antigüedad ni a la Historia, por lo que poco se sabe sobre su especialización concreta en el Gabinete de Antigüedades, salvo la orientación por los estudios clásicos que se deduce de su formación. Sin embargo, sí cabe suponer que debió dedicarse a Historia del Derecho Medieval, pues en su expediente personal existe una solicitud de su puño y letra presentada el 4 de Septiembre de 1765 con un proyecto sobre una «Disertación sobre las Behetrías», dirigida a Lorenzo Diéguez [150].

[150] Lorenzo Diéguez y Ramírez de Arellano fue Secretario de la Academia de 1763 a 1769; RAH, *Anuario 1998,* p. 90.

III. Josef de Guevara Vasconcelos (1775-1798) [151]

[151] RAH, *Expediente personal,* Legajo 97, Carpeta 15, Sección 114; Marqués de Siete Iglesias, *op. cit.,* nota 39, nº 59, pp. 56-57.

Nació en Ceuta en 1737. Era hijo de Joseph de Guevara Vasconcelos y Riveiro, Coronel del Regimiento de Ceuta, Alferez Mayor de la misma, Fidalgo de la Casa Real de Castilla y Caballero de la Orden de Santiago y de Dña. Pilar Pedrajos y Medrano.

Se formó en el Colegio de los Ingleses de la Compañía de Jesús, en Sevilla, y en la Facultad de Filosofía, doctorándose en Teología en la Universidad de Osuna. Estudió los tratados de S. Agustín y lengua griega, como Alonso de Acevedo, del que era compañero y, además, *«estaba instruido en las lenguas francesa e italiana, las cuales hablaba con facilidad»,* pero *«su literatura la acreditó en el Colegio Inglés de Sevilla y en el Sacromonte de Granada, donde se acreditó en Grados».* Desde joven destacó en sociedad, característica que debió mantener toda su vida, pues los Condes de Aranda informaron favorablemente de él cuando sólo tenía 30 años. Posteriormente, obtuvo licencia para predicar de los obispos de Málaga y Córdoba y llegó a tener fama de excelente orador, por lo que a él encomendaría años más tarde Jovellanos la defensa de su famoso *Informe sobre la Ley Agraria* [151a]. En Ceuta y Sevilla también obtuvo permiso para confesar, hizo oposiciones a Canónigo en las Catedrales de Málaga y Córdoba y llegó a ser Canónigo de la Catedral de Zaragoza. Entre sus cargos ajenos a la Academia, cabe destacar los de Caballero de la Orden de Santiago (1783), Consejero Honorario del Real y Supremo de las Ordenes Militares (1783), Ministro Honorario del Consejo de Ordenes, Censor Perpetuo y Fiscal de la Sociedad Económica de Madrid, Ministro de la Junta Central de Comercio y Moneda y también ocupó el sillón L de la Real Academia Española, lo que testimonia su indudable inteligencia y prestigio social.

[151a] Melchor Gaspar de Jovellanos, *Obras Completas* IV *(Biblioteca de Autores Españoles),* Madrid, 1856, pp. 189-192. Agradezco esta interesante información de D. Gonzalo Anes y Álvarez de Castrillón.

Está documentado que el 1 de Agosto de 1770 escribió a Campomanes diciendo que llevaba tres años esperando una plaza para la Academia de la Historia, lo que indica una clara ambición con sólo 33 años (fig. 7). La carta y otras gestiones debieron surtir efecto, pues, habiendo sido admitido como Supernumerario el 31 Agosto de ese año [152], leyó su discurso el 7 de Septiembre de 1770 y algunos años después, el día 11 Agosto de 1775 [153], pasó a Numerario, por elección.

[152] A. de Capmany, Breve noticia del privilegio, y progresos de la Real Academia de la Historia, *MRAH* I, 1796, p. CXXXIV.

[153] Existen pequeñas discrepancias entre las fechas que indica el Marqués de Siete Iglesias, *op. cit.* nota 39, y las documentadas en su expediente.

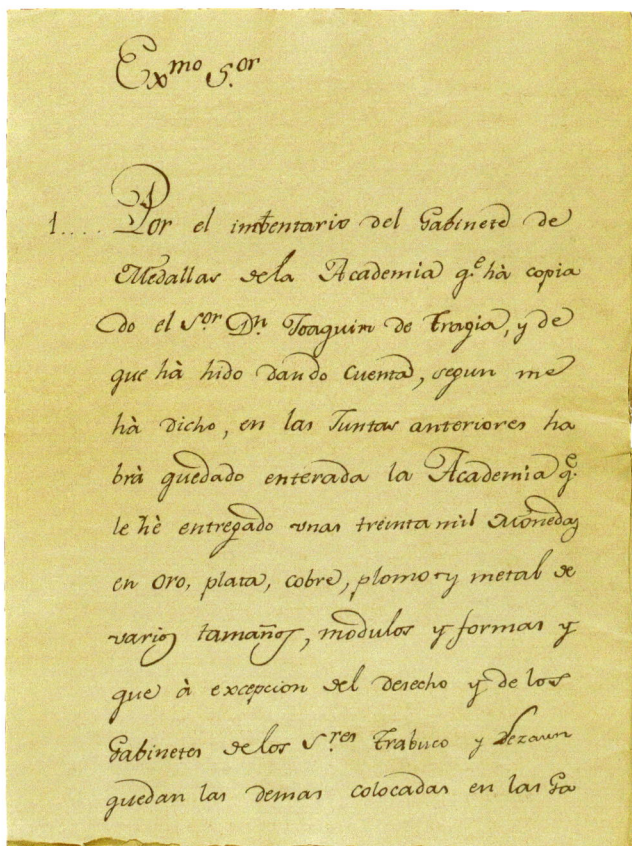

Exmo. Sor.

1.... Por el imbentario del Gabinete de Medallas de la Academia q.e hà copiado el S.or D.n Joaquin de Traggia, y de que hà ido dando cuenta, segun me hà dicho, en las Juntas anteriores habrà quedado enterada la Academia q.e le hè entregado unas treinta mil Monedas en oro, plata, cobre, plomo y metal de varios tamaños, modulos y formas y que à excepcion del derecho q. de los Gabinetes de los S.res Trabuco y Lezaun quedan las demas colocadas en los Ga

▲ **Fig. 104.** *Inventario del Gabinete de Medallas dejado por Josef de Guevara Vasconcelos, III Anticuario, a su sucesor, D. Joaquín de Traggia.*

Muy interesante es el espíritu que se refleja en un informe dado por Alonso María de Acevedo [154], *«Las circunstancias de cualquier pretendiente a ntra. Academia se reducen a tres clases: nacimiento, costumbres y literatura»*, lo que debe entenderse como buena familia, buenas costumbres y formación humanística.

El discurso, en su conjunto, también resulta bastante tópico, pero en él indica que *«es muy propio de esta Academia disertar sobre los puntos dudosos de nuestra Historia, ... investigando el origen, religión, leyes, y costumbres de las diversas naciones que han venido a España, ya inquiriendo la verdadera situación de los pueblos antiguos y la de las colonias y municipios que fundaron en ella los romanos... ya discerniendo entre los monumentos que nos han quedado de la Antigüedad cuales son legítimos y cuales «supositicios», consultando para esto Géographos e Historiadores Antiguos y modernos y las Medallas, Inscripciones y Diplomas para no dar fe sino a lo que tenga señales de verdad»*. A continuación, hace referencia a que ha estudiado su ciudad de Ceuta, lugar de su nacimiento, habiendo redactado unas memorias, que *«por no cansar a VSY y porque necesitan corregirse y ordenarse, no las presento ahora a la Academia»*, escusa que podría relacionarse con cierta falta de diligencia de la que posteriormente fue acusado por la Academia [155].

En Marzo de 1775 fue nombrado Anticuario siendo todavía Supernumerario, pero parece significativo que en fecha 31.3.1775 las llaves del monetario, que hasta entonces custodiaba el Secretario, pasaron al Anticuario, cargo que Guevara ocupó 25 años. Sabemos que formó parte de la Comisión de Antigüedades desde su constitución en 1792 [156] y que, junto con el miembro de la misma Cándido María de Trigueros, fue autor del proyecto de un gran corpus epigráfico, siguiendo el iniciado por el Marqués de Valdeflores, para el que prepararon un informe titulado *Inscripciones geográficas de España, recogidas y examinadas por la Real Academia de la Historia* [157]. En 1790 formó parte de la Comisión que visitó *Segobriga,* integrada igualmente por J. Cornide y Fr. Benito Montejo. Fue también Archivero de la Real Academia desde el 14.3.1794 hasta su muerte, cargo que, a partir de entonces, se agregó al de Bibliotecario. Años después, fue Censor, desde el 29 de Noviembre de 1799 hasta el 29 de Octubre de 1802, y Decano desde el 12 de Marzo de 1802 hasta su fallecimiento, ocurrido el 1 de Noviembre de 1804 en la vivienda de la Academia en la Casa de la Panadería.

Sin embargo, a pesar de su evidente prestigio social, su relación con la Academia debió ser conflictiva hasta el punto de que todavía el 10 de Marzo de 1809, cinco años después de su muerte, la Academia continuaba solicitando la devolución de unos libros que habían quedado en su poder. La causa de estos conflictos parece haber estado en la falta de dedicación a sus obligaciones como Anticuario, pues el 15 de Marzo de 1799 se debió ver obligado a

[154] Expediente 97/1915/114/L7, fechado en Madrid, el 28 de Abril de 1767.

[155] En este sentido, es interesante que de sus obras la Academia sólo tiene un *Discurso que en elogio del Rey* (Carlos III)... *leyó en Junta General de 1º de Noviembre de 1787 Don Joseph de Guevara Vasconcelos, censor ... de la Sociedad Económica de Madrid.* Madrid, Antonio de Sancha, 1787 (27 págs., 20 cm.). Para las restantes, F. Agular Piñal, *op. cit.* nota 141, vol. IV, G-H, Madrid, 1986, p. 374-375.

[156] J. Maier, *op. cit.* nota 132, p. 41.

[157] F. Aguilar Piñal, *Un escritor ilustrado: Cándido María Trigueros,* Madrid, 1987, pp. 107 s.; G. Mora, *op. cit.* nota 4, p. 67; J. Maier, *op. cit.* nota 132, p. 12.

[158] Según el Marqués de Siete Iglesias, *op. cit.*, nota 39, p. 56, dimitió el 22.6.1798, aunque según otras fuentes, lo hizo el 16 de Octubre de 1802, lo que debe tratarse de una confusión con el cargo de Censor.

Los escritos cruzados que se han conservado sobre esta cuestión son reveladores de la tensión existente, pues indican que se *«le exigía el índice y catálogo que manda el estatuto nº 66 del 15 de Noviembre de 1792. Renunció antes que cumplir con él»*. Al dejar el cargo, debía dejar también la habitación que ocupaba como tal en la Academia, lo que se negó a hacer, por lo que los conflictos continuaron. Según un oficio real del 22 de Octubre de 1798 firmado por Mariano Luis de Urquijo por indisposición de Francisco de Saavedra y dirigido a D. Antonio de Capmany como Secretario de la Real Academia de la Historia, se le concedió que siguiera ocupando la habitación que tenía en la Academia tras renunciar al cargo de Anticuario. El 21 de Agosto de 1801, la Academia ofició el acuerdo tomado con fecha del día 14 anterior, sobre el inconvenientes de que J. de Guevara ocupara un cuarto de la Real Casa de la Panadería, dedicándosele muy duras frases a su persona y a su actuación: *«Lo peor es que ese insaciable pretendiente de rentas y honores, siempre descontento y envidioso de las ajenas fortunas, ponderaría sus méritos y trabajos... Le conocemos y sabemos lo que ha trabajado en sus 25 años que ha sido Anticuario, pues al cabo de este tiempo ha dejado el monetario sin índice, sin catálogo, sin inventario, después de habérselo exigido la Academia con repetidísimos recuerdos en los 10 últimos años antes de su renuncia...»*. Sin embargo, gracias al apoyo real, el 14 de Septiembre de 1801 se oficia de nuevo a la Academia para que no se le moleste hasta que se conteste a la Memoria que había escrito en su defensa sobre su actividad en el Gabinete.

[159] La *Memoria* presentada a la Academia para defender su trabajo el 14 de Marzo de 1799, indica que *«por el inventario del Gabinete de Medallas de la Academia que ha copiado el Sr. D. Joaquín de Traggia* (su sucesor)... *le he entregado unas treinta mil monedas en oro, plata, cobre, plomo y metal, de varios tamaños, módulos y formas... a excepción de los monetarios de los Sres. Trabuco y Lezaún* (colecciones adquiridas por la Academia), *quedan las demás colocadas en los armarios con distinción y orden, habiendo además entregado las llaves... Ninguno de los monetarios que hay en España, incluso el de la Rl. Biblioteca, tiene mayor ni mejor orden... que el de la Academia de la Historia...»*

Esta *Memoria* es interesante por indicar el orden dado a la colección: Monedas fenicias, celtibéricas y *«rurricas»*, cuyo *...alfabeto, a pesar de los esfuerzos de Suinton, Bartelemi, Olivieri, Lastanosa, Velázquez y Bayer aún esta por fijar*. Las coloniales, por orden alfabético de acuerdo el método que observó el P. Mª Enrique de Flores en sus tres tomos de las Monedas Geográficas de España. La colección «gótica», con 17 inéditas, ordenadas por reyes y ciudades según Mandel y Leblanc, Antonio Agustín, Ambrosio de Morales, Luis Velázquez, Enrique de Flores. Las árabes según los Sres. Casiri y Banqueri.

renunciar a dicho empleo después de ser acusado de mala gestión [158], aunque se defendió de las acusaciones con una detallada Memoria que resulta de particular interés en la actualidad para conocer el estado del Numario [159].

IV. Joaquín Traggia de Santo Domingo (1798-1802) [160]

Tras la dimisión de su antecesor, ocupó el cargo otro presbítero, de las Escuelas Pías, nacido en Zaragoza en 1748. Estudió en las Escuelas Pías de Barbastro, cursando Filosofía en Daroca. En 1767 viajó a Filipinas acompañando al Arzobispo de Manila, Basilio Sancho, y allí se doctoró en Teología en la Universidad de Manila y ejerció diversas ocupaciones, escribiendo un tratado o Arte en Tagalo

Habiendo leido la Memoria Historica
sobre el origen del Condado de Ribagorza
y sucesion de sus Condes hasta que se
incorporó en la Corona R.l del [illegible],
trabajado por nuestro Academico el S.r D.n
Joaquin Traggia, y presentada á la
Academia para su examen; he observado en su contexto la pericia y laboriosidad con que su autor ha desen-
terrado de los Archivos de Aragon y
Cataluña documentos desconocidos,
y olvidados para afianzar con sus
noticias la verdadera genealogia
y cronologia de aquellos Soberanos;
al paso que ilustra la obscuridad que
padece la historia de aquellos siglos

Para los pueblos y ciudades griegas y latinas sigue el método alfabético, desde Abdera de Tracia hasta Zefiros y Ulia, según Pembrok, Gameros y el Museo de los Tiépolos. Además, su detallada relación permite conocer que la Academia poseía una colección de medallas de Rusia: «*...el Rey, por mano del Conde de Floridablanca, regaló una colección de 178 medallas de cobre de Rusia hasta Isabel Petronia*».

[160] RAH, *Expediente Personal,* Legajo 103, Carpeta 5, Sección 114; J. Navarro, *El Padre Traggia, Memorias autógráfas*. Valencia, 1921; *Enciclopedia Universal Ilustrada Europeo-Americana* LXIII. Madrid, 1928 (reed. 1958), pp. 560-1. Marqués de Siete Iglesias, *op. cit.*, nota 39, nº 83, p. 72; C. Vilá, Traggia, Joaquín, *Diccionario de Historia Eclesiástica de España* IV, Madrid, 1975, pp. 2592; Mª Asunción Arija Navarro, La Ilustración aragonesa: Joaquín Traggia (1748-1802). Zaragoza, 1987; J. Miret y Sans, Los manuscritos del P. Joaquín Traggia en la Real Academia de la Historia, *Revista de la Asociación Artístico-Arqueológica de Barcelona* 2, 1987, pp. 365-376.

[161] M. Almagro, *op. cit.*, nota 120, págs. 104 y 105.

para enseñar a los indígenas el Español. De vuelta a España, fue profesor en Valencia, Zaragoza y Madrid, llegando a ser Socio Literario de la Real Sociedad Bascongada. Erudito eminente, era polemista y hombre de amplios y profundos conocimientos, pues sabía de Literatura, Linguística, Historia, Filosofía, Teología, Historia Natural y Matemáticas, pero acabó especializado en Historia Eclesiástica y del Medioevo, estudios a los que se acabó dedicado al final de su vida tras abandonar su orden, aunque también escribió sobre la lengua vasca en relación con la ibérica.

Como era habitual entre los eclesiásticos ilustrados, tenía buena formación sobre fuentes escritas de la Hispania Antigua, así como un agudo sentido crítico para la Epigrafía, como se evidencia en su juicio sobre los hallazgos de Cabeza de Griego y la discusión sobre la situación de Segóbriga, temas sobre los que también se ocupó [161],

y de aquellos paises con juiciosa
y prolija critica. Por todas estas
circunstancias, aunque el estilo de
la narracion me parece necesita de
alguna lima; considero esta Memoria
como un digno trabajo de un Acad.co
que aspira al premio de los Gages
de Antiguo. Madrid 9 de Marzo de
1802.
Antonio de Capmany
Joseph Cornide
Reconocida esta
Disertacion soy del
mismo dictamen, de que
sin embargo de que es suscep-
tible de alguna correccion en
el estilo, merece por ella
el Autor el premio de los
Gages de Antiguo. Madrid
y Marzo 26 de 1802
Juan Antonio Pellicer

ig. 105. Memoria histórica sobre el origen del ondado de Ribagorza, *presentada a la Academia or Joaquín Traggia de Santo Domingo, V Anticuario.*

siendo, además, numismático, pues había formado una importante colección de monedas que cedió a la Academia [162].

El 2 de Septiembre de 1791 fue elegido Correspondiente [163], tomando posesión el 23 de dicho mes. Ascendió a Supernumerario el 9 de Marzo de 1792 y fue nombrado Numerario el 25 de Septiembre de 1795. El 11 Abril 1797 leía la *«Disertación Histórica por el Sr. Tragia acerca del Origen y Establecimiento de los primitivos Reyes del Pirineo»*, avalada por Josef Banqueri y Antonio Pellicer [164]. Consta también que hizo diversos viajes «literarios», esto es, de estudio, como el comunicado el 10 de Febrero de 1792, en el que visitó los archivos del monasterio de S. Juan de la Peña y de las catedrales de Jaca, Huesca y Roda, así como el de S. Vitorián, en Aragón, y, en Cataluña, los de Urgel, Vich, Gerona, Ripoll, Poblet y, sobretodo, el Archivo Real de Barcelona, con la finalidad de acabar su *Historia Eclesiástica*. Seguramente, como resultado de sus estudios durante dicho viaje, presentó una *«Memoria Histórica sobre el origen del Condado de Ribagorza y sucesión de sus condes hasta que se incorporó en la Corona Real del Pirineo»* para aspirar al *»premio de los Gages de Antiguo»*, memoria aceptada por Antonio Capmany y Joseph Cornide el 9 de Marzo de 1802 con el visto bueno de Juan Antonio Pellicer el 26 de dicho mes (fig. 105), memoria que publicaría años después la Academia.

Sobre su relación con el Gabinete de Antigüedades, consta que el 21 de Septiembre de 1798 fue elegido Anticuario y Bibliotecario, cargos que ocupó hasta su fallecimiento, ocurrido el 23 de Mayo de 1802 [165], habiendo cedido al Gabinete su colección de monedas.

Su obra escrita fue muy importante [166], estando prioritariamente dedicada a la Historia de Aragón y Navarra, pero mostrando especial interés por la Historia Eclesiástica, en la que cabe destacar su contribución al *Diccionario geográfico-histórico de España* que tenía a su cargo la Real Academia de la Historia.

V. José Antonio Conde (1803-1820) [167]

La figura de José Antonio Conde supone un claro cambio en el tipo de persona que desempeñaba el oficio del Anticuario, pues prefigura la especialización profesional que se haría característica a partir de fines del siglo XIX hasta la actualidad. Pero, además, este ilustre personaje, uno de los más interesantes que ha pasado por el Gabinete de Antigüedades, le tocó sufrir por haber sido afrancesado las duras vicisitudes que trajeron consigo la invasión francesa y sus subsiguientes secuelas sociales y políticas, que preludian los sobresaltos e interferencias en la vida académica que caracterizan la vida española a lo largo del siglo XIX.

Nació en 1765 en Peraleja [168], pequeño pueblo del Partido Judicial de Huete, ribereño del río Guadamejud. Estudió en Salamanca, doctorándose en ambos Derechos por la Universidad de Alcalá, donde debió llegar a ser Catedrático, pues formó parte del claustro y opositó a la cátedra de Lengua Hebrea (1789) y a la de Griego (1780). También fue Archivero del Ministerio de la Gobernación y Oficial Prime-

[162] V. Barrantes, Apéndice III, *Discurso leído ante la Academia de la Historia en su pública instalación en la casa del Nuevo Rezado,...* Madrid, 1874, p. 92.

[163] A. Capmany, *op. cit.* nota 12, indica, por error, numerario.

[164] Justo José Banqueri debió ser muchos años Académico supernumerario, como Juan Antonio Pellicer, hasta ser nombrado Académico de Número en 1845. También fue Tesorero interino en 1834 y en propiedad, en 1843. Cf. RAH, *Anuario 1998,* pp. 142, 144 y 190.

[165] Lo que rectifica la fecha de después de 1813 que indica la *Enciclopedia Universal. ..,* p. 560.

[166] F. Aguilar Piñal, *op. cit.*, nota 141, vol. VIII, T-Z, Madrid, 1995, pp. 157-160. Por ejemplo, cabe citar *Orationes Latinae,* Zaragoza, 1783; *Memoria sobre el alisma ó árnica montana,* Zaragoza, 1786; *Aparato a la Historia Eclesiástica de Aragón. Por el P. —- de Santo Domingo, Doctor theólogo de las Escuelas Pías.* Madrid, Sancha, 1791-1792 (2 vols., 8º); *Ilustración del reynado de Don Ramiro II de Aragón, dicho el «Monge», ó Memorias para escribir su vida (Memorias de la Real Academia de la Historia, tomo III).* Madrid, 1799; *Discurso histórico sobre el origen y sucesión del reyno pirenaico hasta D. Sancho el Mayor, por D. —— (Memorias de la Real Academia de la Historia, IV).* Madrid, 1799; *Sobre el origen del Condado de Ribagorza y sucesión de sus condes hasta que se incorporó en la corona del Pirineo, por D. Joaquín Tragia (Memorias de la Real Academia de la Historia, V).* Madrid, 1817; *Diccionario geográfico-histórico de España de la Real Academia de la Historia.- Sección I. Comprehende el Reyno de Navarra, Señorío de Vizcaya y Provincias de Alava y Guipúzcoa.* Madrid, 1802. Viuda de Joaquin Ibarra, (2 vols., 4º). También publicó una *Retórica filosófica* y una *Oración fúnebre que en las honras del día 2 de Mayo de 1802 celebró en la Real Iglesia de San Isidro de esta Corte la Real Academia de la Historia por el Excelentísimo Señor Don Pedro Rodríguez de Campománes... dixo el doctor Don Joaquin Traggia.* Madrid, Imprenta de Sancha, 1802. (51 págs., 4º), etc.

[167] R.A.H. *Expedientes personales,* Legajo 94, Carpeta 28, Lección 114; Duque de San Miguel, *Discurso pronunciado en la Real Academia de la Historia,* Madrid, 1850; Pedro Roca López, Vida y escritos de José Antonio Conde, *RABM,* 3ª época, VIII, 1902, pp. 378-394 y 458-469, IX de 1903, pp. 279-291 y 338-354 y X, de 1904, pp. 27-42; *Enciclopedia Universal Ilustrada Europeo-Americana* XIV, Madrid, 1912 (reed. 1958), pp. 1050-1; A. Papell, José Antonio Conde, *Historia General de las Literaturas Hispánicas* IV (Dirigida por G. Díaz-Plaja), Barcelona, 1957, p. 138; M. Manzanares de Circe, Gloria y descrédito de José Antonio Conde, *Anuario de Estudios Medievales,* VI, 1969, pp. 553-563; id., *op. cit.* nota 44, pp. 49-79; Marqués de Siete Iglesias, *op. cit.* nota 39, nº 92, pp. 81-83. Muchas noti-

ro de la Real Biblioteca de S.M (1795), lo que le facilitaría el acceso a los manuscritos árabes por los que tanto se interesó, llegando a ser Conservador de la Biblioteca del Escorial, por lo que prefigura la formación del Cuerpo de Archivos, Bibliotecas y Museos que ofrecen los anticuarios de la segunda mitad del siglo XIX. Recibió las Órdenes Menores y logró un beneficio en Montuenga (Soria), perteneciente a la diócesis de Sigüenza [169], lo que explica que, en 1804, firme una obra suya como cura de Montuenga [170], por lo que no se trata de un seudónimo, como opina F. Aguilar Piñal [171], aunque nunca debió recibir las Ordenes Mayores y debió exclaustrarse durante la Invasión Francesa, pues, en todo caso, bastante años después, hacia 1816, llegaría a casarse. En 1808 ejerció el cargo de Jefe de División del Ministerio del Interior con José Bonaparte, desempeñando los cargos de Oficial de Secretaría (1810) y de miembro de la Junta de Instrucción Pública (1811), y fue hecho Caballero de la Orden de España en 1812. Fue elegido para la Real Academia Española, donde su actividad también fue notable, como Honorario desde el 24.12.1801 y Numerario en 1802, ocupando la silla G y, tras su readmisión en 1819, la silla N, llegando a presidir diversas sesiones. También perteneció a la Sociedad Económica de Madrid, habiendo sido nombrado Correspondiente de la Academia de Ciencias y Filología de Berlín, en 1820.

En su vida privada, fue amigo de Leandro Fernández de Moratín, quien, en sus escritos y correspondencia personal, le llamaba «Musulmán», «el Moro», «Muslín», «Almanzor» y «Guayholi», contándose también entre sus muchas amistadas a Ceán Bermúdez, Diego Clemencín y Viñas, el P. Pedro Estala, Forner, García de la Prada, Luis Godoy, el botánico Gómez Ortega, González Arnao, Juan Antonio Melón González, el arquitecto Silvestre Pérez, San Adrián, el P. J. Traggia, que le antecedió en el cargo de Anticuario, letrados, como Ranz Romanillos, Silvela y Gutiérrez de la Torre, y militares, como Jerónimo de la Escosura, quien sería Académico de la Historia a partir de 1847, Agustín de Betancourt, inventor, ingeniero militar y Director del Gabinete de Máquinas, los coroneles Fernando de Cagigal, Marqués de Casa Cagigal, y Antonio Capmany, los generales de la Cuesta y Venegas y Castaños y el Ministro de la Guerra con José I, O'Farril.

El 1 de Diciembre de 1801 solicitó plaza de Académico y el 18 de ese mes resultó electo en la clase de los Supernumerarios, dando una disertación el 15 de Enero de 1802 sobre *«Memoria sobre las monedas árabes, principalmente sobre las que fueron acuñadas en España bajo los príncipes musulmanes»* [172], que dividida en 2 partes, anunciaba su brillante especialización como arabista y su dominio de la Numismática árabe, campo en el que de nuevo puede considerarse el precursor de esta especialidad, en la que, a partir de entonces, tanto ha destacado la Academia y la ciencia española, con algunos sucesores tan brillantes como Pascual de Gayangos o Antonio Delgado. El 2 de Agosto de 1804 se le promovió a la clase de Numerario y se le declaró Anticuario en propiedad al día siguiente, hasta su fallecimiento en la Academia, donde vivía, el 12 de Junio de 1820.

Sin embargo, por ser colaborador del Gobierno de José I Napoleón, estuvo suspendido en el oficio, por afrancesado [173], desde el 9 de Septiembre de 1808 [174] (fig. 106) al 18 de Marzo de 1811, en

cias personales y la confirmación de que fue Cura de Montuenga tengo que agradecérselas a D. Argimiro Calama y Rosellón, General de División de Estado Mayor y Académico Correspondiente de la Real Academia de la Historia.

[168] Pueblo de la provincia de Cuenca, del partido judicial de Huete, P. Madoz, *Diccionario geográfico-estadístico de España y sus colonias de Ultramar*, XII, Madrid, 1849, p. 808, que nada tiene que ver con Peralejo de las Truchas, como se indica, por error, en alguna de sus biografías.

[169] Era Obispo de Sigüenza D. Pedro Inocencio Begerano, con el que Conde debió tener algún enfrentamiento.

[170] *Censura crítica de la pretendida excelencia y antigüedad del vascuence. Por D. J. A. C., cura de Montuenga* Madrid, 1804. Para este Montuenga de Soria, que no se debe confundir con otros pueblos de Burgos, Segovia ni con el despoblado del término de Huete (Cuenca), lugar cercano al de su nacimiento, véase P. Madoz, *op. cit*, XI, 1848, p. 571.

[171] F. Agular Piñal, *op. cit.* nota 141, vol. II, Madrid, 1983, p. 530.

[172] *Memorias de la Real Academia de la Historia* X, Madrid, 1885.

[173] El motivo pudo ser haber huido de Madrid en 1808, pero según otros autores, como el Marqués de Siete Iglesias, *op. cit.*, nota 39, la causa fue haber ido a Bayona a reconocer a José Bonaparte como Rey.

[174] Un escrito del 9 de Septiembre de 1808 indica que «*...En vista del decreto antecedente (de fecha 19.8.1808 que ordena el «embargo y secuestro de todos los bienes del Conde de Cabarrús, Mariano Luis de Urquijo, ... Juan Antonio Llorente, Leandro Fdez. de Moratín, Juan Antonio Conde y a todas las demás personas ... que hayan salido desta capital y pueblos del Reino a acompañar a Josef Napoleon o con motivo de la retirada de las tropas francesas...») se acordó borrar de la lista de individuos al Sr. Llorente y suspender al Sr. Conde por ahora de las funciones de académico, del empleo y sueldo de Anticuario, y que se omita su nombre en el catálogo que se imprime cada trienio*». En un escrito del 23 de Enero de 1809 solicita y obtiene (28.1.1809) la devolución de algunos libros y documentos y de dos monetarios suyos requisados, lo que evidencia una actitud favorable de la Academia. Según el Marqués de Siete Iglesias, *op. cit.* nota 39, p. 81, la Academia se dividió al votar su expulsión, siendo decisorio el voto de calidad de su Director, D. Juan Pérez Villamil.

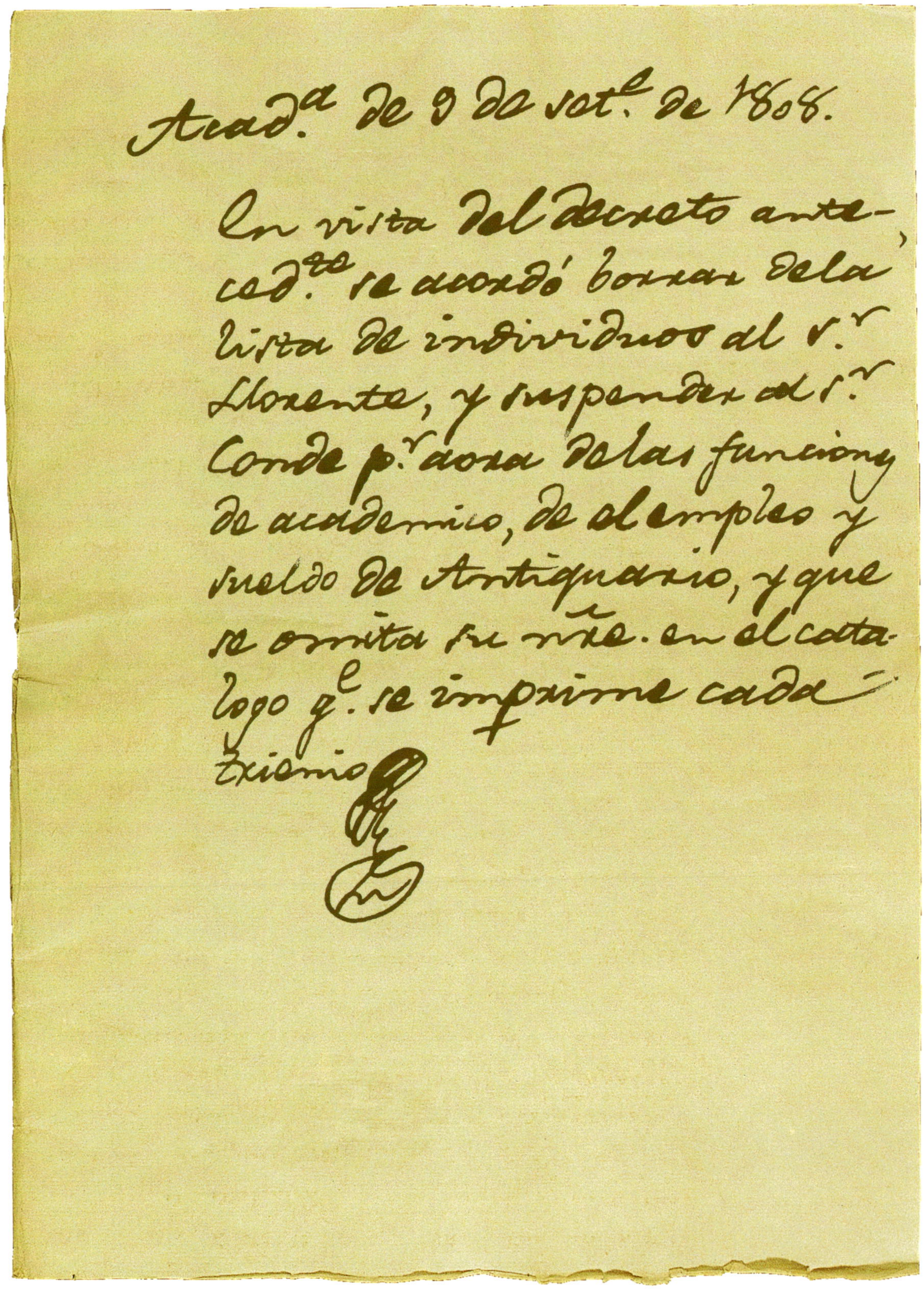

Acad.a de 9 de set.e de 1808.

En vista del decreto ante-
ced.te se acordó borrar dela
lista de individuos al S.r
Llorente, y suspender al S.r
Conde p.r aora delas funciones
de academico, de el empleo y
sueldo de Antiquario, y que
se omita su nõe. en el cata-
logo q.e se imprime cada
trienio

▲ **Fig. 106.** Oficio del 9 de Septiembre de 1808 que suspende a José Antonio Conde, V Anticuario, de las funciones de Académico y de empleo y sueldo de Anticuario.

que se le restituyó a su entera satisfacción, no sin alguna reticencia por su parte [175]. Pero tras huir de nuevo en 1812, sus problemas prosiguieron, pues, aunque regresó de nuevo el 26-2-1813, se le dio de baja en la Junta del 23 de Diciembre de dicho año cumpliendo el Decreto del 30 de Mayo por el que fue desterrado por Fernando VII [176], lo que supuso una etapa de penurias. Durante su exilio en Francia, vivió en Burdeos, junto con Moratín, Melón y otros afrancesados amigos suyos. Vuelto como desterrado a su pueblo, vivió con su hermano, Juan Pablo Conde, pero no fue bien acogido, lo que se explica por el terrible recuerdo dejado por la Guerra de Independencia en esas tierras conquenses, por lo que, en 1814, se retiró ocultamente a Madrid, a pesar de estar desterrado, y se casó el 15 de Agosto de 1816 con María Fernández, «Mariquita», una mujer casi 29 años más joven que él, hija de Nicolás Miguel Fernández de Moratín, tío carnal de su amigo Leandro Fernández de Moratín. Aunque éste no veía bien las relaciones dada la diferencia de edad, pagó la dote y ajuar de su sobrina, pues veía en su amigo Conde a un sabio ensimismado en sus monedas y estudios arábigos, *«pobre, no lo sabe ganar, celoso, muy terco y ya con su figura poco interesante»*. Sin embargo, Conde enviudó poco después, al morir de parto Mariquita, «su muy amanda joven esposa», por lo que, a partir de 1817, ya de edad avanzada, «quedó desolado y deprimido» [177]. Aunque a partir de 1816 se le había autorizado a vivir libremente en Madrid, sólo en 1819 pudo de nuevo ejercer el cargo de Anticuario, hasta su fallecimiento, ocurrido el 12 de Junio de 1820 en la Casa de la Panadería [178], cuando vivía casi sin medios, lo que explica que pocos años después se subastara en Londres la colección de manuscritos árabes de su biblioteca [179].

Dedicado desde su juventud a estudiar Árabe e Historia y dotado de gran facilidad para las lenguas, llegó a ser un profundo conocedor de las lenguas orientales, como el Árabe culto y vulgar y el Hebreo, además del Latín y el Griego clásicos, por lo que en su esquela funeraria se le considera justamente «sabio, erudito humanista y poligloto Bibliotecario y Anticuario». Su interés por la Historia árabe le llevó a solicitar en 1802 a Josef Cornide, como Prior del Real Monasterio del Escorial, que le dejara ver los manuscritos árabes de su Biblioteca, siendo también el descubridor de la existencia de manuscritos medievales aljamiados, escritos en castellano con caracteres arábigos, conforme reconoció Silvestre de Sacy, con el que había estado en contacto en su estancia en París entre 1812 y 1814 [180]. Sus investigaciones y variadas publicaciones [181] estaban dirigidas especialmente a la Geografía y la Cronología del mundo árabe en España, siendo uno de los primeros en reivindicar, con erudición y acierto, la cultura hispano-musulmana: *«cultivaron todo género de letras, ... siendo parte de la gloria de la Península... al mismo tiempo que el resto de Europa yacía en las tinieblas de la ignorancia»*. Al servicio de esta idea tradujo la parte correspondiente a España de la Geografía Arabe del Edrisí [182] y «participó en comisiones relativas a Historia y literatura de los moros».

Cuando falleció, en situación precaria, el 12 de Junio de 1820, escribía su *Historia de los Arabes de España* [183]. Sin embargo, también

[175] El asunto se debió arreglar favorablemente, pues el 27 de Marzo 1811 se había resuelto por unanimidad de votos su reincorporación a la Academia. Sin embargo, el 29 de Marzo de 1811 escribía a J.J de Flores, a la sazón Secretario de la Academia, diciendo que, aunque *«se me avisa que puedo asistir a sus juntas y continuar en el desempeño de mi empleo de Anticuario»*, espera que la Academia declare que no hubo razón alguna para dicho procedimiento. La misma actitud, pero aún más explícita, plantea Llorente, comunicando que no volvería a la Academia si no se explica que la causa fue política, no académica. Pero en la Junta del 21 de Agosto de 1812 se comunica su ausencia por haber huido de nuevo con las tropas francesas en retirada, lo que da idea de las turbulencias de su vida en esos difíciles años.

[176] Por ello, el 1 de Mayo de 1816 reclamaba a la Academia de la Historia alguna de sus pertenencias.

[177] BN. M. Acta Notarial 18666/20.

[178] Un documento de su *expediente personal* del 20-7-1820 indica que en su testamento dispuso que se devolvieran los libros que tenía de la Academia, lo que permite conocer la bibliografía internacional que manejaba, citándose también inscripciones romanas y árabes aparecidas en Tarragona en 1802-1806, así como referencias a monedas «godas» y un catálogo de 21 folios de las monedas de la Academia. *Enciclopedia Universal...*, p. 1.051, indica que, al morir, estaba en situación precaria, sostenido por Moratín, Ticknor y otros amigos que costearon su entierro, lo que explica que parte de sus obras quedaran inéditas.

[179] M. Manzanares, *op. cit.*, nota 44, p. 61-62.

[180] H. Derembourg – L. Barrau-Dihigo (eds.), Quatre lettres à Silvestre de Sacy, *Revue Hispanique* XVIII, 1908, pp. 258-278; Francisco Silvela, *Matrimonios de España y Francia en 1615. Discursos leídos ante la Real Academia de la Historia...*, Madrid, 1901, pp. 5-10; M. Manzanares, *op. cit.*, nota 44, pp. 51 y 76; J. Vallvé, *op. cit.*, nota 44, p. 469, nota 13.

[181] F. Aguilar Piñal, *op. cit.* nota 141, vol. II, Madrid, 1983, pp. 530-533, nº 3.933-4.005.

[182] *Descripción de España, con traducción y notas, del Geógrafo Arabe Xerif Aledris, conocido por el Nubiense.* Madrid, 1799 (XX + 134 pp.).

[183] Esta obra ya está documentada en la Academia el 12-2-1820.

dominaba bien las lenguas clásicas, pues además de ser un gran especialista en obras árabes, publicó algunas traducciones directas del Griego [184] e, incluso, polemizó con humor, evidenciando un gran dominio de la lingüística, contra P.P. de Astarba y sus ideas sobre la lengua vasca [185], publicando una *Censura crítica de la pretendida excelencia y antigüedad del vascuence* [186] y otra *Censura crítica del alfabeto primitivo de España* [187].

Su obra más divulgada y famosa debe considerarse la citada *Historia de la dominación de los Arabes en España sacada de varios manuscriptos y memorias arabigas* [188], aunque también hizo otros trabajos eruditos [189]. Sin embargo, más relacionado con su actividad en el Gabinete es su labor pionera en la Numismática árabe, en la que puede ser considerado como la primera gran figura que inicia una larga tradición española en estos estudios, que ha sido muy fructífera y que se ha mantenido hasta nuestros días [190], en la cual el Gabinete de Antigüedades ha jugado un destacado papel.

VI. Josef Sabáu y Blanco (1820-1833) [191]

Tras la figura tan interesante de José Antonio Conde, ocupó el cargo de Anticuario José Sabáu. Había nacido en Tamarite de Litera, Huesca en 1757. Fue canónigo de Burgos en 1818, Arcediano de Aliaga en la Catedral de Zaragoza, Canónigo de San Isidro y Obispo electo de Osma en 1833, por lo que puede considerarse que, en el Gabinete de Antigüedades, representa la continuidad de la tradición de eclesiásticos ilustrados tan característica del siglo XVIII. Además, fue también del Consejo de S.M. y su Secretario de la Interpretación de Lenguas.

El 10 de Octubre de 1819 [192] solicitó entrar en el cuerpo como Académico Supernumerario, para trabajar en ilustrar la *Historia General de España* del P. Juan de Mariana [193], lo que indica su interés por proseguir el campo de los estudios de Historia Eclesiástica, desempeñando también ocasionalmente la labor de Censor de los libros de Historia [194].

A partir de 1820, desempeñó el cargo de Anticuario Perpetuo, siendo, casi al mismo tiempo, nombrado Bibliotecario interino a partir del 9 de Marzo de 1821. El 17 de Noviembre de 1823 pasó a ser individuo de Número tras leer una *«Memoria sobre la excelencia de las monedas antiguas y de su utilidad para la historia»*, lo que indica cierta dedicación a la Numismática, aunque lejos de la capacidad creadora de su predecesor [195], pues de ella informó con cierta reserva Juan Agustín Ceán Bermúdez (fig. 107) y pocos días después, el 28 de ese mismo mes, fue nombrado Bibliotecario y Archivero Perpetuo, pasando a ocupar la vivienda de la Academia en la Casa de la Panadería hasta su muerte, sobrevenida de forma repentina el 15 de Julio de 1833, a los 76 años de edad [196].

[184] *Poesías Orientales*, Madrid, 1819; *Poetas líricos griegos, traducidos en verso castellano directamente del griego por Baraibar, Menéndez Pelayo, Conde y otros ... (Biblioteca Clásica* LXIX), Madrid, 1884.

[185] *Apología de la lengua vascongada o Ensayo crítico filológico de su perfección y antigüedad sobre todas las que se conocen, en respuesta a los reparos propuestos por el Diccionario geográfico histórico de España*, Madrid, 1804.

[186] *Por D. J. A. C., cura de Montuenga* (Madrid, 1804), obra que fue replicada de forma anónima en *Reflexiones filosóficas en defensa de la Apología de la lengua vascongada o respuesta a su censura crítica del Cura de Montuenga*, Madrid, 1804.

[187] Madrid, 1806.

[188] Madrid, Imprenta que fue de García, 1820-1821 (3 vols. con láms, 4º); de ella se hicieron varias reediciones, una en Barcelona, 1844 (3 vols. con 3 láms., 16º); otra en la *Biblioteca de Historiadores Españoles*, Madrid, 1874 (Marín y Compañía, 327 pp., 4º; reed. facsímil, Valencia 1997) y diversas traducciones, una al Alemán (1824), dos al Francés (Paris, 1825, 3 vols. y París, 1840) y otra, al Ingés (1854, 3 vols.).

[189] *Califas Cordobeses*, Madrid, 1820; *Carta en castellano con postdata políglota: en la qual Don Antonio Pellicer y Don Josef Antonio Conde... responden a la carta crítica que un anónimo dirigió al Autor de las Notas del Don Quixote, desaprobando alguna de ellas*. Madrid, Imprenta de Sancha, 1800.

[190] En este campo, cabe señalar su *Disertación sobre las monedas árabes españolas, que afirma la cronología de los reyes moros de España*, publicada en las *Memorias de la Real Academia de la Historia*, V. Madrid, 1817, con el título *Sobre la moneda arábiga, y en especial la acuñada en España por los príncipes musulmanes*.

[191] R.A.H. *Expedientes Personales*, Legajo 102, Carpeta 3, Sección 114 y *Actas de las Sesiones*, Sesión del 19 de Julio de 1833; *Enciclopedia Universal Ilustrada Europeo-Americana* LII, Madrid, 1926 (reed. 1966), p. 1062; Marqués de Siete Iglesias, *op. cit.* nota 39, nº 98, pp. 88-89.

[192] Id., *op. cit.* nota 39, p. 88, indica la fecha del 17.10.1817 y la toma de posesión el 31 de ese mismo mes.

[193] Publicó una nueva edición de esta obra en 20 tomos, Madrid, 1817-1822.

[194] Se conserva su informe del 4 de Febrero de 1831 sobre la «Censura de la *Historia de la Conquista de Granada* sacada de la crónica manuscrita del V.P.F. Antonio Agapide, escrita en Inglés por Wasington Irving y traducida del Francés al Castellano». También es autor de *La moral de Jesucristo y de los Apóstoles*, Madrid, 1834.

[195] Esta misma idea parece deducirse de que el Revisor de dicho trabajo, D. Juan Agustín Ceán Bermúdez, lo remitió a otros dos académicos el 17 de Noviembre de ese año de 1823 para que informaran. Dichos académicos señalan que *«aunque el asunto no sea nuevo, ha sabido darle un aire de novedad»*, por lo que *«no deja de tener un mérito digno de optener lugar entre las Memorias Académicas»*.

[196] *Acta de la Sesión* del 19 de julio de 1933.

La real Academia de la Historia ha oido leer en la ultima Junta del viernes 31 del mes anterior al Sr. D. Josef Sabau su individuo supernumerario, una Memoria sobre la excelencia del estudio de las monedas antiguas y de su utilidad para la historia; y ha acordado que pase al Revisor general, para que exponga lo que le pareciere acerca de su contenido.

El Revisor la ha vuelto à leer con detencion, y la halla muy interesante y oportuna al objeto de nuestro instituto, por que prueba con erudicion, sencillez y claridad lo que se propone, con la autoridad de autores Españoles, que trabajaron sobre el mismo asunto; y por que excita à los aficionados à la Numismatica à que se exerciten en ella, para que consigan el conocimiento de las monedas antiguas, tan necesario, como el mismo Sr. Sabau demuestra, para la confirmacion de los hechos historicos, por son el fundamento de lo que ellos refieren.

Por tanto considera el Revisor al Sr. Sabau, autor de esta Memoria, acreedor à que la Academia se digne ascenderle à la clase de individuo de numero con las prerogativas à ella anexas.

Pero como esta especie de trabajos literarios suele darse al publico en las Memorias trienales de la misma Academia, cree el Revisor, que seria muy conveniente el que pasase la del Sr. Sabau al exâmen de otros señores Academicos, para que dixesen lo que se les ofreciere sobre este punto y sobre lo contenido en ella.

El Revisor general tiene el honor de haber presentado à tan sabio è ilustre cuerpo, su breve è ingenuo parecer, deseando ocasiones de manifestarle su obligacion y su afecto.

Madrid 7 de noviembre de 1823.

Juan Agustin Cean Bermudez

Fig. 107. *Informe de D. Juan Agustín Ceán Bermúdez sobre la Memoria presentada por D. Josef Sabau y Blanco, VI Anticuario.*

VI bis. Antonio Siles y Fernández (1833-1834) [197]

Tras el fallecimiento de José Sabáu, el cargo de Anticuario lo ocupó interinamente Antonio Siles (fig. 108) [198], aunque, debido al escaso tiempo que pudo desempeñarlo, y, además, sólo de manera interina, hasta ahora se desconocía en la práctica la existencia de este Anticuario [199].

De la documentación conservada, se deduce que era Doctor en ambos Derechos por la Universidad de Alcalá, Abogado del Ilustre Colegio de Madrid y Catedrático de «Disciplina Eclesiástica» en los Reales Estudios de la Villa y Corte (1801-1808), de lo que cabría deducir que tal vez originariamente perteneciera a la carrera eclesiástica, aunque al final de su vida consta que estaba casado, tal vez tras haberse exclaustrado durante la Invasión Napoleónica. Fue individuo y Secretario de la Real Sociedad Económica Matritense, Magistrado de la Junta de Castilla la Nueva (1820) y miembro de la Junta

[197] Real Academia de la Histora, *Anuario*, Madrid, 1998, pp. 91 y 128. RAH, *Expedientes personales*, Legajo D 102, Carpeta D 20, Sección 115; *Memorias de la Real Academia de la Historia. VII*, Madrid, 1799, p. XXXVI y *Acta de la Sesión* del 5 de Septiembre de 1934; Marqués de Siete Iglesias, *op. cit.* nota 39, nº 100, pp. 89-90.

[198] En la Real Academia de la Historia se conserva un pequeño retrato litografiado, de 19,5 por 15,5 cm., basado en un dibujo a carboncillo firmado FMº (Francisco de Madrazo?), que ofrece su nombre, *D. Antonio Siles y Fernández*, y, debajo, la casa litográfica: *En la litografía de Palmaroli en Madrid*.

[199] *Anuario*, Madrid, 1998, p. 119.

Fig. 108. *D. Antonio Siles y Fernández, litografía de Palmaroli según un carboncillo firmado FM°.*

de Censura de obras de Madrid durante el gobierno napoleónico, por lo que posteriormente sería depurado.

De él se conocen algunas obras [200], en su mayoría manuscritas. Tres de ellas, las más antiguas, indican su inclinación por los estudios históricos. En primer lugar, por la Geografía Histórica, como evidencia su *Lexicon, vocabulario o diccionario de varios nombres antiguos de varios Reynos, provincias, ciudades, villas, aldeas,... con los nombres con que se llaman oy dia (s.a)* [201]. La más significativa, es la dedicada a estudios de Historia y Derecho de la Iglesia, como prueba su *Discurso pronunciado el día 17 de Noviembre de 1801 al tomar posesión de su plaza de Académico supernumerario* [202], que trata *«sobre el origen de los diezmos en España»* o la única obra Histórica suya impresa conocida, las *Investigaciones históricas sobre el origen y progresos del Monacato español hasta la irrupción sarracena, á principios del siglo VIII* [203], que trata de Historia de la Iglesia en la Tardoantigüedad. Además, su dedicación a la Historia se confirma porque preparó una edición del Fuero Real que dejó pendiente al morir y fue recogida por su sucesor en el cargo, J. P. Pérez Caballero. También se conocen dos obras manuscritas que señalan su relación con la Sociedad Económica de Madrid, de la que era miembro: *Memoria sobre la actuación de la Sociedad, fechada el 20 de septiembre de 1807* [204] y *Relación de las tareas de la Real Sociedad Económica de Madrid, Año de 1812* [205]. Finalmente, de su especialización como abogado, cabe señalar otras dos obras, su *Exposición legal de las razones en que se funda el Real Monasterio de Santa María de Poblet,*

[200] F. Aguilar Piñal, *op. cit.,* nota 141, vol. 7, R-S, Madrid, 1993, pp. 685-6, nº 4931-4935).

[201] Id., *op. cit.,* nota 141, nº 4931. Se conserva en Sevilla, en la Biblioteca Universitaria, ms. 331-208, (353 p., 20 cm.).

[202] Id., *op. cit.,* nota 141, nº 4932, (11 hs, 19 cm). Se conserva en la Real Academia de la Historia, manuscrito 9-5993 (124-135).

[203] Id., *op. cit.,* nota 141, nº 4935; publicada en las *Memorias de la Real Academia de la Historia. VII,* Madrid, 1799, pp. 469-578.

[204] F. Aguilar Piñal, *op. cit.,* nota 141, nº 4933 (42 hs, 20 cm).

[205] Id., *op. cit,* nota 141, nº 4934, (20 hs., 30 cm.), conservada en la Sociedad Económica de Madrid, leg. 192-19.

del Orden del Cister, en el Principado de Cataluña, en el pleito con la villa de Menargues..., Madrid, imprenta de Don Francisco Martínez Dávila, 1817 (65 pp., folio) y la *Alegación jurídica por el Abad y monjes del Real Monasterio de Santa María de Poblet, del Orden del Cister, en el Principado de Cataluña, en el pleito que sigue con el Ayuntamiento y vecinos de la villa de Verdú,...* Madrid, imprenta de Don Francisco Martínez Dávila, 1817 (83 pp., folio).

El 21 de Octubre de 1801 solicitó su admisión como Académico Supernumerario, siendo muy favorablemente informada por el censor, José de Guevara Vasconcelos, quien debía ser amigo suyo, pues declara *«le consta al Censor por experiencia propia su constante aplicación a las letras, su juicio y moderación que ha manifestado en otros cuerpos literarios y económicos de esta Corte en que está incorporado»,* lo que parece indicar, además de una evidente amistad entre ambos, su pertenencia al grupo de ilustrados que conforman la Academia en el paso del siglo XVIII al XIX, así como su pertenencia a alguna otra Academia, y, más probablemente también, a la Sociedad Económica de Madrid, como confirman sus escritos. Según el expediente, su nombramiento para la Real Academia de la Historia se debió efectuar el 12 de Noviembre de 1801, aunque la minuta del oficio remitido por el Secretario, Antonio de Campmany, lleva la fecha del 23 de Noviembre [206].

[206] El Marqués de Siete Iglesias, *op. cit.* nota 39, p. 90, indica, respectivamente, el 13 y el 28 de Noviembre.

Antonio Siles es otra de las figuras de Anticuario que tuvo que sufrir los rigores de la política de aquellos años como consecuencia de la Invasión Francesa. Actuó de prosecretario de la Academia al vacar el oficio a la muerte de Joaquín de Flores, desde el 14 de Noviembre de 1812 hasta el nombramiento de Diego Clemencín y Viñas el 25 de Febrero de 1814, lo que parece revelar su valía, pero también su convivencia con el gobierno napoleónico. En consecuencia, pocos meses después, su expediente documenta sendos oficios del 12 de Octubre de 1814 y del 3 de Noviembre de ese año, en los que el Duque de San Carlos, Secretario del Despacho de Gracia y Justicia, oficia a la Academia indicando que había sido encausado por haber pertenecido a la Junta de Censura de Madrid, por lo que, de acuerdo con el Decreto del 30 de Mayo de 1814, debía ser *«borrado de la Academia de la Historia, a la que también pertenecía»,* lo que debió producirse el 10 de Diciembre de ese año. Apartado de la Academia, sólo el 24 de Marzo de 1820 la Academia oficia al Secretario del Despacho de Gobernación de la Península para que pudiera volver a ocupar su plaza. La respuesta afirmativa se recibió el 3 de Abril de ese año, firmada por Jacobo María de Vázquez de Parga, Secretario del citado Despacho, siendo leída en la Academia el día 7 y trasladada al interesado al día siguiente, indicando que la Academia había visto esta R.O. *«con singularísima complacencia»* e indicando *«su sentimiento en la época en que la fatal influencia de las circunstancias la privó de su ilustración y auxilios»* [207].

[207] RAH, *Expediente personal,* doc. 6 y 7.

Tras su definitiva reincorporación a la Academia, fue nombrado Académico de Número por unanimidad el 13 de Julio de 1832 y, a partir del 9 de Agosto de 1833, ocupó el cargo de Bibliotecario perpetuo. Tras la muerte de Josef Sabáu y Blanco el 15 de Julio de 1833, pasó a ocupar el cargo de Anticuario como interino, hasta su propio fallecimiento. Éste ocurrió en Julio de 1834 en la Casa de la Panadería que ocupaba la Academia, donde vivía desde el 27 de Septiembre de 1833, a causa de una epidemia de cólera, de la que también murió su mujer y enfermó toda su familia, lo que obligó a desalojar por un tiempo la sede de la Academia hasta picarla y encalarla para su desinfección.

VII. Juan Pablo Pérez-Caballero y Soria (1834-1836) [208]

Es bastante escasa la documentación existente en la Real Academia sobre la importante figura de Pérez Caballero y sobre su labor, relativamente breve, al frente del Gabinete, en el que apenas hay tres informes suyos en el Numario y pocas referencias más en las *Actas de las Sesiones*.

Nació en Madrid en 1785, siendo el segundo hijo de Josef Pérez Caballero, destacado personaje del foro y la vida política en las cortes de Carlos III, Carlos IV, José I Napoleón y Fernando VII, y de Dña. María Antonia Soria y Romero de Tejada [209]. José Pérez Caballero, nacido en la villa soriana de Suellacabras, era Bachiller en Leyes por la Universidad de Osma y abogado con título por la de Alcalá, con ejercicio en Madrid. Ocupó los más altos cargos de la magistratura, como Decano del Consejo de Hacienda, Fiscal en el Real Consejo de la Mesta con el Conde de Campomanes (cargo quizás relacionable con la fortuna en ganado ovino que evidencia su hijo), Intendente del Real Jardín Botánico y uno de sus fundadores, Presidente de la Comisión Judicial de Consolidación, Presidente de la Sala 1ª de Negocios Contenciosos que bajo José I sustituyó al Consejo de Castilla e, incluso, fue juez para la partición y división en la testamentaría del caudal hereditario de los reyes Carlos IV y Mª Luisa, nombrado por su hijo Fernando VII, lo que evidencia su relevancia social y su ascendencia en la Corte.

Juan Pablo Pérez Caballero, de quien consta que estaba casado pues dejó viuda al morir, tenía una buena fortuna personal, con diversas casas en Madrid y tierras y ganado lanar en Muro de Cameros (Rioja), Suellacabras (Soria), Alcalá de Henares y, gracias a su matrimonio, en La Carolina y Écija, puntos estratégicos estrechamente relacionados con la trashumancia de la Mesta. Entre sus muchas amistades, pues además de hombre rico debió ser un hábil político como su padre, se contaban los más sobresalientes políticos, intelectuales, eruditos, letrados, literatos, militares y compañeros de Academias y del Ateneo Científico y Literario de Madrid de su época, de las más diversas tendencias, liberales, absolutistas y moderados, como Alcalá Galiano, Ceán Bermúdez, Flores Calderón, el Duque de Rivas, Espronceda, Gómez Hermosilla, Solís, Esteve, Clemencín, Manuel Silvela, Vargas Ponce, Fernández de Navarrete, Martín de Garay, etc.

En su profesión debió seguir a su padre, Josef Pérez Caballero, pues como éste, estudió Leyes, obteniendo el título de Doctor en ambos Derechos por la Universidad de Alcalá, donde llegó a ser Pro-

[208] No se ha podido localizar hasta ahora su expediente personal, ni lo cita el Marqués de Siete Iglesias, *op. cit.* nota 39, y tampoco existen publicaciones o trabajos suyos en la Biblioteca de la Academia de la Historia. La noticia más completa es la que ofrece el «Catálogo de los individuos de la Real Academia de la Historia, en primero de enero de mil ochocientos treinta y dos», *Memorias de la Real Academia de la Historia. VII*, Madrid, 1799, p. XXXVII. Por este motivo, quiero agradecer muy especialmente a D. Argimiro Calama y Rosellón, General de División de Estado Mayor y Académico Correspondiente de la Real Academia de la Historia, las interesantes noticias que me ha proporcionado sobre este importante personaje.

[209] Se conserva su testamento, como viuda de José Pérez Caballero, otorgado el 20 de Julio de 1833; A.H. Protocolos de Madrid, Notario J.Mª. Garamendi, 1523-1525.

fesor de Historia del Derecho, siendo un letrado famoso en su tiempo con uno de los bufetes más prestigiosos de la Corte. Fue también Regidor del Ayuntamiento de Madrid y Contador Mayor y Secretario de la Diputación de los Reinos, Ministro Honorario del Supremo Consejo de Hacienda y miembro de la Real Orden de Carlos III. Igualmente, fue Académico Honorario de la Real Academia de Bellas Artes de San Fernando y de la Real Academia de la Lengua, desde el 19 de Julio de 1827, pasando a Supernumerario el 31 de Enero de 1828 y a Numerario el 7 de Enero de 1830. Como individuo de número de la Real Academia Española, junto con Javier de Burgos y José Mussó y Valiente, igualmente miembro de la Academia de la Historia, trabajó intensamente para sacarla adelante «de la postergación en que yacía desde 1813», a causa de las persecuciones y destierros a los académicos tachados de afrancesados tras la Guerra de la Independencia.

Fig. 109. *Acta de la Sesión del 26 de Septiembre de 1834 con la elección como VII Anticuario de D. Juan Pablo Pérez Caballero.*

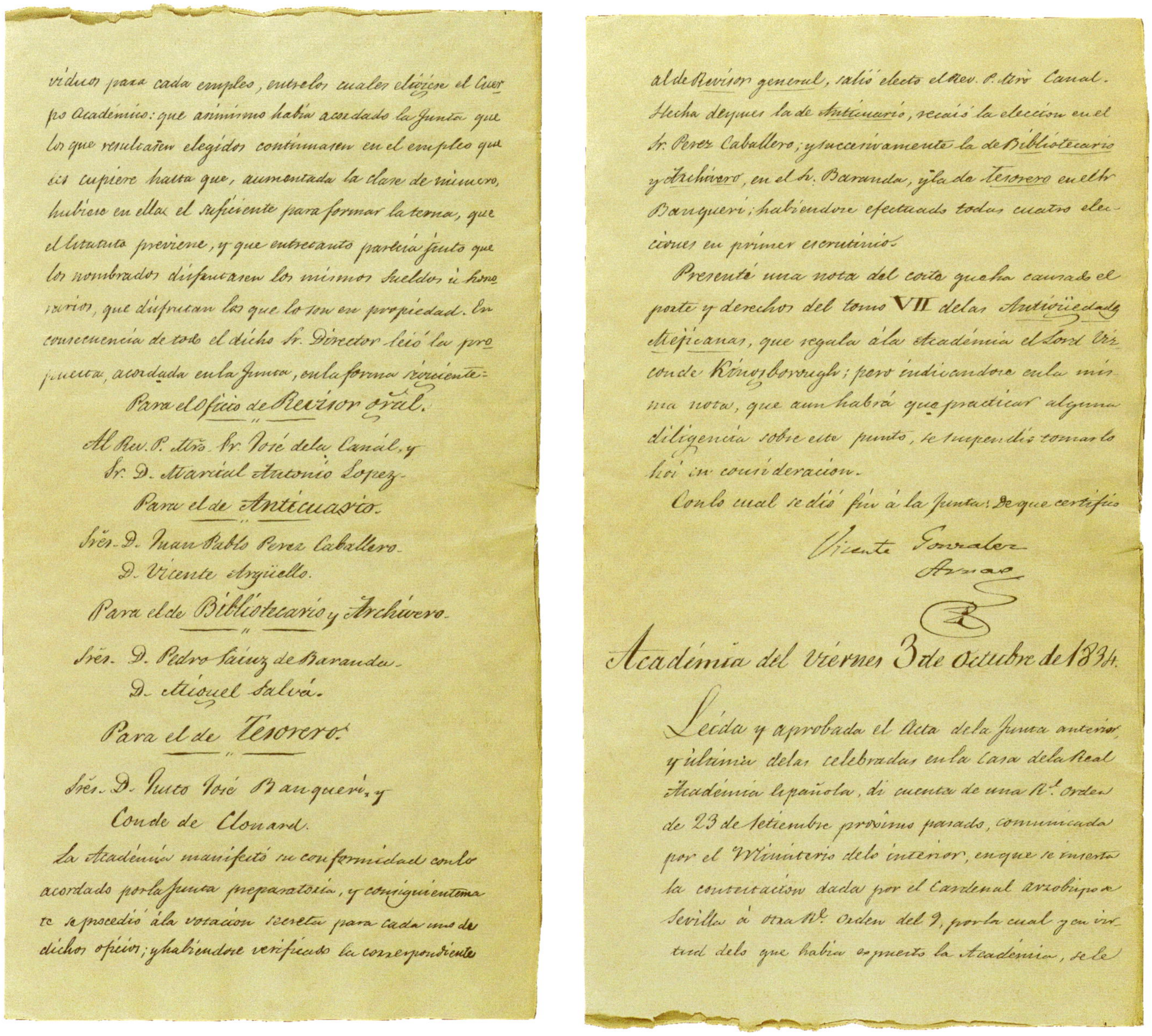

viduos para cada empleo, entre los cuales elegiría el Cuerpo Académico: que asimismo había acordado la Junta que los que resultasen elegidos continuasen en el empleo que les cupiere hasta que, aumentada la clase de número, hubiese en ella el suficiente para formar la terna, que el Estatuto previene, y que entretanto parecía justo que los nombrados disfrutasen los mismos sueldos u honorarios, que disfrutan los que lo son en propiedad. En consecuencia de todo el dicho Sr. Director leyó la propuesta, acordada en la Junta, en la forma siguiente:

Para el Oficio de Revisor gral.
Al Rev. P. Mro. Fr. José de la Canal, y
Sr. D. Marcial Antonio Lopez.
Para el de Anticuario.
Sres. D. Juan Pablo Perez Caballero.
D. Vicente Argüello.
Para el de Bibliotecario y Archivero.
Sres. D. Pedro Sainz de Baranda.
D. Miguel Salvá.
Para el de Tesorero.
Sres. D. Justo José Banqueri, y
Conde de Clonard.

La Academia manifestó su conformidad con lo acordado por la Junta preparatoria, y consiguientemente se procedió á la votacion secreta para cada uno de dichos oficios; y habiendose verificado la correspondiente al de Revisor general, salió electo el Rev. P. Mro Canal. Hecha despues la de Anticuario, recayó la eleccion en el Sr. Perez Caballero; y sucesivamente la de Bibliotecario y Archivero, en el Sr. Baranda, y la de Tesorero en el Sr. Banqueri; habiendose efectuado todas cuatro elecciones en primer escrutinio.

Presenté una nota del coste que ha causado el porte y derechos del tomo VII de las Antigüedades Mejicanas, que regala á la Academia el Lord Vizconde Kingsborough; pero indicandose en la misma nota, que aun habrá que practicar alguna diligencia sobre este punto, se suspendió tomarlo hoi en consideracion.

Con lo cual se dió fin á la Junta: de que certifico

Vicente Gonzalez
Arnao

Academia del viernes 3 de octubre de 1834.

Leida y aprobada el Acta de la Junta anterior, y última de las celebradas en la Casa de la Real Academia Española, di cuenta de una Rl. Orden de 23 de Setiembre próximo pasado, comunicada por el Ministerio de lo interior, en que se inserta la contestacion dada por el Cardenal Arzobispo de Sevilla á otra Rl. orden del 9, por la cual y en virtud de lo que habia expuesto la Academia, se le

Experto en Historia Antigua y apasionado por la Numismática, fue admitido en la Real Academia de la Historia como Supernumerario el 2 de Abril de 1834 [210], siendo frecuente su asistencia a las reuniones, al menos desde 1832. A partir del 31 de Octubre de 1834, fue miembro fundacional de la Comisión de Cortes y Fueros, junto a Miguel Salvá y Munar, Tomás López y Vicente González Arnao, encargándosele la confección de un Glosario [211], lo que refleja su formación jurídica y que también se dedicaría al Medioevo. El 26 de Septiembre de 1834 [212], no existiendo suficientes candidatos que fueran numerarios, se presentó junto a D. Vicente Argüelles para la elección al cargo de Anticuario, siendo él el elegido (fig. 109) y ocupando el cargo hasta su muerte, ocurrida el 28 de Enero de 1836 [213], habiendo realizado en esos años algunas adquisiciones de monedas, a las que era aficionado.

VIII. Juan Bautista Barthe (1836-1848) [214]

De la vida de este Anticuario, seguramente originario de Guadix, es poco lo que se sabe. Consta que «aunque no parece haber tenido estudios públicos, era aplicado a la buena lectura» [215], pero tenía una amplia formación, tanto en el campo de los estudios clásicos como medievales, aunque con clara preferencia por la Numismática.

Debió nacer en el último tercio del siglo XVIII, más probablemente, entre 1785 y 1790. Profesionalmente, fue Oficial Mayor de

[210] P. Sabáu, *op. cit.* nota 30, pp. I y XVI, lo cita como supernumerario, lo que se confirma en el acta de su elección como Anticuario, a la que se presentó igualmente D. Vicente Argüelles, no habiéndose podido completar las ternas en esa ocasión por falta de candidatos (R.A.H., *Actas de la Sesiones,* 26-9-1834).

[211] Real Academia de la Historia, *Anuario,* Madrid, 1998, p. 52; R.A.H., *Acta de la Sesión* del día 5 de Febrero de 1836.

[212] *Acta de la Sesión* del 26 de Septiembre de 1834.

[213] R.A.H., *Anuario,* p. 119; R.A.H., *Actas de la Sesiones,* 5-2-1834, en la que sólo se indica que era *«un compañero apreciable por su amabilidad e instrucción y por el celo con que había concurrido a las tareas del Cuerpo».*

[214] R.A.H. *Expedientes Personales,* Legajo 93, Carpeta 6, Sección 114. Marqués de Siete Iglesias, *op. cit.,* nota 39, nº 119, pp. 318-319.

[215] Es de interés resaltar que en su expediente personal se conserva el informe solicitado para su ingreso en la Academia al Obispo de Guadix, donde debía de vivir y de donde se deduce que procedía su familia, despachado el 18 de Enero de 1829, en el que constan estos datos (R.A.H. *Expedientes Personales,* p. 1).

Fig. 110. *Juan Bautista Barthe, VIII Anticuario, agradece su nombramiento como Correspondiente.*

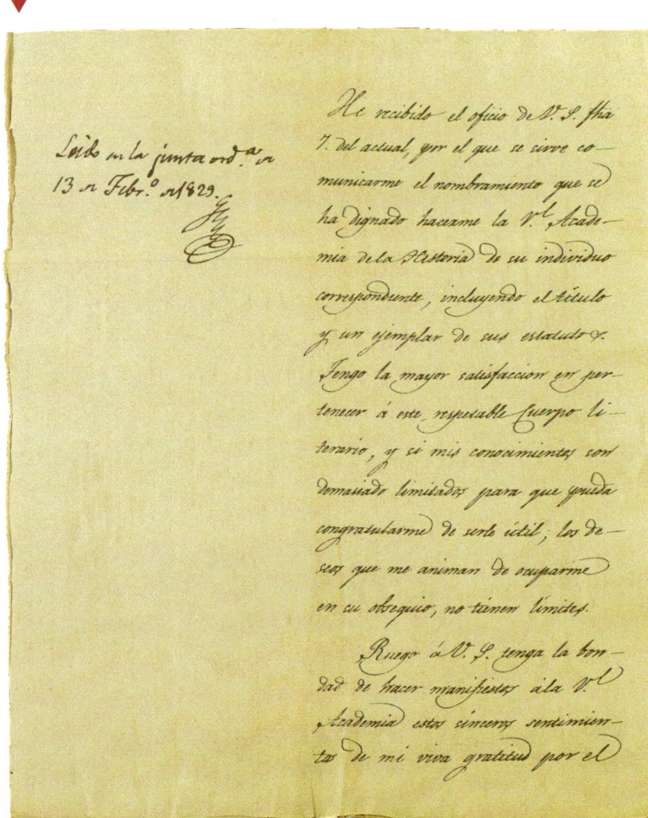

Leído en la junta ord.a en 13 de Febr.o de 1829.

He recibido el oficio de V. S. fha 7. del actual, por el que se sirve comunicarme el nombramiento que se ha dignado hacerme la R.l Academia de la Historia de su individuo correspondiente, incluyendo el título y un ejemplar de sus estatutos.

Tengo la mayor satisfacción en pertenecer á este respetable cuerpo literario, y si mis conocimientos son demasiado limitados para que pueda congratularme de serle útil, los deseos que me animan de ocuparme en su obsequio, no tienen límites.

Ruego á V. S. tenga la bondad de hacer manifiestos á la R.l Academia estos sinceros sentimientos de mi viva gratitud por el

honor que me ha dispensado.

Dios gue a V. S. m.s a.s

Madrid 12 de febrero de 1829.

Juan Bautista Barthe

Sr. Secretario de la R.l Academia de la Historia.

Policía en Sevilla y Secretario de la de Jaén y Regidor de Guadix en 1829, llegando a ser Consiliario de la Diputación de Madrid en 1843 y Administrador principal de Correos de Toledo, desde 1850.

Fue propuesto como Correspondiente el 30 de Enero de 1829 y admitido el 6 de Febrero de 1829, dando gracias por su nombramiento el día 12 de ese mes (fig. 110). El 12 de Febrero de 1836 se le admite como Supernumerario con un trabajo leído en Junta sobre *«Ilustración a la Inscripción y bajos relieves de un pedestal de ACCI»*, sito en la calle de Pilatos de Sevilla, y el 25 de Marzo leyó su discurso de ingreso que versó sobre Marco Aurelio, pasando a Numerario por la Medalla 36 en la reforma de la Academia de 1847.

El 12 de Marzo de ese año se le encargó en comisión el arreglo y custodia del monetario, lo que indica su especialización en Numismática, en el que hizo un *índice numérico ordenado por series* [216], habiendo reunido también una importante colección personal de monedas y medallas, que cedió a la Academia al morir y que fueron publicadas por Antonio Delgado [217], de quien debió ser amigo personal, pues fue su albacea, sustituyéndole en el cargo de Anticuario aún en vida, en 1848, ya que falleció el 4 de Septiembre de 1853. El motivo de su renuncia, según comunica el 24-11-1850, estaba en que se había hecho cargo del puesto de Administrador de Correos de Toledo, lo que le impedía ir a las juntas de la Academia, por lo que se vio obligado a renunciar y volver a ser Correspondiente el 20 de Mayo de 1850 [218].

De sus estudios sabemos que se interesó por diversos epígrafes y los citados relieves de *Acci* (Guadix) ya desde 1827, que envió a la Academia y publicó en las Memorias, pues pretendía formar una *«colección litológica»*. También se interesó por la Mitología *«de egipcios y romanos»*, habiendo realizado algunos trabajos sobre Isis y sobre la divinidad indígena *«Neton»*, campos en los que debió mantener relaciones con Montfaucon y con Manuel Martí, deán de Alicante. Igualmente, consta que el 18 de Febrero de 1848 publicó las poesías del rabí D. Santos Carrión.

Entre los trabajos más directamente relacionados con el Gabinete, cabe señalar su publicación de las *Medallas de la proclamación de S.M. la Reina Doña Isabel II* [219], pero su obra más interesante es la *Collección de Documentos para la Historia Monetaria de España* [220], aunque también se ocupó de la Epigrafía [221], en la que debía mantener las prácticas adquirida desde su juventud en su tierra natal.

IX. Antonio Delgado y Hernández (1848-1867) [222]

Antonio Delgado es una de las grandes figuras del Gabinete de Antigüedades de la Real Academia de la Historia, siendo un personaje que, por su interés, es merecedor de un buen estudio detallado de su vida y obra (fig. 111).

[216] P. Sabáu, *op. cit.* nota 30, p. XX.

[217] *Catálogo de las monedas y medallas que pertenecieron a Don Juan Bautista Barthe.* Madrid, Imp. de la calle San Vicente, 1854. (35 pp., 8º), obra atribuida a A. Delgado, por J. de D. de la Rada y Delgado, *Bibliografía numismática española,* Madrid, 1886, p. 392.

[218] Aunque parece deberse a motivos profesionales, en este alejamiento de Madrid no se sabe si no pudo subyacer alguna de las motivaciones políticas tan frecuentes en el siglo XIX.

[219] Madrid, Imp. que fue de Fuentenebro, 1841 (1+109 págs. +8 láms., 8º).

[220] *Collección de Documentos para la Historia Monetaria de España. Por D. ——, individuo de la Academia de la Historia y Consiliario de la Diputación de Madrid,* Tomo I. Madrid, Imprenta de D.J.C. de la Peña, 1843. (208 pp., 4º), de la que, según consta en la Academia, el 9.7.1847 hizo la 5ª entrega.

[221] El 20-3-1850 consta la entrega a la Academia de un *«fac-simile»* (sic) en yeso de la inscripción sepulcral de D. Ferrán Gudiel, hijo del Alguacil de Toledo, D. Fernán (fallecido el 8 de Junio del año 1370 de la Era), que estaba incrustada en la Capilla de San Eugenio de la catedral de Toledo.

[222] R.A.H. *Expedientes Personales,* Legajo 95, Carpeta 2, Sección 114; A. M. Fabié, Necrología, *BRAH* 1, 1877, pp. 409-422; *Enciclopedia Universal Ilustrada Europeo-Americana* XVII. Madrid, reed. 1958, pp. 1.437-1.438; Marqués de Siete Iglesias, *op. cit.* nota 39, nº 130, pp. 332-335; F. Belmonte y Clemente, Noticia biográfica de D. Antonio Delgado y Hernández, escrita por — (Sevilla, 1880), en A. Canto y T. Ibrahim (eds.), Antonio Delgado, *Numismática Hispano-árabe como comprobante de la dominación islamita en la península,* Madrid (en prensa); agradecemos a los editores esta información amablemente facilitada.

▲ **Fig. 111.** *Antonio Delgado y Hernández, IX Anticuario.*

Nació en Sevilla el 9 de Enero de 1805 y falleció, aquejado de una parálisis, el 13 de Noviembre de 1879 en Bollullos del Condado (Huelva)[223], hijo del abogado D. Francisco Javier Delgado y Jurado[224] y de Dª María Josefa Hernández y Aguirre. Estudió Derecho en Sevilla sin llegar a graduarse, pues le atraía la Historia y las Antigüedades, campos en los que pronto adquirió merecida reputación, pues llegó a ser, sin duda, una de las grandes figuras de los estudios árabes y de la Numismática Española en el siglo XIX. Fue Director de la Escuela Superior de Diplomática (1860), donde desempeñó las Cátedras de «Epigrafía Antigua», «Geografía Antigua» y de «Árabe», siendo también correspondiente de varias sociedades científicas nacionales e internacionales[225], pues fue Socio de la Económica Matritense (1846), Honorario de la Arqueológica Tarraconense (1847), Supernumerario de la de Buenas Letras de Sevilla (1850), Académico de la de Ciencias Exactas y Naturales de Sevilla (1851), Socio de la Económica de Huelva (1852), Correspondiente de la Pontificia Academia de Arqueología, de Roma (1852), Académico de la Real Academia de Suecia (1856) e Individuo del Instituto Arqueológico de Roma.

Fue igualmente un destacado político liberal, que, en 1823, se alistó en la Milicia Nacional, siendo encarcelado y retirándose a Trigueros hasta 1834, cuando los liberales le nombraron para el cargo de Jefe de Sección de la Secretaría de la recién creada Diputación Provincial de Huelva, ascendiendo a Secretario en 1836, cargo que desempeño hasta 1840, en que fue separado tras el pronunciamiento que dio la regencia a Espartero, siendo repuesto en 1844 pero cesado al año siguiente. En este puesto actuó de manera eficaz en el campo político de aquellos años, compaginándolo con otras actividades, como la de Vice-presidente de la Comisión de Monumentos históricos de la provincia. Después se trasladó a Madrid, donde se dedicó a sus estudios, siendo también Auxiliar del Consejo Real en 1846, ascendiendo a Mayor en 1851 en la sección de Gobernación y Fomento y, en 1856, era Secretario interino del Consejo de Estado. Fue también Consejero de Instrucción Pública. Al crearse la Unión Liberal, dejó el Partido Moderado y, tras dos años de cesantía, fue elegido Diputado a Cortes por el distrito de Aracena en 1857 y, también, fue, muchos años después, Alcalde de Bollullos del Condado, en 1875.

Nombrado Académico Supernumerario el 20 de Noviembre de 1846, el 4 de Diciembre de ese año tomó posesión tras leer su discurso sobre *Bosquejo histórico de Niebla*[226]. Un año después, el 5 de Marzo de 1847, pasó a Académico Numerario por la Medalla 9 y el 14 de Julio de 1848, a Anticuario, cargo al que renunció de forma voluntaria el 6 de Diciembre de 1867, tras haber llevado a cabo una labor encomiable en el Gabinete de Altigüedades. En efecto, éste, en su época, alcanzó la fase de mayor actividad, tal como evidencian los numerosos expedientes conservados, siendo, por lógica, aún mayor su trabajo en el Numario, donde clasificó y ordenó las colecciones, haciendo el catálogo de las series de la República Romana.

[223] La noticia fue comunicada a la Academia por su hijo, D. Francisco J. Delgado, quien se ocupó de localizar los libros prestados de la Biblioteca, casi todos de numismática árabe oriental, de los que hay una relación, y la respuesta del hijo con una lista de obras, del 31-1 y el 18-4-1880, de interés para precisar la bibliografía que manejaba.

[224] Fue jurisconsulto y político liberal, siendo Alcalde de Sevilla de 1820 a 1823. Tuvo afición a las antigüedades, que trasmitió a su hijo, con el que firmó algunos escritos. Cf. A. M. Fabié, *op. cit.* n. 222, pp. 410 s. y F. Belmonte y Clemente, *op. cit.* nota 222, n. 68.

[225] Este dato se indica en el frontiscipio de su publicación del Catálogo de la Colección Lorichs *(vid. infra)*.

[226] La obra consta que estaba redactada en cuatro partes, lo que refleja su laboriosidad: I, Desde los tiempos antiguos hasta el final de la dominación romana; II, Historia civil y eclesiástica en tiempo de los pueblos bárbaros del Norte; III, Dominación árabe; IV, Conquista por los reyes de Castilla y vicisitudes posteriores hasta su estado actual.

De otras actividades relacionadas con la Academia consta que el 7.2.1853 llevó a cabo un «viaje literario» por las provincias de Valencia, Castellón, Tarragona, Barcelona, Gerona y Lérida para reconocer archivos y señalar los pergaminos, códices, documentos, papeles y libros que se debían remitir a la Academia por R.O. del 29-10-1850, dentro de la creciente preocupación por recoger y conservar las antigüedades existentes en nuestro país. Dicho viaje lo consideraba semejante a los realizados previamente por Pascual de Gayangos. También debió aprovechar dicho viaje para examinar el supuesto monumento egipcio descubierto en Tarragona en 1850 [227].

Como muestra de su gran actividad y de los numerosos trabajos que realizaba, cabe señalar la cantidad de informes y estudios que despachó, por ejemplo, en el año 1857. En este año consta la comunicación el 16-1-1857 del hallazgo en Lorca de una bandera con inscripción árabe, con Gayangos y Amador de los Ríos; también en ese año fue nombrado para informar una solicitud de excavaciones en ruinas; el 7-2-1857 informa sobre una memoria de Miguel Apolinario Fernández de Sousa sobre el sitio de la antigua Munda; el 13-3-57, sobre la calderilla vieja existente en Alicante y Segovia; el 17-4-57, forma parte, con el Sr. Fernández Guerra, de la Comisión que otorga los premios de la Academia; el 16-5-57, informa sobre la entrega de la empuñadura de bronce de un cuchillo romano hallado en Nova, Puente del Arzobispo; el 29-5-1857, acerca de la famosa tabla de bronce de *Salpensa,* junto a los Sres. Calderón y Fernández-Guerra; el 11-9-1857, presenta una lámpara romana regalada por el Sr. Escudero y también propone la adquisición para la Academia y la Biblioteca Nacional de la colección de medallas que poseía en Cádiz el Sr. Rubio, siendo nombrado para ello junto al Sr. Rosell; el 2-10-1857, presenta unos granos de trigo encontrados en las ruinas de Castulo; etc. De este modo se pueden comprender las tareas que debía desempeñar un Anticuario, así como la manera en que, poco a poco, se iban enriqueciendo sus colecciones [228]. También colaboró con P. Madoz en su famoso *Diccionario Geográfico* y tuvo trato habitual con E. Hübner, A. Heiss y otros importantes personajes de su época.

Sus publicaciones fueron muy numerosas e importantes. Gracias a ellas puede considerarse a Antonio Delgado como una de las grandes figuras de nuestro siglo XIX, aunque alguna de las más importantes, como su *Numismática Hispano-árabe,* ya citada [229], no pudieran ver finalmente la luz a causa de los problemas políticos de la época.

En el campo de las Antigüedades, cabe señalar las *Inscripciones y antigüedades del Reino de Valencia: recogidas y ordenadas por ... D. Antonio Valcárcel Pío de Saboya, Príncipe Pío* [230] y, en especial, su *Memoria histórico-crítica sobre el gran disco de Theodosio encontrado en Almendralejo* [231], que supo publicar con acierto para dar a conocer esta pieza recientemente descubierta y adquirida por la Academia.

Mucho más importante es su aportación en el campo de la Numismática, donde conocía la mayor parte de las colecciones de monedas españolas. Publicó el *Catálogo de las monedas y medallas que pertenecieron a Don Juan Bautista Barthe* [232]; el de la colección

[227] C. Marcos y E. Pons, Sobre las falsificaciones egipcias de Tarragona a mediados del siglo XIX. *Boletín del Museo Arqueológico Nacional XIV,* 1996, pp. 157-177.

[228] En los años siguientes se documenta una actividad semejante, también evidenciada en la documentación del Gabinete de Antigüedades. Por ejemplo, el 12-9-1859 se comunica el hallazgo de dos cañones y restos de otros de la armada de galeras al dragar el puerto de Valencia, expresándose el deseo de que fueran al Museo Arqueológico de dicha capital, pasándose nota para que informe como Anticuario el 16-9-59. El 9-11-1863 se indica la entrega de una urna cineraria encontrada al pie del Castillo de Monteagudo y otras antigüedades. Sobre un ara dedicada a Diana hallada en León informó el 4-5-1863 y, poco después, sobre las excavaciones en las canteras del puerto de Tarragona, comunicadas por Buenaventura Hernández Sanahuja, de la Sociedad Arqueológica Tarraconense. En 10-10-1864 informa sobre la obra de D. Francisco Pimentel, *Cuadro descriptivo y comparativo de las lenguas indígenas de Méjico;* del 30-1-1864 es un informe del Gobernador de Valencia para invertir 13.370 reales en la circunvalación y limpieza del teatro de Sagunto; el 12-3-64 indica el pago de la *Memoria del Disco de Teodosio;* etc.; ver Marqués de Siete Iglesias, *op. cit.* nota 39, apéndice documental.

[229] *Vid. supra,* A. Canto y T. Ibrahim (eds.), *op. cit.* nota 222.

[230] *Memorias de la Real Academia de la Historia* VIII, Madrid, 1844, pp. 101-115 + 69 láms.

[231] *Memoria... leída a la Real Academia de la Historia por su Anticuario Don Antonio Delgado en la Junta ordinaria de 9 de septiembre de 1848.* Madrid, Imprenta de la Viuda de Calero, 1849. (83 p.+ 1 lám. litografiada plegada; 4º); M. Almagro-Gorbea, *op. cit.,* nota 39.

[232] Madrid, Imp. de la calle San Vicente, 1854. (35 p., 8º).

García de la Torre [233]; el *Catalogue des monnaies et des médailles antiques du moyen age et des temps modernes, en or, en argent et en bronze, composant le Cabinet Numismatique de Mr. Gustave Daniel de Lorichs... rédigé para D. Antonio Delgado...* [234]; y el de D. Antonio López de Córdoba [235], habiendo clasificando también en 1855 las del Palacio Real. Además, publicó diversos artículos en revistas españolas y extranjeras [236]. Para comprender la importancia de su obra basta recordar su *Nuevo método de clasificación de las medallas autónomas de España* [237], que constituye la primera de las grandes recopilaciones modernas sobre moneda hispánica, cuyas xilografías originales y cuyos cobres para los grabados todavía se conservan en el Gabinete *(vid. supra)*. Pero todavía fueron más esenciales sus aportaciones en el campo de la numismática arábigo-española. Al morir se dispersó su rica colección de monedas y quedaron inéditos algunos manuscritos, que todavía se intentaban publicar el 4.2.1880, entre ellos su magnífica *Numismática Hispano-árabe* y otro sobre *Monedas ibéricas,* ambos comprados por la Academia tras su muerte [238].

X. Aureliano Fernández-Guerra y Orbe (1867-1894) [239]

Este famoso crítico literario, dramaturgo, erudito y periodista es otra de las grandes figuras de nuestro siglo XIX y uno de los personajes de más prestigio que han ocupado el cargo de Anticuario (fig. 112). Nació en Pinar del Valle (Granada) el 16 de Junio de 1816, hijo de D. José Fernández Guerra y de Dña. Francisca de Paula Orbe. Su padre fue un ilustre abogado de la Real Chancillería de Granada y profesor de Historia, Numismática y Antigüedades en la Universidad de dicha ciudad; además, poseía una buena biblioteca y una colección de antigüedades, lo que explica la magnífica formación de Aureliano y de su hermano Luis, que también llegaría a ser miembro de la Real Academia Española.

Aureliano estudió en Madrid humanidades en el Colegio de Garriga y, después, Filosofía en el Seminario del Sacromonte de Granada como becario de D. Juan de Cueto y Herrera, de quien pronto se captó la admiración, e hizo amistad con su sobrino, D. Manuel Cueto y Rivero [240]. Estudió Derecho en la Universidad de su ciudad natal, doctorándose y desempeñando temporalmente, siendo todavía estudiante, las cátedras de Historia y de Literatura, incorporándose también a su Colegio de Abogados. Trasladado a Madrid en 1844, fue nombrado Oficial de la Secretaría del Ministerio de Gracia y Justicia por el Subsecretario, D. Manuel Ortiz de Zúñiga, a quien conocía de Granada, hasta quedar cesante en el bienio 1854-1856. Dicho año, al ocupar Claudio Moyano el Ministerio de Fomento, desempeñó los cargos de Oficial Primero, de Secretario General del Real Consejo de Instrucción Pública y de Director General de Instrucción Pública, lo que indica su tendencia moderada, siendo elegido Senador del Reino por la Academia en 1884.

En el campo de la Literatura, escribió poesía y dramas basados en leyendas o en tradiciones históricas [241], pero su mayor fama la alcan-

[233] Paris, Gaillard, 1852.

[234] Madrid, Typographie... de Rivadeneyra, 1857 (VI+346 p.+ 1 lám; 4º).

[235] *Nota de las cuatrocientas cuatro monedas, adquiridas en Jerusalen y en otros puntos de Palestina, que han sido donadas á esta Real Academia de la Historia por su individuo de número... D. Antonio López de Córdova. Noticia de la Real Academia de la Historia, ó resumen de sus actas de 1850, Madrid.* Ver igualmente, «Explicación de las diez y seis monedas dibujadas en la lámina 1ª de este tomo cuarto, escogidas entre las cuatrocientas veinte y seis, que fueron donadas al museo de la Academia [de la Historia) por el Excmo. Sr. D. Antonio López de Córdoba en 1851», *Memorial Histórico Español* IV. Madrid, 1852.

[236] Como los dedicados a las cecas de *Osturium, Onuba, Ilipa y Olontigi* en la *Revue numismatique française,* 1853.

[237] Sevilla, Imprenta de D. Antonio Izquierdo y Sobrino, 3 vols., 1871 (I), 1873 (II) y 1876 (III), con 2 láms+12 láms+1 lám+CXCV+1 plancha; 4º. B. Mora, La Arqueología en el discurso numismático del siglo XIX en España: el Nuevo Método de D. Antonio Delgado, *La Critalización del Pasado: Génesis y Desarrollo del Marco Institucional de la Arqueología en España,* Málaga, 1997, pp. 163-171.

[238] Marqués de Siete Iglesias, *op. cit.* nota 39, p. 334, documento 39, del 4.2.1880. A. Canto y T. Ibrahim, eds., *op. cit.* nota 222.

[239] RAH *Expedientes personales,* Legajo nº 96, Carpeta nº 6, Sección 114; M. de Cueto y Ribero, Don Aureliano Fernández-Guerra, *IC* V, 1881-1882, pp. 106-107, 114-115 y 122-125; J. de D. de la Rada y Delgado, Necrología de D. Aureliano Fernández Guerra y Orbe, *La Ilustración Española y Americana,* 1894, II, p. 158; T. López, Aureliano Fernández-Guerra y Orbe, *La Ciudad de Dios* XXXV, 1894, 241-254; E. Señán y Alonso, *Ensayo biográfico-crítico del Excmo. Señor Aureliano Fernández-Guerra y Orbe* (Discurso leído en la Solemne Inauguración del Curso Académico de 1915 a 1916), Granada, 1915, 67 pp.; *Enciclopedia Universal Ilustrada Europeo-Americana* XXIII. Madrid, 1924 (reed. 1966), p. 813; Marqués de Siete Iglesias, *op. cit.* nota 39, nº 152, pp. 540-545; J. Simón Díaz, *Manual de bibliografía de la Literatura Española,* Madrid, 1980, p. 647, nº 17.114-17.118; *IBN. Index Bio-bibliographicus notorum hominum* I, 70, Osnabruck, 1994, p. 208. Agradezco también a D. Javier Miranda Valdés, descendiente de D. Aureliano, la interesante información amablemente facilitada.

[240] Este insigne sacerdote, fallecido el 9 de Diciembre de 1898, llegó a ser Rector de la Universidad de Granada.

[241] *La hija de Cervantes,* Granada, 1840; *La Torre del Oro,* Sevilla, 1842 - Madrid, 1845; *La Ricahembra,* Madrid 1854 (98 pp.), en la que colaboró con Manuel Tamayo y Baus; *Don Rodrigo y la Cava,* Madrid, 1877 (52 pp., 16º).

Fig. 112. *Aureliano Fernández-Guerra y Orbe, X Anticuario (cuadro conservado en la Real Academia Española).*

zó como crítico literario [242]. Obtuvo por unanimidad en concurso extraordinario abierto la Cátedra de Literatura Extranjera en la Facultad de Filosofía y Letras de la Universidad Central, pero fue desposeído de la misma en la Revolución de 1868.

También desarrolló una importante labor como historiador y especialista en Geografía Histórica, lo que le llevó a entrar en la Real Academia de la Historia. Presentado, entre otros, por A. López de Córdoba, P. de Gayangos y S. Estébanez Calderón para la clase Correspondiente el 4 de Marzo de 1853, fue elegido el 1 de Abril siguiente. Pasó a Numerario el 4 de Mayo de 1856, por la Medalla 24, habiendo sido propuesto una primera vez el 15 de Diciembre de 1854 por P. Sabáu, A. Delgado y J. Amador de los Ríos y, definitivamente, el 15 de Mayo de 1855, por Sabáu, Gayangos, Cavanilles, Amador de los Ríos y Modesto Lafuente, siendo elegido el 7 de Diciembre de ese año. A la muerte de Antonio Delgado, ocupó el cargo de Anticuario, que desempeñó durante 27 años, desde el 6 de Diciembre de 1867 hasta su fallecimiento ocurrido el 7 de Septiembre de 1894. En estos años en que estuvo al frente del Gabinete, prosiguió inicialmente la intensa labor de su predecesor, aunque parece decaer la actividad a

[242] Por ejemplo, cabe citar *Noticia de un precioso códice de la Biblioteca Colombina; algunos datos nuevos para ilustrar el Quijote; varios datos ya casi desconocidos ya inéditos de Cervantes... por Don —,* Madrid, 1864; *Caida y ruina del reino visigótico español. Primer drama que las representó en nuestro teatro. Estudio histórico-crítico por D. —.* Madrid, 1883 (200 pp., 4º). Igualmente, publicó las *Obras completas de Don Francisco de Quevedo y Villegas...* (Madrid, 1852 y 1857) y *D. Juan Eugenio de Hartzenbusch, su vida, sus obras,* en Pedro Novo y Colson, *Autores dramáticos contemporáneos,* así como *La Canción a las ruinas de Itálica, ya original, ya refundida, no es del licenciado Francisco de Rioja, sino del licenciado Rodrigo Caro,* Madrid, 1860; etc. También cabe incluir aquí su *Discurso leído en la Real Academia Española, en la recepción pública de D. — sobre «El poeta Francisco de la Torre».* Real Academia Española, Madrid, 1847, acto en el que le contestó el Marqués de Molins (cfr. M. de Cueto 1881, *op. cit.* n. 239, pp. 243 s.; E. Señán, *op. cit.* nota 239, pp. 57-67; F. Blanco García, *La literatura española del siglo XIX,* Madrid, 1891-94, 3 vols.; *Enciclopedia Universal Ilustrada Europeo-Americana, XXIII,* Barcelona, 1924, p. 813).

partir de 1875, quizás por su edad o por dedicarse preferentemente a otras ocupaciones de tipo político [243] (figs. 5 y 6).

También ocupó la silla X en la Real Academia Española, en la que fue Archivero y Bibliotecario Perpetuo a partir del 5-12-1872. Su obra y su prestigio social, así como un intensa y generosa colaboración con E. Hübner en el *Corpus Inscriptionum Latinarum* le permitieron llegar a ser individuo y director honorario del Instituto Arqueológico de Berlín, habiendo sido distinguido en 1867 con la Gran Cruz de Isabel la Católica y estando en posesión de diversas condecoraciones extranjeras.

De su prestigio en el último tercio de siglo da buena idea su contestación a los discursos pronunciados en el ingreso en la Academia de numerosos personajes de la época, entre los que cabe señalar Juan de Cueto (1856), Eduardo Saavedra (1862), Francisco Javier de Salas (1868), Juan de Dios de la Rada y Delgado (1875) [244], Marcelino Menéndez y Pelayo (1883), Manuel Danvila (1884), etc., sin contar los pronunciados en la Academia Española.

Entre sus obras, cabe señalar su *Discurso de ingreso en la Real Academia de la Historia* [245], cuyo tema refleja su perfecta adecuación al gusto y preocupaciones tardo-románticas de los tiempos que vivía, y el curioso *Monumento zaragozano del año 312 que representa la Asunción de la Virgen* (Madrid, 1870). Es de destacar su interés por la Geografía Histórica, demostrado por la confección de más de 100 mapas de España Antigua, por estudios inéditos sobre *Ptolomeo, Idacio, Rasis, Tito Livio y Julio Obsequens* [246] y por obras como *Munda pompeyana* (Madrid, 1860), *Cantabria* (Madrid, 1878), *Deitania y su cátedra episcopal de Bergastri* (Madrid, 1879), el *Libro de Santoña* (Madrid, 1872), etc. y se interesó igualmente por lugares de batallas y otros temas geográficos [247].

En el campo de la Antigüedad, trabajó en Epigrafía, colaborando con gran generosidad, como se ha señalado, con E. Hübner en el *Corpus Inscriptionum Latinarum* [248] y también recogió una colección de antigüedades de cierta entidad, que fue adquirida a sus descendientes por el Museo Arqueológico Nacional [249]. En este campo de los estudios arqueológicos, publicó también diversas obras, en alguna ocasión en colaboración con el P. F. Fita [250], con quien debía unirle estrecha amistad. Dentro del mundo medieval, le atrajo en particular la época visigoda [251] y, en este amplio campo, publicó *La Orden de Calatrava* (Madrid, 1864), *El Rey Don Pedro de Castilla* (Madrid, 1868) y el estudio crítico *El fuero de Avilés* [252], interesándose en alguna ocasión también por la Numismática [253].

XI. Juan Facundo Riaño y Montero (1894-1901) [254]

D. Juan Facundo Riaño es otra de las grandes personalidades del siglo XIX que ha desempeñado el cargo de Anticuario (fig. 113).

[243] Gabinete de Antigüedades, expedientes de los años 1867-1894 (figs. 5 y 6 y Apéndice V). Marqués de Siete Iglesias, *op. cit.* nota 39, apéndice documental.

[244] *Antigüedades del Cerro de los Santos en el término de Montealegre*. Madrid, 1875.

[245] *Discurso... sobre La conjuración de Venecia de 1618, vindicando la memoria del Duque de Osuna y de los Marqueses de Bedmar y Villafranca, calumniados con ocasión de aquel suceso. Contestación por el Sr. D. José Amador de los Ríos*. Madrid, 1857.

[246] E. Señan, *op. cit.* nota 239, p. 62.

[247] *Viaje arqueológico emprendido en el mes de mayo de 1864 de orden de la Real Academia de la Historia*. Madrid, 1866.

[248] T. López, *op. cit.* nota 239, p. 246, n. 1.

[249] Museo Arqueológico Nacional, Expediente nº 1933/186.

[250] *Epigrafía romanogranadina, Carta de D. — en la que localizaba Illiberris en la Alcazaba de Granada*. Madrid, s.a. (16 p.); *Las ciudades béticas. Ulisi y Sábora.- Nuevos descubrimientos, inscripciones inéditas... Carta a un amigo* (por —— y R.P. Fidel Fita). Madrid, 1876; *Recuerdo de un viaje a Santiago de Galicia* (con F. Fita, Madrid, 1880); etc.

[251] *D. Rodrigo y la Cava*. Madrid, 1877; A. Fernández-Guerra, Eduardo de Hinojosa y D. Juan de Dios de la Rada y Delgado, *Desde la invasión de los pueblos germánicos hasta la ruina de la monarquía visigodas. Historia General de España*, obra dirigida desde la Real Academia de la Historia por D. Antonio Cánovas del Castillo, Madrid 1893 (2 vols. con 18 láms.); esta obra, de la que sólo salieron algunos volúmenes, por su monumentalidad, es la gran Historia de España del siglo XIX, «en la que se consagraba científicamente la idea de la unidad nacional española» (I. Peiró, *Los guardianes de la Historia. La historiografía académica de la ilustración*. Zaragoza, 1995, pp. 153 s.; V. Palacio Atard, Cánovas historiador, *Cánovas y la Restauración*, Madrid, 1997, p. 74).

[252] *El fuero de Avilés. Discurso leído en Junta ... de la Real Academia Española para solemnizar el aniversario de su fundación por Don —*. Madrid, Imprenta Nacional, 1865 (192 p. + 3 láms., 4º).

[253] *El sistema monetario de España desde 1868. Informe... por los Señores Salustiano de Olózaga, Cayetano Rosell, Aureliano Fernández Guerra...* Madrid, 1921 (11 pp.; 4º).

[254] R.A.H. *Expedientes Personales*, Legajo 101; Carpeta 7; Sección 114; *Enciclopedia Universal Ilustrada Europeo-Americana* LI, Madrid, 1926 (reed. 1973), pp. 282-283; Marqués de Siete Iglesias, *op. cit.* nota 39, nº 177, pp. 182-184.

▲
Fig. 113. *Juan Facundo Riaño y Montero, XI Anticuario. (Foto Espasa-Calpe).*

Nacido en Granada el 24 de Noviembre de 1829, estudió Derecho y Filosofía y Letras en Granada y en Madrid, ocupando la Cátedra de Árabe de la Universidad de Granada hasta pasar a Madrid, donde, desde 1863, fue Catedrático de «Historia del Arte Antiguo» en la Escuela Superior de Diplomática [255] y, desde 1879, también del Cuerpo de Archivos, Bibliotecas y Museos con destino en el Museo Arqueológico Nacional.

Era yerno del famoso orientalista D. Pascual de Gayangos, a quien ayudó a organizar la Biblioteca y Archivos centrales de Gran Bretaña, lo que le permitiría adquirir una buena formación británica, manteniendo esta relación posteriormente, pues organizó la sección española del *British Museum*. Publicó numerosas obras [256], varias de ellas en Inglaterra [257]. Su dedicación principal fue la Historia del Arte y la crítica artística, siendo un conferenciante famoso, pero también fue un buen arabista, un curioso bibliófilo, un entendido en Sociología, Botánica, Ingeniaría y Literatura, etc. Llegó a desempeñar los más altos cargos de su especialidad, pues además de Catedrático, fue elegido en 1888 Académico de Número por la Arquitectura de la Real Academia de Bellas Artes de San Fernando [258], de la que llegó a ser Director hasta su muerte. Fue igualmente el primer Director del Museo de Reproducciones Artísticas, que él creó en el Casón del Buen Retiro por encargo expreso de D. Antonio Cánovas del Castillo, publicando, también, su primer catálogo [259]. Así mismo, fue Correspondiente del Instituto Arqueológico de Berlín, del de Roma y de otras instituciones españolas y extranjeras. Además, sin darle especial importancia, fue varias veces Diputado a Cortes por Granada, Senador por la Universidad de Granada (1884) y por la Real Academia de San Fernando en varias legislaturas y, también, Director General (1881-1883) y Vocal del Consejo de Instrucción Pública (1900), etc., por lo que puede considerársele como una importante figura de la Restauración. Estuvo particularmente interesado por la educación, como lo evidencia su labor en la Escuela de Diplomática, en la que orientó la formación de los arqueólogos hacia la investigación metodológica, siendo también el reformador de la Universidad de Granada y de la Escuela Normal Central de Maestras y el creador del Museo Pedagógico Nacional.

La propuesta para ocupar la Medalla 12 de la Real Academia de la Historia fue firmada por Rosell, Madrazo, Saavedra y Fernández González el 19 de Marzo de 1869. Resultó electo el 9 de Abril

[255] La Biblioteca de la Academia conserva un programa impreso a su nombre: *Universidad Central. Escuela Superior de Diplomática. Cuerpo Facultativo de Archiveros, Bibliotecarios y Anticuarios. Programa de Asignatura de Historia de las Bellas Artes.* Madrid, 1876.

[256] *El Canal de Suez,* Madrid, 1870; *El Arte de la Edad Media,* Madrid, 1881; *Sobre la manera de fabricar la antigua loza dorada en Manises,* Madrid, 1878; etc.

[257] *The industrial arts in Spain,* London, 1879 (VIII+276+1 lám. plegada; 8º)

[258] *Los orígenes de la arquitectura arábiga, su transición en los siglos XI y XII y su florecimiento inmediato. Discursos leídos ante la Academia de Bellas Artes de San Fernando en la recepción pública de D. — (Contestación por D. Pedro de Madrazo).* Madrid, 1888.

[259] *Catálogo del Museo de Reproducciones Artísticas.* Madrid 1881 (123 p. ; 8º), presentado a la Academia el 27.10.1881. Sobre la importancia que tuvo la creación de este museo, J.A. Cánovas del Castillo, Aproximación sentimental a la figura de Cánovas, en *Cánovas y la Restauración,* Madrid, 1997, pp. 79-80.

siguiente y tomó posesión el 10 de Octubre de ese año [260], leyendo un discurso al que contestó Saavedra [261]. En Diciembre de 1894 fue nombrado Anticuario, ocupándose del cargo con normalidad según evidencian los expedientes conservados, hasta su fallecimiento, ocurrido en Madrid, el 27-2-1901 [262], cuando trabajaba en la preparación de un *corpus* de inscripciones cúficas.

De su trabajo en la Academia cabe destacar que ocupó la Presidencia de la Comisión Mixta de las Academias de la Historia y de San Fernando para organizar las Comisiones Provinciales de Monumentos Arquitectónicos y Artísticos, redactando informes, como era habitual [263] y publicando 11 colaboraciones en el Boletín de la Real Academia de la Historia [264].

XI bis. Juan de Dios de la Rada y Delgado (1901) [265]

Este ilustre arqueólogo, al que cabe la gloria de ser el descubridor del Arte y la Arqueología Ibéricos, nació en Almería el 13 de Agosto de 1827 (fig. 114). Estudió Derecho en la Universidad de Gra-

Fig. 114. *Juan de Dios de la Rada y Delgado (Galería de Directores del Museo Arqueológico Nacional).*

260 Se conserva la relación, no exenta de interés, de las invitaciones cursadas para su toma de posesión, en la que figuran Diputados a Cortes, Ayuntamiento Popular, Diputación Provincial, Gobernador de Madrid, Alcalde 1º del Ayuntamiento Popular, Director General de Instrucción Pública, Rector de la Universidad Literaria de Madrid, Director de la Biblioteca Nacional, Secretarios de las Academias Española, de las Tres Nobles Artes de S. Fernando, de Ciencias Morales y Políticas, de Ciencias Exactas, Físicas y Naturales, Presidente del Consejo de Ministros (General Prim, que se disculpa) y Ministros de Fomento, Gracia y Justicia, Gobernación, Marina, Hacienda, Estado, Ultramar y Presidente de las Cortes Constituyentes. Su discurso trató sobre *Crónica general de don Alfonso «el Sabio» y elementos que concurren a la cultura de la época.*

261 *Discursos leídos ante la (Real) Academia de Historia, en la recepción pública de D. Juan Facundo Riaño, el 10 de Octubre de 1869. (Contestación del Ilmo. Sr. D. Eduardo Saavedra y Moragas).* Madrid, 1869.

262 D. José de Gayangos, su sobrino, participa a la Academia su muerte el 27-2-1901, siendo enterrado en Ntra. Sra. de la Almudena.

263 Se conservan varios informes de su actividad: *El Castillo de Peñafiel y de la Mota; Descubrimiento de Sepulturas en el Santuario de Ntra. Sra. de Regla, en Rota; Tres estatuas de bronce descubiertas en Mallorca;* etc.

264 I. Peiró., *op. cit.*, nota 251, p. 212.

265 RAH, *Expediente personal,* Legajo 101, Carpeta 1, Lección 114; (Juan Crooke) Conde Vdo. de Valencia de Don Juan, Apuntes necrológicos acerca del Excmo. Sr. D. Juan de Dios de la Rada y Delgado, en *Armas y tapices de la Corona de España. Discursos leídos ante la Real Academia de la Historia en la recepción pública del Excmo. Sr. —,* Madrid, 1902, pp. 23-27; Marqués de Siete Iglesias, *op. cit.*, nota 39, nº 186, pp. 198-200. Una breve y útil bibliografía, en A. Marcos Pous, *op. cit.* nota 4, p. 61.

nada y se doctoró en Jurisprudencia, ejerciendo como Oficial de la Secretaría de la Universidad Central y director de periódico (4-6-56), así como Abogado-consultor del Real Patrimonio hasta la Revolución de 1868. Ingresó en 1858 en el recién creado Cuerpo de Archiveros, Bibliotecarios y Anticuarios y, en el Museo Arqueológico Nacional, en 1868, pasando a ser Director del mismo el 19-2-1891 hasta su jubilación el 4-8-1900, nombrándosele en esa fecha Director del Museo de Reproducciones Artísticas hasta su muerte. Fue también Catedrático de «Arqueología, Numismática y Epigrafía» de la Escuela de Diplomática y de «Disciplina eclesiástica» en la Universidad Central y Director de la Escuela de Diplomática (1876-1900).

Igualmente, fue miembro activo en numerosas comisiones, como la Comisión Mixta Organizadora de las Provinciales de Monumentos Históricos y Artísticos, el 10-6-1901, al vacar la plaza de Riaño e, igualmente, fue Presidente de la Comisión Técnica del Centenario del Descubrimiento de América, por lo que recibió la Gran Cruz de Isabel la Católica. También fue vocal del Consejo de Instrucción Pública y del de Ultramar, Caballero de la Orden de Carlos III y Senador del Reino, así como Académico de Número de la Real Academia Española, por la Arquitectura de la Real Academia de San Fernando y Académico profesor de la Real Academia de Jurisprudencia y Legislación.

Propuesto para Correspondiente el 26 de Enero de 1854 y admitido el 28 de Abril de ese año, fue presentado la primera vez por Fernández-Guerra, Pedro de Madrazo, Fort, Vicente de la Fuente y Francisco Fernández González, pero retiró su candidatura el día 9 de Mayo, siendo propuesto por segunda vez por los mismos, el 16 de febrero de 1872, siendo electo el 8 de Marzo. Tomó posesión por la Medalla 29 el 27 de Junio de 1875, contestando a su discurso D. Aureliano Fernández Guerra [266]. Él, a su vez, contestó a los discursos de Juan Catalina García y López, en 1894, y de Jerónimo López de Ayala, Conde de Cedillo, en 1901.

Miembro de la Comisión de Publicaciones, publicó más de 26 comunicaciones en el Boletín de la Academia [267] y ocupó el cargo de Anticuario como Interino a partir del 8 de Marzo de 1901 hasta su muerte, ocurrida el 3 de Agosto de ese mismo año.

En la Academia, fue autor de diversos trabajos arqueológicos y de multitud de informes y comisiones, entre las que cabe destacar los dedicados al hallazgo de objetos en Tarragona, a un anillo de Guarrazar, a trabajos sobre interpretación de jeroglíficos egipcios, a tres cartas de Colón regaladas por la Duquesa de Alba (11-3-1892), etc. También se conserva una Memoria sobre la situación de la antigua *Illiberis* (28.4.54), así como su designación como uno de los dos vocales nombrados por la Academia para las cátedras de Geografía e Historia de Soria y Baeza.

Pero lo más destacado de su actividad en el Gabinete es que, a juzgar por su caligrafía, debió comenzar el primer inventario manuscrito de las antigüedades del mismo, que seguramente representa el inicio de la obra que, pocos años más tarde, en 1903, sería completada y publicada por su sucesor, Juan Catalina García.

[266] Este famoso Discurso, que trató sobre *Antigüedades del Cerro de los Santos en el término de Montealegre del Castillo,* Madrid, 1875, puede, justamente, ser considerado como la primera obra de Arqueología Ibérica.

[267] I. Peiró, *op. cit.*, nota 251, p. 212.

Como era habitual en su época, publicó trabajos muy diversos [268], entre los que aquí cabe destacar su *Bibliografía numismática española* (1886) y su papel como editor y director del *Museo Español de Antigüedades,* donde publicó más de 40 artículos. También fue autor de otras obras que pueden considerarse meritorias en su época, como el famoso *Viaje a Oriente de la fragata de guerra «Arapiles» y la Comisión científica que llevó a su bordo,* Barcelona, 1876-1872, y de la *Memoria sobre la Necrópolis de Carmona,* Madrid, 1885 (con la Real Academia de Bellas Artes), así como de diversos catálogos del Museo Arqueológico Nacional [269]. Participó, asimismo, en varias historias de España, escribiendo el volúmen sobre *Geología y proto-historia ibérica* (con J. Vilanova y Piera), Madrid, 1892 y otro sobre *Historia de España desde la invasión de los pueblos germánicos hasta la ruína de la Monarquía visigoda* (con A. Fernández Guerra y E. de Hinojosa), Madrid, 1893, ambos editados por la Real Academia de la Historia.

Al margen de estas obras, sin duda muy meritorias, la mayor importancia que ofrece su personalidad, además de su gran actividad y capacidad de trabajo, radica en su carácter de funcionario público especializado en la Antigüedad, por lo que es el primer Anticuario que ofrece este tipo de perfil de arqueólogo profesional, que será característico de quienes han ocupado el cargo de Anticuario a lo largo de todo el siglo XX.

[268] En la Academia consta su *Viaje de SS MM y AA por Castilla, León, Asturias y Galicia verificado en el verano de 1858* (comunicado a la Academia el 26-10-60), que trata de historia, topografía, antigüedades, monumentos, cosas y costumbres de esas regiones, con estudios «hechos directamente por mi y tomados... del natural». También publicó la *Historia de la vida y corte de Madrid,* Madrid, 1860-1864 (con J. Amador de los Ríos); *Crónica de la provincia de Granada,* Madrid, 1869; *Historia de las Mujeres célebres de España y Portugal,* Barcelona 1868. Igualmente publicó manuales de derecho, como *Novísimo manual de los Juzgados municipales* (2º ed.), Madrid, 1875; *Elementos de Derecho Romano,* Madrid, 1885; *Derecho usual,* Madrid, 1895 y manuales de astronomía, como *Estudios de geografía astronómica,* Barcelona, 1866 y *El mundo solar. Elementos de Geografía astronómica* (2ª ed.), Barcelona, 1885. Finalmente, también cultivó la Literatura, pues fue autor de obras literarias, como un *Canto en octavas por la toma de Tetuán,* dos novelas históricas, *Don Ramón Berenguer (el Viejo), Conde de Barcelona* y *Wifredo II, Conde de Barcelona* y un drama en verso en tres actos, *Cristóbal Colón,* Madrid, 1863.

[269] *Catálogo del Museo Arqueológico Nacional, Primera Sección.* Madrid, 1883; *Catálogo de monedas arábigas españolas que se conservan en el Museo Arqueológico Nacional,* Madrid, 1892.

XII. Juan Catalina García y López (1901-1908) [270]

Nació el 24 de Noviembre de 1845 en Salmerón, provincia de Guadalajara (fig. 115). Fue Licenciado en Filosofía y Letras y en Derecho y Titulado de la Escuela Superior de Diplomática. En Mayo de 1885 ingresó como Facultativo en el Cuerpo de Archiveros, Bibliotecarios y Anticuarios y llegó a ser Director del Museo Arqueológico Nacional desde 1900 hasta su jubilación; fue también Catedrático de «Arqueología y Ordenación de Museos» en la Escuela Superior Diplomática desde antes del 21-3-1890, pasando a serlo de «Arqueología» y de «Epigrafía y Numismática» en la Universidad Central a partir de 1900, desempeñando, al mismo tiempo, el cargo de Cronista de la Muy Noble y Muy Leal Ciudad de Guadalajara. También desempeñó los cargos de Senador del Reino por la Sociedad Económica de Amigos del País de Madrid, de la que fue miembro activo y Secretario General y el de vocal del Consejo de Instrucción Pública, recibiendo la Gran Cruz de Isabel la Católica en 1893.

[270] R.A.H., *Expedientes personales,* Legajo 97, Carpeta W2, Sección 114; M. Pérez Villamil, Necrología, *BRAH* LVIII, 1911, p. 149; Marqués de Polavieja, *Discurso de Ingreso en la Real Academia de la Historia,* Madrid, 1912; Marqués de Siete Iglesias, *op. cit.* nota 39, nº 203, pp. 230-232; A. Marcos Pous, *op. cit.* nota 4, p. 78.

De su obra como arqueólogo se puede reseñar algunas publicaciones, como las dedicadas a *La Edad de Piedra* (presentada a la Academia el 20-1-1879), al Cerro del Bú [271] o a las Cuevas de Perales de Tajuña [272]. Mucho más importantes fueron sus trabajos biblográficos, como el *Catálogo de la Biblioteca de la Sociedad Económica Matritense,* Madrid, 1870; *Datos bibliográficos sobre la Sociedad Económica Matritense,* Madrid, 1877; *Ensayo de una tipografía Complutense,* Madrid, 1877 o su impresionante *Bibliografía de los escritores de la Provincia de Guadalajara,* Madrid, 1876.

[271] Exploraciones arqueológicas en el Cerro del Bú, *BRAH* XLV, 1904, pp. 439-445.

[272] Cuevas protohistóricas de Perales de Tajuaña. *BRAH* XIX, 1891, pp. 131-135.

Fig. 115. *Juan Catalina García y López, XII Anticuario (Galería de Directores del Museo Arqueológico Nacional).*

De sus estudios como medievalista, cabe destacar el dedicado a *El Fuero de Brihuega, precedido de algunos apuntamientos históricos acerca de dicha villa* (presentado el 29-10-1888), *Santa María de Huerta (Historia y descripción)*, presentado el 29-2-1892; las *Relaciones geográficas de la provincia de Guadalajara*[273]; la Historia de Castilla y León durante los reinados de Pedro I, Enrique II, Juan I y Enrique III, en la *Historia de España* publicada por la Real Academia de la Historia en 3 vols., etc.

Académico Correspondiente por Guadalajara, propuesto el 26 de Marzo de 1870, fue elegido el 22 de Abril de ese año[274]. El 11 de Abril de 1890 es presentado a Numerario[275], siendo Electo 18 de ese mes y tomando posesión por la Medalla 34 el 27 de Mayo de 1894, con un Discurso de Ingreso sobre *La Alcarria en los dos primeros siglos de su reconquista,* al que contestó de la Rada y Delgado.

En la Academia, fue miembro de la Comisión de Antigüedades desde el 29-9-1898 y de la Comisión mixta organizadora de las Provinciales de Monumentos Históricos y Artísticos, a partir del 10 de Junio de 1901, al vacar la plaza de Rada y Delgado. También contestó los discursos de ingreso del Marqués de Cerralbo (1908) y de

[273] *Memorial Histórico Español 41* (4 vols., 4º), Madrid, 1904.

[274] Fue propuesto por Aureliano Fernández Guerra, Vicente de la Fuente y Juan F. Riaño, tras presentar una *Memoria sobre la existencia del municipio romano.*

[275] Su presentación la firmaron Antonio Sánchez Miguel, Eduardo de Hinojosa, Eduardo Saavedra y Juan de Dios de la Rada y Delgado.

Manuel Pérez Villamil (1907). El 13 de Diciembre de 1901 fue elegido Anticuario, hasta que pasó a Secretario Perpetuo el 11 de Diciembre de 1908, cargo en el que falleció el 18 de Enero de 1911.

Como Anticuario, cabe destacar que, en 1903, publicó el primer catálogo impreso del Gabinete de Antigüedades en el *Boletín de la Real Academia de la Historia,* en el que se da una escueta referencia de poco más de 1000 piezas, aunque, en su mayor parte, sin indicar procedencias. También se conservan algunos Informes del Gabinete y otros redactados para el Ministerio de Instrucción Pública [276] y la Presentación del discurso del Marqués de Cerralvo, del que redactó su contestación (27-6-1907).

XIII. Fidel Fita y Colomer (1909-1913) [277]

Este destacado miembro de la Compañía de Jesús (fig. 116), nació en Arenys de Mar, el 31 de Diciembre de 1835 [278] y estudió en Barcelona en el seminario conciliar y en las Escuelas de la Lonja de Comercio. Ingresó en 1850 en el noviciado en Aire-sur-Adour (Francia), pasando después, hasta 1852, a Nivelles (Bélgica) [279], donde hizo

Fig. 116. *Fidel Fita y Colomer, S.J., XIII Anticuario (Galería de Directores de la Real Academia de la Historia).*

[276] Como uno sobre el libro de Carlos Cañal y Migolla, *Sevilla Prehistórica,* y otro sobre las *Memorias Históricas de Alcalá de Guadaira* (13-1-1905).

[277] RAH, *Expedientes personales,* Caja 19, Leg. 96, Carp. 11, Lecc. 114; Julián Juderías y Loyot, *La reconstrucción de la Historia de España desde el punto de vista nacional. Discursos leídos ante la Real Academia de la Historia...,* Madrid, 1918, pp. 8-13; *B.R.A.H.* LXXII, 1918, volumen dedicado al P. F. Fita, especialmente, J. Pérez de Guzmán, El Excmo. Sr. y R.P. Fidel Fita, S.J., Director de la Real Academia de la Historia, pp. 97-112; Marqués de Laurencín, *El Padre Fita. Discurso necrológico pronunciado en la Real Academia de la Historia,* Madrid, 1918, 12 pp.; M. Cascón, El P. Fidel Fita S.J., Director de la Real Academia de la Historia, *Las Ciencias 5,* 1940, 869-912; *Enciclopedia Universal Ilustrada Europeo-Americana* XXVI, Madrid, 1924 (reed. 1958), p. 1065-1066; A. Orive, Fita y Colomer, Fidel, S.I., *Diccionario de Historia Eclesiástica de España II,* Madrid, 1972, pp. 937-938; Marqués de Siete Iglesias, *op. cit.* nota 39, nº 189, pp. 207-210; J.M. Abascal, *El P. Fidel Fita (1835-1918). Su legado documental en la Real Academia de la Historia,* Madrid, 1999, especialmente, pp. 15 s.; conste nuestro agradecimiento a este autor por los valiosos detalles proporcionados sobre la figura del P. F. Fita.

[278] Aunque en su expediente personal consta el 21 de Septiembre y el Marqués de Siete Iglesias, *op. cit.* nota 39, indica el 13 de Diciembre, según la *Enciclopedia...,* citada en la nota anterior, nació realmente el 31 de Diciembre, dato confirmado por J.M. Abascal, *op. cit.* nota 277 y comunicación personal que agradecemos. Existen otras pequeñas diferencias entre los datos aportados por unos autores y los de otros, para cuya aclaración remitimos a esta última obra citada.

[279] Según la *Enciclopedia...,* citada en las notas precedentes, pero J.M. Abascal, comunicación personal, indica la Casa de los Jesuítas de Aire-sur-Adour (Landes).

sus primeros votos, aunque se ordenaría definitivamente en Palencia en 1863.

Es una de las grandes figuras del saber de fines del siglo XIX, arqueólogo, numismático, paleógrafo y, ante todo, epigrafista e historiador, con particular facilidad para la Filología, pues aprendió Italiano, Francés, Inglés, Alemán, Vascuence, Latín, Griego, Hebreo, Árabe y Sánscrito. A los 18 años era profesor de Humanidades y de Griego en Loyola, exiliándose en 1854 a Francia, donde enseñó Sagradas Escrituras, para volver en 1856 y enseñar Latín y Francés en el colegio de la Compañía en Carrión de los Condes. A partir de 1860, hasta 1866, vivió en León estudiando Teología y como Catedrático de Hebreo en el Colegio de San Marcos, donde entró en contacto con Eduardo Saavedra, realizando diversos estudios arqueológicos, pero dedicándose con especial interés a la Epigrafía. Posteriormente se trasladó a Barcelona, hasta un nuevo exilio en 1868, durante el que enseñó Teología Dogmática en Vals-prés-le-Puy, pasando a Gerona en 1870, donde enseñó Historia de la Iglesia y se dedicó a recoger inscripciones y a visitar archivos. Desde 1874 pasó de nuevo a residir en Barcelona, hasta trasladarse a Madrid en 1876, donde residió y trabajó durante casi 40 años hasta el final de su vida.

Su amplia formación intelectual, su continuo trabajo y sus dotes de organización permiten considerarlo como una de las grandes figuras eclesiásticas del cambio de siglo en nuestro país, como ya señaló el mismo Menéndez y Pelayo [280], siendo comparable, como eclesiástico dedicado a la ciencia, a las de H. Breuil o H. Obermaier, por lo que no debe sorprender que sea el único Académico Anticuario que ha alcanzado la Dirección de la Academia.

Mantuvo una nutrida correspondencia con numerosas personalidades de su época [281], colaborando intensamente con E. Hübner en la elaboración del *Corpus Inscriptionum Latinarum;* fue Miembro Ordinario del Instituto Arqueológico Alemán, de Berlín y Correspondiente de numerosas academias españolas y extranjeras, como la Academia Cearense, la de Hippona de Bona (Argelia), la Pontificia Academia Tiberina de Roma, el Instituto Conimbrense, siendo también miembro Honorario de la Sociedad Históricojudaica Americana de Filadelfia. En España fue, además, Académico Electo de la Real Academia Española por unanimidad por el sillón Q (16-12-1917) [282] y Correspondiente de la de Bellas Artes de San Fernando, la de Santo Tomás de Aquino de Barcelona, la Sociedad Arqueológica de Tarragona, la Ebusitana, la de San Carlos de Valencia, etc. Igualmente, fue Hijo Adoptivo de Avila (18-4-1917) y, también, de Manresa, La Guardia (Álava) y Zaragoza, habiendo recibido la Gran Cruz de la Orden Civil de Alfonso XII (20-2-1913) y la Gran Cruz de la Concepción de Villaviciosa de Portugal.

Para la Academia de la Historia fue propuesto como Correspondiente por León el 22 de Septiembre de 1865 [283], en reconocimiento a su comunicación sobre un fragmento de Fuero Juzgo que descubrió en la Catedral de León, siendo admitido en Junta el 20 de Octubre de ese año como «autor de varios trabajos arqueológicos». El 2 de Enero de 1877 fue propuesto como Numerario, siendo elegido el 16

[280] *Historia de los heterodoxos Españoles Madrid, Biblioteca de Autores Cristianos* (2º ed.), 1965, p. 22 y 23.

[281] L. Frías, S.J., La correspondencia del P. Fita con sabios extranjeros, *BRAH,* LXXIV, 1919, pp. 493-508.

[282] El Marqués de Siete Iglesias, *op. cit.* nota 39, indica el 29-11-1917.

[283] Propuesto por Fernández-Guerra, Rosell, Muñoz y Romero y Oliver Hurtado y Pedro Madrazo. J.M. Abascal, comunicación personal, indica la fecha del 20 de Octubre de 1865.

de Marzo de 1877 por la Medalla 4, tomando posesión el 6 de Julio de 1879 con un Discurso sobre *El Gerundense y la España primitiva* [284]. Destacó en la Comisión de Publicaciones (1883), siendo autor de presencia continua en el *Boletín* de la Academia, donde publicó más de 300 colaboraciones [285], y también fue miembro de las de La España Sagrada (1879), la de Cortes (26-1-1883), la de Antigüedades (1883) y la de Estudios y monumentos prehistóricos (1887), llegando a formar parte en 1887 de cinco comisiones [286], en las que realizó una gran labor desde muchos puntos de vista [287]. El 2 de Enero de 1909, estando vacante el cargo de Anticuario, tras dos votaciones en que empató a 10 votos con Antonio Vives y Escudero, fue elegido por mayor antigüedad, desempeñando el cargo hasta el 13 de Diciembre de 1913, fecha en que fue elegido como Director de la Real Academia de la Historia por unanimidad, tras desempañar el cargo como interino desde el 28 de Mayo de 1912 [288], por el fallecimiento de su predecesor, Marcelino Menéndez y Pelayo. Además, desde el 9 de Noviembre de 1917 hasta su fallecimiento, el 13 de Enero del año siguiente, fue Decano de la Academia.

[284] Fue presentado por Fernández-Guerra, Saavedra, Barrantes y Rada y Delgado, siendo el encargado de contestar a su discurso de ingreso D. Eduardo Saavedra.

[285] I. Peiró, *op. cit.*, nota 251, p. 211, contabiliza 279 de 1877 a 1902.

[286] Las de España Sagrada, Cortes y Fueros, Antigüedades, Publicaciones y la del Diccionario Biográfico, según J.M. Abascal, comunicación personal.

[287] A. Herrera y Chiesanova, Las mejoras de la Academia durante la dirección del P. Fita. *BRAH*, vol. LXXII, 1918, pp. 120-121.

[288] El Marqués de Siete Iglesias, *op. cit.* nota 39, indica el día 13 de ese mes.

De su trabajo se conserva una copiosa documentación en la Academia y su correspondencia [289], habiendo contestado en nombre de la Corporación los discursos de ingreso del Marqués de Monsalud (1900), José Ramón Mélida (1906) y Adolfo Fernández Casanova (1914). Pero mayor interés ofrecen sus múltiples y variados informes, que abarcan incluso la Prehistoria, por ejemplo, el recibido del Museo Municipal de San Sebastián el 17-9-1912 sobre Cromlecs («campamentos de gentiles» según los pastores»), situados en una altura cercana a Oyarzum, que habían sido visitados por Telesforo de Aranzadi. Además, consta que se ocupó «de la dependencia destinada a la instalación del Museo Arqueológico, propio del Cuerpo» [290], aunque no sea posible saber qué tipo de instalación en concreto se trataba de llevar a cabo.

[289] L. Frías, *op. cit.* nota 281; J.M. Abascal Palazón, *op. cit.* nota 277.

[290] A. Herrera y Chiesanova, *op. cit.* nota 287, p. 121.

Desde sus trabajos iniciales destaca su interés por la Epigrafía [291], aunque en el Gabinete se conservan también documentos e, incluso, envoltorios de monedas que le llegaban con relativa asiduidad y que nos dan a conocer la extensa y callada labor de documentación de hallazgos de toda España lograda, en la mayor parte de los casos, a través de Correspondientes y amigos, presumiblemente siguiendo una tradición anterior, que suponemos desarrollada, cuanto menos, desde mediados del siglo XIX.

[291] J.M. Abascal, F. Fita y la Epigrafía hispano-romana, *BRAH* CXCII, 1996, pp. 303-334.

Fue autor de muy numerosas publicaciones en revistas diversas sobre Epigrafía, Historia de la Edad Media, Historia de la Iglesia, etc. sin olvidar sus numerosos escritos sobre temas religiosos. Llegó a publicar unos 1.000 artículos y notas, destacando su aportación al *Boletín* de la Academia, del que llegó a ser Director, y al *Museo Español de Antigüedades*. En su primera etapa de Correspondiente en León, cabe señalar su *Epigrafía romana de León* (1866), mostrando interés por las inscripciones hebraico-españolas, a las que dedicó diversos trabajos y artículos y que sintetizó en su obra *La España Hebrea* [292].

[292] Madrid, 1889 y 1898. Entre la abundante documentación existente, hay también referencias a una lámina en cobre de la inscripción hebrea de Puente Castro, León.

También trató temas arquelógicos, como su artículo sobre las *Antiguas murallas de Barcelona* (1877) o *Excursiones arqueológicas a Uclés, Saelices y Cabeza de Griego* y otros trabajos sobre Segóbriga [293] y temas filológicos, entre los que cabe destacar *Restos de declinación céltica y celtibérica en algunas lápidas españolas* [294]. De tema histórico, campo en el que destacó igualmente, cabe señalar, *Los Reys d'Aragó y la Seu de Girona desde l'any 1462 fins al 1482* (Barcelona 1873) o el estudio dedicado al Fuero de Uclés [295]. Su pertenencia a la Compañía de Jesús, de la que es una de tantas figuras prestigiosas, se evidencia en el interés demostrado por temas históricos relacionados con ella, como *La Santa Cueva de Manresa* (Manresa, 1872), *Galería de jesuitas ilustres* (Madrid, 1880) o su artículo sobre *San Ignacio de Loyola en la Corte de los Reyes de Castilla* (1890).

XIV. José Ramón Mélida y Alinari (1913-1933) [296]

Este ilustre arqueólogo (fig. 117), nacido en Madrid el 26 de Octubre de 1856, era hijo de un jurisconsulto aragonés, D. Nicolás

Fig. 117. *José Ramón Mélida y Alinari, XIV Anticuario (Galería de Directores del Museo Arqueológico Nacional).*

[293] Informe sobre las ruinas de Cabeza del Griego de J. de Guevara Vasconcelos, J. Cornide y Fr. B. Montejo, *BRAH* XIII, 1888, pp. 357-388; Lápidas romanas inéditas de Cabeza del Griego, *BRAH* XVI, 1880, p. 579; XIX, 1891, pp. 521-525 y 634-635; XX, 1892, pp. 112; XXI, 1892, 37-144, 248-252, 479 y 533; Antigüedades romanas, Cabeza del Griego, *BRAH* XXI, 1892, p. 137-144; J. de D. de la Rada y Delgado y F. Fita, Excursión arqueológica a Uclés, Saelices y Cabeza del Griego, verificada en septiembre de 1888, *BRAH* XIX, 1889, pp. 24 s.; etc.

[294] Madrid, 1878. Este trabajo permite considerar al P. Fita como uno de los precursores de los estudios célticos de carácter científico en España, antes de la generación de H. d'Arbois de Jouvanville, aunque dicho trabajo fuera acusado de plagio! (Marqués de Siete Iglesias, *op. cit.*, nota 39, nº 189, pp. 209, documentos 22 y 23).

[295] *BRAH* XIV, 1889, pp. 302-355.

[296] RAH, *Expediente personal,* Caja 37; F. Álvarez Osorio, Notas biográficas. *Homenaje... del Museo Arqueológico Nacional a D. José Ramón Mélida y Alinari,* Madrid, 1934, pp. 5-23; V. Castañeda, El Excmo. Sr. D. José Ramón Mélida. *BRAH* CIV, 1934, p. 5; H. Obermaier, José Ramón Mélida y Alinari, *Sociedad Española de Antropología, Etnología y Prehistoria. Actas y Memorias* 13, 1934, pp. 229-231; *Homenaje a D. José Ramón Mélida (Anuario del Cuerpo Facultativo de Archiveros, Bibliotecarios y Arqueólogos III) 1934;* F. Sánchez Cantón, Necrología del Excmo. Sr. D. Ramón Mélida y Alinari, *Don Diego Sarmiento de Acuña, Conde de Gondomar, 1567-1626. Discursos leídos ante la Real Academia de la Historia por el Sr. D. —,* Madrid, 1935, p. 107-108; G. Díaz López, *D. José Ramón Mélida y el Museo de Reproducciones Artísticas,* Madrid, 1936; *Enciclopedia Universal Ilustrada Europeo-Americana,* XXXIV, Madrid, 1958, pp. 441-442; Marqués de Siete Iglesias, *op. cit.*, nota 39, nº 225, pp. 271-274; Mª Asunción Almela, La aportación de José Ramón Mélida a la consolidación de la Arqueología como disciplina científica en España, en J. Arce - R. Olmos (eds.), *op. cit.*, nº 51, pp. 131-134; A. Marcos Pous, *op. cit.*, nota 4, pp. 78 y 79.

Mélida y Linaza, y de Leonor Alinari, de padre florentino, familia en la que se cultivaba la formación artística, pues de ella saldría también un hermano arquitecto y otro pintor. Tras titularse en la Escuela Superior de Diplomática (1873-1875), donde fue alumno de Rada y Delgado y de Riaño, en Febrero de 1876 entró como «Aspirante sin sueldo» en el Museo Arqueológico Nacional, ingresando en 1881 en el Cuerpo Facultativo de Archiveros, Bibliotecarios y Anticuarios, en el que trabajó toda su vida. En 1884 ya era Jefe de la Sección I, cuando dicha institución aún estaba en el Casino de la Reina, antes de pasar en 1894 a su sede actual. En Agosto de 1901 fue nombrado Director del Museo de Reproducciones Artísticas, cargo que desempeñó hasta 1916 enriqueciendo y sistematizando la obra de su predecesor, Juan F. Riaño, y publicando el Catálogo con Justo Mª del Rivero [297], año en que se reintegró al Museo Arqueológico Nacional como Director hasta su dimisión y nombramiento como Director Honorario en 1930 [298] y como Presidente del Patronato a partir de 1931. Su paso representó una mayor sistematización de las colecciones y un notable enriquecimiento debido a su personal interés, contribuyendo al conocimiento y prestigio internacional de esta institución.

[297] *Catálogo del Museo de Reproducciones Artísticas. Iª Parte. Escultura Antigua*. Madrid, 1912 (hay un catálogo anterior de 1908). *2ª Parte. Artes Decorativas de la Antigüedad Clásica*. Madrid, 1915.

[298] El Marqués de Siete Iglesias, *op. cit.* nota 39, indica el año 1933, tal vez incluyendo la Dirección Honoraria.

Desde 1912 hasta su jubilación en 1927 fue Catedrático de Arqueología de la Universidad Complutense. También fue Académico de San Fernando desde el 25 de Marzo de 1899 [299], desempeñando en ella el cargo de Tesorero y llegando a hacer 112 informes. Además, impulsó la *Revista del Archivos, Bibliotecas y Museos,* fue socio fundador (1922) y Presidente de la *Sociedad Española de Antropología, Etnología y Prehistoria,* participó en exposiciones, fue un brillante conferenciante, dio cursos en el Ateneo de Madrid (1898-1903) y se interesó por la formación internacional propia y de los arqueólogos españoles, viajando a Grecia y Egipto, por lo que también en este campo representa una nueva generación en la Arqueología Española, a la que abrió hacia el mundo internacional.

[299] Su discurso de ingreso, sobre *Génesis del Arte de la Pintura,* refleja su formación y preocupaciones artísticas, siendo contestado por Rada y Delgado.

Llevó a cabo una inmensa labor como arqueólogo clásico, aunque también se sintió atraído por la egiptología, especialmente en sus años iniciales; en ella cabe resaltar la dirección de las Excavaciones de Numancia (1906-1925) y de Mérida (1910-1930), publicando sus memorias e interviniendo activamente en la arqueología española, en el Museo Arqueológico Nacional, en las Juntas de Excavaciones creadas en 1914, proponiendo en 1909 la fundación de un Museo Arqueológico en Barcelona [300], etc. Gracias a su brillante actividad, alcanzó un gran prestigio internacional, logrando adquirir una personalidad y un reconocimiento científicos sin precedentes para un arqueólogo español, lo que explica que fuera invitado, como representante de España, al cincuentenario de la fundación de l'École Française d'Athènes en 1898 y a pronunciar una conferencia sobre Mérida en el centenario del Instituto Arqueológico Alemán, en 1929, siendo también Presidente del IV Congreso Internacional de Arqueología, celebrado en Barcelona en ese mismo año. Fue Miembro de la Hispanic Society de Nueva York, del Instituto Arqueológico Alemán y Premio Duseigneur de Arqueología, concedido por l'Accadèmie des Inscriptions et Belles

[300] Marqués de Siete Iglesias, *op. cit.* nota 39, p. 273, documento 18.

Lettres, de París, recibiendo diversos homenajes y condecoraciones, como la Gran Cruz de Isabel la Católica (1920) y la de Alfonso XII (1928).

Publicó muy numerosas obras, según algún autor más de 500, incluyendo artículos en revistas y periódicos. Entre ellas destacan, además de las numerosas memorias de excavaciones de Numancia (1906-1923), Mérida (1915-1929) y *Ocilis* (Medinaceli) (1924-1926), sobre dólmenes de Extremadura, las noticias sobre «Adquisiciones» del Museo Arqueológico Nacional, etc. Muy importante y digna de ser destacada es la atención que dedicó a estudiar y publicar las piezas más significativas de la Arqueología hispánica, como la Bicha de Balazote (1896), los toros de Costig (1896), las esculturas del Cerro de los Santos (1903-5), la Dama de Elche (1906), la Cerámica Numantina (1913), los tesoros de Jávea (1905), Aliseda (1921) y Lebrija (1932), el Disco de Teodosio (1930), etc., con un estilo moderno y actualizado para su época. Escribió también buenos catálogos de colecciones, como *Vasos griegos, etruscos e italo-griegos del Museo Arqueológico Nacional* [301] o el *Corpus Vasorum Antiquorum. Espagne: Musée Archéologique National* [302] y participó en manuales y libros, como la *Historia del Arte Griego* (Madrid, 1897), su célebre «Arte Clásico en España» en la *Arqueología Clásica* [303], el «Arte en España durante la época romana» [304], *Arqueología Española* [305], *Monumentos romanos en España* [306] y los espléndidos volúmenes dedicados al *Catálogo Monumental de España* [307], sin olvidar sus aficiones literarias, en buena parte de inspiración histórica [308].

Fue propuesto Académico de la Historia por la Medalla 24 [309], el día 26 de Enero de 1906, siendo elegido el 16 de Febrero y tomando posesión el 8 de Diciembre de ese mismo año con un discurso sobre *Iberia Arqueológica Ante Romana* [310]. Desde 1913, desempeñó el cargo de Anticuario hasta su fallecimiento el 30 de Diciembre de 1933. En la Academia de la Historia, además de haber hecho 84 informes, contestó al discurso de ingreso de Vicente Lampérez en 1916 y el 24 de Abril de 1933 se le concedió la *Medalla al Mérito Académico* de la Corporación.

Su paso por el Gabinete acusa definitivamente el inicio de una fase de disminución de su actividad, que debe explicarse como debida a la nueva situación de la Arqueología en España al alcanzar el Museo Arqueológico Nacional su plena actividad, en gran parte gracias a su obra y, a partir de 1914, a causa de la actividad de la Junta Superior de Excavaciones y Antigüedades, hecho que se trasluce perfectamente en los expedientes del Gabinete. En consecuencia, tal vez lo más destacado de su actuación en el Gabinete parece haber sido, posiblemente, la política de depósitos del Museo del Prado para crear un Museo Iconográfico, así como la organización de las antigüedades en cuatro vitrinas con amplias vidrieras y armarios en su cuerpo inferior, muy semejantes a las que existían en el Museo Arqueológico Nacional, las cuales han permanecido en uso hasta la última reforma de 1997, aunque ambas iniciativas pudieran proceder de la etapa anterior.

[301] Madrid, 1882.
[302] Madrid, Hauser y Menet, 1935.
[303] Suplemento a la obra de G. Rodenwalt, *Arte Clásico, Historia del Arte,* de la Editorial Labor, Barcelona, 1932.
[304] R. Menéndez Pidal, *Historia de España II. España Romana*. Madrid, 1935, pp. 565-771.
[305] Editorial Labor, Barcelona, 1929.
[306] Madrid, 1925.
[307] *Provincia de Cáceres,* Madrid, 1924; *Provincia de Badajoz,* Madrid, 1925-6.
[308] F. Alvarez-Osorio, *op. cit.*, nota 296, p. 23; sus novelas fueron escritas entre 1880 y 1900, como *El Sortilegio de Karnak* (Madrid, 1880) o *Salomón, Rey de Israel* (Madrid, 1894).
[309] Firman la propuesta el P. F. Fita, Antonio Sánchez Moguer, Antonio Rodríguez Villa y Francisco Fernández de Bethencourt.
[310] Contestado por el P. Fidel Fita.

XV. Manuel Gómez Moreno y Martínez (1935-1956)[311]

El más grande y enciclopédico de los representantes de la tradición de nuestros anticuarios eruditos, crítico de Arte y anticuario más que arqueólogo en el sentido moderno de esta palabra, supo cultivar con igual maestría la Historia del Arte, la Historia Medieval, el Arabismo, la Numismática y la Epigrafia, gracias a su fina intuición e inteligencia, su gran erudición y una amplia formación humanística (fig. 118).

Como lo definió A. Tovar, debe considerarse como el último de los arqueólogos eruditos españoles y, acertadamente, Pío Beltrán señaló que representa el final de una etapa[312] y, en cierto sentido, también, su culminación, aunque ya quedara fuera de las líneas seguidas por la evolución posterior de los estudios arqueológicos en el siglo XX, como evidencia su falta de comprensión hacia nuevas líneas científicas como la que representaba la Prehistoria[313].

Nació en Granada el 21 de febrero de 1870, siendo hijo del también famoso pintor y arqueólogo, Manuel Gómez Moreno y González, Director de la Escuela de Bellas Artes de dicha ciudad y perso-

Fig. 118. *Manuel Gómez Moreno y Martínez, XV Anticuario (Retrato propiedad de M. Casamar).*

[311] RAH, *Expediente personal,* Caja 24; *Enciclopedia Universal Ilustrada Europeo-Americana* XXVI, Madrid, 1925 (reed. 1966), p. 566; *Don Manuel Gómez Moreno, Estudio bio-bibliografico,* Madrid, 1964; L. Pericot, *Reflexiones sobre la Prehistoria Hispánica. Discurso leído el día 10 de Diciembre de 1972 en el acto de su recepción pública por el Excmo. Sr. Don — y contestación por el Excmo. Sr. Don Antonio García y Bellido,* Madrid, 1972, p. 12-20; Marqués de Siete Iglesias, *op. cit.,* nota 39, nº 250, pp. 318-324; Juan de M. Carriazo y Arroquia, *El maestro Gómez Moreno contado por el mismo. Discurso leído el día 8 de Mayo 1977...* Madrid; María E. Gómez Moreno, *Manuel Gómez Moreno Martínez,* Madrid, 1995.

[312] L. Pericot, *op. cit.* nota anterior, p. 15.

[313] Este hecho se evidencia en la falta de comprensión hacia los nuevos estudios prehistóricos, por entonces ya plenamente desarrollados, a los que también dedicó su atención, como evidencian sus obras «Síntesis de Prehistoria Española» (1924) y «Ensayo de Prehistoria Española» (1922), recogidas en *Misceláneas. Historia, arte, arqueología,* Madrid, 1949, pp. 31-42 y 43-82; y las monografías *La novela de España* (Madrid, 1928) y *Adam y la Prehistoria* (Madrid, 1958). Pero en ellas, como reconoció Pericot *(op. cit.,* p. 18), «dejó volar la imaginación e hizo poesía además de ciencia», ya que estos trabajos adolecían de una óptica poco científica y su aportación resulta desfasada para su tiempo, en especial ante lo que suponían figuras como H. Breuil y, en especial, H. Obermayer y su «escuela» (A. Moure (ed.), *«El Hombre Fósil» 80 años después. Volumen conmemorativo del 50 aniversario de la muerte de Hugo Obermaier.* Santander, 1996).

naje procedente de una familia granadina culta de impresores «afrancesados y liberales». De su padre, con el que había viajado a Roma cuando fue pensionado como pintor de 1879 a 1880, le vino una temprana vocación, que se vio favorecida por la estancia en dicha ciudad. Vuelto a Granada, estudió el bachillerato en los Escolapios hasta pasar a la Universidad. Ya desde 1886, con sólo 16 años, entró en contacto con E. Hübner para colaborar como dibujante en el *Corpus Instriptionum Latinarum,* y con Simonet, para aprender lengua árabe y geografía medieval. Además, ya a los 17 años publicó sus primeros escritos sobre monumentos de Granada (1887), a los que siguieron, antes de fines de siglo, los primeros trabajos sobre la Granada romana y goda y sobre descubrimientos de Martos[314].

[314] M.E. Gómez Moreno, *op. cit.* nota 311, p. 637-638 y 641 s., respectivamente.

Durante esos años estudió en la Universidad de Granada Filosofía y Letras, donde se licenció muy joven (1889), colaborando desde entonces con su padre y viajando por Andalucía hasta trasladarse a Madrid en 1898, donde se doctoró en la Universidad Central, en 1911, con una tesis sobre Arqueología Mozárabe, entrando en el círculo del Conde de Valencia de Don Juan y en contacto con D. Antonio Vives. En 1909, al crearse la Junta para la Ampliación de Estudios, por iniciativa de Francisco Giner, bajo la dirección de D. Ramón Menéndez Pidal, en Historia, junto a D. Elías Tormo, en Historia del Arte, pasó a ocuparse de la Arqueología, siendo fruto de estos trabajos su famosa obra *Las Iglesias mozárabes.* Fue Catedrático por oposición de «Arqueología Arábiga» en la Universidad Complutense (1913-1934), Director del «Instituto Diego Velázquez» del Centro de Estudios Históricos, después CSIC. Viajó por Portugal, Francia, Italia e Inglaterra y, en 1933, participó en el famoso crucero por el Mediterráneo.

Fue también Director del «Instituto Valencia de Don Juan» (1925-1949), vocal del Patronato del Museo del Prado y de la Fundación «Lázaro Galdiano», Consejero de Instrucción Pública, Director General de Bellas Artes (1930-1931) y Secretario de la Junta de Exportación de Obras de Arte. En 1931 ingresó en la Real Academia de San Fernando y, en 1942, en la Real Academia Española por la Silla T, siendo, igualmente, Académico de la Real de Bellas Artes de Granada y de Santa Isabel de Hungría, de Sevilla.

Alcanzó numerosas distinciones, siendo miembro de numerosas instituciones, como la Antiquaries Society, de Londres, el Deusches Archeologisches Institut, de Berlín, la Advisory Board de la Hispanic Society, de Nueva York. Fue nombrado Doctor *Honoris Causa* de las Universidades de Granada, Oxford (1951) y de la facultad de Arquitectura de Montevideo, y recibió la Gran Cruz de Alfonso X «El Sabio» (1947), la de Isabel la Católica (1964), la Medalla de Oro al Trabajo (1969), la Medalla de Oro del Ayuntamiento de Granada y el premio en Historia de la Fundación Juan March en 1956.

Es el autor de numerosas obras, alguna de ellas muy innovadoras por su campo de estudio y sus planteamientos y finas observaciones. Fue el primero que emprendió el *Catálogo Monumental de España,* a propuesta del Marqués de Pidal, en 1900, llevando a cabo el de la provincia de Ávila (1901), para lo que contó con el apoyo de Riaño y Savedra, ante cierta oposición de Amador de los Ríos y Mélida.

Después se le encomendó el de Salamanca (1903, pero publicado en 1963), León (1906, ed. en 1925) y Zamora (1905, ed. en 1927), habiendo dejado preparado el de Granada.

A él se debe el genial desciframiento de la escritura ibérica, contribuyendo también de forma definitiva al de la tartésica [315], siendo igualmente autor de interesantes aportaciones a la numismática y a la epigrafías prerromanas, como «Notas sobre numismática hispana» (1934) y «Divagaciones numismáticas» (1936), que fueron incluidas en sus *Misceláneas*. No menos importante es su aportación a la Arqueología visigoda, con obras como los *Monumentos visigóticos* o el estudio dedicado a la *Documentación goda en pizarras* [316]. Muy diversos estudios fueron sus estudios sobre el arte hispano-musulmán, enlazando con la mejor tradición de los arabistas españoles, como *Excursión a través del arco de herradura* (1906), *Las iglesias mozárabes* (1919), tal vez su obra de mayor trascendencia, *La Alhambra, El arte islámico en España y el Magreb, El lazo árabe, Arte mudéjar,* etc. En el campo del Arte, cabe señalar sus magistrales estudios sobre el Renacimiento, como *La escultura del Renacimiento en España* (1931), *Las águilas del renacimiento español* (1941), *El Greco* (1943) y *La gran época de la escultura española* (1964). También destacó en los estudios históricos medievales, como en *Las primeras crónicas de la Reconquista* (1932) o en la edición crítica de *La Guerra de Granada,* de Don Diego Hurtado de Mendoza. Y como representante genuino de la tradición anticuaria del siglo XIX, fue también un buen coleccionista, de monedas, pinturas y antigüedades en general, que acabó legando al Instituto Gómez Moreno de la Fundación Rodríguez-Acosta, de Granada [317].

«En 1917 entra en la Academia de la Historia, traído por el P. Fita, en virtud de lejana recomendación de Hübner» [318], pues fue propuesto para ocupar la Medalla 26 el 15 de Octubre de 1915 [319], siendo elegido el 12 de Noviembre y tomando posesión el 17 de Mayo de 1917 con un discurso sobre los *Anales Castellanos* [320]. En 1935 fue nombrado Anticuario, cargo que desempeñó hasta 1956, en que renunció por propia voluntad dada su avanzada edad. Durante casi veinte años desempeñó su labor. Formó parte de las Comisiones de Estudios Históricos y Geográficos de Marruecos (1923), de la Comisión de Antigüedades y Estudios Clásicos (1926), de la Comisión de Publicaciones (1935) y de la Comisión de Estudios Orientales y Medievales (1945). Contestó los discursos de ingreso de Antonio Prieto y Vives (1928), Luis Redonet y López Dóriga (1928), siendo también *Premio al Mérito de la Real Academia de la Historia* en 1960 [321] y *Decano* a partir del 14 de Noviembre de 1968 hasta su muerte el 7 de Junio de 1970 [322], tras más de un siglo de una vida dedicada a un intenso trabajo intelectual.

XVI. Joaquín Mª Navascués y de Juan (1956-1975) [323]

Nacido en Cintruénigo (Navarra) el 17 de Febrero de 1900 [324] (fig. 119), este discípulo de Gómez Moreno ingresó como Facultativo del Cuerpo de Archivos, Bibliotecas y Museos en 1921, pasando

[315] De epigrafía ibérica: El plomo de Alcoy. *Revista de Filología Española* 9, 1922, pp. 341 s.; el mismo texto en *Misceláneas. Historia, arte, arqueología. I.* Madrid, 1949. Para la tartésica, *La escritura bástulo-turdetana (primitiva hispánica),* Madrid, 1962.

[316] Madrid, Real Academia de la Historia, 1966. De los documentos relacionados por el Marqués de Siete Iglesias *(op. cit.* nota 39, p. 323), el documento 70, del 23 de enero de 1966, da la relación de las pizarras entregadas a la Academia; el documento 71, las devueltas al Museo de Ávila en 1968 y el documento 55, del 27.6.1919, se refiere al recibo de adquisición por Gómez Moreno de una de las pizarras (nº 53).

[317] M.E. Gómez-Moreno, *op. cit.* nota 311, p. 521 s.

[318] Un *curriculum vitae* autógrafo del maestro Gómez Moreno, J. de M. Carriazo, *op. cit.*, nota 311, p. 59.

[319] Por D. José Mª Salvador, Obispo de Madrid-Alcalá, José Ramón Mélida, Rafael de Ureña, Antonio Vives, Julián Rivera y Juan Pérez de Guzmán.

[320] Contestado por Julio Puyol.

[321] Propuesto por Ramón Menéndez Pidal, el Marqués de Montesa, Angel Ferrari, José Camón Aznar y Francisco Javier Sánchez Cantón el 10 de Octubre de 1963.

[322] Según el Marqués de Siete Iglesias, *op. cit.*, nota 39, p. 319, falleció el día 15 de junio.

[323] J. Pavón, El Excmo. Sr. D. Joaquín María de Navascués y de Juan, *BRAH,* vol. CLXXII, 1975, pp. 257-262, con fotografía; Juan de Mata Carriazo, *Discurso de ingreso en la Real Academia de la Historia,* Madrid, 1977; Marqués de Siete Iglesias, *op. cit.*, nota 39, nº 307, pp. 453-5.

[324] Id., p. 453, indica como lugar de nacimiento Zaragoza, como J. Pavón, *op. cit.*, nota 311.

Fig. 119. *Joaquín M.ª Navascués y de Juan, XVI Anticuario (Galería de Directores del Museo Arqueológico Nacional).*

a ser Director del Museo de Córdoba (1921-1925), de Tarragona (1928-1929) y Conservador del Museo Arqueológico Nacional desde 1930, siendo Director del mismo de 1952 a 1967. Fue también Inspector Nacional de los Museos a partir de 1940 y Consejero Nacional de Educación. Fundó las *Memorias de los Museos Arqueológicos Provinciales* (1954-1960), y fue miembro de la Sección de Epigrafía y Numismática del «Instituto Diego Velázquez» y Fundador-Director del Instituto *«Antonio Agustín»* de Numismática, del CSIC y de su revista *Numario Hispánico* (1952-1967). Fue también Profesor Auxiliar de Paleografía y Diplomática de la Universidad de Zaragoza (1926-1928) y Catedrático de Epigrafía y Numismática de la Universidad Complutense desde 1950. Igualmente, fue miembro de la Real Academia de San Fernando, ingresando el 8 de Febrero de 1958 con un discurso sobre *Aportaciones a la Museología española,* al que contestó José Yarnoz.

Propuesto [325] el 10 de Noviembre de 1950 para la Medalla 5, fue elegido el 17 de Noviembre y tomó posesión el 15 de Enero de 1953 con un discurso sobre *Conceptos de la Epigrafía, consideraciones sobre la necesidad de su ampliación,* al que contestó Manuel Gómez

[325] La propuesta la firmaron Gómez Moreno, Sánchez Cantón y Gómez del Campillo.

Moreno. Formó parte de las Comisiones de Antigüedades (1957), Correspondientes (1957), Biblioteca (1967) y de la Comisión Mixta de las Comisiones Provinciales de Monumentos (1960). Fue Bibliotecario accidental (8-6 al 14-12-1973), siendo elegido Anticuario Perpetuo el 14 de Diciembre de 1956, cargo desempañado hasta su muerte, ocurrida el 11 de Mayo de 1975. Lo más destacado de su paso por el Gabinete fue el inicio de una nueva labor de catalogación de las colecciones numismáticas [326], así como los trabajos de renovación de las instalaciones efectuados con motivo de la adaptación de la nueva sede del Palacio del Marqués de Molins, mostrando particular interés por la conservación del disco de Teodosio [327] y por cuanto atañía al Gabinete.

[326] Esta labor, que no llegó a finalizarse, tuvo como objetivo sólo las monedas conservadas en los armarios del Gabinete, colaborando en ella la Dra. María Ruiz Trapero y M.ª Cruz Pérez Alcorta; cf. J.Mª Navascués, Memoria del Gabinete de Antigüedades, correspondiente a 1974, *BRAH,* vol. CLXXII, 1975, pp. 241-246.

[327] J.Mª Navascués, Informe sobre el disco de Teodosio, *BRAH,* vol. CLXXIII, 1976, pp. 427-437, cuya restauración había sufragado el Marqués de Aledo en 1960.

De su vida profesional, cabe destacar que, aunque en sus años iniciales excavó en Medina Azahara, cuya memoria publicó en 1924, se había especializado en Numismática hispánica y Epigrafía romana y visigoda bajo la dirección de M. Gómez Moreno, pudiéndose destacar su Tesis Doctoral sobre las inscripciones cristianas de Mérida. De sus más de cien trabajos, destaca la publicación del catálogo de *Monedas Hispánicas del Museo Arqueológico Nacional de Madrid* [328] y *La Moneda de Aragón* [329], que se editó ya como obra póstuma. Pero tal vez su obra más conocida deba considerarse su labor como Inspector de Museos, campo en el que gozó de particular experiencia, pues a él se debe la generalización de los sistemas de catalogación sistemática que han usado, hasta su reciente informatización, la mayoría de los museos españoles.

[328] 2 vols., Barcelona, 1969 y 1971.

[329] Zaragoza, 1975.

XVII. Luis Vázquez de Parga e Iglesias (1975-1994) [330]

[330] E. Benito Ruano, Necrología del Excmo. Sr. D. Luis Vázquez de Parga e Iglesias, *BRAH,* vol. CXCII, 1995, pp. 203-207; M. Almagro-Gorbea, Vida y obra de D. Luis Vázquez de Parga, en *Ideología y poder en Tartessos y el mundo ibérico,* (Discurso de ingreso a la Real Academia de la Historia), Madrid, 1996, pp. 11-13.

Luis Vázquez de Parga e Iglesias, Conde de Pallares (fig. 120), nació en Madrid en 1908, iniciándose muy joven el los estudios históricos, estimulado por su abuelo paterno, D. Manuel, Correspondiente de la Academia. De formación autodidacta, estudió en el Centro de Estudios Históricos y en la Universidad Central, donde se doctoró en Filosofía y Letras. En 1930 ingresó en el Cuerpo Facultativo de Archivos, Bibliotecas y Museos como Conservador del Museo Arqueológico Nacional, siendo Subdirector del mismo en 1952 y Director en funciones, en 1966. A partir de 1967, pasó a la Biblioteca Nacional, donde, como especialista en Paleografía, fue Jefe de la Sección de Manuscritos.

Electo Académico el 18 de Mayo de 1973 por la Medalla 11 [331], tomó posesión el 18 de Noviembre de ese mismo año 1973 [332]. Fue Bibliotecario del 14-12-1973 al 12-12-75, aunque prosiguió como Interino hasta el 25-2-1977, tras haber sido nombrado Anticuario Perpetuo el 12 de Diciembre de 1975, cargo que ya ocupaba interinamente desde el 6 de Junio de ese año. Desempeñó su labor durante casi veinte años, formando parte de la Comisión de Antigüedades y Estudios Clásicos, de la Comisión de Estudios Orientales y Medievales y de la Comisión de Publicaciones, hasta su muere ocurrida el 26 de Octubre de 1994.

[331] Presentado por J. Mª. de Navascués, Luis García de Valdeavellano y Angel Ferrari.

[332] Su discurso trató sobre *San Hermenegildo ante las fuentes históricas,* siendo contestado por José Mª Lacarra.

Fig. 120. *Luis Vázquez de Parga e Iglesias, XVII Anticuario.*

Como arqueólogo, excavó en el poblado de la Edad del Hierro de Cortes de Navarra y en la ciudad visigoda de Recópolis y, durante la Guerra Civil, junto a José María Lacarra, se dedicó al salvamento de archivos, objetos artísticos y bibliográficos en el lado republicano. Pero fue, ante todo, un reconocido medievalista, Colaborador del Instituto «Jerónimo Zurita» del C.S.I.C. a partir de 1940 y Vicedirector de la Escuela de Estudios Medievales del C.S.I.C. Publicó más de 70 obras, incluyendo piezas visigodas, románicas y góticas y, especialmente, textos medievales [333], destacando sus estudios sobre Galicia [334].

XVIII. José Mª Blázquez Martínez (1994-1996)

Nació en Oviedo el 7 de Junio de 1926. Estudió en la Universidad de Salamanca, donde se licenció en Filosofía y Letras el 3.12.1951, doctorándose el 24 de Enero de 1956 (fig. 121). Tras su formación en España, donde fue alumno de García Bellido, Blanco Frejeiro, Tovar, Alvarez de Miranda, Ramos Los Certales y Vallejo [335], estudió como

[333] Como el *Fuero de León, Las presuras del obispo Odoario, o la Hitación de Wamba* (Madrid, 1943). También publicó *Textos históricos en latín medieval (siglos VIII-XIV)* y colaboró en el *Repertorium Fontium Medii Aevi*.

[334] Como *La revolución comunal de Compostela en los años 1116 y 1117* y su obra magna, en colaboración con José María Lacarra y Juan Uría Ríu, *Las peregrinaciones a Santiago de Compostela* (3 vols.; 4º; reed. Oviedo, 1981 y Navarra, 1993).

[335] A. García y Bellido, Prólogo a las *Religiones primitivas de Hispania, I. Fuentes literarias y epigráficas*, Madrid-Roma, 1961, p. X.

Fig. 121. *José M.ª Blázquez Martínez, XVIII Anticuario.*

becario en la Escuela Española de Historia y Arqueología en Roma, en 1954 y en 1956, con el Prof. Massimo Pallottino y, de 1962 a 1966, con los Profs. Matz y Drerup, como pensionado en la Universidad de Marburgo, centro al que ha retornado en diversas ocasiones.

Desde 1952 fue Profesor Ayudante y, desde 1957, Adjunto y Encargado de Cátedra en las universidades de Salamanca y de Madrid, hasta obtener la Cátedra de Historia Antigua Universal de la Universidad de Salamanca el 1 de Febrero de 1966. A partir del 1969 pasó a la Cátedra de «Historia Antigua» de la Universidad Complutense, en la que sigue colaborando como Profesor Emérito, tras su jubilación en 1991. De esta larga actividad universitaria cabe destacar la dirección de 37 Tesis Doctorales leídas en las universidades de Salamanca y Complutense [336], pero todavía más importante, desde un punto de vista historiográfico, es que debe considerársele como la persona que ha transformado la formación y la actividad tradicionales en los estudios de Historia Antigua en España, abriendo esta especialidad al mundo internacional. Este hecho se evidencia en su continua presencia en más de 50 congresos internacionales y en los muy numerosos viajes de estudio que ha realizado, pero lo más sig-

[336] Entre otras muchas, las de J.M. Abascal, V. Alonso, J. Alvar, J. Arce, A. del Castillo, E. Conde Guerri, F. Díaz de Velasco, U. Espinosa, A. Lozano, J. Mangas, S. Montero, M. Pastor, M.A. Rabanal, A. González, J.L. Ramírez, J. Remesal, R. Teja y J. Uroz; véase F.J. Fernández Nieto, Presentación, *Arte, Sociedad, Economía y Religión durante el Bajo Imperio y la Antigüedad Tardía (Antigüedad y Cristianismo VIII)*. Murcia, 1991, p. 12.

nificativo es que ha sabido encauzar por esta vía a sus numerosos alumnos y discípulos, dándoles horizontes y formación internacional, sin los que no sería posible concebir el desarrollo actual de la Historia Antigua en España, en cuya evolución la figura del Prof. Blázquez constituye, sin lugar a dudas, un jalón esencial.

Como arqueólogo, se pueden resaltar sus muy numerosos estudios publicados, destacando el Corpus de Mosaicos Romanos, tema en el que ha trabajado de 1976 a 1991 [337], y, dentro de su actividad de campo, ha excavado, entre otros lugares, en Caparra (1957-1960) [338], pero su labor más destacada, seguramente, son las 16 campañas de excavaciones de *Castulo* (1976-1992) [339], yacimiento cuya importancia esencial en la antigua Hispania ha sabido valorar y difundir, y más recientemente, en el Monte Testaccio de Roma, empresa internacional asociada al estudio de la producción del aceite de la Bética [340], que tanta importancia ha cobrado en la actualidad.

Además, ha sido Director del Departamento de Historia Antigua de la Universidad Complutense (1977-1982) y de su revista *Gerion* (1983-1991), así como del Instituto Español de Arqueología del CSIC (1973-1984) y de su revista, el *Archivo Español de Arqueología* (1973-1987) y, de 1979 a 1990, de los «Coloquios Internacionales para el estudio del aceite en la Antigüedad». Pero, ante todo, es un trabajador incansable, siendo, sin lugar a dudas, el más prolífico y conocido de nuestros estudiosos de la Antigüedad de su generación. En efecto, ha publicado más de 35 libros y más de 300 artículos en revistas especializadas. Entre sus numerosas obras, cabe destacar los estudios dedicados a las religiones prerromanas [341], pero más famoso si cabe es su *Tartessos y los orígenes de la colonización fenicia en Occidente,* una de las raras obras en la historia de la arqueología española que ha sido reeditada con éxito [342]. Otra de las especialidades que ha cultivado más asiduamente ha sido la Historia de Hispania, mostrando particular interés por la romanización [343] y los aspectos económicos [344]. Su incansable actividad ha sido recompensada con numerosas distinciones y condecoraciones, pues es Miembro Correspondiente (1966) y Ordinario (1968) del Instituto Arqueológico Alemán de Berlín, Miembro del Comité Internacional de Epigrafía Griega y Romana (1974), de la Hispanic Society, de Nueva York (1974), de la Academia de Arte y Arqueología de Bolonia, Italia (1980), de la Academy of Sciences, de Nueva York (1994), Correspondiente de la Accademia Nazionale dei Lincei (1994), Gran Medalla de Plata de Arqueología de la Academia de Arquitectura de París (1980), Premio F. Cumont para historiadores de la Academia de Bruselas (1984), etc.

El 8 de Mayo de 1987 fue elegido por la Medalla 13 [345] y el 14 de Enero de 1990 tomó posesión con un discurso sobre *La sociedad del Bajo Imperio en la obra de Salviano de Marsella,* al que respondió Antonio Blanco Freijeiro. El 15 de Octubre de 1993 pasó a ocupar el cargo de Anticuario como interino, desempeñándolo hasta 1997, en que renunció al mismo. De su actividad en el Gabinete cabe destacar como éste quedó abierto a la investigación de todo el que lo requirió, pero más interesante es que inició una sistemática revisión de las piezas necesitadas de restauración con el Instituto del Patri-

[337] Por ejemplo, *Mosaicos romanos de Córdoba* (Madrid, 1982), *Mosaicos romanos de la Real Academia de la Historia, Ciudad Real, Toledo, Madrid y Cuenca* (Madrid, 1982), *Mosaicos romanos en España* (Madrid, 1993; 720 pp), etc.

[338] *Cappara I y II (Excavaciones Arqueológicas en España* 34 y 54) Madrid 1970.

[339] Las memorias se han publicaron en J.M. Blázquez y otros. *Castulo* I a V *(Acta Arqueológica Hispana 8 y Excavaciones Arqueológicas en España* 105, 117, 131 y 140). Madrid 1975-1985; Entre otros estudios, *Castulo. Jaén. España. Excavaciones en la necrópolis del Estacar de Robarinas (s. IV a.C.), BAR International Series 425* (Oxford 1988) y *Castulo, ciudad ibero-romana,* Madrid, 1994 (563 pp.).

[340] *Producción y comercio del aceite en la Antigüedad,* Madrid, 1981; *Últimas aportaciones a los problemas de la producción y comercio del aceite en la Antigüedad.* Madrid, 1983; *Excavaciones arqueológicas en el Monte Testaccio (Roma): Memoria de la Campaña 1989.* Madrid, 1994; J. M.ª Blázquez Martínez y J. Remesal Rodríguez (Eds.) *Estudios sobre el Monte Testaccio (Roma) I,* Barcelona 1999; etc.

[341] Por ejemplo, *Religiones Primitivas de Hispania* (1961), *Imagen y mito* (Madrid, 1977), *Primitivas religiones ibéricas, II. Religiones prerromanas* (Madrid, 1983) y, más recientemente, *Historia de las Religiones de la Europa Antigua* (Madrid, 1994).

[342] *Acta Salmanticensia* 58, Salamanca 1968 (261 pp); 2ª ed., 1975 (447 pp.).

[343] *Nuevos estudios sobre la romanización,* Madrid, 1989 (641 pp).

[344] *Historia económica de Hispania,* Madrid, 1978 (574 pp); *Economía de la Hispania romana,* Bilbao, 1978; *Agricultura y minería romanas en el Alto Imperio,* Madrid, 1991 (80 pp.); *Urbanismo y sociedad en la Hispania Antigua,* Madrid, 1991 (452 pp.), etc.

[345] Propuesto por los Sres. Emilio García Gómez, Antonio Blanco Freijeiro y Carlos Seco Serrano.

monio Histórico Español, emprendiendo una tarea fundamental gracias a la cual se ha restaurado el Disco de Teodosio y otras importantes piezas, pero también debe considerársele inspirador de la actual reforma y modernización recientemente emprendida en el Gabinete de Antigüedades.

XIX. Martín Almagro Gorbea (1996-)

Nacido en Barcelona, en 5 de Enero de 1946, se inició muy joven en la Arqueología en las excavaciones de Ampurias, dirigidas por su padre, el Prof. Martín Almagro Basch. Estudió Historia licenciándose en Filosofía y Letras en la Universidad Complutense, doctorándose en 1973 con una Tesis sobre *El Bronce Final y el Periodo Orientalizante en la Meseta Sur*. Ingresó en el Cuerpo Facultativo de Archivos, Bibliotecas y Museos como Director del Museo de Ibiza en 1969, pasando en 1970, como Conservador de la Sección de Prehistoria, al Museo Arqueológico Nacional, hasta 1976, en que ganó la Cátedra del Departamento de Arqueología, Epigrafía y Numismática de la Universidad de Valencia (1976-1980). De 1970 a 1979 fue Secretario del Instituto Español de Prehistoria y, desde esa fecha hasta 1983, Director de la Escuela Española de Historia y Arqueología en Roma, del CSIC, centro que procedió a reactivar. A continuación, pasó a ocupar una Cátedra de Prehistoria de la Universidad Complutense, habiendo dirigido más de 30 Tesis Doctorales en distintas universidades [346], siendo actualmente Director del Museo Arqueológico Nacional desde 1998.

Fig. 122. *Martín Almagro Gorbea, XIX Anticuario, en el Gabinete de Antigüedades el día de su toma de posesión como Académico.*

Su especialidad es la Protohistoria de la Península Ibérica y de Europa Occidental, con especial interés por la paleoetnología de Tartessos, la Cultura Ibérica y los Celtas de la Península Ibérica [347]. Igualmente se ha interesado por los procesos de aculturación y por la metodología arqueológica y la Museología, pues su experiencia en este campo la ha desarrollado como co-fundador y co-director científico del «Master de Museología» de la Universidad Complutense. Ha dirigido numerosas excavaciones y

[346] Universidades de Valencia, Complutense, Autónoma y Politécnica de Madrid, Sapienza di Roma y Extremadura.

[347] *Paleoetnología de la Península Ibérica. (Complutum 2-3, 1992)*. Madrid, 1993: 517 p. (coeditor con G. Ruiz Zapatero); *Los Celtas: Hispania y Europa. (Universidad Complutense de Madrid. Curso de Verano 1992. Dirigido por Martín Almagro-Gorbea)*. Madrid, 1993. 518 p. (co-edición con G. Ruiz Zapatero).

proyectos de investigación, tanto en España, donde ha excavado la necrópolis celtibérica de Carrascosa del Campo [348], el campo de túmulos de Pajaroncillo [349], el monumento ibérico de Pozo Moro [350], la necrópolis tartésica de Medellín [351], el yacimiento del Ecce Homo y las prospecciones del Valle del Tajuña y la ciudad celtibérico-romana de Segóbriga [352], etc., como en el extranjero [353], donde cabe destacar su participación en las misiones en Nubia [354], en el estudio y publicación de *El santuario de Gabii* [355] y en las excavaciones del Mont Beuvray, en la Borgoña [356]. Ha sido el fundador y director de la revista *Saguntum* [357] (1976-1980), restableció y ha dirigido *Italica. Cuadernos de Trabajos de la Escuela Española de Historia y Arqueología en Roma* (1980-1983) y es Fundador y Director de la revista *«Complutum»*, de la Universidad Complutense (1991-).

También ha representado a España en distintos organismos internacionales [358] y es miembro de diversas academias y asociaciones profesionales, como el Istituto Internazionale di Studi Liguri (1968), Correspondiente de la Associaçao dos Arqueologos Portugueses (1974), Miembro Correspondiente del Instituto Arqueológico Alemán (1975), de la Commission sur les Civilisations de l'Age du Bronze de la U.I.S.P.P. (1977), de la Associazione Internazionale di Archeologia Classica, Roma (1978), de la Delegación en Corte de la «Real Sociedad Bascongada de Amigos del País» (1983), del Bronze Age Studies Group (1986), Officier dans l'ordre des palmes accademiques (1990), Membre correspondant étranger de la Société National des Antiquaires de France (1991), A. von Humbold - J.C. Mutis Forschungspreis (1993), de la Comisión Internacional de los Coloquios sobre Lengua y Culturas Paleo-hispánicas (1994), Académico de de la Academia de Arte e Historia de San Dámaso (1995) y Correspondiente de la Reial Acadèmia de Bones Lletres, de Barcelona (1997), del Comité Científico del Centro Universitario Europeo per i Beni Culturali, de Ravello, Italia (1996), del Comité Español de Ciencias Históricas (1998), etc.

Propuesto por la Medalla 11 [359], fue elegido Académico el 17 de Febrero de 1995 por unanimidad, para hacerse cargo del Gabinete de Antigüedades. El 17 de Noviembre de 1996 tomó posesión (fig. 122), tras pronunciar un discurso contestado por el Prof. José Mª Blázquez Martínez [360], siendo nombrado Anticuario el 13 de Diciembre de ese año. Desde entonces desempeña el cargo y dirige la actual renovación del Gabinete de Antigüedades.

[348] *«La necrópolis de «Las Madrigueras». Carrascosa del Campo (Cuenca)» (Bibliotheca Praehistorica Hispana X)*. Madrid, 1969. 165 pp. + X tablas + XXV láms.

[349] *Los campos de túmulos de Pajaroncillo (Cuenca). (Excavaciones Arqueológicas en España 83)*, Madrid 1974, 131 pág. + 31 láms.

[350] Pozo Moro. El monumento orientalizante, su contexto sociocultural y sus paralelos en la arquitectura funeraria ibérica. *Madrider Mitteilungen* 24, 1983, pp. 177-392.

[351] *El Bronce Final y el Período Orientalizante en Extremadura (Bibliotheca Praehistorica Hispana» 14)*, Madrid 1977, XXX + 543 pp. + 78 láms.; M. Almagro-Gorbea - A.Mª Martín (Eds.). *Castros y oppida de Extremadura. (Complutum Extra 4)*, Madrid, 1994, 291 pp.

[352] *Segóbriga III. La Muralla Norte y la Puerta Principal. Campañas 1986-1987*. Cuenca, 1989. 341 págs. (con A. Lorrio); *Segóbriga y su conjunto arqueológico*, Madrid, 1999; 166 pp. (con J.M. Abascal).

[353] En conjunto, ha publicado más de 350 libros y artículos y ha dado cerca de 100 comunicaciones y ponencias en Congresos Internacionales, impartido conferencias en Alemania, Argentina, España, Francia, Gran Bretaña, Irlanda, Italia, etc.

[354] *Estudios de Arte rupestre Nubio. I. Yacimientos situados en la orilla oriental del Nilo, entre Nag Kolorodna y Kars Ibrim (Nubia Egipcia). (Memorias de la Misión Arqueológica Española en Egipto X)*, Madrid 1968, 327 pp. + 50 láms. (en colaboración con M. Almagro).

[355] *El Santuario de Juno en Gabii. Excavaciones 1956-1969 (Bibliotheca Italica de la Escuela Española de Historia y Arqueología en Roma 17)*. Madrid-Roma 1982. 624 pp. + LXXX láms.

[356] *El Estanque Monumental de Bibracte (Borgoña, Francia). Memoria de las Excavaciones del Equipo Franco Español en el Mont Beuvray 1987-1988. (Complutum, Extra 1)*. Madrid, 1991. 356 págs. (con J. Gran Aymerich).

[357] Prosiguiendo y dando regularidad a la anterior serie monográfica, *Papeles del Laboratorio de Arqueología de la Universidad de Valencia*, iniciada por el Prof. M. Tarradell.

[358] *Ad hoc Committee for Archeology de la European Science Foundation* (1977-1984) y en el grupo *P.A.C.T. (Physical, Chemical and Mathematical Techniques Applied to Archaeology)* del Consejo de Europa (1980) y es Miembro del Consejo Permanente de la *Union Internationale des Sciences Préhistoriques et Protohistoriques* (1991).

[359] Por los Excmos. Srs. José Mª Blázquez Martínez, Gonzalo Anes y Alvarez de Castrillón y Vicente Palacio Atard.

[360] *Ideología y poder en Tartessos y el mundo ibérico*. Madrid, 1996 (160 pp).

APÉNDICE II

EL GABINETE DE ANTIGÜEDADES EN SU CONTEXTO HISTÓRICO

GABINETE DE ANTIGÜEDADES	REAL ACADEMIA DE LA HISTORIA [1]	MARCO HISTÓRICO DE ESPAÑA
		1711 FELIPE V
	1735 Reunión de la *Academia Universal* en casa de Julián de Hermosilla	
	1736 pasa a la Biblioteca Real en la calle del Tesoro	
	1738 Felipe V crea por R.O. la *Real Academia de la Historia*	
	1738 Agustín de Montiano, I Director	
	1740 Ildefonso Verdugo de Castilla, II Director	
	1741 Agustín de Montiano, Director	
		1746 FERNANDO VI
	1749-56: Viaje «literario» del P. Andrés Marcos Burriel	
1751 Fernando VI dona una apreciable *colección de monedas* al futuro *Gabinete de Antigüedades*	1752-65 Viajes del Marqués de Valdeflores	1752 *Instrucción del Marqués de la Ensenada sobre protección y conservación de Antigüedades*
		1759 CARLOS III
1763 Creación del oficio de *Anticuario*		
1763, *Miguel Pérez Pastor, I Anticuario*		
1763-69 vacante		
	1764 Pedro Rodríguez de Campomanes, III Director	
1769-74 *Alonso Mª de Acevedo, II Anticuario*		
	1770 Se crean los *Académicos Correspondientes*	
1775-98 *José de Guevara, III Anticuario*. Las llaves del monetario pasan del Secretario al Anticuario.		
		1779 R.O. prohibiendo exportar pinturas, libros y antigüedades sin permiso
	1782 Se crea la *Comisión de Antigüedades*	
	1785 La Academia pasa a la *Casa de la Panadería*	
		1788 CARLOS IV
1789 Encargo de los *retratos de Carlos IV y María Cristina* a Goya		
	1791 Pedro de Góngora y Luján, IV Director	
	1792 Real Cédula con los nuevos *Estatutos de la Academia*	
	1793 Viaje a Segóbriga de J. Cornide, R. Guevara y Fr. B. Montejo	

[1] Real Academia de la Historia. *Anuario*. Madrid, 1998, pp. 62 sigs.

Gabinete de Antigüedades	**Real Academia de la Historia** [1]	**Marco Histórico de España**
	1795, Vicente Mª de Vera Ladrón de Guevara, V Director	
1796 Monetario con 12000 monedas	1796 Se publican las *Memorias de la Real Academia de la Historia* I y II	
1798 Ramón de Guevara dimite y deja 30.000? monedas en el Monetario.	1798 Pedro Rodríguez de Campomanes, VI Director.	
1798-1802 *Joaquín Traggia, IV Anticuario*	1801-1804 Francisco Martínez Marina, VII Director	
		1802, Manuel de Godoy
1803-08 *José Antonio Conde, V Anticuario.*		1803 *Real Cédula con la Instrucción ...por la RAH sobre... los monumentos antiguos del Reyno*
1803 Informe sobre hallazgos en Tarragona		
1805 Goya retrata a *Vargas Ponce*	1804-1807, José de Vargas Ponce, VIII Director	1805 *Novísima Recopilación,* Ley III, libro VIII, título XX
	1807-1810 Juan Pérez Villamil, IX Director	
1808 J.A. Conde huye de Madrid		1808 FERNANDO VII
1808-11 J.A. Conde es suspendido		1808 GUERRA DE INDEPENDENCIA
		1808 José I Bonaparte
	1810-1811 vacante	1810 Cortes de Cádiz
	1811-1814 Vicente González Arnao, X Director	
1812 J.A. Conde huye de Madrid		
1813-19 J.A. Conde es desterrado		
	1814-1816 José de Vargas Ponce, XI Director	1814 FERNANDO VII. Reacción Gobierno absolutista
	1816-20 Francisco Martínez Marina, XII Director	
1820 J.A. Conde es restablecido	1820 José Gabriel de Silva, XIII Director	1820-23 Trienio liberal
1820-33 *José Sabau y Blanco, VI Anticuario*	1820-1822 José de Vargas Ponce, Director interino	
	1822-25, Antonio Ranz Romanillo, XIV Director	1823-33 Decenio absolutista
	1825-1844 Martín Fernández Navarrete, XV Director.	
	1830 La Academia solicita un edificio más espacioso	
1833-34 *Antonio Siles y Fernández*		1833 ISABEL II. Regencia de María Cristina
1834-36 *Juan Pablo Pérez Caballero, VII Anticuario*		1835 Desamortización de Mendizábal
1836-48 *Juan B. Barthe, VIII Anticuario*	1837 Se entrega a la Academia el edificio del *Nuevo Rezado*	
1838 Donación de la *arqueta de marfil de D. Martín el Humano*		
		1841 Regencia de Espartero
	1844-5 P. Fr. José de la Canal, XVI Director	1844 Mayoría de edad de Isabel II
		1844-57 Gobierno de Narváez
	1845-9 Marcial Antonio López, XVII Director	1844 Creación de las *Comisiones Provinciales de Monumentos Históricos y Artísticos* y de los *Museos Provinciales*
1847 Se adquiere el *Disco de Teodosio*	1847 R.O. del 1 de Marzo que reorganiza la Academia y crea la *Medalla* distintiva	
1848-67 *Antonio Delgado, IX Anticuario*		
1848 Ingresa el *Altar-Relicario del Monaterio de Piedra*		

Gabinete de Antigüedades	**Real Academia de la Historia** [1]	**Marco Histórico de España**
	1849-53 Luis López Ballesteros, XVIII Director	
1851 Ingresa la *Colección López de Córdoba (Relieves de Senacherib)*	1853-55 Pedro José Pidal y Carniado, XIX Director	
1854 El Anticuario *Juan Bautista Barthe* da su colección de monedas.	1855-62 Evaristo San Miguel, XX Director	
	1856 R.O. del 2 de Junio aprueba los *Estatutos*	
	1856 Creación de la *Escuela Superior de Diplomática*	1856 Fundación de la *Escuela Superior de Diplomática*
1857 Se adquiere el cuadro de Goya de *Fr. Juan Fernández de Rojas*		1857 *Ley Moyano:* los Monumentos pasan a la R.A. de San Fernando
		1858-63 Gobierno de la Unión Liberal
1862 Donación de los *Bronces de Maquiz*	1862-1881 Antonio Benavides, XXI Director	1858 Creación del *Cuerpo Facultativo de Archiveros, Bibliotecarios y Anticuarios*
	1862-8 Comisión sobre Excavaciones	
1866 D. Lamberto Janet lega *50 doblas de la banda*		1864 Reorganización de las Comisiones Provinciales de Monumentos
1867-94 *Aureliano Fernández-Guerra, X Anticuario*		1867 *Creación del Museo Arqueológico Nacional* y de los Museos Arqueológicos Provinciales
1868 Legado del *retrato de Hervás y Panduro. Compra del torques de Mellid*		1868 GOBIERNO PROVISIONAL
		1871 AMADEO I de Saboya
		1873 REPUBLICA ESPAÑOLA
	1874 traslado de la Academia al edificio del *Nuevo Rezado*	1874 Restauración de ALFONSO XII.
	1882-97 Antonio Cánovas del Castillo, XXII Director	1886 Regencia de María Cristina ALFONSO XIII
1894-1901 *Juan Facundo Riaño, XI Anticuario*		1889 El *nuevo Codigo Civil* incluye los «tesoros ocultos» (art. 350-352)
1894-5 Excavación del yacimiento campaniforme de Ciempozuelos		
		1895 Inauguración del Museo Arqueológico Nacional
	1897-1908 Antonio de Aguilar y Correa, XXIII Director	1897 Aparece el *Boletín de la RAH*
1898 *Ingreso de la Colección de D. Pascual de Gayangos*		1898 Pérdida de Cuba y Puerto Rico
1899 Donación del *Retrato de Isabel la Católica* por la Vda. de O'Reilly	1899 Se aprueba el *Reglamento*	1899 Ministerio de Instrucción Pública
1901 *Juan de D. de la Rada y Delgado, Anticuario interino*		1900 Primera Cátedra de Arqueología en la Universidad Central
1901-08 *Juan Catalina García y López, XII Anticuario*		1902 Mayoría de edad de Alfonso XIII
1903 Se publica el *Catálogo del Gabinete de Antigüedades*		
1907-9 Depósito de antigüedades en el Museo Arqueológico Nacional		

Gabinete de Antigüedades	**Real Academia de la Historia** [1]	**Marco Histórico de España**
	1908 Eduardo Saavedra, XXIV Director	
1909-1913 *P. Fidel Fita, S.J., XIII Anticuario*	1909-12 Marcelino Menéndez y Pelayo, XXV Director	1911 *Ley de Excavaciones Arqueológicas*
1913 Depósito del Museo del Prado para un *Museo Iconográfico.* 1913-35 *José Ramón Mélida, XIV Anticiario*	1912-1918, P. Fidel Fita, S.J., XXVI Director	1912 Reglamento de la *Junta Superior de Excavaciones y Antigüedades*
1918 Depósito de los retratos de Alfonso XII y Mª Cristina por el Ministerio de la Guerra	1918-27 Francisco R. de Uhagón, XXVII Director 1927-53, Duque de Berwick y de Alba, XXVIII Director	1923 Dictadura de Primo de Rivera
1930 Donación del *casco corintio de Huelva* 1931 Ingreso del *legado del Conde de Cartagena* 1935-56 *Manuel Gómez Moreno, XV Anticuario*		1931 II REPÚBLICA ESPAÑOLA 1933 *Ley del Tesoro Artístico Nacional* 1936-1939 GUERRA CIVIL 1939-1975 GOBIERNO DE FRANCISCO FRANCO 1939 Se crea la Comisaría General de Excavaciones Arqueológicas
1943 Depósito por O. M. del retrato de Felipe V de Jean Ranc 1950 Pasa al Instituto de España parte del depósito del Museo del Prado	1953-56 Agustín González de Amezúa, XXIX Director	
1956-75 *Joaquín Mª de Navascués, XVI Anticuario* 1966 Ingreso de las inscripciones visigodas en pizarra	1956-71 Francisco Javier Sánchez Cantón, XXX Director	
	1971-76 Jesús Pavón, XXXI Director 1971 El *Palacio de Molins* se incorpora a la Real Academia de la Historia	
1973 Donación de la *colección de sextercios romanos de D. A. Lifchuz*		
1975-1994 *Luiz Vázquez de Parga, XVII Anticuario*	1976-1986 Diego Angulo Íñiguez, XXXII Director 1986-89 Antonio Rumeu de Armas, XXXIII Director 1989-95 Emilio García Gómez, XXXIV Director	1975 JUAN CARLOS I 1985 *Ley para la defensa, conservación y acrecentamiento del Patrimonio Histórico-Artístico Nacional.*
1994-96 *José Mª Blázquez, XVIII Anticuario* 1996- *Martín Almagro-Gorbea, XIX Anticuario* 1997- *Reorganización del Gabinete*	1995-98 Antonio Rumeu de Armas, XXXV Director 1998- Gonzalo Anes y Álvarez de Castrillón, XXXVI Director	

Apéndice III

Adquisiciones y acontecimientos del Gabinete de Antigüedades

1751 Fernando VI dona una apreciable *colección de monedas* que inician el *Gabinete de Antigüedades*

1789 Encargo a Goya de los *retratos de Carlos IV y María Cristina*

1796 D. Manuel Trabuco y Belluga, Deán de Málaga, lega su colección de monedas

1800 Donación de la colección de monedas de Joaquín Traggia

1803 Cédula sobre *Instrucción sobre el modo de recoger y conservar los monumentos antiguos, que se descubran en el Reyno, baxo la inspección de la Real Academia de la Historia*

1803 Martín Fernández Navarrete informa sobre hallazgos en Tarragona (GA 1803/1)

1807 La Academia encarga a Goya el retrato de su Director, *D. José de Vargas Ponce*

1838 Donación de la *arqueta de marfil de D. Martín el Humano* (GA 1838/1)

1847 Compra del *Disco de Teodosio* por 27.500 reales de vellón (GA 1847-50/1)

1851 El Director General de Fincas del Estado envía el *Altar del Monasterio de Piedra* (GA 1851/1)

1851 Donación de los *relieves asirios de Senacherib* por Antonio López de Córdoba (GA 1851/3)

1857 *Facsímil del Mosaico de Ifigenia* enviado por Esteban Paluzie, Inspector de Antigüedades de los reinos de Aragón y Valencia (GA 1857/1)

1857 *Memoria topográfica de la comarca de Olot enviada* por Esteban Paluzie (GA 1857/2)

1857 Legado del cuadro de Goya de *Fr. Juan Fernández de Rojas* (GA 1857/1)

1858 Llegada de restos de momias guanches (GA 1858/1)

1858 Una Comisión desestima la solicitud de D. Jorge Loring para acceder a la propiedad de las antigüedades que encontrara en sus excavaciones. (GA 1858/2)

1860 Ingreso de 2 hachas de Corona de Castiello, Asturias (GA 1860/1)

1860 Antonio Delgado adquiere la figurilla de Pan (GA 1860/4)

1860 Ingreso de objetos hallados en el trazado del ferrocarril Madrid-Zaragoza (GA 1860/6)

1860 Ingreso del gran *pondus* de pórfido verde con su asa de bronce de Barañez, Huete (GA 1860/7)

1861 Adquisición de un *pondus* de bronce y plata hallado en Córdoba (GA 1861/2)

1861 Legado de cálices y vinagrera de estaño del canónigo de Burgos J. Corominas (GA 1861/3)

1862 Adquisición de un crucifijo del siglo XII (GA 1862/1)

1862 Hallazgo y donación del plomo con *inscripción ibérica de Gádor* (GA 1862/2)

1862 Adquisición del *sarcófago de Burguillos,* hallado en 1627 en la villa de Layos (GA 1862/3)

1862 Hallazgos y donación por D. Manuel de la Chica de los *bronces de Mengíbar* (GA 1862/4)

1862 Comisión a favor de una ley de Antigüedades que regule hallazgos y excavaciones (GA 1862/4/7)

1864 Adquisición de una escultura de jabalí y un espadón o montante del siglo XVI (GA 1864/1)

1864 Ingreso del *sarcófago de Hellín,* del cerro llamado «Tolmo» (GA 1864/2)

1866 Ingreso de una baraja de 1525 hallada en la Torre de los Lujanes (GA 1865/2)

1866 D. Lamberto Janet dona a la Academia *50 doblas de oro «de la banda»*

1867 Adquisición de una falcata y otros hallazgos de Almedinilla (GA 1867/1)

1867 Se reclama la inscripción ibérica de Alcoy a la Academia de Arqueología y Geografía (GA 1867/2)

1867 Informe sobre la importancia de la Arqueología Prehistórica por J. Amador de los Ríos (GA 1867/3)

1868 Valentín Carderera dona el *retrato de Hervás y Panduro* por Angélica Kauffman (GA 1868/2)

1868 Compra del *torques de oro de Mellid,* La Coruña por 192 escudos (GA 1870/2)

1868 Donación de la tésera celtibérica de Fosos de Bayona (GA 1868/1)

1870 Necesidad de crear cuerpos de arqueólogos auxiliares de la Academia en provincias (GA 1870/2)

1872 Envío de la lápida de D. Alonso Díaz de Montalvo para el «Museo del Cuerpo» (GA 1872/1)

1872 Envío de una maza de guerra hallada en un sepulcro de Torre Mormojón, Palencia (GA 1872/2)

1874 Adquisición de homóplato con alfabeto árabe de Huete (GA 1874/1)

1876 Depósito de un sillón de época de Carlos III por el Museo Arqueológico Nacional (GA 1876/1)

1883 Informe sobre una subvención solicitada por la Sociedad Arqueológica de Vich para conservar el templo romano (GA 1883/3)

1883 F. Fita dona un ara romana dedicada a Jupiter (GA 1883/1)

1891 Donación de los hallazgos de Valdocarlos, Arganda del Rey (GA 1891/1)

1994-5 *Excavaciones del yacimiento campaniforme de Ciempozuelos*

1895 Solicitud de vitrinas del Ministrio de Fomento en la Exposición Histórica Europea (GA 1895/1)

1895 Lápida de Baeza con el nombre antiguo de la ciudad (GA 1895/2)

1895 Hoja de laurel de oro hallada en una tumba de guerrero de Atenas (GA 1895/3)

1899 Donación del *Retrato de Isabel la Católica* por la Vda. de O'Reilly (GA 1897/2)

1898/1 Donación de la *Colección de D. Pascual de Gayangos*

1908/1 Donación del cuadro de La batalla de Alcolea, por D. Manuel Alfaro

1909 Depósito de objetos e inscripciones en el Museo Arqueológico Nacional (GA 1909/1)

1913 El Museo del Prado deposita las estatuas de Don Pelayo y La Felicidad y una larga serie de retratos para formar un «Museo Iconográfico» (1913/2)

1918 Depósito del Ministerio de la Guerras de los retratos de Alfonso XII y María Cristina (GA 1918/1)

1923 Donación de 134 monedas, medallas y sellos de Carlos V de la *Colección de D. Francisco de Laiglesia*

1923 Depósito de 44 cuadros del Museo del Prado por la Dirección General de Bellas Artes

1930 Ingreso del *casco corintio de Huelva*

1933 Ingreso del *Legado del Conde de Cartagena (GA 1933/1)*

1943 Depósito del Museo del Prado del retrato de Felipe V de Jean Ranc

1950 Transferencia al Instituto de España de cuadros del Museo del Prado depositados en la Academia

1966 Cesión de las *inscripciones visigodas en pizarra* por D. Manuel Gómez Moreno (GA 1978/2)

1973 Donación de la *Colección de sextercios romanos de D. Alejandro Lifchuz*

Apéndice IV

Documentación sobre Antigüedades de la Real Academia de la Historia

Archivo del Gabinete de Antigüedades

Gabinete de Antigüedades (GA): 171 expedientes y 512 documentos.
Gabinete del Numario (GN): 343 expedientes y 1777 documentos.
Pinturas y cuadros (GP).

Archivo - Biblioteca

Comisión de Antigüedades (CA), 2581 expedientes. De éstos, 571 corresponden a Andalucía, 472 a Castilla-León, 261 a Cataluña, 256 a Castilla-La Mancha, 152 a Extremadura, 111 a Madrid, 88 a Valencia, 87 a Galicia, 85 a Aragón, 79 a Asturias, 77 a Murcia, 65 a Navarra, 62 al País Vasco, 42 a Cantabria, 37 de Baleares, 16 de Canarias, 10 a la Rioja y 3 de Melilla. Además, hay 87 de diversos países del extranjero.

Comisiones Provinciales de Monumentos Histórico-Artíticos (CPM).

Boletín de la Real Academia de la Historia (BRAH).

Memorias de la Real Academia de la Historia (MRAH).

Discursos de Ingreso (DI).

Legados personales (LP).

Sección de Cartografía y Bellas Artes

Cartografía (SC).
Bellas Artes (SBA).

Archivo de la Secretaría

Actas de las Sesiones (AS).
Expedientes personales de los académicos numerarios (EAN).
Expedientes personales de los académicos correspondientes (EAC).
Expedientes personales de los académicos extranjeros (EAE).
Archivo de Informes Oficiales (AIO).
Archivo de Cuentas (AC).
Obras y Documentos (OD).
Historia, organización y cargos (HOC).
Edificio (E).
Fundaciones (F).
Legados (L).
Premios (P).
Regalos (R)
Comisión Mixta Organizadora de las Provinciales de Monumentos (COPM).
Comisión de Antigüedades (CAA).
Comisión de Cortes y Fueros (CF).
Comisión de Publicaciones (CP).
Comisión de la España Sagrada (CES).

APÉNDICE V

EXPEDIENTES Y DOCUMENTOS DEL GABINETE DE ANTIGÜEDADES DE 1750 A 1997 REFERENTES A ANTIGÜEDADES (GA) Y AL NUMARIO (GN)

GABINETE DE ANTIGÜEDADES

AÑO	NUMIS.	
	exp.	doc.
1750	1	3
1751	3	15
1752	5	14
1753	3	38
1754	0	0
1755	0	0
1756	1	2
1757	0	0
1758	0	0
1759	3	5
1760	1	9
1761	0	0
1762	0	0
1763	1	2
1764	1	1
1765	2	14
1766	2	2
1767	6	12
1768	2	13
1769	1	47
1770	4	9
1771	3	11
1772	2	6
1773	1	18
1774	2	13
1775	1	2
1776	1	8
1777	1	9
1778	1	8
1779	1	5
1780	3	9
1781	1	4
1782	1	20
1783	1	6
1784	1	12
1785	1	20
1786	2	16
1787	0	0
1788	8	0
1789	5	7
1790	7	11
1791	2	28
1792	0	0
1793	2	4
1794	6	12
1795	1	4
1796	5	20
1797	1	1
1798	3	5
1799	1	4
total	100	449

AÑO	ANTIG.		NUMIS.	
	exp.	doc.	exp.	doc.
1800	0	0	2	13
1801	0	0	0	1
1802	0	0	0	14
1803	1	1	0	12
1804	0	0	0	12
1805	0	0	0	3
1806	0	0	0	5
1807	0	0	0	1
1808	0	0	1	3
1809	0	0	0	3
1810	0	0	0	0
1811	0	0	0	0
1812	0	0	0	0
1813	0	0	0	0
1814	0	0	0	2
1815	0	0	0	0
1816	0	0	0	10
1817	0	0	1	10
1818	0	0	0	7
1819	1	1	0	8
1820	0	0	0	2
1821	0	0	0	9
1822	0	0	0	0
1823	0	0	0	1
1824	0	0	0	0
1825	0	0	0	0
1826	0	0	0	2
1827	0	0	0	3
1828	0	0	1	7
1829	0	0	1	10
1830	0	0	4	31
1831	0	0	1	7
1832	0	0	7	13
1833	0	0	4	16
1834	0	0	8	22
1835	0	0	1	2
1836	0	0	3	21
1837	0	0	1	3
1838	1	4	5	21
1839	0	0	6	14
1840	0	0	2	4
1841	1	4	0	0
1842	0	0	4	6
1843	0	0	2	9
1844	0	0	3	4
1845	0	0	1	8
1846	0	0	1	2
1847	1	36	2	4
1848	1	3	5	6
1849	0	0	1	4
total	6	49	67	335

AÑO	ANTIG.		NUMIS.	
	exp.	doc.	exp.	doc.
1850	0	0	12	28
1851	3	6	4	7
1852	1	3	3	12
1853	0	0	5	19
1854	1	3	4	14
1855	1	3	1	3
1856	1	1	7	17
1857	2	4	6	11
1858	3	5	4	8
1859	0	0	10	28
1860	8	26	8	19
1861	3	8	7	13
1862	4	22	3	8
1863	4	9	10	31
1864	3	6	7	34
1865	3	6	7	16
1866	3	10	8	26
1867	3	7	4	20
1868	4	24	7	25
1869	1	1	3	5
1870	2	17	1	3
1871	0	0	0	10
1872	2	12	1	4
1873	3	5	0	10
1874	1	2	1	16
1875	0	0	0	5
1876	1	3	0	4
1877	0	0	0	6
1878	0	0	1	10
1879	0	0	1	4
1880	0	0	2	2*
1881	0	0	1	2
1882	0	0	1	4
1883	3	7	4	17
1884	0	0	1	1
1885	0	0	0	0
1886	0	0	0	1
1887	1	2	0	1
1888	0	0	0	2
1889	0	0	0	0
1890	0	0	0	0
1891	1	2	0	0
1892	1	1	1	4
1893	0	0	1	10
1894	1	2	1	3
1895	3	5	1	5
1896	3	3	0	0
1897	2	8	1	2
1898	2	11	0	0
1899	1	3	1	2
total	75	227	140	470

AÑO	ANTIG.		NUMIS.	
	exp.	doc.	exp.	doc.
1900	2	4	5	15
1901	0	0	1	2
1902	1	4	1	2
1903	4	15	0	0
1904	3	8	2	6
1905	1	1	0	0
1906	0	0	1	2
1907	0	0	4	11
1908	2	7	1	5
1909	1	2	2	6
1910	1	4	0	0
1911	1	1	1	3
1912	1	3	0	0
1913	2	27	0	2
1914	1	3	2	4
1915	0	0	0	0
1916	0	0	0	0
1917	1	2	0	0
1918	3	6	0	0
1919	1	1	0	0
1920	0	0	0	0
1921	2	2	0	0
1922	0	0	1	3
1923	4	18	1	1
1924	0	0	1	3
1925	0	0	1	2
1926	0	0	0	0
1927	0	0	0	0
1928	1	2	1	2
1929	1	1	0	1
1930	0	0	1	1
1931	0	0	2	3
1932	0	0	0	3
1933	0	0	2	5
1934	0	0	0	0
1935	0	0	0	0
1936	2	5	0	0
1937	0	0	0	0
1938	1	1	0	0
1939	0	0	0	0
1940	0	0	0	0
1941	0	0	0	0
1942	0	0	0	0
1943	0	0	0	0
1944	1	6	0	0
1945	0	0	0	0
1946	0	0	0	0
1947	0	0	1	2
1948	1	1	0	0
1949	0	0	0	0
total	38	124	31	84

AÑO	ANTIG.		NUMIS.	
	exp.	doc.	exp.	doc.
1950	0	0	0	0
1951	0	0	0	0
1952	0	0	0	0
1953	0	0	0	0
1954	0	0	0	0
1955	0	0	0	0
1956	0	0	0	0
1957	1	3	0	0
1958	0	0	1	2
1959	1	5	0	0
1960	2	9	0	0
1961	0	0	0	0
1962	1	2	0	0
1963	0	0	0	0
1964	0	0	0	0
1965	3	7	0	0
1966	1	4	0	0
1967	2	7	0	2
1968	1	2	0	0
1969	2	6	0	0
1970	2	4	1	5
1971	0	0	0	0
1972	1	2	0	0
1973	0	0	1	2
1974	4	9	0	0
1975	3	9	0	2
1976	3	6	0	0
1977	1	2	0	0
1978	3	3	0	0
1979	1	1	0	0
1980	3	3	0	0
1981	0	0	0	0
1982	2	4	0	0
1983	1	1	0	3
1984	0	0	1	3
1985	3	4	0	0
1986	0	0	0	0
1987	0	0	0	0
1988	1	5	0	0
1989	0	0	0	0
1990	0	0	0	0
1991	3	6	0	0
1992	1	4	0	0
1993	6	10	0	0
1994	11	27	0	0
1995	8	27	0	0
1996	12	27	0	0
1997	55	112	1	1
1998				
1999				
total	138	311	5	20

El *Missorium* de Teodosio

J. M. Blázquez

L *missorium* de Teodosio (Figs. 1-2) es una de las joyas del Bajo Imperio entre las muchas que han llegado a nosotros, como la pátera de Parabiago [1], las piezas del Tesoro de Mildenhall [2], la bandeja de plata del Museo de Berlín [3], el Tesoro de Proiecta hallado en el Esquilino en Roma [4], o el Tesoro de Seuso [5], que es el mayor que ha dado la Antigüedad, y que consta de 14 objetos que sobrepasan las 200 libras romanas de peso, y superan en más de dos veces el conjunto de objetos preciosos del Tesoro del Boscoreale, que pesan 91,5 libras; supera también las sesenta piezas del Tesoro de Kaiser Augst, del s.IV, de 122 libras. El Tesoro de Seuso es, pues, el de mayor peso de los hallados entre los siglos I-V, como afirma Marlia Mundell. Tres platos, que miden 70 cm. de diámetro (medida menor que la del missorium de Teodosio) pesan 35 libras romanas.

A. García y Bellido [6] era de la opinión que a los talleres de oriente debemos productos como el *missorium* de Teodosio, las piezas del Tesoro de Mildenhall, la bandeja discoidea de Berlín, y otras más; pero afirma que probablemente fueron productos occidentales el *lanx* de Corbridge, el disco de Parabiago, y la gran bandeja discoidea de Océano. Hoy día se considera de taller de Roma los tesoros de Proiecta y posiblemente el de Mildenhall y la pátera de Parabiago; de un taller del Mar Negro el de Concesti; y de Éfeso (?) la Corbridge *lanx*.

[1] A. García y Bellido, Arte Romano, Madrid 1972, 781, 782, fig. 1325. K.J. Shepherd, *Age of Spirituality. Late Antiquity and Early Christian Art. Third to Seventh Century,* Nueva York 1979, 185-186, n. 64.

[2] A. García y Bellido, op. cit., 776, fig. 1316-1318. R. Bianchi Bandinelli, *Roma. El fin del Mundo Antiguo,* Madrid 1971, 207-209, figs. 196-197. K.J. Shepherd, *op. cit.* 152-153, n. 130. J.M.C. Toynbee, *Art in Roman Britain,* Londres, 1963, 174-175, n°s 113-119. Para el Corbridge lanx: J.M.C. Toynbee. *op. cit.* 172, n. 108.

[3] A. García y Bellido, *op. cit.* 778, fig. 1319.

[4] A. García y Bellido, *op. cit.* 779-780, figs. 1321-1322. R. Bianchi Bandinelli, *op. cit.* 100-101, figs. 92-93. K.J. Shepherd, *op. cit.* 330-332, n. 310. K. Shelton, *The Esquiline Treasure,* Londres 1981. En general para el Bajo Imperio: J.M. Carrié y otros, «L'argenterie romaine de l'Antiquité Tardive», *Antiquité Tardive,* 5, 1997.

[5] M. Mundell, «Un nouveau trésor (dit de "Seuso") d'argenterie de la Basse Antiquité», *CRAI,* 1990, 239-254. Datado hacia 610.

[6] *Op. cit.* 779.

DESCRIPCIÓN

El *missorium* de Teodosio ha sido descrito muchas veces, planteándose quiénes son los «Augustos» en él representados. Se han dado hipótesis contradictorias. Fue hallado en Almendralejo (Badajoz) y comprado por la Real Academia de la Historia, que lo guarda entre

▲
Fig. 1. Missorium *de Teodosio II. Antiquario de la R.A.H. Madrid.*

Fig. 2. *Dibujo del* missorium *de Teodosio II.*

las joyas más preciadas. Es obra fundida en plata y labrada a punzón y cincel. Estuvo sobredorado y nielado. Su forma es la de un disco plano, que mide 74 cm. en su diámetro. Pesa 16,128 kg., es decir, 50 libras romanas, según indica la inscripción del reverso, donde también se lee el nombre del posible artesano, en hueco, lo que ha inducido a algunos investigadores a asignar la pieza a un taller imperial. El borde está recorrido por una inscripción que dice: **D(OMINVS) N(OSTER) THEODOSIVS PERPET(VVS) AVG(VSTVS) OB DIEM FELICISSIMVM XV (QVINDECENNALIVM)**[7]. Estas últimas palabras darían, según varios autores, la fecha exacta de la pieza, que sería el 19 de enero del año 388.

Varios autores han identificado así a los tres personajes situados en el centro: en el centro está Teodosio I (379-395) (Fig. 3); a su izquierda su hijo Arcadio (383-408) (Fig. 4), y a la derecha Valentiniano II (378-392) (Fig. 5), hijo de Valentiniano I (364-375). Los dos eran Augustos y corregentes en la fecha señalada por la inscripción. El personaje de la derecha de Teodosio no puede ser Honorio (393-423), pues por la fecha de *missorium* éste tendría sólo 4 años, y el personaje representado es un adolescente.

Los tres Augustos se sitúan delante de un pórtico de tres vanos, sostenido por cuatro columnas coronadas por capiteles corintios.

[7] Sobre la resolución de esta cifra ver la última nota de este trabajo.

El pórtico está rematado por un frontón triangular con arco de medio punto en el centro. Este edificio representaría el *tribunalium* del palacio real, delante del cual se sitúa la composición. Esta escena delante del pórtico tiene paralelos bien conocidos, como el mosaico datado en el s. IV de la Villa romana de Tossa de Mar, en la que el *dominus* de la finca, Vitalis, se encuentra en pie, vestido con toga delante de la fachada de su casa [8]. En los ángulos del frontón dos erotes llevan frutos, simbolizando la prosperidad de los 10 primeros años de gobierno.

En la zona inferior del *missorium* se encuentra Tellus, semidesnuda, cubierta por un manto de cenefa bordada, tendida en

[8] I. Rodà, «Iconografía y epigrafía en dos mosaicos hispanos: las *villae* de Tossa y de Dueñas», *VI Coloquio internacional sobre mosaico antiguo,* Palencia-Mérida-Guadalajara, 1994, 35-40; con un edificio con tres baños, datado hacia el año 400. Escenas rituales delante de edificios parecidos son frecuentes en el Bajo Imperio. Baste recordar el plato con Aquiles y Briseida, del s.IV, de procedencia desconocida (W.A.P.C., *Age of Spirituality,* 220-221, n. 197).

Fig. 3. *Teodosio II en el* missorium *de la Real Academia de la Historia.*

Fig. 4. *Arcadio en el* missorium *de Teodosio II.*

tierra. Hierbas y espigas crecen alrededor. Sostiene una cornucopia repleta de frutos. Una corona de laurel ciñe su cabeza. Tres erotes con paños llenos de frutos y de flores revolotean alrededor de Tellus, mientras dirigen la mirada a Teodosio, ofreciéndoles los frutos de la tierra. Toda la composición refuerza el sentido de prosperidad agraria. La agricultura era la base económica del Mundo Antiguo, y de otros periodos de la Historia hasta la revolución industrial.

Teodosio entronizado viste túnica con mangas, y clámide sujeta por una fíbula sobre el hombro derecho. La cabeza está coronada por un nimbo y rodeado a su vez por una corona. El nimbo

▶
Fig. 5. *Valentiniano II en el* missorium *de Teodosio II.*

lo llevan en origen los dioses, como en mosaicos: Diana en un pavimento de Timgad [9], la antigua Thamugadi, fechado a finales del s.IV o comienzos del siguiente; o Dioniso entre las fieras del anfiteatro en un mosaico de El Djem, la antigua Thysdrus, en la Casa de Baco [10]; o la imagen de Apolo en un mosaico con la ofrenda de la grulla, de Cartago, Khéreddine, datado entre los años 390-400 [11]; o Neptuno entre las estaciones de un pavimento de La Chebba, entre los años 130-150 [12], lo que indica que la representación del nimbo es antigua; o el fragmento de tapicería mural copta decorado con Pan y Baco, ambos nimbados, del Museum of Fine Arts de Boston [13].

[9] K.M.D. Dunbabin, *The Mosaics of Roman North Africa. Studies in Iconography and Patronage,* Oxford 1978, 28, 44, 170, lám. 13.

[10] K.M.D. Dunbabin, *Op. cit.* 77, 184, lám. 68. M. Blanchard-Lemée, M. Ennaïfer, H.-L. Slim, *Sols de l'Afrique romaine. Mosaïques de Tunisie,* Paris 1995, 114, fig. 98b. También Neptuno y Anfítrite: M. Fantar et al., *La mosaïque en Tunisie,* Niza 1995, 69.

[11] K.M.D. Dunbabin, *Op. cit.* 57-58, 62, 144, lám. 37.

[12] K.M.D. Dunbabin, *Op. cit.* 20, 110, lám. 98. Se podrían recordar muchos otros

Teodosio entrega un rollo a un personaje que se le acerca inclinado, que recibe el objeto sin tocarlo, mediante un paño que cubre sus manos. Este detalle indica que se trata de una ley valiosa. Es frecuente recibir del cielo las leyes (que tienen carácter sagrado) con las manos cubiertas con un paño. Baste recordar el sarcófago paleocristiano hallado en la necrópolis de Tarragona, fechado en el primer cuarto del s.V, con la imagen de Moisés que recibe las Tablas de la Ley en el Monte Sinaí [14]. A. García y Bellido cree que este personaje es el dueño del *missorium,* hipótesis que no compartimos por razones que luego se aducirán.

El emperador calza medias y *campagi* y apoya sus pies en un escabel. Si se acepta la fecha propuesta generalmente para el *missorium,* el emperador tendría en el momento de ser retratado, unos 41 años, y Valentiniano II, 17 años. Este viste el mismo traje que Teodosio, lleva igualmente corona y nimbo en la cabeza. Valentiniano II sostiene un cetro muy largo con la mano derecha, y con la izquierda un globo, símbolo del poder. Arcadio, que contaría con 11 años, está colocado en el trono al lado de Teodosio, y viste del mismo modo que los Augustos. A los lados hay sendas parejas de soldados de la guardia imperial, en pie, con lanzas terciadas; llevan larga melena. Serían probablemente germanos. Calzan *campagi.*

Con toda probabilidad los rostros de los Augustos son retratos. Se conocen precedentes para la representación de los tres emperadores sentados. Basta recordar el medallón dinástico de Siscia (en la antigua Yugoslavia), de plata, con el busto del emperador Constante (337-350), tocado con una diadema similar a la que exhiben los tres Augustos en el *missorium* de Teodosio (Fig. 6). Los tres Augustos del medallón están igualmente sentados y visten largos vestidos hasta los pies. Constantino II (337-340) se sitúa en el centro; de frente, dando la bendición imperial con la mano levantada y la palma extendida. Constancio II (337-361) es el emperador de la izquierda, y Constante, el hijo menor de Constantino I, se sienta en el lado derecho. Ambos vuelven la cabeza hacia Constantino II. Constante fue nombrado César el 25 de diciembre del 333. A la muerte de su padre, los hermanos Constante y Constancio II, congregados en Viminacium, en 336, reciben las respectivas zonas de gobierno, la parte oriental y occidental del Imperio. Esta política duró hasta el año 340, cuando Constantino II invadió Italia, que era zona de control de Constante. Fue asesinado en las cercanías de Aquileya, quedando Constante dueño de todo el Occidente hasta su muerte, que acaeció en 350. Como indica R. Brilliant [15] el medallón conmemora esta solución política, la solidaridad dinástica, y el quinto aniversario de la elevación de Constante al trono. El reverso es un retrato del emperador, hijo de

mosaicos, como el de Anfítrite y Océano, ambos con las cabezas nimbadas, en un mosaico de Constantina (W. Dorigo, *Pittura tardorromana,* Milán 1966, 183, lám. XVIII); Dionisio niño en brazos de Hermes, de un pavimento de Antioquía, Termas D (W. Dorigo, *op. cit.* 200, fig. 149), de comienzos del s.IV, y la dama nimbada de Tréveris con un joyero, supuesto retrato de Elena, la madre de Constantino I (W. Dorigo, *op. cit.* 201-202, fig. 159), de comienzos del s.IV. En el cubículo Leo del cementerio de Commodilla, en Roma, la cabeza de Cristo está ya nimbada (W. Dorigo, *op. cit.* 226, fig. 178), o la imagen de Cristo en el cementerio romano de Pedro y Marcelino (W. Dorigo, *op. cit.* 227, fig. 179). A partir de ahora la cabeza de Cristo va siempre nimbada, como en el Mausoleo de Santa Constantina, con la *traditio legis* de los dos absidiolos. Aquí entrega la ley a un personaje con las manos veladas como en el *missorium* de Teodosio. Se puede añadir a estos testimonios la imagen de Cristo entre los Apóstoles, en la Capilla di S. Aquilino de Milán (W. Dorigo, *op. cit.* 226, láms. XXV-XXVII); o el busto de Cristo en una taracea de mármol de Ostia (W. Dorigo, *op. cit.* 250, fig. 199). El nimbo como símbolo sacro es también utilizado por los Augustos con el mismo sentido.

[13] R. Bianchi Bandinelli, op. cit. 294-295, fig. 272. O la ménade y sátiro de un segundo tapiz (D.G.S., *Age of Spirituality,* 144-146, n. 124), de la segunda mitad del s.IV.

[14] H. Schlunk, Th. Hauschild, *Die Denkmäler der frühchristlichen und Westgotischen Zeit,* Maguncia 1978, 132-134, lám. 24a.

[15] *Age of Spirituality,* 74-76, n. 64.

Fig. 6. *Medallón de Siscia, Yugoslavia. París. Gabinete de Medallas de la Biblioteca Nacional.*

Constantino I [16]. La aspiración dinástica estuvo anticipada un siglo antes por Septimio Severo [17] que asoció al trono imperial a sus dos hijos, Caracalla y Geta, con igual desenlace funesto para uno de los hijos (Geta). El retrato de Constante sigue el modelo idealizado adoptado por su hermano, bien patente en el medallón de Constantino I, de Siscia, fechado entre los años 325-326, como puntualiza R. Brilliant. En el reverso la composición formal manifiesta claramente la naturaleza sacral de la monarquía, la diferencia del hijo joven, que vuelve la cabeza hacia el Augusto, y el dominio institucional de Constantino II, que se sienta en el centro, con vestido largo, la cabeza nimbada y haciendo un gesto de poder y majestad. Muy acertada es la opinión del investigador norteamericano al señalar que el tipo de esta composición influyó en los medallones de Valente (364-378), de Graciano (367-383), de Valentiniano I (364-375), a finales del s.IV, y finalmente en el *missorium* de Teodosio; e incluso en una imagen de Cristo, entre Pedro y Pablo o entre los apóstoles,

[16] William E. Metcalf, *Age of Spirituality*, 40, n. 35. De Constantino, año 326.

[17] A.R. Birley, *Septimius Severus. The African Emperor*, Londres 1988.

datada en la segunda mitad del s.IV [18]. Un segundo ejemplo comparable es un anillo, procedente posiblemente de Constantinopla, fechado a finales del s. IV o a los comienzos del siguiente, con Cristo entronizado entre dos apóstoles puestos en pie [19]; etc.

Para A. García y Bellido [20] la obra fue realizada en el Oriente griego, acaso en Tesalónica o en Constantinopla, donde se encontraba Teodosio en 388, como parece indicarlo la inscripción del reverso dado en peso griego. Señala acertadamente este autor que la composición es estrictamente axial, repitiéndose a ambos lados del eje central las figuras con un claro propósito de simetría, salvo la imagen de Tellus. Puntualiza que el esquema es el mismo del medallón ya citado de Constante. Según este autor la rigidez, el envaramiento, la frontalidad de los personajes es producto, más que de un primitivismo popular, de un hieratismo y de un rito, de una fórmula cortesana y protocolaria propia de la solemnidad del acto representado.

Opinión de R. Mélida

Del *missorium* de Teodosio se han hecho interpretaciones muy dispares, a las que pasaremos revista brevemente.

R. Mélida [21] fue el excavador de Mérida a comienzos del presente siglo, y director del MAN de Madrid. Era un arqueólogo concienzudo, honesto y de gran prestigio en el extranjero. En el año 1947 propuso la tesis, ya planteada a comienzos de siglo, de que los personajes representados en el *missorium* eran Teodosio, a cuyos lados aparecen sus dos hijos, asistidos por su guardia personal, en la solemne ceremonia de proclamar las *decennalia* o renovación de su reinado en el décimo aniversario del mismo, cuyo acto recoge la escena en el momento de entregar el decreto a un magistrado. R. Mélida opina que este clípeo –que es el nombre que le da– debió ser hecho en Antioquía, tesis no recogida por otros autores que han estudiado posteriormente la pieza, ni siquiera por A. García y Bellido, y que fue enviada a Mérida, para que lo presentasen las autoridades en los actos públicos, opinión que no es compartida. Según R. Mélida su estilo marca los comienzos del arte bizantino. Esta opinión no se sostiene en la actualidad, pues el estilo del *missorium* no encaja en el arte de Teodosio, que se conoce muy bien. En segundo lugar descarta la presencia de Valentiniano II, que era en ese momento corregente, y su ausencia resulta inimaginable en un documento oficial. No puede ser Antioquía el lugar de fabricación por el propio estilo del *missorium*. Tampoco se entiende la propuesta de este autor de que un funcionario

[18] J.N. Carder, *Age of Spirituality*, 527, n. 472. De Roma, segunda mitad del s.IV.

[19] S.A. Boyd, *Age of Spirituality*, 525-526, n. 470. Probablemente de Constantinopla; de final del s.IV o comienzo del siguiente.

[20] *Op. cit*. 775-776.

[21] G. Rodenwaldt, *Arte Clásico. Historia del Arte,* Barcelona, Labor III, 1947, 883. fig. 788. Piensa este autor que la fecha del *missorium* es poco anterior a los relieves de la base del obelisco (H.P. L'Orange, *L'Impero Romano del III al VI secolo. Forme artistiche e vita civile,* Milán 1985, figs. 96-69), que según su opinión comenzaron a ser esculpidas en el año 390, siendo abandonados los trabajos, y luego proseguidos bajo Arcadio, y «que el vestuario es menos rígido que en la estatuaria honorífica más tardía. Esto demuestra la evolución artística en ese relativamente corto arco temporal. Representaciones aún totalmente inspiradas por el helenismo, como la personificación de la Tierra, entre espigas y pequeños *putti* alados, se repetirán en la argentería de Constantinopla hasta el s.VII, como lo indican las numerosas piezas cuyo metal estaba marcado por la tesorería imperial. Estos elementos iconográficos de tradición helenística, separados de su contexto y dispuestos sobre un fondo neutro, sirven todavía durante mucho tiempo de elementos ornamentales o simbólicos en esta parte del Imperio, pero no son ya más que un añadido a las creaciones contemporáneas, concebidas según un gusto nuevo. Esta coexistencia de formas nuevas y de un repertorio ornamental y simbólico antiguo dice mucho acerca del carácter intelectual de este arte de corte, que encontrará su apogeo en los grandes monumentos del Imperio y de la Iglesia y en los objetos preciosos reservados a un círculo aristocrático restringido». Por su parte, J. Beckwith *(The Art of Constantinople. An Introduction to Byzantine Art,* Nueva York 1968, 16-17, fig. 16,8) encuentra afinidades entre el *missorium* y la base del obelisco de Constantinopla, hoy Istalmbul: «reluctance to think in terms of depth, insistent frontality, figures looming out a "wall" of space, rhythmic treatment of the drapery sliding over the forms in soft folds, and the mild, almost exaggeratedly youthful contours of the imperial face». El *missorium* es pieza muy reproducida, por ejemplo: J.M. Blázquez et alii, *Historia de España, II.1. España Romana,* Madrid 1982, 273, fig. 164.

reciba el rollo con el decreto de las *decennalia* con las manos cubiertas. En cambio, acierta Mélida en parte en el carácter público de la pieza.

Interpretación de H. Schlunk y Th. Hauschild

Ambos hispanistas, excelentes investigadores, siguen en su interpretación [22], en lo fundamental, las opiniones de R. Delbrück [23], quien defendió en 1929 que los personajes representados eran Teodosio I, Valentiniano II (375-392) y Arcadio. Es la interpretación generalmente aceptada. R. Delbrück, sin embargo, se inclina a creer que el personaje situado delante de Teodosio II es de rango importante, concreto, en cuya interpretación se adelanta a la tesis de J. Meischner, que luego se verá.

[22] *Op. cit.* 109, lám. en color I.

[23] *Die Consulardyptichen und Verwandte Denkmäler,* Berlín 1929, 235-242.

Hipótesis de A. García y Bellido

Este autor, en dos ocasiones diferente, estudió el *missorium* de Teodosio: en 1949 y en 1972 [24]. En la primera vez describió minuciosamente la pieza. En ambas ocasiones ofrece la misma interpretación, que es en esencia la de Delbrück, seguida a su vez por Schlunk, Hauschild, Brilliant y otros investigadores.

[24] *Esculturas romanas de España y Portugal,* Madrid 1949, 470-474. Id., *Arte Romano,* 273-276, figs. 1312-1314. R. Bianchi Bandinelli, *op. cit.* 358-360, fig. 338.

Tesis de K. J. Shepherd

Este autor [25] en 1979 sigue también la opinión de Delbrück, de que los representados son Teodosio I, Valentiniano II y Arcadio. Señala que los rostros de los príncipes están interpretados con un estilo de miniatura, cuyo estilo tiene paralelos en los retratos de la dinastía teodosiana, como en los retratos del Obelisco del hipódromo de Constantinopla (Fig. 7). Admite la datación propuesta para el *missorium;* y encuentra más dificultad en aceptar el origen. La inscripción del peso redactada en griego señalaría a un artesano que trabajaba en Oriente. Las ciudades de Constantinopla y de Tesalónica, donde se celebraron las *decennalia* del año 388, son las que ofrecen más posibilidades. Se trataría, para este autor, de un regalo oficial a un alto dignatario.

[25] *Age of Spirituality,* 74-76, n. 6.

Su aparición en Occidente se puede explicar con cierta facilidad. Alrededor de Teodosio I actuó un clan de hispanos que

Fig. 7. *Base del obelisco del hipódromo de Constantinopla con la familia de Teodosio I y Valentiniano II. Foto: R. Bianchi Bandinelli.*

le ayudaron en su gobierno. Este grupo de aristócratas ha sido bien estudiado por A. Chastagnol [26] y Stroheker [27]. Algunos personajes hispanos del círculo cercano a Teodosio I, desempeñaron altos cargos en la administración imperial, como Nummius Aemilianus Dexter, que fue procónsul de Asia entre los años 379 y 387; erigió en Éfeso una estatua en honor del padre de Teodosio. Concluido su mandato en Asia, levantaron en Barcelona, su ciudad natal, una estatua. Ejerció puestos de alta responsabilidad para el Estado como el de *Comes rerum privatarum* en Oriente en 387. Después de la muerte de Teodosio I volvió a Occidente y fue prefecto del pretorio de Italia en el año 395 [28].

Maternus Cynegius, otro personaje hispano influyente, murió en 388, y fue enterrado en la Iglesia de los Santos Apóstoles de Constantinopla. Su viuda, llamada Acanthia, trajo su cadáver a Hispania. El arqueólogo D. Fernández Galiano [29] cree que la villa de Carranque, en la provincia de Toledo, con excelentes mosaicos, era propiedad de este Cynegius, que desempeñó los puestos de *Comes sacrarum largitionum* desde el 381 al 383, en que pasa a ser *Quaestor Sacri Palatii,* y al año siguientes, en 384, es prefecto del pretorio de Oriente hasta su muerte [30]. Nebridius, otro hispano ilustre de esta época, al servicio de Teodosio, fue *Comes rerum privatarum* de 382 a 384, y en 386 fue prefecto de la ciudad de Constantinopla [31]. Otro hispano eminente del clan de Teodosio I fue el personaje sepultado en Hispania, en el mausoleo de Pueblanueva (Toledo), a juzgar por la planta del edificio y el sarcófago encontrado en este lugar [32].

[26] «Les Espagnols dans l'aristocratie gouvernamentale à l'époque de Théodose», *Les Empereurs romaines d'Espagne,* París 1965, 269, 292. Sobre las élites hispanas: J.M. Blázquez, *España Romana,* Madrid 1996, 394-415; y en general: J.M. Blázquez, *Historia social y económica. La España Romana (siglos III-IV),* Madrid 1975. Id. *Economía de la España Romana,* Bilbao 1978. Id. *Historia económica de la España Romana,* Madrid 1978, 242-319. Id. *Aportaciones al estudio de la España romana en el Bajo Imperio,* Madrid 1990. Id. *Mosaicos romanos de España,* Madrid 1993, 44-69, 107-164, 174-332. L. García Moreno, «España y el Imperio en época teodosiana. A la espera del bárbaro», *I Concilio Caesaraugustano MDC aniversario,* Zaragoza 1981, 27-63.

[27] «Spanien im spätrömischen Reich (284-475)», AEspA. 45-47, 1972-1974, 587-606.

[28] A. Chastagnol, *op. cit.* 290.

[29] D. Fernández Galiano, B. Patrón, C.M. Batalla, «Mosaicos romanos de la villa de Carranque: un programa iconográfico», *VI Coloquio internacional sobre el mosaico antiguo,* Guadalajara 1994, 317-316.

[30] A. Chastagnol, *op. cit.* 289-290.

[31] A. Chastagnol, *op. cit.* 289.

[32] H. Schlunk, Th. Hauschild, *op. cit.* 129-131, lám. 21b-22b.

Tesis de J. Meischner

En 1996 Jutta Meischner [33], del Instituto Arqueológico Alemán de Berlín, lanzó una nueva hipótesis acerca de los personajes representados en el *missorium*, que echa por tierra todas las opiniones anteriores. Recoge esta autora las dos propuestas anteriores: Teodosio I en compañía de sus hijos Arcadio y Honorio (Fig. 8); y la de Teodosio I con Valentiniano II (Figs. 9-10) y Arcadio. Se hace eco también de la fecha comúnmente aceptada por los investigadores hasta

[33] «Das *Missorium* des Theodosius in Madrid», *JDAI* 3, 1996, 389-432.

Fig. 8. *Retratos de Honorio (izquierda) y Arcadio (derecha), en monedas.*

Fig. 9. *Retrato de Valentiniano II, en moneda.*

Fig. 10. *Retrato de Valentiniano II. Istambul. Museo Arqueológico.*

ese entonces, el año 388, cuando se conmemoraba los diez años de la llegada al trono de Teodosio I. La autora alemana presenta desde el primer momento sus serias dudas sobre estas afirmaciones, ya que el estilo de las figuras no encaja bien en el primitivo estilo característico de los relieves de comienzos del gobierno de Teodosio.

Comienza su estudio Jutta Meischner comparando el *missorium* con los relieves en mármol, marfil o plata de finales del s.IV. Si se admite la hipótesis de trabajo de que el *missorium* es obra de un taller imperial que trabajaba en el año 388, la figura de Tellus se encuentra desproporcionada, con las piernas rígidas y los pliegues planos, si la comparamos con la Ninfa de la taza de plata de Concesti (Fig. 11). En el tesoro de plata hallado en Moldavia, en las fronteras del Imperio, todavía las proporciones y la plasticidad conservan la tradición clásica. La Nereida cabalgando

Fig. 11. *Detalle del ánfora de Concesti. Según J. Meischner.*

un *ketos* del ánfora de Concesti, sigue muy fielmente el tipo de movimiento de Tellus, en la posición de la rodilla izquierda echada hacia atrás formando un ángulo agudo, mientras que la derecha forma un ángulo obtuso.

Muy característico es el motivo del brazo izquierdo delante del pecho, así como la postura del derecho, que toca la cabeza con los dedos estirados, común a ambas damas. Los movimientos de las figuras están bien logrados, y son bastante similares. De la comparación de Tellus y la Nereida deduce J. Meischner que las

Fig. 12. *Tapa de la caja de plata del Esquilino, Roma. British Museum, Londres.*

discrepancias estilísticas no son profundas. El *missorium* no procede de un taller provincial, y por eso la fecha tiene que ser más reciente. Sin embargo la ejecución de la figura de Tellus tumbada está poco conseguida si atendemos a la presentación del motivo. Muy instructiva, según esta autora, es la comparación de la forma del cuerpo, de la postura de las piernas, y de la línea de las espaldas de los tres Augustos entronizados del *missorium* con el relicario de plata de S. Mazzaro Maggiore, hoy en Milán [34]. En esta pieza, las figuras están repujadas. Se fecha el relicario en época de San Ambrosio, es decir, en los primeros años del reinado de Teodosio I. La parte superior de las piernas de Jesús, que está sentado, salen plásticamente en el espacio. La pierna derecha está ladeada, y la izquierda en ángulo recto. Las rodillas son redondas, como bolas. Todas las figuras tienden a una actitud horizontal. El pie izquierdo está colocado de frente y el derecho ladeado y posado sobre un escabel. La postura de los tres Augustos en el *missorium* de Teodosio I están lejos de producir una sensación espacial. En vez de articulaciones redondas sólo se observan líneas planas. Las espaldas están caídas y casi no existen, y sólo merced a la presencia de la fíbula se señala su posición. Los ángulos no se proyectan de forma natural; dan la sensación de resbalar del borde del trono. La autora indica la poca pericia del artista en la ejecución de las líneas de perspectiva de los pies en el *missorium*. La posición del pie izquierdo en los dos Augustos es natural, pero no en la figura central; parecen suspendidos en el aire. No se representan los brazos de los tronos en los que se sientan los Augustos, en el centro y en el lado izquierdo. Estos «defectos» en un objeto de propaganda oficial y

[34] A. García y Bellido, *Arte Romano*, 780, figs. 1323-1324.

Fig. 13. *Vista lateral de la pieza anterior.*

que acusa el arte de la Corte imperial no dejan de ser asombrosos, según esta autora. Esta realización con tantas deficiencias y el esquematismo de las rodillas y pies son prueba de una rutina ya usada otras veces, y por eso hay que pensar en una distancia de tiempo muy grande entre los relieves del citado relicario y la ejecución del *missorium* de Teodosio.

La perspectiva en el modo de sentarse está bien expresada en la caja de plata hallada en el Esquilino, en Roma, fechada en torno a los años 379-383 (Figs. 12-13). En el año 384 Dámaso, obispo de Roma, redactó la inscripción funeraria que ha llegado a nuestros días. El efecto óptico es tridimensional en la pierna, en el vientre y en el torso. La profundidad del vientre se logra muy bien mediante el tratamiento de los pliegues del vestido. El contorno de las rodillas es plástico y no tiene una esquematización como en el *missorium*. La postura de los pies es natural y crea una ilusión espacial.

Los sirvientes en la Caja de Proiecta tienen las espaldas, los vientres y las piernas robustas. Los cuerpos de los Augustos son de formas totalmente diferentes. En el *missorium* la espalda, el brazo y la pierna no se representan orgánicamente. Las líneas de la parte izquierda del cuerpo son rutinarias. Las Nereidas de la tapa de la Caja de Proiecta no son tan torpemente desproporcionadas como la de Tellus en el *missorium*.

Las diferencias ya aludidas entre el *missorium* de Teodosio I y las obras de plata de Concesti [35], de Milán, del Esquilino y los relieves de la base del Obelisco de Teodosio en el hipódromo de Constantinopla, son evidentes, en el estilo y en la calidad. De todo ello concluye Jutta Meischner que hay una distancia de tiempo entre estos dos conjunto de piezas, o sea, que el *missorium* no se puede fechar tan tempranamente como la época del gobierno de Teodosio I, sino en tiempos de Teodosio II (408-450).

[35] K. J. Shepherd, *Age of Spirituality*, 170-171, n. 149.

Una comparación con la pátera de Cibeles y Attis de Parabiago (Fig. 14), datada hacia el año 400, conduce a la misma conclusión. La plasticidad de las figuras se mantiene todavía en la tradición del canon de formas clásicas. El estilo de las figuras se oponen a cualquier comparación con el *missorium* de Teodosio. Las dos piezas, por tanto, son de diferente cronología y origen.

El borde de un tablero de mesa, hecha de mármol, hoy en el Museo Capitolino de Roma, ofrece las mismas características del *missorium*. Las piernas de Tetis en el tablero de mármol están colocadas de perfil, y la forma y disposición es muy semejante a la pierna izquierda de los tres Augustos. La narices de las figuras del tablero son gruesas y chatas; los ojos son

▲
Fig. 14. *Pátera de Parabiago. Milán, Castello Sforzesco.*

almendrados. La fisonomía por tanto tosca de las figuras del tablero son parecidas a los ojos de los erotes del *missorium* y a las caras de los soldados de la guardia. Este estilo no es el mismo de las figuras esculpidas en la base del obelisco de Teodosio I, por eso el tablero apoya la fecha más tardía del *missorium* de la Real Academia de la Historia.

Las figuras del *lanx* de Corbridge (Fig. 15), de cuerpo delgado y huidizo, se parece mucho al estilo de las figuras del *missorium.* Detrás de sus trajes no hay corporeidad; las espaldas no están indicadas, sólo una línea curva caída desde el cuello hasta abajo, como en las figuras del *missorium.* Igualmente ha observado J. Meischner una deficiencia de bulto: Apolo no se encuentra dentro, sino delante del templete. Los miembros de la cierva son muy deficientes en la ejecución. La parte inferior de la pieza está cubierta de plantas y de símbolos, y su estilo y ejecución corresponde al de la zona inferior del *missorium* de Teodosio. Las figuras del *lanx* de Corbridge [36] son más parecidas a las del *missorium* que a las figuras de las piezas citadas y datadas cronológicamente antes del año 400, según la investigadora alemana.

[36] K. J. Shepherd, *Age of Spirituality,* 132-133. n. 110.

Las tres figuras del disco de Estilicón son parecidas a las figuras sentadas del *missorium*; son grandes, delgadas y bien

▶
Fig. 15. Lanx *de Corbridge. British Museum, Londres.*

proporcionadas [37]. El estilo de este díptico no se puede compara con las obras de tiempos de Teodosio I. Las figuras del *missorium* presentan menos plasticidad que las del díptico. El contorno sencillo de las espaldas y brazos de las figuras del *missorium* corresponden a las del díptico de Félix, del año 428 [38] (Fig. 16).

Mientras en el díptico de Estilicón los brazos se levantan del pecho orgánicamente y la espalda es redonda, en el díptico de Félix y en el *missorium* sólo se observa un débil contorno curvo, que desde el cuello desciende al brazo a través de la espalda. No es visible la estructura y el volumen del cuerpo. El díptico hoy en Munich, según R. Delbrück y W. Volbach pertenece al emperador Petronius Maximus (año 433). Este segundo autor cree que es obra de un taller que trabajó para la corte de Rávena. El guardia, al igual que en el *missorium* de Teodosio, tiene las espaldas caídas. Una segunda analogía con el *missorium* son los pliegues triangulares de forma de bolsas en la apotygma de la Victoria, que son iguales a las del Augusto sentado en el lado izquierdo. En este detalle, según Jutta Meischner, se observa una tradición de talleres que indica una cronología próxima en ambas piezas.

▲ **Fig. 16.** *Díptico de Félix. París. Gabinete de Medallas de la Biblioteca Nacional.*

En la escultura esta diferencia de estilo se expresa más claramente en el arte temprano y tardío de época teodosiana. Jutta Meischner recuerda a este respecto varias piezas. A finales del s. IV pertenecen: la estatua de Valentiniano II de Afrodisias, hoy en Istambul [39]; el busto de Pavonazzato de Flacila o de Gala Placidia, en la actualidad en el Palacio de los Conservadores de Roma; los bustos de varones de Tokat e Istambul, que se caracterizan por sus espaldas anchas, por la estructura del relieve del vestido y por la variedad de los pliegues que acentúan el volumen del cuerpo. A mitad del gobierno de Teodosio se pierde algo esta plasticidad del cuerpo. Son ejemplos de esta corriente artística los bustos de los matrimonios de Stratonicea en Bodrum y en Tesalónica, datados entre los años 410 y 430.

El estilo de los bustos de Stratonicea y de Tesalónica, y las figuras del *missorium*, indican una cronología parecida, es decir, una época a mediados del arte teodosiano. No se explica el estilo de las figuras del *missorium* por una negligencia en la ejecución, sino que responden a una corriente artística propia de esos años.

Las figuras de estuco del Baptisterio de la catedral de Rávena [40] presentan una simplificación gráfica muy acentuada en las espaldas y en la caída de los pliegues del vestido. Estas figuras se fechan en la época del obispo Neón, poco después del 450. El motivo de sentarse con las piernas una en posición frontal y otra ladeada tiene sus antecedentes en figuras de sarcófagos de Milán,

[37] W.F. Volbach, *Elfenbeinarbeiten der Spätantike im des frühen Mittelalters*, Maguncia 1976, 55-56, lám. 35; fechado hacia el 400.

[38] W.F. Volbach, *op. cit.* 30, lám. 2; hacia el 428. J.C.A., *Age of Spirituality*, 46, n. 45.

[39] J. D. Breckenridge, *Age of Spirituality*, 25-26.

[40] L. Colonna, Ravenna. *Cittá del mosaico*, Milán s.a., 108-117.

pertenecientes al arte paleocristiano. La disposición de la rodilla inclinada a un lado, tal como aparece en el *missorium* se documenta también en el díptico de marfil de Constancio III (421), procedente de Rávena, y en la actualidad en Halbenstadt. En esta pieza las figuras están mejor sentadas que las del *missorium*, que parecen deslizarse. La calidad artística de este díptico es superior a la del *missorium*. Se cree que perteneció a Constancio III, padre de Valentiniano III (424-455) y se fecha la obra entre 417-420. J. Meischner puntualiza que el arte del díptico de Constancio III, y el del *missorium*, coinciden en el esquema iconográfico del modo de sentarse, detalle que obliga a poner en duda la cronología del año 388, tal como se había propuesto generalmente para el *missorium*, y apoya la hipótesis de una fecha posterior. En segundo lugar señala la autora un taller de Rávena como autor del *missorium*.

El mismo esquema de la manera de sentarse las figuras ofrecen las siguientes obras procedentes de talleres de Rávena: el díptico conservado hoy en el Victoria-Albert Museum de Londres, del s.V. El estilo de la imagen de Cristo entronizado confirma que el *missorium* salió de un taller de Rávena, igual que los personajes entronizados del díptico de Constancio III, del que se conoce con seguridad su procedencia de un taller de Rávena.

Una segunda pieza procedente de Rávena es el díptico del Tesoro de la Catedral de Milán, que por su composición y estilo se encuentra próximo a la cajita de marfil de Werden, hoy en el Victoria-Albert Museum. No se puede dudar de que las tres figuras principales del *missorium*, tras el análisis de su iconografía, pertenece al círculo artístico de los relieves de marfil que trabajaba en Rávena.

Este motivo de la manera de sentarse se documenta igualmente en los famosos mosaicos de Rávena, datados en la primera mitad del s.VI, y en las paredes del baptisterio de San Vitale, donde los evangelistas Marcos y Lucas están sentados en la misma postura [41]. También el Señor del Mundo en el ábside de San Vitale. A esta corriente en la forma de tomar asiento se suma la imagen de Constancio II en el calendario del año 354. Todos estos paralelos iconográficos se documentan en Italia y no en la zona oriental del Imperio, por lo que resulta prácticamente imposible atribuir el *missorium* de Teodosio a un taller de Constantinopla o de Tesalónica. J. Meischner va aún más lejos en este sentido: la forma de sentarse los tres Augustos del *missorium*, que aparece en los talleres que trabajaban en Rávena, hunde sus raíces en el arte de Roma. La tradición iconográfica de la antigua capital del Imperio pervivió en el arte de Rávena y de Milán, que encuentra lógica explicación por el traslado de la corte en el año 401 a Milán y a Rávena.

El *missorium* de Aspar se fecha en el año 434. Debe proceder de un taller afincado en Roma. El togado está sentado con una

[41] L. Colonna, *op. cit.*

pose muy próxima a la de la citada figura del mencionado calendario, que es 80 años anterior. El *missorium* de Aspar y el dibujo del Calendario debieron hacerse en el mismo taller romano. Piensa J. Meischner que el parentesco entre ambas piezas de un taller de Roma y su diferencia con las imágenes de los Augustos del *missorium* de Teodosio indican que este último no es obra de un taller romano, sino de Rávena.

Desde el año 402 la corte imperial residía en Rávena y Milán. Como ya se ha indicado, la postura ladeada de la rodilla, documentada en todas las piezas citadas pertenecientes al arte de Rávena (sarcófagos, mosaicos y marfiles), indican con altísimo índice de probabilidad que el *missorium* de Teodosio perteneció al mismo círculo artístico.

Una comparación entre el estilo de las figuras de la guardia germana del *missorium* de Teodosio y las del obelisco del mismo emperador en el hipódromo de Constantinopla es muy ilustrativa. Los soldados del relieve de Constantinopla corresponden a los tipos y corte de pelo de los soldados del *missorium* (Figs. 17-18), pero los rostros son diferentes. Los del obelisco son más proporcionados; no tienen la fealdad de los ojos demasiado grandes ni la mirada absorta; carecen de la expresión en la mirada de los varones representados en los sarcófagos de Rávena y en el *missorium* (Figs. 19-20). La forma de las cejas, de los ojos y de las

▲
Fig. 17. *Cabeza de soldado del* missorium *de Teodosio II.*

▲
Fig. 18. *Cabeza de soldado del* missorium *de Teodosio II.*

Fig. 19. *Detalle de los ojos, cejas, y nariz, de un varón del* missorium *de Teodosio II.*

Fig. 20. *Ojos, cejas, y nariz, de un varón del* missorium *de Teodosio II.*

narices encajan muy bien en el arte de comienzos de la dinastía teodosiana.

Formas de estilo parecidas no se dan en la plástica antes del segundo decenio del s.V, o sea, en época de mediados del arte de la dinastía teodosiana y posterior. Los rostros de las figuras del *missorium* encajan bien con la figura del varón, reflejado en el retrato de Teodosio II hoy en Istambul (Fig. 21), o con el retrato de Pulqueria, en París. En ambos casos se observa la misma expresión facial: líneas prolongadas de las cejas y los ojos grandes, saltones, con grandes pupilas redondas.

La cabeza de Teodosio en el *missorium* está un poco más modelada que las caras de los soldados de la guardia germana.

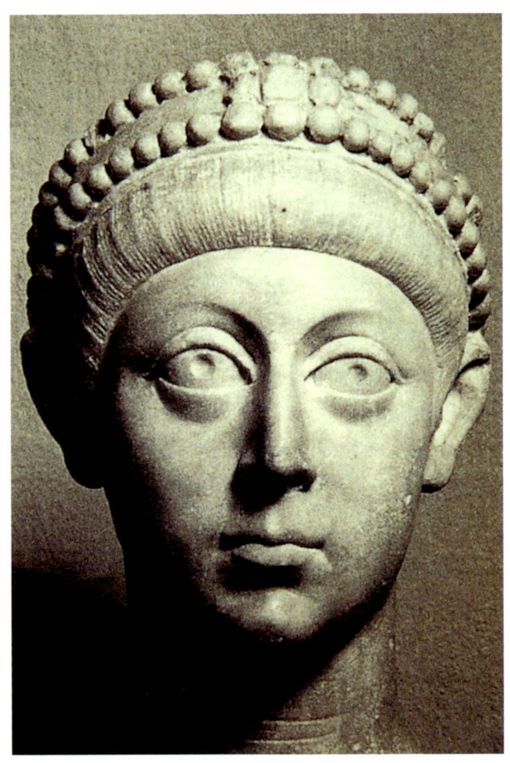

▲ **Fig. 21.** *Retrato de Teodosio II de joven. Museo Arqueológico de Istambul.*

Fig. 22. *Retrato de Teodosio I. Museo Kanellopoulos. Atenas.* ▼

Las cejas, altas, bordean el corte del pelo. Las pupilas son también muy grandes; los párpados y los pliegues de los párpados y las cejas expresan cierto hieratismo. La frente está tapada por el arco del pelo. La parte superior de la cara produce cierta expresión de abstracción.

La diadema de perlas de la cabeza de Teodosio joven de Istambul es un paralelo para la de Teodosio en el *missorium*, al igual que los rasgos del rostro, la boca pequeña con los labios gruesos, el corte bien delimitado de la barba, las mejillas altas, y la nariz estrecha y afilada.

La investigación moderna ha aceptado generalmente la tesis propuesta ya en 1929 por Delbrück: el Augusto mayor sería Teodosio I (Fig. 22), acompañado por Valentiniano II a su derecha, y al otro lado su hijo Arcadio, que tenía 11 años. En ese momento, el año 388, Honorio tenía sólo 4 años, y lleva nimbo aunque fue proclamado Augusto en 393. Esa anomalía obligó a Deischmann a bajar la fecha del *missorium* al año 393. La celebración de las *decennalia* no tenía en el Bajo Imperio una fecha fija. Una dificultad grande para aceptar que los dos acompañantes sean Arcadio y Honorio, estriba en que se hubiera ignorado al co-Augusto, Valentiniano II, que tenía derecho al trono, según hemos indicado ya.

J. Meischner propone, apoyándose en el análisis estilístico, que la fecha el *missorium* no es anterior al 410, y que por tanto el Augusto del centro es Teodosio II, que en 402, con un año, fue nombrado Augusto, y con siete años, en 408, soberano de Roma de la parte oriental del Imperio. Desde el año 395-423, su tío Honorio, hermano menor de su padre Arcadio, era Augusto de Roma y de la parte occidental del Imperio. Ambos eran desde el año 408 Augustos. Piensa J. Meischner que si la figura del lado izquierdo es Honorio, el Augusto situado en el centro de la composición debe ser Teodosio II (Figs. 23-25). Hay, por lo tanto, una continuación dinástica.

J. Meischner concluye su excelente microanálisis al que ha sometido el *missorium* de la Real Academia de la Historia, con las siguientes conclusiones: El Augusto de edad de 17 años, que era regente oficial de la dinastía valentiniana, de no haber estado presente en la composición, hubiera estado marginado y pasaría a ser un personaje secundario o ser totalmente ignorado. El funcionario al que Teodosio entrega el rollo no tendría significación alguna. Ciertos detalles de la iconografía en la manera de sentarse con una pierna ladeada tiene paralelos en el arte de la parte Occidental del Imperio, con el centro en Rávena. En la corte de Honorio alcanzaron gran influencia Gala Placidia y su esposo Constancio III, el

Fig. 23. *Retrato de Teodosio II. Bronce. Budapest. Museo Nacional de Hungría.*

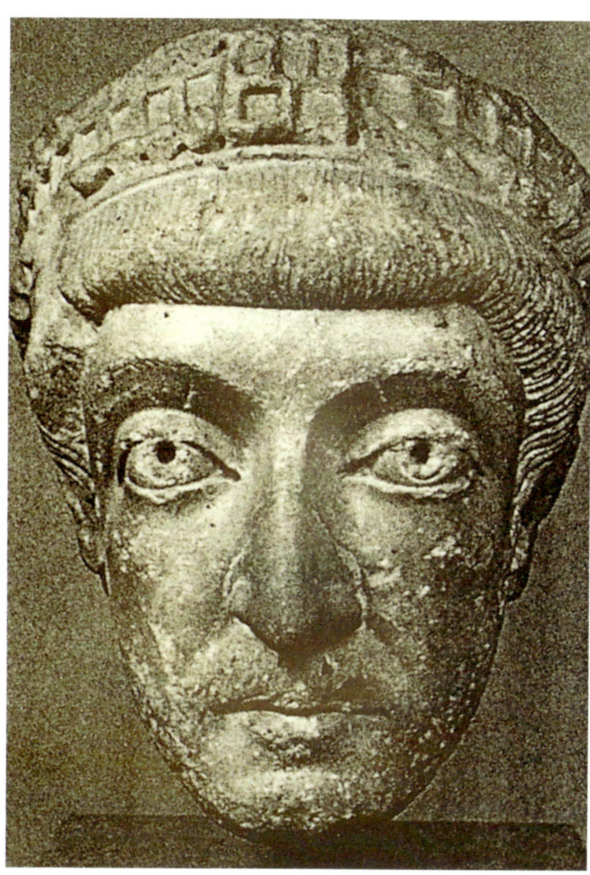

Fig. 24. *Retrato de Teodosio II. París. Louvre.*

Fig. 25. *Retrato de Teodosio II. París. Louvre.*

cual desempeñaba el cargo de *magister equitum*. Éste sería el personaje inclinado en postura reverencial delante de Teodosio II. El hijo de ambos nació en el año 419. En el 421 ella, Constancio III (Figs. 26-27) y su hijo Valentiniano eran regentes. No existía en todo el Imperio, ni en Oriente ni en el Occidente, un heredero directo. Gala Placidia obtuvo un triunfo rotundo con la largitio, al celebrarse las *decennalia* de Teodosio II, al presentar al pequeño Valentiniano III como primogénito de la dinastía Teodosiana, todavía en vida de Honorio.

Fig. 26. *Díptico de marfil de Constancio III. Catedral de Halberstadt.*

Fig. 27. *Díptico de marfil de Constancio III. Catedral de Halberstadt.*

El *missorium* de Teodosio, según la autora germana, se hizo como propaganda de la ampliación de la casa imperial de la *pars occidentis* del Imperio, y quería presentar al emperador de la parte Oriental del Imperio para buscar su confirmación. El *missorium* sería enviado a todas las provincias, por eso se halló en lugar próximo a la capital Augusta Emérita, la ciudad hispana más importante en el Bajo Imperio, capital de la *Diócesis Hispaniarum,* como dice Ausonio: *Emerita... submittit cui tota suos Hispania fasces (Ordo Urbium Nobilium,* 11.82-83), lo cual da mayor sentido propagandístico al hecho que en sus proximidades se hallara el *missorium.* Un argumento de peso a favor de la fecha propuesta por J. Meisner nos lo sugiere la prof. A. Canto, quien confirma la lectura de A. Delgado [42], que realizó el primer estudio sobre el *missorium,* de la cifra XV (Fig. 28), y no X. Por tanto no se trata de la conmemoración de las *decennalia* sino de las *quindecennalia* de Teodosio II, coincidiento pues con la fecha propuesta por J. Meischner. La hipótesis propuesta por esta investigadora alemana, basada en argumentos estilísticos, es mucho más aceptable que las anteriores.

[42] *Memoria histórico-crítica sobre el gran disco de Teodosio encontrado en Almendralejo,* Madrid 1849, 41, 43. Otros trabajos, por ejemplo J. Arce, «El *missorium* de Teodosio I: Precisiones y observaciones» *AEspA.* 49, 1976, 119-139, siguen la hipótesis tradicional de asignar el *missorium* a Teodosio I, y leer la cifra X, en lugar de XV. Como se ha visto aquí, el estilo de la pieza descarta que se trate de Teodosio I.

Las obras de arte en plata, platos, jarros y ánforas, decoradas con figuras, que se asignan a talleres orientales y que se fechan a finales del siglo IV o en el siglo siguiente, son claramente de otro estilo, diferente al del *missorium* de Teodosio, como el plato con

Fig. 28. *Numeral XV del* missorium *de Teodosio II.*

Artemis, obra posiblemente de Efeso, de finales del siglo IV[43]; el jarro con Thiasos de Dioniso[44], obra siria de los siglos V-VI; el plato de posible procedencia alejandrina, datado en el siglo V con deidades sincretistas[45]; el plato con escenas de la niñez de Aquiles de probable procedencia de Tesalónica, fechado a mitad del siglo IV[46]; o el lanx con Ariadna, del tesoro de Augst, obra de un taller del Mediterráneo oriental, que trabajaba poco antes del 350[47]; o el ánfora Conçesti, datada en torno al 400, de la región del Mar Negro[48], decorada con triple escena: cacería, batalla entre los griegos y las amazonas, y marítima; y el jarro con las nuevas Musas, de la misma fecha, obra de un taller de Constantinopla[49].

[43] K. J. Shepherd, *op. cit.* 133-134, n. 111.

[44] K. J. Shepherd, *op. cit.* 153-154, n. 131.

[45] K. J. Shepherd, *op. cit.* 189-190, n. 168.

[46] Malcolm Bell, *The Age of Spirituality,* 231-234, n. 208.

[47] K. J. Shepherd, *op. cit.* 147, n. 126.

[48] K. J. Shepherd, *op. cit.* 170-171, n. 149.

[49] Malcolm Bell, *op. cit.* 261-262, n. 244.

El Monetario de la Real Academia de la Historia[1]

Francisca Chaves Tristán

UANDO hoy se pasean los ojos por una exposición donde se presentan las monedas con un sugestivo orden didáctico, o se maneja cualquier publicación numismática en la que tienen cabida no sólo datos históricos sino estudios estadísticos afianzados por una analítica que alcanza procedimientos tan avanzados como la absorción atómica, nos parece que estamos a años luz de aquellos eruditos que pasaban largas horas intentando situar bandejas y cajoncillos como los que aún –por fortuna– se conservan en este Monetario propiedad de la Real Academia de la Historia.

Al hilo de esta reflexión es inevitable que surjan algunas preguntas: ¿valió de verdad la pena esa labor paciente y recoleta de los eruditos de antaño? ¿Hasta que punto se equilibraron sus errores y sus aciertos? ¿Cómo y por qué se llegó a formar un Numario como el que hoy reclama nuestra atención?

Corría aun la primera mitad del siglo XIV cuando, en Italia, Petrarca se ocupaba afanosamente junto a su amigo Cola di Rienzo en buscar y guardar monedas antiguas. Cuando en cierto momento el poeta se sintió especialmente honrado por el emperador Carlos IV, le ofreció su propia colección[2] de numismas expresando en tal gesto de agradecimiento el valor y estima que reconocía a las monedas.

El hecho en sí condensaba una de las ideas-pilar del Humanismo, al volverse hacia la Antigüedad clásica, en gran parte modélica. Pero esta vez abría también el camino –y el gusto– de los poderosos hacia la paciente recogida de piezas monetales que anduvieron entre las manos de aquellos personajes tan admirados que habían tejido la Historia de Grecia y Roma. Comenzaba así,

[1] Estando en prensa este libro conocimos la triste noticia del fallecimiento del Profesor don Felipe Mateu y Llopis, a quien tanto le debe la Numismática española. Desde aquí le dedicamos este trabajo como Homenaje póstumo.

[2] M. H. Crawford, C. R. Ligota, J. B. Trapp. *Introduction to Medals and Coins from Budé to Mommsen,* London 1990.

con la ilusión de poseer y atrapar retazos de «Antigüedad», la formación de las primeras colecciones de Monedas. Este primer paso, que explica con el tiempo Monetarios como el presente, se apoyaba en unos puntos que nos interesa recalcar:

1) La mirada hacia la Antigüedad, que subyugaba a Humanistas y Renacentistas, encontró un objeto expresivo de primera línea en las monedas. Es cierto que al menos en un momento inicial, las piezas monetales se preferían a otros documentos arqueológicos porque al arte que expresan y a las figuras en ellas aparecidas le suelen acompañar leyendas. Interesaban si cabe aún más que las inscripciones porque a sus letreros, a veces de una atractiva y misteriosa rareza, añaden elementos figurativos e iconografías. Y tienen tambien el atractivo de ser relativamente más abundantes, fáciles de conseguir y sencillas de conservar y organizar.

2) La colección de monedas se convirtió para los poderosos en un modo de expresar ante la sociedad que estaban insertos en la adecuada línea cultural de esos tiempos. Príncipes y casas reales rivalizaron en la compra de viejo numerario y contrataron expresamente a personas encargadas de hacerlo.

Este movimiento, que alcanzó dimensiones internacionales, conduciría hacia un mejor conocimiento de las monedas proyectándose en una doble vertiente: por un lado, tanto los encargados de realizar las compras como los mismos poseedores, iban necesitando puntos de referencia para saber lo que se adquiriría o tenía, su valor y su rareza. Ese imperativo de orden fue sin duda el origen de los *Catálogos* que se irían remozando poco a poco, avanzando cada vez hacia una sistematización más exhaustiva y completa.

Pero por otro lado, no todo quedaba en la pasión de «recolectar» ejemplares, «contar» y «describir». Las propias monedas empezaron a atrapar en sus redes históricas a quienes las manejaban. Entre las manos de los coleccionistas, aquellas pequeñas piezas querían aparecer, parlantes en su silencio, como testimonio de un mundo pasado. La incansable interrogante de tantos eruditos y estudiosos, en especial a partir del siglo XVIII, fue tejiendo la urdimbre de lo que luego sería la Numismática. De esta manera, la colección como inquietud, sentida y vivida pronto no sólo por los poderosos sino también por curiosos y aficionados que no gozaban de tanto poder adquisitivo, se apuntaba como un primer paso hacia la configuración de una verdadera Ciencia histórica.

Reproducimos varios fragmentos de uno de estos personajes:

Las Medallas, que son las pruebas de la Historia, nos la enseñan con tanto gusto, como utilidad; y la Historia del mismo modo nos sirve muchas veces de Comentarios, para descubrir el sentido de las inscripciones mysteriosas que se hallan en las Medallas; y este recíproco socorro obliga con mucho agrado á juntar Gavinetes de Antigüedades en las Bibliothecas. (...) De todas las Antigüedades que nos restan, ningunas son tan considerables como las que voy á describir. La hermosura de las cosas que nos representan las Medallas, y la facilidad que nos dán para penetrar la Historia exceden, sin duda, al precio que las Estatuas, y Edificios pudieran contextarles (...) Las Medallas pueden contribuir a la diversion de toda clase de personas. Los Príncipes á quienes muchas veces eleva tanto la virtud como el nacimiento forman con ella parte de sus delicias; y apenas hay alguno en Europa, que no se lisonjée de tener un hermoso Gavinete. Los Ricos pueden aplicar para su lógro alguna parte de sus rentas, y el mérito de tan raras Medallas tendrá en sus tesoros un puesto considerable. Los Sábios no pueden evitar el gasto en ellas, aunque sea muy corto; pues sin el socorro que se saca de su posesión, ignorarían una parte de lo que deben saber; y esto, en mi juicio, debe entenderse con todos los que aman las buenas letras. Aún á las mugeres servirán de satisfacción por el número de Heroínas de que nos conservan las Medallas los Retratos.

La lectura de los retazos de la «*Historia de las Medallas*» (traducida por Francisco Pérez Pastor en 1771) escrita por el médico francés Charles Patin en la corte de Luis XIV, hace que nos ronden ciertas preguntas; la pasión por recoger, catalogar e incluso estudiar las «Medallas», ¿Era fruto de una auténtica preocupación histórico-científica? ¿Quizá una moda teñida de un cierto cariz de "cientificismo" bien visto? ¿Se apoyaba en una corriente altruísta? ¿se convertiría en negocio con frecuencia? Una rica documentación, precisamente conservada en esta Real Academia de la Historia, puede arrojar bastante luz sobre tantos interrogantes.

El Monetario empezó a formarse en 1751 [3] en torno a una importante cantidad de monedas que regaló el rey Fernando VI y que fueron acrecentando sus sucesores, de modo que en 1796 ya había unas 12.000 piezas en el Gabinete segun V. Barrantes [4] aunque nos parece más fiable el balance presentado por Traggia en 1798 de 14.216 monedas por las razones que comentaremos más adelante.

Como la finalidad de este artículo es tan solo dar a conocer el interés de este Monetario y de la documentación referida al mismo, hemos considerado oportuno detenernos en la primera etapa de su existencia, es decir en la que abarca documentos de 1750 a 1800, ilustrando así con algunos ejemplos la fase inicial –a veces azarosa y conflictiva– de su formación durante el siglo XVIII.

Poco después de la llegada del primer lote, en 1759, se emprendió ya la tarea de elaborar un *Catálogo del Monetario,* obra de D. Miguel Pérez Pastor (leg. 17 nº 9 de 1759) [5]. Al parecer, a

[3] Véase también en este mismo volumen, M. Almagro, pp. 85 ss.

[4] V. Barrantes, Monetario. *Discurso leído ante la Academia de la Historia.* Madrid 1874, p. 91. Sobre su posible ubicación véase en este volumen, M. Almagro p. 85 ss. y nota 93.

[5] De aquí en adelante, para mayor facilidad del lector, iremos incluyendo en el texto las referencias de los documentos. Téngase en cuenta que respetaremos, mientras aparezca en los originales, la vieja numeración de la época.

la Academia no sólo debió resultarle adecuado el trabajo –en las Actas de 2 de Noviembre y 14 de Diciembre del mismo año, tras el examen de los Revisores, se aprueba su labor y se le felicita– sino que, considerando la importancia que iba adquiriendo la colección, le nombró *Anticuario* en 1763. La obra de Pérez Pastor nos ha quedado en dos volúmenes encuadernados donde alude a lo que él llama Buró I y Buró II e incluye una numeración definida para controlar los ejemplares haciendo también la adecuada referencia a gabetas, tablas y número de cada mueble monetario. La ordenación separa bloques diferentes: Medallas españolas, pueblos de fuera de España –cartagineses, norte de Africa y Galias– griegas, consulares romanas, etc. La preocupación de este Anticuario por presentar el material con el mayor rigor posible se observa en detalles como el de facilitar una escala de módulos expresados en circunferencias de diferentes diámetros a la manera que lo haría Mionnet. También hay datos curiosos, como se observa en el listado de las abreviaturas utilizadas, donde el uso de un asterisco significando lo que llama «monedas contrahechas» (fig. 1).

La inquietud que produjo desde el principio el acopio de fondos se refleja en una carta circular fechada ya en 1751 que la propia Academia envió a sus individuos solicitando «para el logro de sus Literarios Proyectos» que le consiguiesen «Monedas y Medallas de España de cualquier género o metal», pero a su vez y desde una posición realista, manifestando que estaba «pronta a satisfacer el coste de las que sean de plata u oro» y de las que por su rareza o dificultad en conseguirlas lo mereciesen (leg. 17 nº 3 de 1751). Esto nos lleva a plantear que la postura altruísta y «donante» no era la más frecuente como además comprobaremos más adelante. No parece que el éxito de tal solicitud fuera fulminante e inmediato pero sí se recoge en la documentación los nombres de los académicos que respondieron y varios de sus textos, incluso la respuesta de algun francés, caso de Fiton de Tiller [6], lo que indica que más allá de la frontera también la Academia extendía sus contactos. En realidad la influencia francesa se dejó notar muy al principio segun muestra precisamente el documento más antiguo conservado perteneciente al P. Panel (leg. 17, nº 1 de 1749-1750), en el que, en dicha lengua, se describen una moneda de *Bilbilis* y otra de *Caesaraugusta* halladas en el camino del Guadarrama [7].

Hay que reconocer que la Casa Real no perdía el interés por esta Institución. El 24 de Febrero de 1760 el Marqués de Esquilache remitió por orden del Rey, según documento conservado, las Medallas batidas con motivo de la Proclamación de Su Majestad (leg. 17 nº 7, carta fechada el 24 - II - 1760). Más adelante el Marqués de Grimaldi anunciaba al Director, Sr. Campomanes, el envío de las medallas realizadas en los tres metales conmemorando las bodas reales del Príncipe (fechada el 23 de Diciembre

[6] Se fecha su carta el 6-8-1752, en Fauburg-Sant-Antoine, París.

[7] Véase el comentario de M. Almagro en este volumen, en su nota 92, p. 86 y fig. 3.

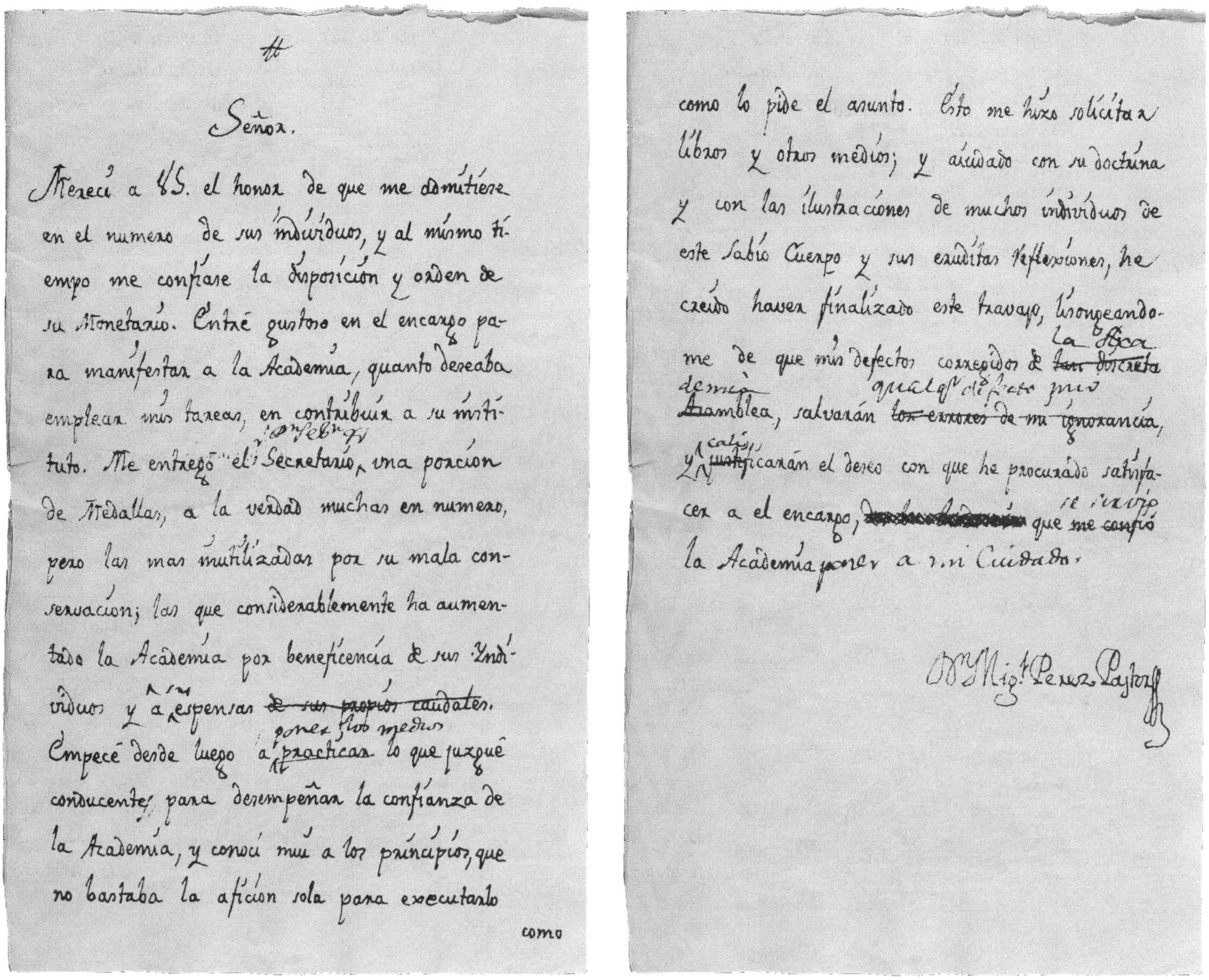

Señor.

Mereci a V.S. el honor de que me admitiese en el numero de sus individuos, y al mismo tiempo me confiase la disposición y orden de su Monetario. Entré gustoso en el encargo para manifestar a la Academia, quanto deseaba emplear mis tareas, en contribuir a su instituto. Me entregó el Secretario, una porcion de Medallas, a la verdad muchas en numero, pero las mas mutiladas por su mala conservacion; las que considerablemente ha aumentado la Academia por beneficencia de sus Individuos y a sus expensas ~~de sus propios caudales~~. Empecé desde luego a ~~practicar~~ poner todos medios lo que juzgué conducente para desempeñar la confianza de la Academia, y conocí muí a los principios, que no bastaba la aficion sola para executarlo

como

como lo pide el asunto. Esto me hizo solicitar libros y otros medios; y ayudado con su doctrina y con las ilustraciones de muchos individuos de este Sabio Cuerpo y sus eruditas reflexiones, he creido haver finalizado este travajo, lisongeandome de que mis defectos corregidos de la Academia ~~tan discreta~~ qualqr defecto mio ~~Asamblea~~, salvarán ~~los errores de mi ignorancia~~, y calificarán ~~justificarán~~ el deseo con que he procurado satisfacer a el encargo, ~~[illegible]~~ que me se sirvio ~~confió~~ la Academia poner a mi Cuidado.

D. Migl. Perez Pastor

▲
Fig. 1. *Primer catálogo del Monetario hecho por Miguel Pérez Pastor. (Leg. 17 n.º 9, 1759)*

de 1765). También otro documento registra la donación real de un aúreo de Galba, esta vez por medio del Marqués de la Ensenada (leg. 17 nº 1 de 1750). Se observa que los regalos reales de monedas valiosas no eran demasiado frecuentes y resultaba más habitual que el rey ordenase entregar a la Academia por una parte las medallas conmemorativas que atañían a su Casa y por otra, ciertos hallazgos monetales de los que iba siendo informado. En esta línea, es de nuevo el Marqués de Grimaldi quien hacía llegar a Campomanes una «porción de monedas encontradas en la villa de Almagro», aunque infortunadamente no las acompañaba de lista ni descripción (leg. 18 nº 15 de 1776). El tema resulta de especial interés para la investigación actual y nos detendremos en él más adelante. Es también digno de mencionar que a veces las piezas procedían de un legado testamentario y así lo recoge un documento fechado el 18 de Junio de 1775, donde consta cómo la testamentaría de la Reina madre enviaba a la Academia varias monedas de plata napolitanas.

Algunos documentos referentes a estas medallas que entran a formar parte del Monetario reflejan acontecimientos interesantes o curiosos, dignos de una atención especial, que nos llevan a conocer mejor las reacciones de la sociedad gobernante de la época. Es el caso de los documentos que, en 1774, aluden al ingreso de la medalla acuñada en Roma conmemorando la extinción de la Compañía de Jesús por orden del Papa Clemente XIV. La había adquirido el Conde de Floridablanca, ministro de España en aquella Corte, y por orden del Rey, fue enviada por el Marqués de Grimaldi a Campomanes, Director de la Academia en aquel momento. De la satisfacción que produjo el hecho es testimonio esta documentación y la propia medalla (leg. 18, nº 9 de 1774).

La descripción, según el documento que hoy se conserva, es así: *En el anverso se halla el busto del Sto Padre y la leyenda CLEMENS XIV PONT. MAX. A.V. Esto es Clemente Papa XIV año quinto. En el reverso se ve la Religión sentada sobre un globo con una cruz en la mano derecha y un ramo de Oliva en la izquierda y el símbolo del espíritu santo que la ilumina: la leyenda del contorno SALVS GENERIS HUMANI: esto es: la defensa del genéro humano y en el exergo JESUITARUM SOCIET DELETA. MDCCLXXIII: esto es a la extinción de la compañía de los Jesuítas en 1773.*

Y las consecuencias para el incremento de los fondos numismáticos de la Academia no se hicieron esperar demasiado: en 1768, los encargados de las Casas de los Regulares expulsos, es decir, los Jesuitas, enviaban las monedas en ellas requisadas desde puntos tan dispares como Baeza, Barcelona y Calatayud (leg. 17, nº 24).

Muy representativa de la mentalidad de la época es también una medalla acuñada por la Academia de Derecho Español para conceder premios, que ésta regaló a la Real Academia de la Historia (leg. 18, nº 6 de 1781), hecho por otra parte frecuente en numerosas Instituciones. Reproducimos su descripción:

En el reverso compuesto de siete figuras y la inscripción vence y triunfa el más prudente, está representada la Academia con las cuatro virtudes cardinales que laurea por mano de la providencia el Varon Sobresaliente en esta Virtud, que aprovechándose de sus documentos tomó el camino abierto y aunque tortuoso y más largo llegó antes que el Varón Fuerte; fiado este en su robustez intenta subir por entre la maleza del monte. El Varón templado va con un váculo a emprender el camino. La fortaleza y templanza intentan coronar al Laurendo suponiéndole cada una su cliéntulo, pero la justicia las detiene manifestando que en la profesión legal debe preferir la Prudencia.

Los documentos donde se explica la temática elegida son, como se ve, muy ilustrativos. Es asimismo interesante constatar que el encargo de realizar los troqueles se le hizo al Gravador (sic) de la Real Casa de la Moneda de Méjico.

También hay ciertas referencias a donaciones procedentes de personajes más o menos relevantes que se interesaban por la Numismática. Algunos formaban parte de la nobleza o de las clases dirigentes que de alguna manera seguían y emulaban la labor real, de manera que en 1785 (leg. 18, nº 32) el propio Jovellanos y el Duque de Almodóvar regalaron un legado de monedas antiguas y modernas americanas. Pero ya muy pronto se pueden constatar en la documentación donantes de muy diversa categoría a quienes la Academia les da las gracias por su generosidad, como aparece en documentos de 1774 (leg. 18, nº 9). No obstante, detrás de estos regalos se adivina desde una cierta candidez y a veces hasta ingenuidad hasta un interés bien por hacerse notar, bien por obtener algún beneficio moral o incluso crematístico pensando en la posible recompensa por el envío. Citamos a continuación algunos ejemplos.

Hay un curioso documento (leg. 19, nº 14 de 1779) dirigido en primera instancia a D. Miguel Antonio Ciera, Profesor Regio de Astronomía, y luego a Campomanes. Está escrito en árabe por un sacerdote –Atanasio Debas– durante una estancia suya en Lisboa, aunque al parecer, normalmente residía en Turquía. Merece la pena reproducir unas líneas de la traducción que acompaña al texto, donde se advierte que el mismo Padre General de su orden ya proveía de recoger monedas, esta vez 122, que tenía entregadas en la embajada de España (fig. 2):

Ilustrísimo Señor: la memoria de los muchos fabores que me ha dispensado V.S.Ilma. me obliga a rendirle infinita y eternas gracias y mientras viva ejecutar con todas mis fuerzas sus preceptos y órdenes: y así agradecido y reconocido de tantos beneficios no puedo menos no publicar por todo el orden su celo y protección pª la fe cathólica, y pª los católicos perseguidos. no he podido por los contratiempos y guerras continuas de los turcos, contra los pobres catholicos que cada día se hacen más insolentes matando, quemando, y distruyendo nuestros conventos, cumplir con mi palabra de buscar los códices y las monedas que he prometido a V.L.Ilma quando é tenido el honor de despedirme desu nobilisima persona.

Sin embargo mi padre general me ha embiado ciento y veinte y dos monedas antiguas que tengo entregadas á este Embajador de España pª remitirla a V.L.Ilma. Dicho Embajador no quiso admitir el cafe para embiarle a Madrid; Espero que compuestas las cosas procurare de remitir á V.L.Ilma los codices orientales que recogere; Pues tengo encargado al Padre general de buscarlos por todas las partes especialmente en los Monasterios. Y con esto quedo

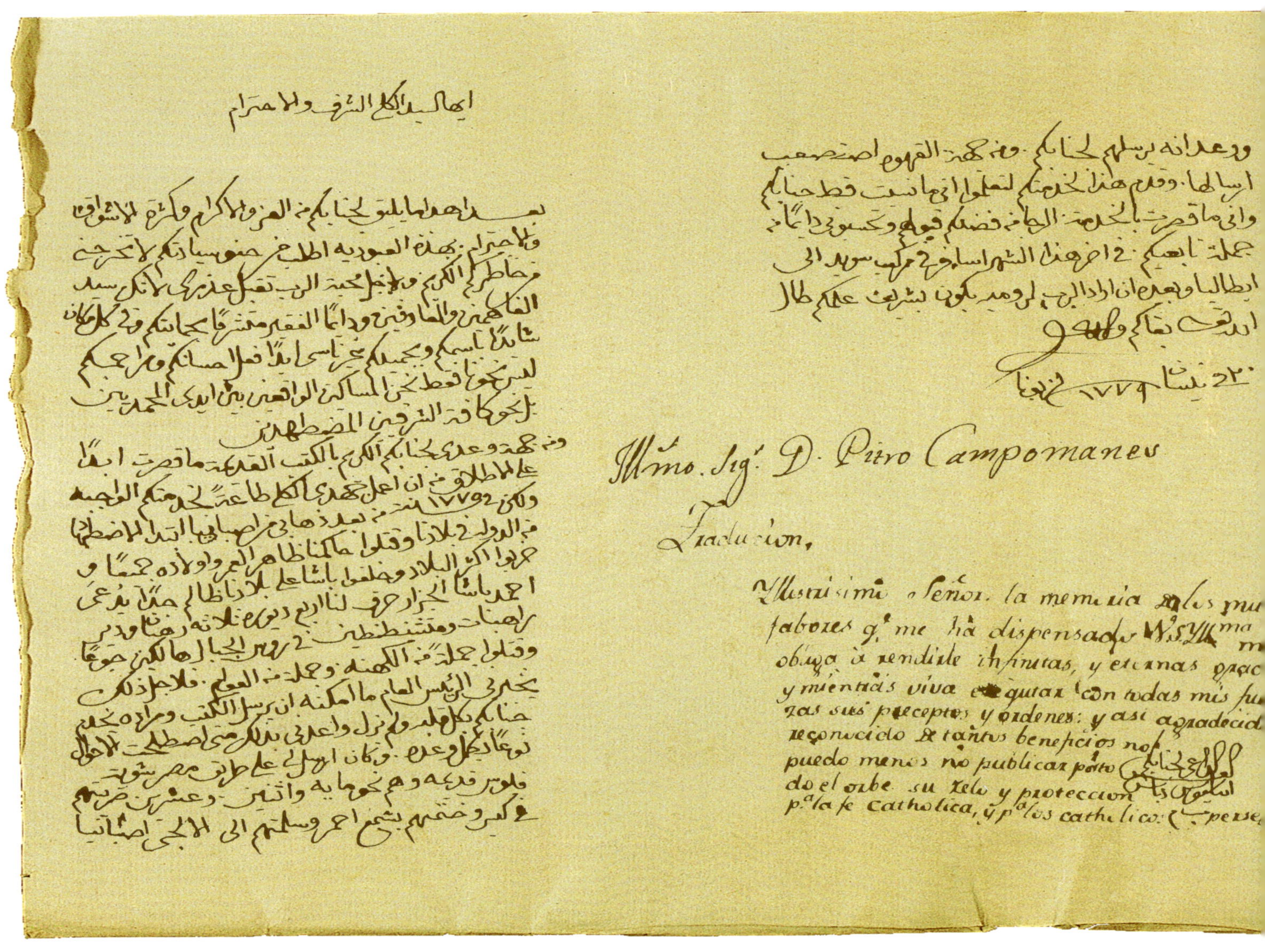

ايها السيد الكلي الشرف والاحترام

Illmo. Sig.r D. Pitro Campomanes

Traducion,

Yllustrisimo Señor. la memoria de los mu[illegible]
fabores q.e me ha dispensado V.S.Yllma m[illegible]
obliga à renditle infinitas, y eternas grac[illegible]
y mientras viva executar con todas mis fu[illegible]
zas sus preceptos y ordenes: y asi agradecid[illegible]
reconocido de tantos beneficios no
puedo menos no publicar por to
do el orbe su zelo y proteccion
p.a la fe catholica, y p.a los catholicos [illegible] perse[illegible]

▲ **Fig. 2.** *Oficio de Atanasio Debas a Pedro Campomanes (Leg. 19 n.º 14, 1779).*

siempre a la orden de V.L.Ilma. Lisboa 2 de Abril de 1779. Su mas rendido y obligado servidor=Athanasio Debas (ilustración nº2)

Deliciosa resulta la carta que recoge la preocupación de un tratante de ganado... si es que tras sus humildes disculpas por distraer la atención de tan altas personas no se oculta la esperanza de resarcirse de sus desvelos:

«Como me hallo por este país seis meses, a la compra de los machos cabríos para el surtimiento de esa Corte», en un sitio «que llaman Valero en Extremadura que antiguamente fué lugar y ahora está despoblado sin haber quedado más que el nombre, un pastor que tiene su cabaña en otro sitio se ha encontrado algunas monedas de oro, plata y cobre las que ha extraviado por corto interés y solo he podido recoger las que remito a Vuestra Ilustrísima...»

dos. No he podido p.r los contratiempos, y guerras continuas de los Turcos, contra los pobres Catholicos q.e cada dia se hacen mas insolentes matando, quemando, y destruyendo nuestros Conventos, cumplir con mi palabra de buscar los codices, y las monedas q. he prometido à V.S. Yll.ma quando è tenido el honor de despedirme de su nobilisima persona.

Sin embargo mi padre general me ha embiado ciento y veinte y dos monedas antiguas q.e tengo entregadas à este Embaxador de España p.a remitirlas à V.S. Yll.a. Dicho Embaxador no quiso admitir el caj. p.a embiarle à Madrid; Espero q.e compuestas las cosas procurare de remitir à V.S. Yll.a los codices orientales q.e recogere; Pues tengo encargado al Padre general de buscarlos p.r todas las partes especialmente en los Monasterios. Y con esto quedo siempre à la orden de V.S. Yll.a. Lisboa 2 de Abril de 1779.

Su mas rendido y obligado servidor = Athanasio de Debas

Yll.mo S.r D.n Pedro Campomanes.

Hay también quien aprovechaba la oportunidad de la entrega para lucir sus conocimientos ante el reputado foro de los académicos, como hizo Frai (sic) Alonso Cano, quien envió dos monedas cartaginesas y varias imperiales *«explicadas según su tamaño i* (sic) *antigüedad»* (leg. 17, nº 8 de 1759), o D. Juan María de Ribera y Pizarro, quien, el 2 de Enero de 1782, no sólo hacía entrega de dos ejemplares de sus *«Memorias Literarias»* –uno para el Director y otro para la Biblioteca– sobre las antigüedades de su ciudad, la malagueña Ronda, sino que regalaba 18 monedas *«Romanas de Colonias y Municipios»*, adquiridas por él para el Monetario esperando que admitiese *«este corto obsequio»*.

En 1769 desde Sevilla, don Juan de Bruna y Ahumada donaba 193 monedas árabes con el muy loable propósito de *«hacerlas útiles a la nación»*, recalcando *«las cedí y entregué para aumento del Monetario»*. Pero entre los mismos documentos se recoge la carta del Director, Don Pedro Rodríguez Campomanes, a quién estaban dirigidas las piezas, comunicando a Bruna que había sido propuesto académico honorario y que pronto recibiría la carta de aviso (leg. 19, nº 10 de 1769). ¿Altruismo o interés? El caso no es único.

No cabe duda que el Monetario de la Academia pudo acrecentarse gracias al celo demostrado por los correspondientes de todo el país, preocupación que se advierte clara en los documentos conservados. Ocurre así con los informes que enviaba desde Granada D. Vicente García de la Huerta (leg. 19 nº 8). En carta dirigida a D. Lorenzo Diéguez, fechada el 30 de Agosto de 1768, dicho correspondiente da noticia de diversos testimonios árabes, quejándose a su vez porque considera que se les presta menos atención que a los cristianos, y da noticia del monetario del Sr. Calvelo, entonces Secretario de la Inquisición en dicha ciudad. Relata la visita a su casa del Embajador de Marruecos quien *«hizo mil aspavientos»* (sic) cuando vió tales piezas y, ante el ofrecimiento de su dueño, se llevó algunas aunque no de oro ni plata diciendo que eran *«las más apreciables»* ... Sigue Huerta explicando lo que al final acabó llevándose el marroquí y concluye lamentándose porque *«la Academia tiene menos de éstas»*.

La carta continua con una pincelada digna de mención que refleja con gráfica frase el eterno apego de todo coleccionista a las piezas de su agrado: el Sr. Calvelo tenía también sellos de anillos signatarios pero Huerta reconoce tristemente *«he tentado por todos los caminos para sacárselos pero veo que dará antes los ojos que los venda»*. No obstante el incansable correspondiente estaba dispuesto a conseguir algo tangible para la Academia como demuestra la carta dirigida esta vez a Campomanes refiriéndose al monetario de Calvelo: *«he comprendido también que la Academia podrá quedarse con ellas con sólo remitir un Titulo de Honor a dicho Calvelo. De su idoneidad podrán informarle a V.I. los Padres Mohedanos quienes creo están en esa Corte»*.

Es también frecuente la correspondencia donde se habla de monedas y a veces hasta se describen, pero sin especificar con que propósito. No sabemos si la intención era ofrecer un regalo, una venta o sólo informar de su existencia. A veces consta que son envios realizados para que la Academia conociera las piezas y que luego se habrían de devolver. Otras se advierte una cierta reiteración en hacer llegar el material por vías curiosas en ocasiones y con la particularidad de que la propia Academia debería ir a recogerlo. Así, entre las cartas de 1773, cierto señor se queja de que aún no habían enviado a buscar como otras veces las monedas que estaban depositadas en una cajita en el Mesón de los Huevos. Seleccionamos a continuación algunos ejemplos sobre estos temas.

En 1768 (leg. 13 nº 4), D. Pedro Ramírez ofrecía las 80 piezas que tenía en su monetario, que ya había visto D. Miguel de Flórez. Aunque recalca su respeto por el Director y los individuos y su interés en *«complacerles»*, no queda claro si se trata de regalo u oferta de venta. Observando la firma, se ve que la carta no fue escrita de su mano con lo que parece que, al ser persona poco cultivada, sería imprescindible, aun para realizar la oferta, el dictamen del mencionado Flórez.

Varios casos presentan listados de piezas con ampulosos y pseudoeruditos comentarios acompañados además del testimonio de la admiración del firmante por la Academia... pero nos quedamos sin saber si las monedas llegaron o no a ingresar en el Monetario. Asi se redactó una relación donde se comentan monedas hispanas, romanas y posteriores (leg. 18, nº 38), esperando su autor que la Academia acogiese el fruto de su trabajo *«muestra de su decidido amor a las bellas letras y a las ciencias y como humilde, pero leal homenaje de respeto a esa distinguida congregación de eminencias de la Patria, cuyo saber ha procurado siempre le sirva de segura guía en el curso de sus estudios»*.

Con relativa frecuencia se advierten legados u ofertas de compra acerca del material depositado en una testamentaría (leg. 17, nº 19). En ocasiones es la misma familia del finado quien buscaba un contacto directo con la Academia: el hijo de D. Pedro de Villacevallos, vecino de Córdoba, se interesa por dar a conocer el Lapidario y los tres Monetarios de su padre, ya que al fallecer éste, quiere que se vendan para evitar su *«desmembración»* (leg. 18, nº 19 de 1779, con fecha de 5 de Agosto), y probablemente por esto recurre a una Institución que pueda adquirir todo el material en bloque. Es lástima que sean –aún en nuestros días– tan escasos los herederos que actúen así, destrozándose excelentes colecciones cuyo material reunido hubiera tenido otra utilidad.

Hay numerosos documentos alusivos a compras de no gran envergadura, en ocasiones hasta con la mención de sus precios y esto ya desde 1751 (leg. 17, nº 5). Encontramos monedas ofertadas a *«dos pesetas cada pieza»* y otras *«en el valor que su dueño las estimase»* (leg, 18 nº 17 de 1777). Pero, a veces algún exigente llegaba con demasiada prisa, como aquel que ofrece una pieza de oro de Wamba de la ceca de Córdoba, diciendo que su dueño *«quiere dos doblones»* y que se *«procure despacharlo en un día»* (leg. 18, nº 18, nota del 17 de Marzo de 1778).

Como venimos viendo, la adquisición de ejemplares no obtenidos sencillamente como regalo o legado también entraba en los cálculos de la Academia para la mejor formación de su Monetario. Pero cuando se trataba de comprar monetarios y colecciones de envergadura era ineludible solicitar un informe razonado a un especialista, tarea que normalmente recaía sobre el Anticuario. Se pretendía con ello evitar cualquier fraude o compra poco ventajosa, como queda bien claro en la lectura de numerosos documentos. Por ejemplo, en 1776, se catalogaron 1356 monedas, algunas aparecidas en unas obras en Cartagena años atrás (el autor dice monedas de *Cartago,* que deben tratarse de hispano-cartaginesas), utilizando para ello las obras del P. Flórez y de Valcárcel. En el lote se incluía una espada que, según su dueño, era muy valiosa y le costó *«mucho caudal»* pero él *«la daría por 100 doblones»* (leg. 18, nº 14 de 1776). Se trataba por tanto de una evidente oferta de venta.

En esta línea no son raros los informes sobre colecciones ofertadas o compras de las mismas que realiza la Academia. Por ejemplo, en documentos de 1769-70, se recoge la correspondencia con el Marqués de la Cañada para arreglar el precio del Monetario que había vendido a la Academia (leg. 17, nº 20), adjuntándose seguidamente el Catálogo de dicha compra (leg. 21 de 1770). El dictamen sobre tal colección lo hicieron –como otros– los señores Flores y Azevedo (leg. 22, con fecha 5 de Enero de 1770), que cotejaron en un interesante listado las que aportaba el Marqués y las que ya poseía la Academia. No fue demasiado favorable, pues echaban en falta piezas que consideraban valiosas, como monedas de gran módulo, ejemplares importantes de plata, hispanas y árabes. De su lectura y a juzgar por el elevado número de algunas series republicanas, parece desprenderse que contenía al menos parte de algún tesorillo. Otro dato que interesa de esta relación es constatar que se estaban guiando por el catálogo que Vaillant había publicado en 1753.

Hay bastante documentación sobre estos temas, aunque no siempre es lo explícita que hubiéramos querido, como la adquisición del monetario de D. Pedro José de Estrada, que figura «sin fecha» en el original (leg. 18, nº 29). Una compra interesante por su contenido y poco frecuente al poseer piezas de zonas alejadas fue la del Marqués de Belrunce, que contenía, además de monedas romanas, ibéricas y latinas hispanas, otras griegas de Magna Grecia, Sicilia y Oriente (leg. 17, nº 25 de 1771).

Se advierte que los informes de los especialistas se hacían no sólo con seriedad sino velando seriamente por los intereses económicos de la Institución. Nos ha quedado uno, perteneciente por cierto al polémico Guevara de Vasconcelos a quien aludiremos después, donde se trata de 429 monedas variadas –griegas, hispanas, romanas, reyes de Castilla, árabes...– que se ofrecían a la venta con una previa tasación del vendedor. El Anticuario no estaba de acuerdo en que se hubiese seguido la valoración alta del sacerdote genovés Octavio Lignorio y además *«atendiendo a que se toman todas y a que varias de ellas no tienen la conservación que las hace apreciables, me ha parecido hacer esta rebaja»... «apenas vale una con otra los dos reales»* (leg. 19, nº 14 de 1779).

Algunas ofertas llegan a ser casi pintorescas, como la carta, muy protocolaria y ceremoniosa, que remite desde Elche, el 22 de Marzo de 1774, don Diego de la Cuesta. De ella se obtienen datos interesantes para conocer la mentalidad de buena parte de la sociedad respecto a estos temas. Transcribimos sólo un fragmento (leg. 18, nº 5 y fig. 3):

He visto cantidad de Medallas, recogidas en estos contornos: en poder de varios sujetos curiosos, nada inteligentes, y que no pueden aspirar a serie; entre ellas no dejan de encontrarse algunas que sean útiles para el gabinete de la Academia, por lo que suplico a V.L.Ilma mande a el señor Flores, y a el señor Guevara que se me remita una noticia de las que faltan en este gabinete.

En la carta hay un dato anecdótico que no carece de cierta importancia: la referencia a esos *«sujetos curiosos y nada inteligentes»* nos está llamando la atención sobre el interés que despertaban también las monedas entre personas menos documentadas, pero amantes de lo curioso y antiguo... o del afán crematístico que podía ocultar esa búsqueda de ejemplares por su posible salida a la venta [8].

[8] El concepto de colección queda también claro: si tales personas por su escaso nivel cultural o poder adquisitivo no podían aspirar a «serie», es decir, a continuar reuniendo un conjunto coherente de monedas, no merecía la pena que mantuvieran en su poder ejemplares aislados.

Otro punto a considerar es la solicitud de D. Diego de Cuesta indagando las piezas que faltaban en el Monetario. Tal ruego pone de manifiesto la mayor lacra de las antiguas colecciones: limitarse en lo posible a rellenar «huecos» vacíos, sistema que ha originado uno de los mayores obstáculos con que hoy nos encontramos al estudiar científicamente estos monetarios.

Precisamente este problema lo refleja otro documento fechado el 1 de Mayo de 1774 (legajo 18 nº 9) referente a un hallazgo de 225 monedas romanas de plata, habido en Colmenar de Oreja. Reproducimos algunos fragmentos de la carta conservada:

Sacando piedra, que vulgarmente llaman almendrilla, para la composición dela Acequia de Colmenar al pie delas lomas que forman la Vega, al norte de Tajo, y casi enfrente de las ruinas del antiguo Castillo de Aurelia, llamado ahora Oreja encontraron los sacadores incorporados en la misma cantera un puchero pequeño, que con las barras hicieron pedazos, y contenía una porcion de Monedas Romanas de plata. Cuando este hallazgo llegó a noticia de Dn. Juan Gabriel Sánchez Governador de dicha Acequia dispuso se recogiese las Monedas y los cascos del puchero. Por lo que mira a la Monedas se pudieron recoger doscientas y veinte y cinco todas de plata; pero del puchero solamente se hallaron algunos pedacitos entre los escombros de la misma cantera. Después de haber pagado a los sacadores dichas Monedas antiguas a peso de Moneda de plata corriente, las remitió dicho Governador al Rey: y ha resuelto S.M se pasen á la Academia de la Historia, para que reconocién-

Fig. 3. *Oficio de Diego de la Cuesta a José Guevara Vasconcelos (Leg. 18 n.º 5, 1774).*

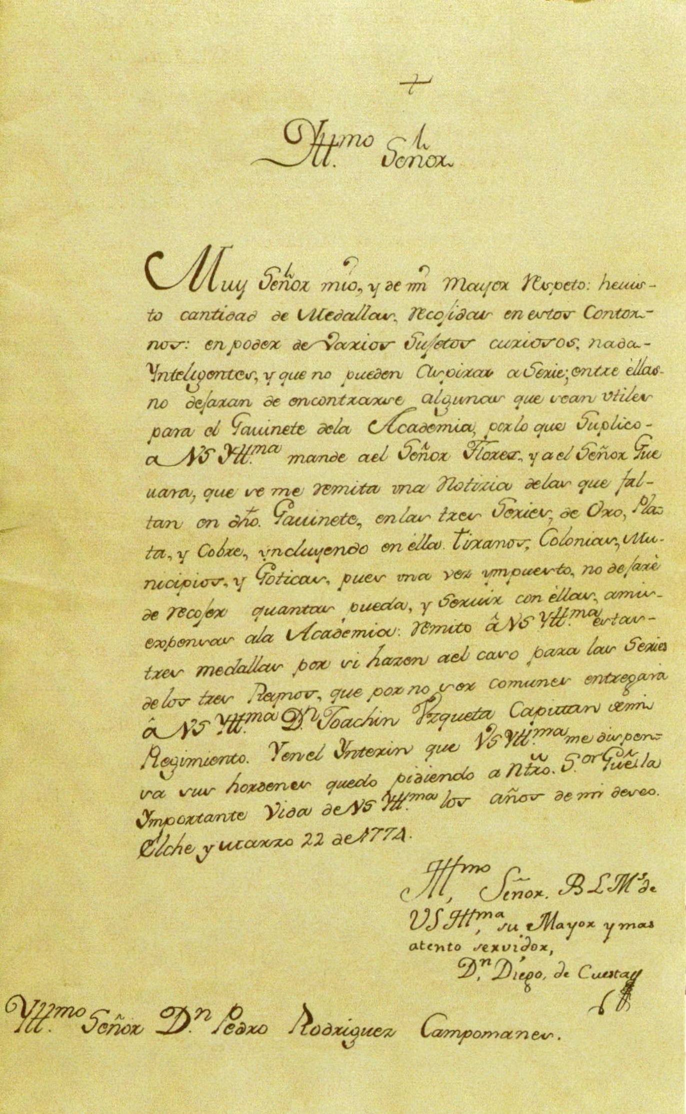

+

Ill.mo Señor

Muy Señor mio, y de mi Mayor Respeto: he visto cantidad de Medallas recogidas en estos Contornos: en poder de varios Sujetos curiosos, nada Ynteligentes, y que no pueden surtirlas a Serie; entre ellas no dejaran de encontrarse algunas que sean utiles para el Gavinete dela Academia, por lo que Suplico a V.S. Ill.ma mande al Señor Florez, y al Señor Guevara, que se me remita una Noticia delas que faltan en dho. Gavinete, en las tres Series, de Oro, Plata, y Cobre, yncluyendo en ellas Tiranos, Colonias, Municipios, y Goticas, pues una vez ympuesto, no dejaré de recoger quantas pueda, y servir con ellas, a mis expensas ala Academia: remito a V.S. Ill.ma estas tres medallas por si hazen al caso para las Series delos tres Reynos, que por no ser comunes entregara a V.S. Ill.ma D.n Joachin Izquieta Capitan de mi Regimiento. Y en el Interin que V.S. Ill.ma me dispensa sus honores quedo pidiendo a Ntro. S.or Guarde la Importante Vida de V.S. Ill.ma los años de mi deseo. Elche y Marzo 22 de 1774.

Ill.mo Señor. B.L.M. de V.S. Ill.ma su Mayor y mas atento servidor,
D.n Diego de Cuesta

Ill.mo Señor D.n Pedro Rodriguez Campomanes.

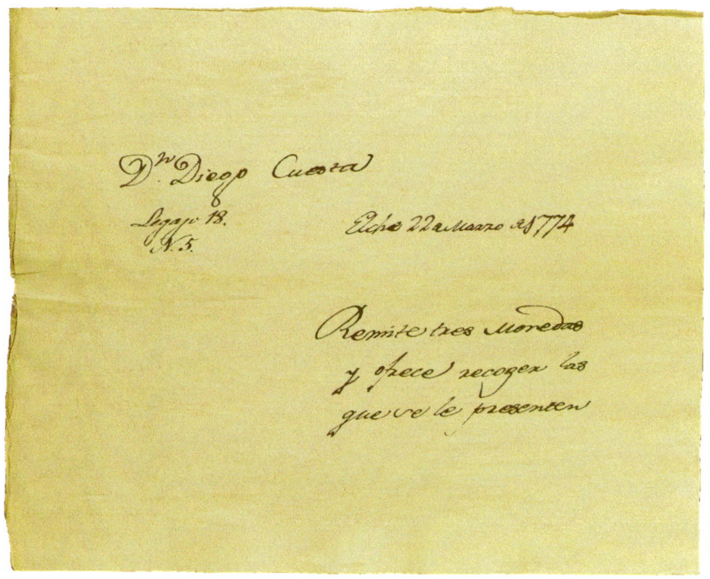

D.n Diego Cuesta

Legajo 18.
N. 5.

Elche 22 Marzo de 1774

Remite tres monedas y ofrece recoger las que se le presenten

dolas, se coloquen en su Museo todas las que no haya en él; devolviendo las demas, y las que estén duplicadas, para que S.M las dé el destino que sea de su Rl. agrado. Cumplo lo resuelto por S.M remitiendo a V.S.I las citadas Monedas para dicho fin: y separadamente incluyo otras de varios tamaños que se han hallado en las escabaciones del Canal de Manzanares.

Es obvio que se trata de una tesaurización ocultada premeditadamente y no recuperada, puesto que se reconoce haberlas hallado dentro de un recipiente. Pero, por desgracia, en 1774 no se valoraba en absoluto la importancia histórica y económica de los datos aportados por un adecuado estudio de un tesoro sin menoscabo de sus ejemplares: las monedas fueron enviadas al Secretario de Estado, Marqués de Grimaldi, luego a don Pedro Rodríguez de Campomanes, primer Fiscal de su Majestad y Director de la Real Academia, quien a su vez se las entregaría al polémico Guevara de Vasconcelos, siendo aún supernumerario. Este dio cuenta de ellas en un catálogo que presentaría en las sesiones del 3 y 17 de Junio y fué convenientemente aprobado... Pero, en definitiva, se devolvieron a la Casa Real todas las piezas de las que ya poseía algún ejemplar el Monetario, quedándose tan sólo con las no «repetidas», como consta en un documento fechado el 3 de Septiembre de 1774. Fue un error lamentable del que, por desgracia, muchas colecciones no se han desprendido hasta bien entrado nuestro siglo.

Un caso similar ocurriría con el regalo de 169 monedas árabes de plata halladas en Pinos Puente en el interior de una olla. El tesoro estaba compuesto originariamente por 508 piezas pero la Junta General de Comercio y Moneda, que fue quien hizo la donación, las dividió y distribuyó segun su criterio (leg. 56. D. 1, con signaturas distintas y posteriores, hechas a lápiz).

No estaba exento de estos errores Guevara de Vasconcelos, pues en un documento firmado por él hace constar que D. Jerónimo Gil le había entregado dos monedas de oro de Fernando II de León y otra de los Reyes Católicos, y dice que la Academia había acordado adquirirlas cambiándolas por 10 monedas de plata «duplicadas» de familias romanas y alto imperio, completando el resto de la diferencia económica en dinero (leg. 18, nº 18 de 1778) (fig. 4).

Lo más apreciado hoy para la investigación actual reside en los documentos donde se menciona la procedencia de las piezas o su pertenencia a un hallazgo que se pueda interpretar como «tesoro» cerrado. En este sentido son curiosas las donaciones registradas en los años 1749-50-51 (leg. 54, carpeta 1, sección 22), donde ya se recoge una moneda de *Ilipa* especificando su hallazago en la zona de Alanís. Es sumamente interesante el envío de los 21 trientes de Leovigildo y Recaredo que estaban depositados en el Tri-

1777 3 de Febº

S.r D.n Josef Mig.l de Flores

Legajo 18.
N. 18.

Mui S.or mio, y mi dueño: las dos monedas de oro que me ha entregado D.n Geronimo Gil son la una de S. Fernando 2.º de Leon, y la otra de los Reyes catholicos; la prim.a se acordó en la Acad.a se tomara por en cambio de monedas duplicadas de plata del alto Imperio, p.º no habiendo las suficientes p.a cubrir el valor en que la estimara lo hice presente en la Acad.a y mandó S.I.ma que se le diese el importe en dinero. y asi descontando diez monedas de plata del alto imperio duplicadas q.e le he entregado se le quedan debiendo 280 r.s v.n por las dos que tengo en mi poder

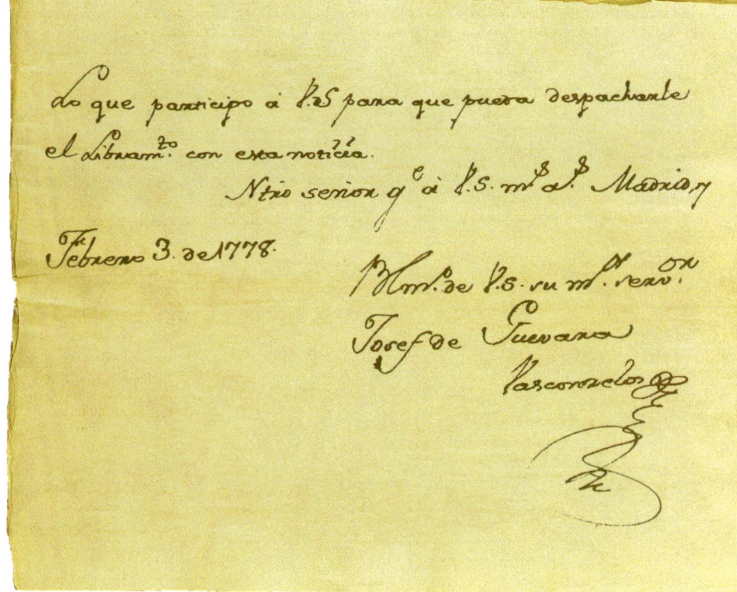

Lo que participo á V.S para que pueda despacharle el Libram.to con esta noticia.

N.tro señor g.e á V.S. m.s a.s Madrid y Febrero 3 de 1778.

B.l m. de V.S. su m.s rend.o ser.or
Josef de Guevara Vasconcelos

▲ **Fig. 4.** *Oficio de José Guevara Vasconcelos a José Miguel de Flores (Leg. 18 n.º 18, 1778).*

bunal de Cruzada de Coria. Habían aparecido en 1731 en la Villa de Garrovillas y el Arzobispo Comisario de Coria de Cáceres los envió a la Academia por mediación del Marqués de la Ensenada. El mencionado documento se acompaña también de las oportunas descripciones de las monedas cuyo texto firma Velázquez.

El 27 de Diciembre de 1766, D. Tomás de Torres y Moya enviaba a D. Lorenzo Diéguez «24 Medallas de Sahelices» (Cabeza de Griego) aunque lamentablemente no incluían su descripción (leg. 19, nº 12). Algo después, en 1788, el ingeniero que abría el camino del Puerto del Rey por el Alto de Despeñaperros encontró y entregó por orden del Rey un hacha, una saeta y monedas de las que no se sabe número ni tipo, pero dice *«convendrá hacer un catálogo de los emperadores que comprenden»* (leg. 18, nº 19). Hay también breves noticias, como la fechada en 18 de Julio de 1788, que recoge el hallazgo de una moneda de Recaredo habido en San Martín de la Vega.

También había mujeres que se interesaban por preservar los testimonios antiguos, como muestra la carta que una tal María Teresa firma en Oviedo a 24 de Marzo de 1782 y dirige a D. Benito Álvarez:

Benito llevate Bernardino Botas dos Monedas de una mina quetopó una moza de Manzaneda estando vallando en una delas Canteras (...) allo la dicha moza una olla de barro (...) las que hubo con zerteza nose save pues unos dizen fueron 6000 otros quatro mil pero la moza que la allo que estuve yo con ella me dijo havian sido tres escudillas(...) de ellas aylas de Marco Antonio y Zesar agusto de otaviano Tiverio y Domiciano y algunas de ellas a reverso traen los consules desu tiempo como veras en una de esas y en otras los pontifizes massimos. (...)

Como puede observarse, la señora Mª Teresa no sólo se preocupaba por salvar las pocas piezas que le dejaron, sino que recogió todas las noticias posibles y de su descripción se deduce que sabía lo que tenía entre las manos.

A pesar de que a los ojos de los investigadores actuales hubiera sido preferible que en muchos aspectos se hubieran empleado otros métodos, es perfectamente comprensible que los académicos actuasen imbuídos por los presupuestos eruditos entonces aceptados por todos dentro y fuera de España. Sin embargo, hay que resaltar que la Academia procuraba desde su inicio que cualquier labor que se realizase para ella tuviese las mayores garantías. Ejemplo de esta preocupación son los documentos donde, ya en 1750, constan los *«Reparos que se le ofrecieron al Sr. D. Benito Martínez Gómez Gayoso para perfeccionar la Disertación que se le tenía encargada de las Monedas de España desde Pelayo hasta nuestros tiempos»* (leg. 17, nº 2). La verdad es que el título se comenta por sí mismo, pero hay que aclarar también que, en otros documentos, D. Benito Martínez defendió ardorosamente su Disertación.

Entre la documentación hoy disponible se encuentran a menudo interesantes dibujos, como los que enviaron a Velázquez poco antes de morir para que ilustrara el libro que estaba preparando, o los que en 1760 realizara el propio Velázquez con monedas béticas y púnicas. Entre los registrados hay unos más ajustados a la realidad y otros en donde algun autor hace gala de una poderosa imaginación no exenta de ingenuidad (fig. 5).

En el año 1775 entraba como Anticuario una figura polémica, el numísmata D. Jose de Guevara Vasconcelos [9]. Había estudiado en el colegio de los Jesuítas de Sevilla y, en 1767, ya informó positivamente en la Academia acerca de él D. Alonso de Acevedo, accediendo en 1770 a supernumerario y en 1775 a numerario. Del tiempo que ocupó el cargo existen muy numerosos informes, compras, catalogaciones etc. sobre monedas, pero también es grueso el dossier de su enfrentamiento final con la Academia. Se le acusa de no cuidar el orden del Monetario de su incumbencia, tema que él rebate enérgicamente, hasta de abuso de la vivienda que la Institución le proporcionaba. Sea como fuere, no carecen hoy de interés ciertos listados de piezas donde además menciona los catálogos que manejaba y que a la sazón estaban en uso. Pero respecto al Catálogo general del Monetario parece que el propio Director tuvo que tomar cartas en el asunto ante el supuesto

[9] Sobre su figura véase más ampliamente en este mismo volumen M. Almagro, pp. 124 ss.

desorden. En efecto, se conserva un «Inventario General» entregado por Guevara de Vasconcelos en abril de 1796 (leg. 56, 7), pero es toda una historia novelada y una especie de glosa de las amonedaciones que naturalmente fue supervisada por otros académicos. Las notas que estos incluyeron al margen indican que el Anticuario tenía amigos y enemigos dentro de la Institución. Se le achacaba, y es verdad, no dar el número ni a menudo referencias de las piezas que se conservaban en el Monetario.

Fechado también en 1796 (leg. 56 D, 3), se conserva un *«Estado del Monetario de la Academia por D. Antonio Mateos Murillo Presbítero y de su puño»*. Hace el autor una tabla con cuadritos y

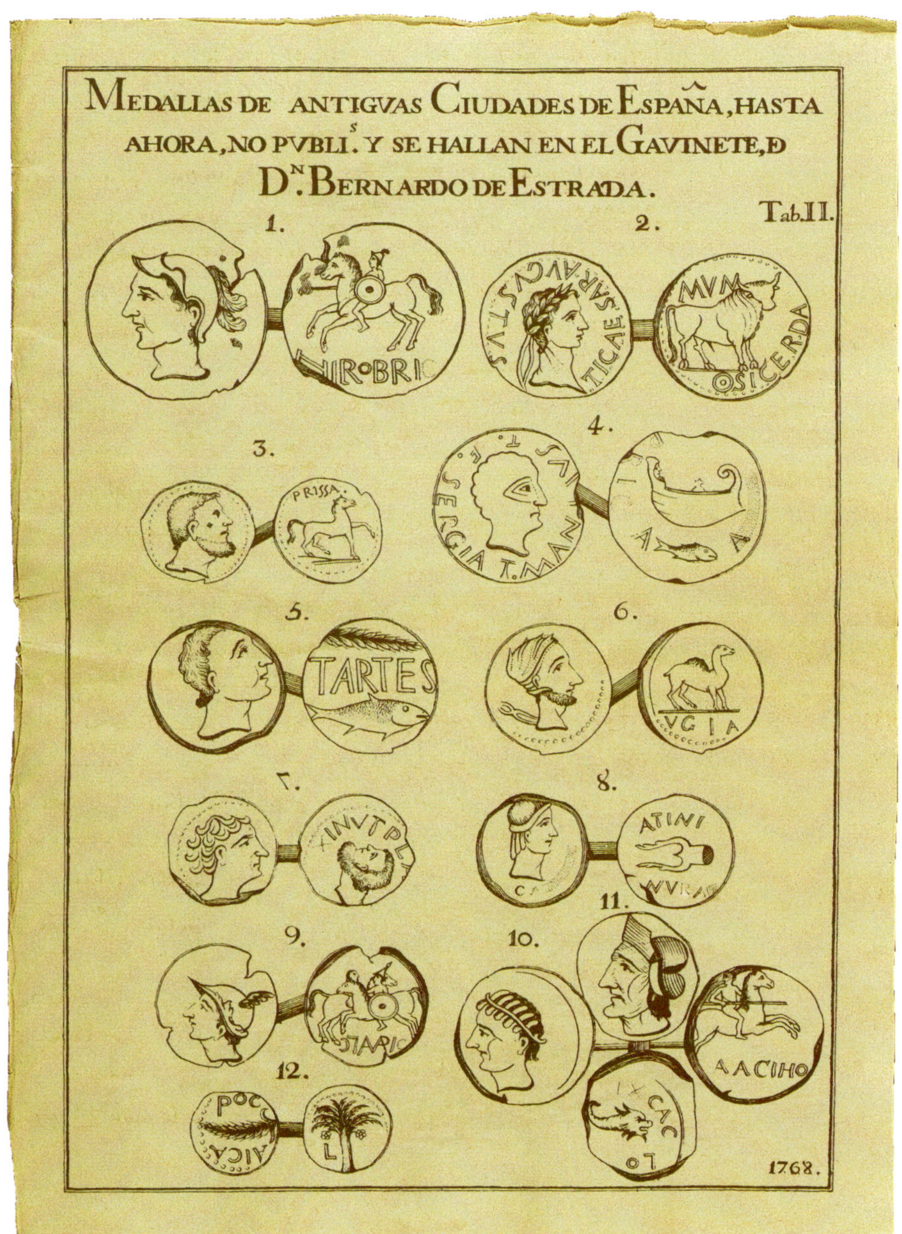

Fig. 5. *Dibujos de Velázquez (Leg. 18 n.º 41, 1771).*

Fig. 6. *Moneda de plata incusa de Thasos.*

siglas de modo que marca la situación de cada pieza y también la «clase». En esta aparecen *«medallas desconocidas españolas», «de colonias y municipios de España», «castellanas», «árabes», «medallones»* y otros apartados menores como *«pueblos de fuera de España», «Portugal», «Godas»* etc. Pero sólo da el buró I donde, por ejemplo, no hay monedas romanas.

Cuando, tras la renuncia de Guevara, entró el Sr. Traggia como Anticuario, se origina una nueva documentación al respecto: se conserva una *«Razón de la existencia del Monetario dada por el Sr Traggia nuevo Anticuario»* (leg. 56, 10). Es de notar que en el documento siguiente (leg. 56, 11), firmado a 7 de septiembre de 1798, se hace una diligencia cronológica *«desde la fecha 22 de Abril de 1796 en que Guevara de Vasconcelos leyó la relación sucinta (sic) del estado del Monetario hasta el nombramiento del Sr. Traggia como Anticuario el 21 de septiembre de 1798»*. La relación de Traggia presenta un índice o repertorio de las monedas del Museo de la Academia, *«escrito de su letra y firmado de su mano»* el 22 de Junio de 1798 y se acompaña de un resumen del Inventario con fecha 4 de enero de 1799. *«No hay más documentos que este para la responsabilidad del nuevo anticuario, y resguardo del antecesor»*, quien debía haber firmado este índice duplicado. Pero como el señor Campmany hace constar, por muchas veces que se le requirió a Guevara de Vasconcelos, éste nunca llegó a firmarlo. Según la relación de Traggia, aparece una cifra de 14.216 piezas en total y aunque dice que «todavía no están arregladas» la de las señores Trabuco (3.218 monedas) y Leraun (1.616 monedas), también las contabiliza. El repertorio resulta de sumo interés, pero permanecen ciertas incógnitas como la mención, ya en ese momento, de 157 aúreos y 808 denarios no localizados hoy día.

Fig. 7. *Tetradracma de Akragas (Agrigento).*

Fig. 8. Tetradracma griega de Alejandro Magno.

En efecto, casi cerrando el siglo, en 1796, el Monetario había recibido dos importantísimos legados, el de D. Manuel Trabuco y Belluga, Deán de Málaga y académico (leg. 56, 6 y 56, 9), y el de D. Joaquín de Traggia. Referente al primero hay un informe fechado el 18 de Junio de 1797 donde se alude a bastantes piezas de la Hispania romana y visigodas. Con respecto al de Traggia se organizaron varias Juntas referentes al tema aun en la época de Guevara de Vasconcelos, informando el Anticuario en todas y en muchas de ellas, los Sres. Trigueros y Banqueri. Se conserva una nota indicando el número de piezas por serie con un total de 405 monedas, y otras alusiones en *«Varios documentos de Abril 1796 a Enero 1801»* y parece que el propio Sr. Traggia, siendo Anticuario, ya había dado sus propias referencias (leg. 56, 8). Lo cierto es que un documento firmado por Manuel Abella en 1803 recoge las monedas que éste remite a la Academia encontradas aun *«en poder de nuestro difunto académico el Sr. D. Joaquín Traggia»*.

Fig. 9. *Quinario del emperador Tiberio.*

Fig. 10. *Sestercio de Calígula con Agripina, Drusila y Julia en el reverso, procedente de la Colección Lifchuz.*

Fig. 11. *Sólido del emperador Arcadio.*

Cerramos estas notas sobre la documentación del siglo XVIII con una curiosa polémica que se refleja en la Junta habida el 14 de Marzo de 1800. La Academia informa *«a la vía reservada del Estado sobre una solicitud del cura de Escalonilla, D. Luis Carlos de Zúñiga, acerca de reinterpretación de monedas celtibéricas»*. A estos se adjunta el documento que había enviado D. Mariano Luis de Urquijo al Conde de Campomanes, firmado el 27 de diciembre de 1799, donde se dice que la respuesta la pasará a noticia de S.M. Pero ni las altas esferas a las que recurría D. Luis Carlos de Zúñiga para que se le escuchara podían conseguir que sus estudios se convirtiesen en un trabajo serio y válido. En efecto, tras los informes adecuados, la Academia aclara que no hubiera hecho falta recurrir a tal autoridad para que al cura se le respondiese: en 1796 el de Zúñiga ya había enviado otras propuestas de interpretación basadas en el griego y ya entonces Trigueros y Guevara de Vasconcelos demostraron la *«absoluta inverosimilitud de su interpretación»*. Ahora lo hace por el *bascuence* (sic) y *«es de temer no corresponda el suceso a su trabajo»*.

En efecto, en los informes se lee que ni Banqueri ni Traggia aceptaron sus conjeturas, llegando Traggia a decir *«la Academia no debe perder ni hacer perder tiempo en los exámenes de los escritos del Sr. cura mientras no fije el alfabeto ni los principios inalterables para proceder con seguridad ... sin cuyo presupuesto será edificar sobre arena movediza un sistema que no podrá subsistir»*. En conjunto, como el cura de Escalonilla no se privó de responder airado defendiéndose, hay toda una serie de objeciones y respuestas, susceptibles de un jugoso estudio.

A modo de balance podemos afirmar que, a pesar de las polémicas internas en torno a la figura de Guevara de Vasconcelos, esta época final del siglo XVIII fue un momento importante en el aumento de los fondos del Monetario como se desprende de la copiosa documentación conservada. Sin embargo, según se deduce de la breve reseña de la Colección que en 1874 hizo en su discurso D. Vicente Barrantes [10], en los años siguientes el Monetario no obtuvo tan sustanciosas herencias ni sus fondos fueron lo bastante saneados para adquirir ejemplares raros con precios elevados. Con pena, Barrantes reconoce que les aventaja con mucho la colección del Museo Arqueológico y la de la Academia *«no es ya, como debería ser, una de las primeras de España»*. Pero sobre el siglo XIX pueden verse los datos recogidos por M. Almagro en este mismo volumen [11].

No obstante, es indiscutible que los fondos numismáticos seguían siendo una pieza clave en la colección de antigüedades de la Institución que siempre fue consciente de ello, y esto explica que varios de los Anticuarios elegidos hayan sido numísmatas o al menos gran-

[10] Citado en nota 2.

[11] Sobre las Colecciones hispanas en el siglo XIX véase también T. R. Volk, «Coin-Collecting and the institutionalisation of Spanish numismatic 1855-1936», en G. Mora, M. Díaz Andreu, eds. *La Cristalización del Pasado: Génesis y Desarrollo Génesis y Desarrollo de la Arqueología en España,* Málaga 1997, pp. 173-185.

Fig. 12. *Dracmas griegas de* Emporion *(Ampurias).*

des conocedores de las monedas: además del mencionado Guevara de Vasconcelos, lo fueron Antonio Conde, José Sabau, José Antonio Delgado, Manuel Gómez Moreno y J.M.ª Navascués.

Fig. 13. *Monedas hispano-cartaginesas de plata de la serie del elefante, acuñadas por los Bárquidas probablemente en* Carthago Nova *(Cartagena).*

Dejamos estas pinceladas sobre la documentación reservada del siglo XVIII para contemplar la postura de la Academia y sus miembros en torno a la Numismática ya en el último cuarto del XIX y XX, desde su publicación-insignia, el *Boletín de la Real Academia de la Historia.*

En 1877 se abría la serie precisamente con la necrológica de un ilustre numismático andaluz, D. Antonio Delgado Hernández [12], glosándose no sólo su vida personal y política sino la ejemplar labor de Anticuario que había desarrollado durante 20 años en la Academia y los estudios científicos que hubo acometido. Es interesante señalar que ya en ese primer volumen se deja ver el importante papel que la Numismática árabe ocuparía en adelante: se publicaba un artículo sobre maravedises de D. Juan de Dios de la Rada y Delgado, un comentario sobre la entonces reciente obra de J. Mazard, *Numismatique de l´Ancienne Afrique,* que firma el insigne arabista F. Codera, y otro sobre la obra de este último, *Numismática arábigo española,* cuyo autor es E. Saavedra.

Leyendo una noticia del volumen III de 1882 nos damos cuenta de las consecuencias lamentables que iban a tener a la larga, para la investigación y el patrimonio español, las limitadas y escasas posibilidades económicas de la Academia, que le impedían comprar Colecciones como la Rubio de Cádiz –recomendada por A. Delgado– o la Lorichs: Hildebrant, de la Academia sueca, proponía entrar en la española contribuyendo con las noticias de la última colección mencionada que poseía un gran número de monedas hispanas, pero estaba ya adquirida por el gobierno sueco. También la colección Rubio había seguido el mismo camino como se advierte hoy consultando el *Sylloge Nummorum Graecorum* correspondiente al Danish Museum de Dinamarca.

Desde esos años, las publicaciones y noticias de Numismática suelen ir firmadas por Codera en lo referente a las árabes y por Celestino Pujol y Camps las ibéricas. Este último, en 1887, regaló al Monetario de la Academia sus monedas árabes, y una donación similar la hizo otro de los personajes sevillanos, interesante por su afición y preocupación por las monedas, y que había pertenecido al círculo de D. Antonio Delgado: D. Francisco Caballero Infante. Hasta 1897 continuan las publicaciones sobre monedas, repartidas entre los autores mencionados, con alguna excepción, como en 1892 la «Numismática española» de D. Fidel Fita.

[12] Sobre él, véase B. Mora Serrano, «La Arqueología en el discurso numismático del siglo XIX en España: el Nuevo método de D. Antonio Delgado» en G. Mora, M. Díaz-Andreu (eds.), *La Cristalización del Pasado: Génesis y Desarrollo del Marco Institucional de la Arqueología en España,* Málaga 1997, pp. 163-171.

Fig. 14. *Dracmas de* Arse *(Sagunto).*

Fig. 15. *Denario de Augusto de Emerita (Mérida).*

Fig. 16. *Triente de Chindasvinto acuñado en Hispalis (Sevilla).*

Fig. 17. *Fracción de dinar en electron del reino taifa de Toledo.*

Fig. 18. *Dos mancusos de oro, imitando dinares, de Ramón Berenguer IV (954-1076).*

En el volumen XXX de 1897 la insigne firma de Emil Hübner glosa, a modo de necrológica, la obra científica de otro numísmata, D. Jacobo Zóbel de Zangroniz. A partir de ahí va decayendo el interés por las publicaciones relativas a monedas, con alguna excepción debida de nuevo a Codera y a D. Antonio Vives, que inicia aquí sus publicaciones como académico. En 1905, J. Catalina García, Anticuario a la sazón, hace un inventario y descripción de las 428 Medallas españolas que entonces se conservaban en el Gabinete.

El Boletín acoge las noticias de hallazgos, algunos tan importantes como el de Mogente, habido en 1910, aunque no llegan por desgracia a formar parte de los fondos de este Monetario. Aparecen las firmas de J. R. Mélida y A. Blázquez. A partir de 1918 se anima un poco la numismática cristiana moderna e incluso la americana, y la antigua conoce algún artículo de D. Pío Beltrán acerca del *solidus aureus,* mientras que H. Sandars salva con sus noticias uno de los tesoros de denarios republicanos de Sierra Morena.

En 1925 tiene lugar la necrológica de D. Antonio Vives y Escudero y poco después, en 1927, comienzan las publicaciones de otro insigne numismático y académico, D. Felipe Mateu y Llopis. En adelante se enrarecen en extremo las noticias numismáticas, con alguna excepción del último autor mencionado o del mismo D. Manuel Gómez Moreno, de D. Francisco Alvarez Ossorio o, a partir de 1970, de J. M. de Navascués.

Este aparente descenso del interés hacia la Numismática por los círculos académicos contrasta con el florecimiento, reflejado en revistas, monografías, etc. de esta Ciencia en España, que hoy sigue las líneas de investigación que actualmente se plantean en Europa gozando de una clara aceptación internacional que se manifiesta, por ejemplo, en la elección de Madrid como sede del próximo Congreso Internacional de Numismática a celebrar en nuestro país en el 2002.

Contrasta también con la existencia de su interesante Monetario, donde se guardan no sólo numerosas piezas, sino muchas de interés, y algunas excepcionales, como el conjunto de monedas visigodas y una riquísima documentación referente al desarrollo de su formación y temas afines desde el siglo XVIII.

El Monetario está guardado en 6 armarios de madera, que ya de por sí son una obra de artesanía antigua, con cajoncillos que se aislan tras dos puertas batientes y cajones mayores en la parte inferior. Hay otro empotrado y uno, menor y con Medallas, además de una vitrina también con Medallas. Cada cajoncillo guarda una o dos bandejas forradas de una especie de cuero, y hechas de cartón prensado en cuatro capas, siendo los huecos donde se colocan las monedas de tono rojo y llevando un número, a menudo dorado, sobre cada uno.

Fig. 19. *«Enrique» acuñado en Toledo con la representación de Enrique IV sentado.*

El recuento de su contenido, ha sido realizado por el actual anticuario, Prof. D. Martín Almagro Gorbea, quien nos da la cifra aproximada de 42.000 monedas y 2.528 medallas (figs. 6 a 24). A su labor paciente pertenecen los datos que reproducimos a continuación.

Aproximadamente, la mitad de las monedas se guarda ordenada en los cajoncitos de los seis armarios o «burós» de roble del siglo XVIII a los que más arriba se ha hecho referencia, aunque otra parte ligeramente más numerosa se conservaba en sobres, e incluso en sacos, que estaban despositados en diversos cajones y armarios pendiente de su clasificación, estudio y ordenación, que actualmente se guardan en archivadores. Para dar una mejor idea, el armario 1 alberga 3.408 monedas hispánicas y 829 griegas; el armario 2, 4.001 romanas; el armario 3, 3.453 romanas bajoimperiales y 465 bizantinas. El armario 4 contiene 1.386 hispano-árabes, 2.833 hispano-cristianas y 959 extranjeras. En el armario 5 se guardan 894 monedas extranjeras y 735 medallas, y, en el armario 6, otras 1.761 medallas. Pero, como resulta lógico, esta ordenación que actualmente presenta el Numario, se deberá modificar a medida que se vayan estudiando y clasificando todas las monedas que integran cada una de las distintas series. Actualmente, tanto los armarios originales del Numario con las monedas que contenían como las restantes piezas conservadaas en sobres, se custodian debidamente en una cámara acorazada.

Fig. 20. *Real de a 8 de Felipe II acuñado en Zaragoza en 1556.*

En el futuro, estas colecciones del Numario se pueden organizar en Monedas y Medallas, clasificables, a su vez, en Españolas y Extranjeras. Entre las monedas españolas, destacan las 3.785 hispánicas, con alguna pieza tan célebre como el dishekel con el retrato de Asdrúbal? y elefante[13] *o los denarios celtibéricos incusos por defecto de acuñación del tesoro de Quintanarredonda. Las monedas visigodas son 67, y hay improntas de otras 7 más. La colección de monedas árabes también es de gran interés, pues incluye 5.539 ejemplares, en su mayoría peninsulares, destacando alguna pieza tan rara como el dirhem de la ceca de Alpuente. De la España medieval hay 2.115 piezas, entre las que cabe destacar el morabetín de Fernando II de León o el rico conjunto de doblas «de la banda» de Juan II de Castilla y, de la España Moderna, otras 3.581, con algunos duros notables así como un magnífico «cincuentín».*

El monetario también posee unas 1.530 monedas de Grecia y de Roma

[13] L. Villaronga, *Las monedas hispano-cartaginesas,* Barcelona 1973, p.146, nº 5, considera que seguramente procede de la Colección Zóbel (*MNE* IV p. 178).

Fig. 21. *Real de a 8 de Felipe IV acuñado en Potosí en 1657.*

Fig. 22. *Medalla sobredorada de Felipe II.*

hay un total de 20.392 piezas, de las que 2.298 son de la República, predominantemente denarios, incluyendo el famoso tesoro de la Oliva (Jaén); 5.610 son del alto Imperio, con algunas piezas excepcionales, como un sestercio de Nerón con el puerto de Ostia y 12.013 del Bajo Imperio, además de 471 indeterminadas en espera de su debida clasificación. También posee el Numario una colección de monedas bizantinas, formada por 632 piezas. Además, hay 3.567 monedas de diversos paises extranjeros, predominando las europeas e islámicas, sin contar con una curiosa colección de 534 monedas de bronce de China.

En los que respecta a las medallas, éstas también se deben clasificar en españolas y extranjeras, sumando en total 2.528 piezas [14]. Entre las españolas, cabe destacar las de proclamación real y la coleccion dedicada a Carlos V, de gran calidad, con alguna pieza muy bella, como una de bronce dorado con el Emperador e Isabel de Portugal.

[14] A. Rumeu, *op. cit.* en nota 2 del texto de M. Almagro, p. 127.

Respecto a las Medallas Extranjeras, existen dos magníficos ejemplares, uno de ellos en bronce dorado de la Medalla de Alfonso V de Nápoles firmada por A. Pisanello, siendo también muy importante la serie de medallas papales y, entre otras curiosidades, cabe reseñar una serie de medallas de zares rusos guardadas en su estuche-carpeta original del siglo XVIII, así como unos troqueles de acero.

* * * *

En la actualidad hay una gran inquietud por recoger de forma adecuada toda la información que se desprende de los Monetarios, empezando por una seria y responsable catalogación, como se viene haciendo en las muy conocidas series de los *Sylloge Nummorum Graecorum,* aparecidos por toda Europa, y de los que el Museo Arqueológico Nacional de Madrid ya ha publicado su primer volumen. Al mismo tiempo se impone la informatización de los fondos de la que contamos con varios e interesantes ejemplos realizados en Museos y Colecciones europeas, con los que afortunadamente empieza a mantener contactos al respecto esta Real Academia de la Historia.

Fig. 23. *Medalla de Juanelo Turriano.*

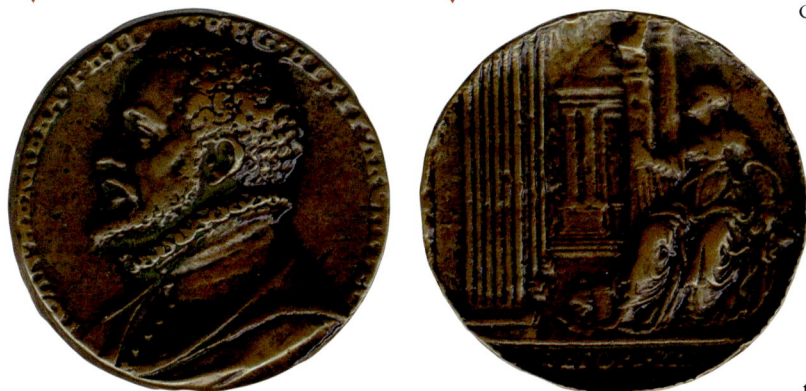

La delicada labor que se impone en el presente a esta Institución es insertar su Monetario en las líneas avanzadas de informatización y consulta que desarrollan los Gabinetes y Museos del resto de Europa, pero esto debe hacerse con el tacto suficiente para, a su vez, preservar los valores documentales y museográficos que mantiene la colección, reservada y quieta a a lo largo del tiempo, testimonio recoleto de unos siglos eruditos y de unos interesantes personajes que, con su estudio y saber, investigaron y avanzaron en nuestra historia y, con sus propias personas, forman ya parte de nuestra Historia misma.

Fig. 24. *Medallas de Alfonso XIII niño en su estuche originario de 1888.*

La colección de cuadros y grabados de la Real Academia de la Historia

José Manuel Pita Andrade

IS primeras palabras quiero que sirvan para celebrar el que la Real Academia de la Historia, a través de su Anticuario, mi querido amigo y compañero don Martín Almagro Gorbea, haya organizado este curso. En él se dan a conocer los valiosos fondos histórico-artísticos que atesora y que, desgraciadamente, apenas se han divulgado. Deseo vivamente que este ciclo sirva de umbral a una compleja tarea de remodelación de las instalaciones con la esperanza de que puedan ser visitadas con la necesaria amplitud. Los fondos de nuestra Corporación se distinguen por su carácter misceláneo. No consienten estructurarse como un verdadero museo, aunque muchos de ellos sean museables. En ese sentido se ajusta muy bien a sus características el que se ofrezcan agrupados bajo lo que se denomina *Gabinete de Antigüedades,* ajustándose con rigor a las características que éstos tenían en el siglo XVIII. Recuerdo, al valorar esta expresión, lo que decía el arquitecto don Juan de Villanueva en la interesantísima noticia que dio sobre su obra maestra del Paseo del Prado. Al referirse a los fines del edificio hablaba de que lo que nacía como un «Gabinete de Historia Natural» acabaría convirtiéndose en un verdadero museo. Se expresaba así cuando no tenía ni remota idea de que su bellísima construcción acabaría albergando una de las pinacotecas más importantes del mundo. En nuestro caso, queda la expresión «Gabinete» con todo su contenido, aunque extendamos el valor semántico de la expresión «Antigüedades» para que quepan en ella creaciones artísticas muy próximas a nosotros.

Si se repasan los títulos de este ciclo e incluso el apretado texto que acompaña al programa, se observará que las obras que vamos a analizar enseguida, es decir, los cuadros y grabados que guarda la Corporación, se despegan un tanto del resto de las colecciones. Cierto que no vamos a intentar establecer una separación entre las creaciones que deben valorarse en un plano arqueológico y las que deben clasificarse como artísticas. Me uno en esta ocasión, sin vacilar, a los criterios defendidos por un inolvidable y queridísimo colega que fue miembro de número de esta Academia y que se nos fue prematuramente: el profesor don Antonio Blanco Freijeiro. Me decía que, a su juicio, la única fisura digna de establecerse entre la arqueología y el arte era de carácter cronológico. Un ilustre discípulo suyo, el profesor don José María Blázquez Martínez, confirmaría la tesis de su maestro al disertar la semana pasada sobre esa espléndida joya en la que conviven la arqueología y el arte que es el *Disco de Teodosio*.

Los imperativos cronológicos van a obligar a separarnos un tanto de los fondos analizados por los profesores Blázquez y Abascal, aunque no sobre los que tendrá en cuenta doña Francisca Chaves Tristán en el campo de la numismática. En los mundos de la pintura y del grabado se nos muestra un panorama desigual y dispar cuya valoración exige tener en cuenta dos criterios: los de carácter histórico (esenciales en una Academia como la nuestra) y los artísticos. Otra Corporación hermana, como es la Real Academia de Bellas Artes de San Fernando, es obvio que tiene que conceder primacía absoluta a las creaciones nacidas al calor de los principios estéticos que imperaron en el siglo XVIII: rendían culto a la belleza como objetivo primordial de las obras de arte. Aquí, insisto, tendremos que procurar una rigurosa alianza entre la historia y el arte; buena parte de los fondos que nos van a interesar se justifican por su valor iconográfico. Dentro de la Edad Media se inscribe un valioso conjunto de códices miniados y una creación absolutamente capital y aislada: el llamado *Tríptico-Relicario del Monasterio de Piedra*, fechado en 1390. En el umbral de la Moderna se inicia la nómina de retratos. Siempre me ha sorprendido el que nuestros colegas de los siglos XVIII y XIX no hubieran sentido la tentación de decorar esta casa con cuadros de historia. Recuérdese que en

▲ **Fig. 1.** *Tríptico-relicario del Monasterio de Piedra.*

aquellos tiempos se consideraba (y de una manera muy estricta en los ámbitos académicos) este género como el más sublime de todos. Los miembros de San Fernando sí cayeron en la tentación de concederle la máxima relevancia: los más sonados hechos de nuestro pasado se convirtieron en tema de examen de los concursos que servían para premiar a los jóvenes pintores con pensiones a Roma. Los pequeños cuadros de historia del siglo XVIII, que hoy penden de los muros de los pasillos de la Academia de Bellas Artes, no llegaron a ocupar sala alguna del edificio donde nos encontramos ahora. En el siglo XIX, al crecer desmesuradamente las proporciones de los lienzos de historia, ni en la Corporación hermana ni en la nuestra tuvieron cabida aquellas pinturas que hoy, por cierto, vuelven a estar de moda. Como no hay regla sin excepción anotemos que en un despacho de nuestra Academia cuelga un lienzo de un pintor que vivió en el siglo XX, Núñez Losada, que evoca *La batalla de Alcolea*.

Me parecía indispensable esta digresión, porque no deja de sorprender un poco el que nuestros colegas de anteayer y de ayer se apartaran de aquellas reconstrucciones ficticias y teatrales del

Fig. 2. *Cuadro de la Batalla de Alcolea, óleo de Rodríguez Losada donado por el Correspondiente D. Manuel Alfaro.*
▼

pasado y, en cambio, se afanaran por el estudio de éste no sólo ahondando en el conocimiento de los hechos, sino de los objetos; en nuestra Corporación hubo siempre magníficos «anticuarios», valorando esta voz con su más noble significado. Entremos ya en materia centrando nuestro interés primero, en los fondos medievales; luego acudiremos a los retratos valorando, sobre todo, los que destacan por su interés artístico. Rescataremos la imagen fehaciente de algunos protagonistas de nuestra historia remontándonos, para ello, a los últimos años del siglo XV. Dejaremos además constancia de las personas que desde el siglo XVIII a nuestros días tuvieron que ver, de un modo más o menos directo, con la vida de la Corporación. Como un mero apéndice debemos considerar lo que concierne al campo del grabado. Unas leves referencias a los que se guardan en esta casa darán testimonio de su presencia en nuestras colecciones.

Partamos de una brevísima alusión a cómo fue nutriéndose la Real Academia de la Historia de las obras que vamos a considerar. Vaya por delante que lo haremos sin haberse realizado hasta ahora un estudio riguroso del tema, que no debería dilatarse. Nos apoyaremos en los datos que suministran los inventarios, sin duda valiosos. Solo dos se publicaron, de manera sumaria, en el *Boletín de la Academia,* en 1903 y en 1913. A lo registrado en ellos añadiremos algún testimonio. La llegada a esta Casa del *Tríptico-Relicario* tuvo un carácter meramente accidental. Los retratos de personajes relevantes de nuestra historia ingresaron por dos caminos diferentes. Hubo algunos fruto de diversas adquisiciones o donativos; pero una parte muy significativa llegó a través de diversos depósitos efectuados por el Museo del Prado; el más antiguo, por una real orden de 1873; otros por disposiciones semejantes del 27 de febrero y del 29 de marzo de 1913; finalmente, por una orden ministerial del 14 de diciembre de 1943. Pero hemos de advertir que parte de las pinturas que (en marzo de 1913) nuestra primera pinacoteca adjudicó a nuestra Corporación fueron cedidas en 1950 al Instituto de España, necesitado de decorar las paredes de sus ámbitos después de su creación. Los retratos de personajes contemporáneos vinculados de algún modo a la Academia ingresaron como fruto de adquisiciones o donaciones. Digamos por último que la mayor parte de los grabados accedieron por legados o donativos muy diversos.

LAS MINIATURAS

Aunque no se incluyen en el *Gabinete de Antigüedades,* debemos considerarlas aquí porque ocupan un puesto importante en los fondos artísticos de la Real Academia de la Historia. Nos asomaremos muy brevemente a la Biblioteca para constatar la presencia de un valioso conjunto de códices con miniaturas; porque en las ilustraciones de los manuscritos encontramos valiosos testimonios de la pintura aunque, por razones obvias, existan graves dificultades para exponer públicamente esos fondos. Desde 1997 se encuentran rigurosamente registrados en el espléndido *Catálogo de la Sección de Códices* realizado por doña Elisa Ruíz García. El primer inventario útil a nuestro objeto se lo debemos, sin embargo, a don Jesús Domínguez Bordona, en el utilísimo tomo I de su obra, *Manuscritos con pinturas,* que publicó el Centro de Estudios Históricos en 1933; en él considera nada menos que 43 obras que, cronológicamente se escalonan desde el siglo X hasta el XVI. Es decir, cabe realizar un recorrido de más de quinientos años a través de códices de desigual extensión e importancia, pero que, en conjunto, consienten atisbar cómo fue desarrollándose una faceta muy peculiar del mundo de la pintura que nos va permitiendo contemplar el desarrollo de los estilos desde la época mozárabe hasta el Renacimiento. Sin espacio para analizar este fondo, añadimos, en un apéndice, el inventario de Domínguez Bordona.

EL *TRÍPTICO-RELICARIO DEL MONASTERIO DE PIEDRA*

No hay duda de que es joya artística de primera magnitud. Creo que necesita todavía un estudio en profundidad aunque no falte su cita en ninguna de las obras dedicadas a valorar nuestra pintura medieval. La primera persona que se ocupó de ella extensamente fue don José Amador de los Ríos, en el volumen VI del *Museo Español de Antigüedades.* Se trata de un precioso y excepcional fruto de la ebanistería mudéjar que da cobijo a un ciclo de pinturas del estilo italogótico vinculado al arte de los hermanos Pedro y Jaime Serra. Si atendemos primero a la carpintería destacaremos el doble carácter que ofrece la obra cerrada o abierta. Con las puertas exteriores abatidas nos encontramos ante un sorprendente conjunto en el que cabe diferenciar tres partes. Dos estarían constituidas por las puertas del tríptico. Se organizan con un marco de lacería en el que quedan encajadas doce escenas dentro de arquerías, sostenidas por columnas, levemente apuntadas y con el interior trebolado. Se distribuyen, de tres en tres, en cuatro recuadros. En ellas se describen episodios de la Vida de la Virgen (lado izquierdo) y de la Pasión de Cristo (lado derecho).

El orden en que se narran se sigue de izquierda a derecha y de abajo a arriba. Así nos encontramos con el *Abrazo ante la puerta dorada, la Natividad de María, la Presentación en el templo* (viéndose cómo sube los escalones del altar deteniéndose para rezar un salmo en cada uno de ellos), la *Anunciación,* la *Visitación* y, por último, la *Natividad,* con una inusitada fórmula iconográfica ya que se ve a la madre levantando al Niño en el pesebre sobre el que se contemplan el asno y el buey.

▲ **Fig. 3.** *Ebanistería mudéjar y ángeles músicos del interior de las alas del Altar-relicario del Monasterio de Piedra.*

▲
Fig. 4a. *Detalle de la cornisa mudéjar con mocárabes y pinturas de santos del Altar-relicario del Monasterio de Piedra.*

En la puerta de la derecha, dedicada a la Vida de Cristo, se contemplan solamente escenas de la Pasión seleccionadas, por cierto, en algunos casos, de un modo bastante original. Así, sorprende, en la primera escena de la parte inferior, la concentración de episodios del *Prendimiento,* con las figuras al pie y a la derecha de discípulos dormidos mientras en la parte superior se describe el instante en que Cristo es arrestado. La segunda escena podría titularse *El lavatorio de Pilatos* ya que aparece centrada por este personaje que está lavándose las manos en una jofaina que sostiene un paje. Cristo, de pie, está a la izquierda un poco ajeno al acto del juez. La tercera representación nos muestra a *Cristo camino del Calvario;* aparece de pie llevando la cruz a cuestas por la parte inferior y volviendo la cabeza hacia atrás donde parece destacarse la efigie de su madre (fig. 4b). Dirigiéndonos al registro superior nos encontraríamos con un tema poco frecuente, el de *Cristo clavado en la cruz con las santas mujeres contemplando el terrible martirio.* A continuación viene un *Calvario* centrado por la figura del Crucificado con los ladrones a ambos lados, teniendo las Santas Mujeres y San Juan a los pies. Concluye el relato con la escena del Descendimiento, apareciendo en ella San José de Arimatea y Nicodemus en unas escaleras, sosteniendo el cuerpo, las Santas Mujeres de pie y sentado San Juan; no acabo de identificar a dos personajes, de pie, que ocupan el extremo de la derecha. Este amplio repertorio iconográfico queda enriquecido por las figuras con filacterias e inscripciones que tampoco he podido leer, que se ven en las enjutas de los arcos. Concluyamos con el análisis de las puertas advirtiendo que muestran una estrecha bordura con motivos decorativos de carácter vegetal en los extremos y una inscripción, en letra gótica, que se inicia en la parte superior y concluye en la inferior con la fecha de 1390, detalle de capital interés que permite situar la obra de manera inequívoca en un momento en que, siguiendo la nomenclatura tradicional, el llamado estilo italo-gótico había cedido paso al estilo internacional, aunque los italianismos persisten con gran vigor.

▲
Fig. 4b. *Detalle de la Vida de Cristo del exterior de las puertas del Altar-relicario del Monasterio de Piedra.*

La inscripción latina, según la lectura realizada por José Amador de los Rios, dice así:

I.- TABERNACULUM HOC VOCABITUR AULA DEI QUIA VERE / DOMINUS EST IN LOCO ISTO FUIT AUTEM CONSTRUCTUM AD / HONOREM ET REVERATIAM SACRATISSIMI CORPORIS / DOMINI NOSTRI JHU XPI ET PASIONIS EJUSDEM / NEC NON AD HONOREM

II.- ET REVERATIAM SACTISSIME GENITRICIS EIUSDEM / ET TOTIUS CELESTIS CURIE ET SANCTORUM ... / AT ... FUIT ... DEPICTUM ANNO M CCC XC ANIMA ORDINATORIS REQUIESCAT ... SINU SALVATORIS AMEN

que, traducido al español, quedaría en estos términos;

I.- ESTE TABERNÁCULO SERÁ LLAMADO PALACIO DE DIOS PORQUE EL SEÑOR ESTÁ EN ESTE LUGAR VERDADERAMENTE. FUE CONSTRUIDO PARA HONRA Y REVERENCIA DE DIOS DEL SACRATÍSIMO CUERPO DE NUESTRO SEÑOR JESUCRISTO Y DE SU PASIÓN

II.- LO MISMO QUE EN HONRA Y REVERENCIA DE SU SANTÍSIMA MADRE Y DE TODA LA CORTE CELESTIAL Y DE LOS SANTOS ... ... FUE ... PINTADO EN EL AÑO MCCCXC EL ALMA DE QUIEN LO ORDENÓ DESCANSE EN EL SENO DEL SALVADOR. AMÉN [1].

Dirijamos ahora nuestra mirada a la espléndida cornisa de madera tallada que corona el conjunto (fig. 4a). Se trata de una soberbia pieza dorada en la que, de abajo a arriba, se alinea un conjunto de personajes representados de tres cuartos separados por columnas. Se trata de un Apostolado presidido por dos figuras repetidas de Cristo. En una está cubierto con un manto, bendiciendo, pero dejando ver desnudo el tronco como recordando todavía la iconografía vigente en el siglo XIII en el que, como Juez, aparecía mostrando las llagas en el costado, manos y pies.

[1] Al margen de esta lectura, los profesores de las Universidades de Salamanca y de Granada, don Salvador Núñez García-Balmás y doña Leonor Pérez Gómez, han realizado algunas observaciones sobre la interpretación del texto que agradecemos mucho y tendremos en cuenta en un estudio que proyectamos.

En otra Cristo está sentado, en un trono, y completamente vestido. A un lado y a otro se alinean los apóstoles. Y en los extremos hay sendos personajes que no acabo de identificar. Por encima de todos estos personajes se desarrolla una rica decoración de mocárabes que concluye en una arquería lobulada; en las enjutas se cuentan hasta quince escudos que no me atrevo a descifrar.

Abriendo el tríptico se contempla la zona dedicada a relicario, con arcos apuntados y gabletes, mientras que ángeles músicos guarnecen la parte interior de las alas del tríptico.

EL RETRATO DE ISABEL LA CATÓLICA

Fig. 5. *Retrato al óleo de la Reina Isabel la Católica, atribuido a Juan de Flandes.*

Es obra muy notable, pero objeto de discusión por conservarse una réplica en las colecciones reales y haberse producido disparidad de opiniones sobre cual debe considierarse de superior calidad; un ilustre miembro de nuestra Corporación, don Manuel Gómez-Moreno, defendió la primacía de la nuestra. Sin entrar en la polémica, señalemos que desde el punto de vista iconográfico ambas nos ofrecen una visión de busto de la Reina Católica, con rasgos fisionómicos sobriamente expresados en el rostro que aparece vuelto levemente hacia la derecha. La reina lleva en su cabeza un casquete que recubre un fino y transparente velo; se sujeta en el pecho con un broche, con una cruz de la que cuelga una venera que parece servir de relicario. Nuestra pintura, sobre fina tabla de roble, hoy engatillada, ha sido restaurada (con no mucha fortuna) hace algunos años. La atribución de las dos tablas al pintor de la Reina Católica, Juan de Flandes, resulta muy verosímil. Recordemos que, sobre ellas, realizó un ajustado comentario el profesor Sánchez Cantón. Los dos retratos proceden de la Cartuja de Miraflores. Mide el nuestro 0,37 × 0,38 cm.. Figuró, en 1958, en la exposición dedicada en Toledo al centenario de la muerte de Carlos V. Remitimos a los trabajos publicados sobre el tema [2].

[2] Ver RODRÍGUEZ FERRER, M.: «Retrato histórico de la Reina Católica procedente de la Cartuja de Miraflores y hoy existente en casa del Sr. Marqués de Pidal». En *La Ilustración española y americana,* 1886. GÓMEZ-MORENO, Manuel: «Retratos de la Reina Católica». *Revista de Archivos, Bibliotecas y Museos.* Madrid, 1901. MARTÍ Y MONSÓ, J.: «Retratos de Isabel la Católica», *Boletín de la Sociedad Española de Excursiones.* Valladolid, noviembre, 1904. .SÁNCHEZ CANTÓN, *Los retratos de los Reyes de España.* Barcelona, Omega, 1948, pp. 94-95. En 1951, el profesor ANGULO ÍÑIGUEZ publicó una serie de trabajos sobre el tema: *Isabel la Católica: sus retratos.* Santander, Universidad Internacional Menéndez Pelayo. «Un nuevo retrato de Isabel la Católica». *Archivo Hispalense.* «El retrato de Isabel la Católico». *Árbor;* en 1954 él mismo insistió sobre el tema en el artículo, «El retrato de Isabel la Católica de la colección Bromfiel Davenport». *Archivo Español de Arte.* [Catálogo de la Exposición:] *Reyes y mecenas. Los Reyes Católicos. Maximiliano I. Y los inicios de la Casa de Austria en España.* Toledo, Museo de Santa Cruz, 1992, pp. 418, nº 153 [la ficha del catálogo está redactada por Fernando Checa].

EL RETRATO DE *HERVÁS Y PANDURO* POR ANGELICA KAUFFMANN

Por un curioso azar del destino, nuestra Academia posee un buen retrato de un ilustre personaje jesuita, gran investigador en el campo de la filología. La obra fue realizada por la pintora suiza Angelica Kauffmann, (1741-1807) nacida un lustro antes que Goya, que vivió en Roma, donde estuvo desterrado nuestro personaje. Constituye un magnífico testimonio del retrato neoclásico que Goya habría de superar con sus valientes pinceles. En el lienzo, rectangular, se inscribe un óvalo con la figura, de medio cuerpo, sentado, sosteniendo una pluma y un libro en cuyo lomo se lee: «HERVAS XXXII». Este famoso jesuita había emigrado a Italia

Fig. 6. *Retrato del P. Hervás y Panduro por Angélica Kauffman.*

cuando se decretó, en 1767, la expulsión de la Compañía. Humanista de primer orden, había nacido en 1735 muriendo en 1809.

Al dorso del bastidor hay un papel pegado en el que se lee *«Angélica Kauffman pinsit, 1794»*.

LA GALERÍA DE RETRATOS DE LA ACADEMIA

Sólo para cumplir con un deber informativo, tras la selección de retratos que acabamos de hacer, advertiremos que la Academia fue formando, desde el siglo XVIII aunque con medios muy modestos, una galería de retratos que, posiblemente pudieron, en alguna ocasión, reflejar, por un lado, el designio de celebrar la memoria de personajes famosos de nuestra historia y, por otro, coleccionar retratos de las personas más ilustres vinculadas a la Corporación, ocupando entre ellas un lugar destacado las de quienes llegaron a ser Directores de la Academia.. Los frutos del esfuerzo realizado no han sido especialmente brillantes porque los pintores encargados de realizar este proyecto no fueron, en general, astros de primera magnitud. Conformémonos, por tanto, con la breve, pero relevante serie de pinturas que nos llevaron desde la pintura medieval hasta Goya.

LOS RETRATOS DE GOYA

Los cinco lienzos que posee la Academia fueron estudiados por mi maestro, don Francisco Javier Sánchez Cantón en 1946, para celebrar desde esta Casa el segundo centenario del nacimiento del gran maestro aragonés. De lo que se dijo entonces no hay mucho que añadir ahora. Sólo nos permitiremos algunos levísimos retoques.

Carlos IV y María Luisa

Por razones de orden cronológico y jerárquico hemos de comenzar aludiendo a los dos óleos que representan, en tamaño de tres cuartos, a *Carlos IV* y a su mujer *María Luisa de Parma* en la ocasión de haber accedido al trono de España. La fecha de 1789 queda acreditada por un recibo (fig. 7) en donde se dice: *«los retratos de SS.MM. Dn. Carlos IV y Dª Luisa de Borbón pintados por Don Franc. de Goya, su pintor de Cámara, para la Rl. Academia de la Historia, del tamaño del natural y de más de medio cuerpo, con las Ynsignias Reales, Ymportan 6.000 rs. vn. Madrid, 11 de sep. de 1789»*. Observemos que nuestro pintor se

▶▶ **Fig. 7.** *Recibo de 6.000 reales, firmado el 11 de Septiembre de 1789 por Francisco Goya, como «su pintor de cámara», por los retratos de Carlos IV y María Luisa.*

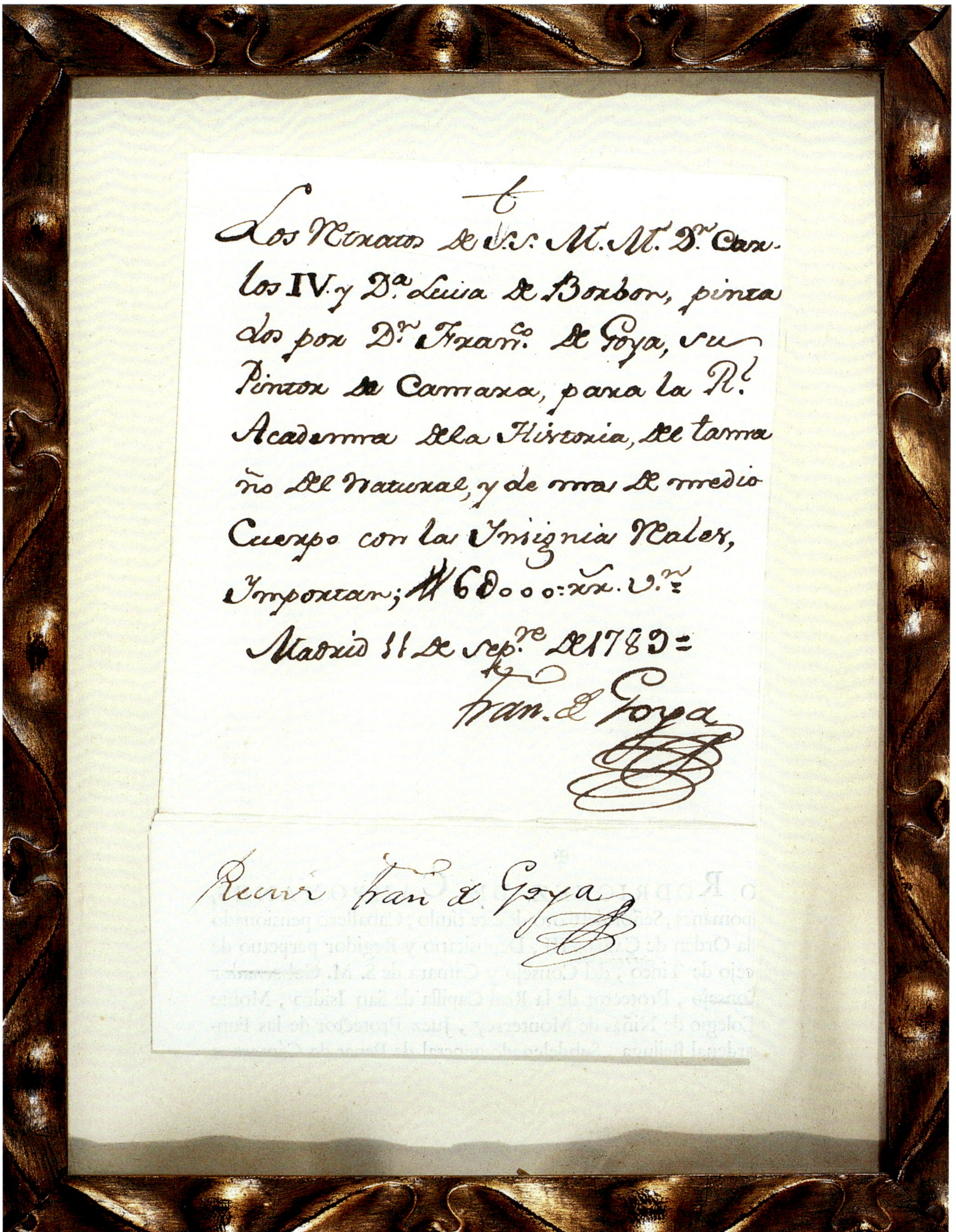

†

Los Retratos de SS. MM. Dn. Carlos IV. y Da. Luisa de Borbon, pintados por Dn. Fran.co de Goya, su Pintor de Camara, para la Rl. Academia de la Historia, del tamaño del natural, y de mas de medio Cuerpo con la Insignia Real, Importan; 6000 rs. vn.

Madrid 11 de sep.re de 1789 =

Fran. de Goya

Recivi Fran. de Goya

▶
Fig. 8. *Retrato oficial para la Real Academia de la Historia del Rey Carlos IV, por Francisco Goya.*

declara «Pintor de Cámara», título que había recibido unos meses antes, el 25 de abril, y que siempre le había regateado Carlos III). Este monarca había muerto, como es sabido, el 14 de diciembre de 1788 y su hijo había sido proclamado rey el 17 de enero de 1789.

Es obvio que los lienzos de la Academia se inscriben dentro de una serie de réplicas en las que el pintor modificó solamente breves pormenores. Sirvan como ejemplo los dos retratos que el Museo del Prado depositó en el de Zaragoza en las que hasta las medidas casi coinciden (nuestros lienzos tienen el mismo ancho

Fig. 9. *Retrato oficial para la Real Academia de la Historia de la Reina María Luisa, mujer de Carlos IV, por Francisco Goya.*

pero quince centímetros menos de altura. De todas maneras no cabe negar que están realizados con pinceladas ágiles buscando ofrecer una versión veraz de los personajes en los rostros. Los de Carlos y María Luisa resultan inexpresivos en la medida en que acaban de plasmar una visión mayestática de la realeza. De aquí a los rostros que encontraremos once años después en *La familia de Carlos IV* no hay demasiadas variantes, como si Goya hubiera querido fijar una fórmula más o menos estereotipada. En el Rey asoma, en todo caso, una expresión bonachona. La Reina parece apretar los labios para no mostrar los problemas que tenía con su dentadura.

Don Mariano Luis de Urquijo

Después de referirnos a los retratos de los reyes, convendrá comentar un inequívoco lienzo de Goya que, sin embargo, ha producido estupor al pretender documentarlo a través de algunos testimonios que figuran en el archivo de la Corporación. Si acudimos a lo que se dice en ellos, resulta que la Academia quiso premiar los favores concedidos por Don Mariano Luis de Urquijo, encargando un retrato que debía ser fruto de una especie de refrito de otros del personaje que había realizado Goya. Hay un recibo de un pintor de segunda fila, Francisco Agustín y Grande, por el que declara, el 24 de diciembre de 1800, haber recibido 400 reales por «el retrato del Sr. Dn. Mariano Luis de Urquijo». Pero los estudiosos de Goya descartan, de manera uná-

Fig. 10. *Retrato de Mariano Luis de Urquijo, por Francisco Goya.*

nime, que el retrato a qué alude el recibo sea el que conserva la Academia. Ni aún los más reticentes críticos lo dudan. Hay que aceptar la hipótesis de Sánchez Cantón de que el retratado acabó regalando un óleo original del maestro; nuestro malogrado amigo don José Luis Morales y Marín fecha este retrato entre 1798 y 1799.

Don José de Vargas Ponce

El retrato es obra de indiscutible interés aunque haya sido algo maltratado por la crítica. No puedo negar que siempre me

Fig. 11. *Retrato del Director de la Academia, D. José de Vargas y Ponce, por Francisco Goya.*

atrajo la contemplación de este personaje sentado de manera algo desenfadada, ocultando sus manos porque de esa manera el pintor ahorraba esfuerzos y el retratado dinero, con el rostro mirando al frente, y con una leve expresión de humor reprimido. Y desde luego esto le iba bien al personaje que llegó a ser Director de la Corporación y del que se conoce un amplio anecdotario.

Fray Juan Fernández de Rojas

Este retrato es, sin duda alguna, el más valioso entre los cinco realizados por Goya; me atrevería a decir que debe destacarse entre los mejores de los salidos de su pincel. Es lienzo de calidad magistral en el que el pintor prescindió de cuanto pudiera resultar anecdótico, quedando imprecisa la indumentaria e, incluso, el bonete que cubre la cabeza para concentrarse intensamente en el rostro, elaborado con carnaciones nacaradas. El fondo, neutro, sirve tan sólo para que la atención quede prendida en la noble faz del personaje. El Conservador del Museo del Prado, Juan José Luna, supo poner a punto la biografía esbozada por Sánchez Cantón. No podemos perder mucho tiempo evocándola, pero vale la pena señalar la erudición del personaje y, al mismo tiempo, su sentido del humor puesto de manifiesto en el tratado que escribió sobre *Crotología* (1792) (es decir, el arte de tocar las castañuelas) o el *Libro de moda en la Feria* (1795). Juan Fernández de Rojas fue, al margen de estas publicaciones, un teólogo que supo hacer crítica literaria y sus pinitos de poesía. La cronología de la obra no se ofrece clara. Juan José Luna la sitúa entre 1800 y 1805. Sánchez Cantón, atendiendo a la edad que representa el retratado (nació en 1768 y murió en 1819) piensa que «el lienzo no parece que pueda datarse después de 1800». Dentro de esta línea, yo llegaría un poco más lejos inscribiendo este retrato en la nómina de los magistrales (pensemos en el *Marqués de San Adrián* o en el *Conde Fernán Núñez)* pintados antes de la Guerra de la Independencia, posterior, desde luego al de *José Vargas Ponce*.

LOS CUADROS DEPOSITADOS POR EL MUSEO DEL PRADO

Debe concluir nuestro recorrido aludiendo a las pinturas depositadas por el Museo del Prado. Sin excepción, nuestra primera pinacoteca cedió un nutrido conjunto de retratos de personajes célebres, sin duda con el afán de enriquecer la galería iconográfica que se había creado desde fines del siglo XVIII. Ya

Fig. 12. *Retrato de Fray Juan Fernández de Rojas, por Francisco Goya.*

hemos dicho que la primera entrega se hizo por Real Orden del 23 de mayo de 1873. Pero no sabemos qué pudo pasar con ella, porque la realidad es que cuando por parte del Museo se hizo una revisión de los depósitos (el fruto de ella se publicó, en agosto de 1980, en el *Boletín del Museo del Prado,* tomo I, nº 2) no se pudo localizar ninguno de estos retratos en los que se efigiaban personajes tan famosos como *El condestable Don Álvaro de Luna, Don Álvaro de Bazán* (Marqués de Santa Cruz), *el Cardenal Granvela, Velázquez, Quevedo, Calderón de la Barca*... y otra serie de personajes más próximos a nosotros como *El General Palafox,* los poetas *Espronceda y Quintana.* De este depósito sin localizar pasaríamos a los realizados en 1913 y en 1943, con retratos que pueden verse en los pasillos y en diversas salas de esta Casa. De nuevo conviven retratos de personajes que se remontan a los siglos XV y XVI (como El *Marqués de Santillana,* un par de Arzobispos de Toledo, el *Cardenal Tavera, El Gran Duque de Alba,* etc..) con hombres más o menos ilustres de los siglos XVIII y XIX. Eludiremos la mención detallada de todos estos lienzos. Tan sólo como curiosidad diremos que algunos fueron realizados por pintores que tuvieron cierta fama en su tiempo como Andrés de la Calleja y José Aparicio (contemporáneos, pero no coetáneos de Goya), Luis de la Cruz y Ríos, Eduardo Cano, Luis de Madrazo, etc.. No nos extenderemos más aludiendo a estos fondos. Tan sólo destacaremos como significativo el retrato de *Felipe V* por el pintor francés Jean Ranc, que preside el salón de actos de la Corporación. Concluyamos recordando que veintisiete lienzos de esta galería de retratos pasaron en 1950 al Instituto de España.

La galería de retratos se acrece con otros de diversas procedencias que resultaría prolijo enumerar. Ocupan un lugar muy digno algunos que representan a los directores de la Corporación que se fueron sucediendo desde el siglo XVIII. Para tener información sobre este conjunto de lienzos se añade, como apéndice, un inventario de las pinturas publicado en 1913. A estos retratos habría que añadir, claro está, los de directores posteriores, como *El XVII Duque de Alba,* retratado por Benedito, o el del profesor *Don Francisco Javier Sánchez Cantón,* por Mosquera.

LOS GRABADOS

La colección que posee la Academia tiene un carácter misceláneo y no constituye un repertorio nutrido. Sin embargo cabe destacar la existencia de grabados de cierto interés en el fondo Cornide de Arqueología. Por otra parte habría que llamar la atención sobre el fondo cartográfico. Pero la valoración de estos conjuntos no puede hacerse aquí. Solo como prenda de la existencia de algunas obras sueltas muy curiosas, debemos destacar seis grandes grabados que evocan la presencia del Conde de Montijo en la Corte de Baviera, embajador extraordinario con motivo de la efímera elección, en 1742, del elector Carlos Alberto que llegó a titularse Emperador con el título de Carlos VII; moriría en 1745. Con este motivo el embajador español organizó unos festejos que quedaron plasmados en seis grandes estampas cuyo tema queda acreditado por las inscripciones que llevan al pie. Dicen así:

«Casa de Campo del Exmo embaxador extraordinario, Plenipotenciario de S.M.C. con su Jardín á orilla del Río Aleyr inmediato a francfurt iluminado la noche del 18 de noviembre de 1741 vispera de s^ta^ Ysabel por el nombre de la Reyna [grabado calcográfico]. Iacob Wangner Sculp. August. Vindel.»

«Yluminación de las Cassas del Exmo Sor Conde del Montijo embaxador extraordinario, y plenipotenciario de S.M.C. en Francfort las noches del 18 y 19 de noviembre de 1741 vispe-

Fig. 13. *Grabado de la Residencia del Conde de Montijo en Franfurt, conmemorativo de los festejos organizados para celebrar la elección de Carlos VII de Baviera como efímero emperador (1742).*
▼

ra y dia de Sta Ysabel por el nombre de la Reina. [grabado calcográfico]. *Hieronymus Speling Sculp. August Vindel*».

«Galería mandada hacer por el Exmo Sor Conde de Montijo Embaxador extraordinario y Plenipotenciario de S.M.C. en su casa de Campo [...] del Rio Meyn en la inmediación de Francfurt para ver el fuego de artificio hecho sobre dicho Rio la noche del 18 de Nobiembre 1741 vispera de Santa Ysabel por el nombre de la Reyna. [Grabado Calcográfico] *Gustav Andicas Wolffgang Sculp. August. Vindelic*».

«Artificio de Fuego del Exmo Sor Conde de Montijo Embaxador extraordinario y Plenipotenciario de S.M.C. hizo [...] sobre el Rio Mehín en Francfort la noche del 18 de Noviembre de 1741 vispera de Sta Isabel nombre de la Reyna, con yluminación que avia detrás de él a la dirección del

Sor *J. F. D. Uffenbach, Theniente coronel de la Artillería A. L. E. De H. Y su imbención* [Grabado Calcográfico] *Iacob Wangner Scup. August. Vindel».*

«Vista de la yluminación de la Casa del Exmo *S*[or] *Conde de Montijo Embaxador extraordinario y Plenipotenciario del Rey en Alemania executada el 24 de henero de 1742 y repetida el 30; de él, y el 12 de febrero e la Ocasión de la elección, entrada y coronación de S. M. y en Francfurt. A A. La Casa de S. Exa. el Sor. Conde del Montijo. B. B. Vista de la yluminación de su patio principál C. C. Parte de la Casa del Ex*[mo] *S*[or] *Mariscal de Belíste embaxador extraordinario y Plenipotenciario de Francia iluminada también dichos dias. Gustav Andr. Wolffgang sculp. Aug. Vind. 1743.»*

«Fuego de artificio mandado executar por el Exmo *S*[or] *Conde de Montijo Embaxador extraordinario y Plenipotenciario del Rey en Alemania á la ocasión de la eleccion y coronación del emperador á la orilla del Rio Mehin enfrente de la Casa de Campo de S. Exa en la que le vio S. M. Impl y toda su Real Familia la noche del 24 de mayo de 1742* [Grabado calcográfico]. *Hieronimus Sperling Sculp. Augustoe Vindel».*

◄

Figs. 14 y 15. *Grabados de la Residencia del Conde de Montijo en Franfurt, conmemorativos de la elección de Carlos VII de Baviera como efímero emperador (1742).*

▼

Fig. 16. *Grabado de la Residencia del Conde de Montijo en Franfurt, conmemorativo de los festejos organizados para celebrar la elección de Carlos VII de Baviera como efímero emperador (1742).*

▶

IMPERATOR
VISTA
De la Iluminacion de la
Casa del ex.mo S.r Conde del Montijo
Embaxador extraordinario, y Plenipotenciario
del Rey en Alemania executada el 24. de
Henero de 1742. y repetida el 30. de el, y
el 12. de Febrero à la Ocasion de la Eleccion,
Entrada, y Coronacion de S. M. Y. en Francfort.
A.A. La Casa de S. ex.a el S.r Conde del Montijo.
B.B. Vista de la Iluminacion de su patio principal.
C.C. Parte de la casa del ex.mo S.r Mariscal
de Belisle Embaxador Extraordinario, y
Plenipotenciario de Francia iluminada
tambien dichos dias.
PROSPECTUS
Illuminationis domus Ex.mi
Dni. Comitis de Montijo Legati Extraordinary, et Pleni-
potentiary Regis in Germani-
am 24 Ianuary anno de 1742
primum et iterum 30. et 12. Fe-
bruary facta ob Electionem, in-
gressum, et Coronationem Imperato-
ris Francofurti.
A.A. Domus excellentissimi Domini Comitis
de Montijo.
B.B. Prospectus illuminationis interioris plate-
prima domus sue.
C.C. Pars limitanea domus Excellentissimi Domini Marescalli de
Belisle Legati extraordinary et Pleni-
potentiary Galliae luminibus etiam
dictis diebus ornata.

El Conde de Montijo, que se menciona en el pie de los grabados, debió ser el quinto de este título, don Cristobal Portocarrero Funes de Villalpando, que murió en 1762 o 1763. Los hechos aludidos se relacionan con los conflictos habidos en la Guerra de Sucesión Austríaca (1740-1748) en los que España, unida a Francia, luchó contra Austria e Inglaterra. Es obvio que la reina aludida era Isabel de Farnesio. Sin entrar en el análisis de los episodios que tuvieron lugar entonces recordemos que se produjeron graves enfrentamientos con la emperatriz María Teresa.

Fig. 17. *Grabado de la Residencia del Conde de Montijo en Franfurt, conmemorativo de los festejos organizados para celebrar la elección de Carlos VII de Baviera como efímero emperador (1742).*

▼

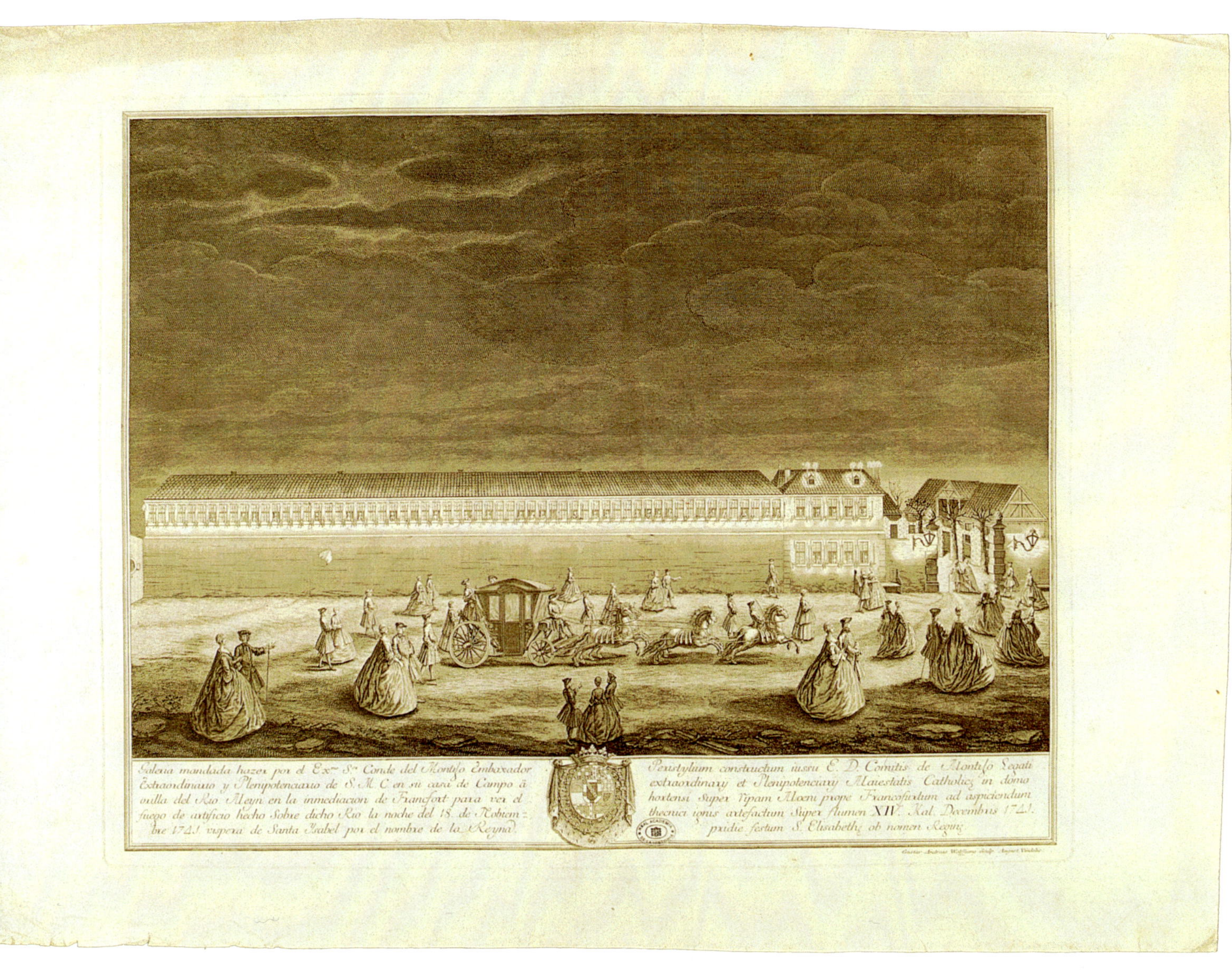

▲

Fig. 18. *Grabado de la Residencia del Conde de Montijo en Franfurt, conmemorativo de los festejos organizados para celebrar la elección de Carlos VII de Baviera como efímero emperador (1742).*

APÉNDICES*

RELACIÓN DE CÓDICES MINIADOS ORDENADOS CRONOLÓGICAMENTE

[Datos reproducidos de la obra de Jesús Domínguez Bordona: *Manuscritos con pinturas*. T. I, Madrid, Centro de Estudios Históricos, 1933. Los números entre corchetes corresponden al asignado en esta publicación. El lector podrá completar la información sobre los códices, de un modo amplio y riguroso, acudiendo a la obra de Elisa Ruiz García, *Catálogo de la sección de códices de la Real Academia de la Historia*. Madrid, Real Academia de la Historia, 1997].

01. Juan de Casiano: *Canciones de los Santos Padres*.
«Fechado en S. Millán. Año 867. Pequeñas y sencillas iniciales como las de Vitae Patrum, de la Biblioteca Nacional» [353].
02. *Fuero Juzgo*.
«Mozárabe, del s. IX-X. Rúbricas y finales de capítulos en círculos y cartelas miniados. En uno de los primeros folios, gráfico para índice o árbol genealógico. Sin texto» [359].
03. *Biblia*.
«Del s. IX al X. Mozárabe, muy semejante a la Biblia de la Catedral de León. Tiene, como ésta, varias páginas con arquerías de herradura, algunas sostenidas por cariátides; los dibujos de los símbolos evangélicos son menos bárbaros que los del ejemplar legionense» [351].
04. Álvaro de Córdoba: *Liber Scintillarum*.
«Mozárabe, del s. X. Representación a página entera de la cruz de Oviedo, en colores, y a sus lados, dos figuras al trazo» [355].
05. *Códice misceláneo*.
«Contiene textos históricos del mayor interés, especialmente para el estudio de las primitivas monarquías de Navarra y Aragón. Se hallaba, a fines de S. XVII, en el archivo de la catedral de Roda; en el s. XVIII pasó a manos de Abad y Lasierra, prior de Santa María de Meya, en la provincia de Lérida; con el mismo misterio que desapareció, el códice del priorato de Meya reaparece en Madrid en 1928, siendo adquirido por el Estado mediante fuerte suma. La importancia del libro, escrito en minúscula mozárabe de mediados del s. X, es más bien literaria y paleográfica que artística. Su ornamentación se reduce a algunas bellas y pequeñas inicales, varios arcos de herradura y dibujos en tinta con la representación simbólica de Jerusalén y la *Adoración de los Reyes*» [378].
06. *Códice patrístico misceláneo*.
«En gran folio, escrito a tres columnas con bella letra mozárabe del s .X y pequeñas iniciales miniadas. Procede de la Colección Salazar. No figura en las listas de Clark, Villada y Millares» [379].
07. *Diurnal*.
«Con pequeñas iniciales miniadas, algunas con dibujos de peces. Mozárabe, del s. X» [357].
08. *Homilías*.
«Mozárabe, del s. X. Al frente del texto, representación del Señor, en círculo sostenido por ángeles, y debajo, S. Juan Evangelista. Figuras marginales y bellas iniciales de lacería. En el folio 159, dibujos a pluma, románicos, representando a un jinete lanceando a un dragón, y fragmento de un caballo» [362].
09. *Manual mozárabe*.
«S. X. En el margen de un folio: "Dominicus scriptor memorare". Iniciales de entrelazos y animales, del tipo de los libros de rezo de Fernando» [369].

* Según advertimos en el texto de nuestra conferencia, incluimos, a título meramente informativo, sendas relaciones de los códices miniados y de los cuadros de la Corporación.

10. San Agustín: *La ciudad de Dios.*
«Mozárabe, del s. X. Sencillas iniciales de lacería» [356].
11. San Gregorio: *Homilías sobre Ezequiel.*
«Bellas iniciales mozárabes, del s. X, con ciervos y otros animales. Las primeras palabras del texto, sobre franjas miniadas» [361].
12. San Isidoro: *Etimologías.*
«Escrito en el año 946 por el presbítero Ximeno para el abad de S. Millán. Tiene mapa y algunas iniciales de lacería en colores» [354].
13. San Isidoro: *Etimologías.*
«Escrito el año 974 por Endura, presbítero, y Diego, diácono, para el monasterio de Cardeña. Tiene mapa y dos figuras marginales» [377].
14. San Julián: *Pronósticos.*
«S. X. Mozárabe. Iniciales sencillas, algunas con pececillos y animales monstruosos» [368].
15. Smaragdo: *Explicación de la regla de San Benito.*
«Escrito por Eneco Garseani en 976 para Juan, abad emilianense, Iniciales de lacería; al final, orla muy deteriorada» [370].
16. Vida de San Martín.
«S. X. Mozárabe. Iniciales de lacería; al final del códice una con un ángel» [366].
17. *Vidas de santos.*
«Mozárabe, del s. X. Iniciales de lacería» [347].
18. *Vocabulario latino.*
«S. X. Mozárabe. Iniciales de lacería; al final del códice, una con ángel» [365].
19. Beato de Liébana: *Comentarios al Apocalipsis*
«En letra mozárabe del s. X. Procedente del escritorio de S. Millán. Tiene 50 miniaturas, parte de ellas de estilo mozárabe, y parte más semejantes al románico general. Unas y otras, en opinión de Neuss, no están muy separadas por un gran intervalo, sino que corresponden a una época de transición, habiendo sido hechas por varios pintores y sobre modelos diferentes, probablemente en el s. XI» [358].
20. *Exposición de los Psalmos.*
«Magnífico manuscrito mozárabe, en folio mayor, de tipo emilianense del s. XI. Grandes iniciales miniadas; unas, de lacería, análogas a las del calígrafo Florencio; otras, con guerreros o figuras togadas; las más bellas; de animales en movimientos y actitudes muy expresivas. Hay otras iniciales, igualmente con gran esmero, en tinta roja y con dorados» [342].
21. *Misal.*
«Mozárabe, del s. XI; sus iniciales son sencillas, excepto dos que hay al principio, con figuras que recuerdan pinturas del Beato de San Millán» [349].
22. *Misal.*
«Escritura carolingia del s. XI. En la primera página, Calvario, a pluma con toques de bermellón. Queda un pequeño fragmento de la miniatura del Pantocrator» [360].
23. *Psalterio.*
«Fines del s. XI, mozárabe. Iniciales de lacerías; dos románicas, que representan figuras venciendo a un dragón y dos jinetes embistiéndose» [371].
24. *Psalterio.*
«Mozárabe, del s. XI. Miniatura representando la Ascensión del Señor; algunas figura marginales» [372].
25. San Gregorio: *Morales sobre el libro de Job*
«Con algunas pequeñas y sencillas iniciales miniadas. Letra mozárabe del s. XI» [341].
26. *Leccionario (Liber comitis)*
«Escrito en 1073, en letra mozárabe, para el abad Pedro. Pérez Pastor lo supone copia de un códice del S. VIII. Tiene al principio bella representación de la cruz de Oviedo; figuras y escenas, como la del sacrificio de Isaac, en muchas márgenes; grandes iniciales de lacería y con representaciones humanas y animales» [352].
27. *Leccionario.*
«S. XII. Con grandes iniciales, formadas con figuras humanas y animales y de tracería, en oro y colores; algunas, sólo a pluma. Arte romántico español» [343].

28. *Misal.*
«S. XII. Bella miniatura románica de brillante colorido que representa al Señor bendiciendo entre dos querubines. Han sido bárbaramente arrancadas del libro otras cuatro miniaturas, análogas a la referidas a juzgar por los escasos restos que quedan. Iniciales a pluma bien trazadas» [367].
29. *Vidas de los Padres Orientales.*
«S. XII. Interesantes iniciales, algunas de ellas de fino y seguro trazo, tanto en los pliegues de los ropajes como en las particularidades de la forma humana acusados por ellos y en los rostros y manos. La inicial que se reproduce es, en su reducida escala, obra pareja de las más bellas esculturas del románico español» [344].
30. *Historia eclesiástica.*
«S. XII-XIII. Bellas capitales románicas, de gran tamaño, con temas ornamentales» [345].
31. San Gregorio: *Morales sobre el libro de Job.*
«S. XII-XIII. Iniciales iluminadas al frente de cada libro; unas, historiadas; otras, con animales fantásticos y temas florales y geométrico» [338].
32. *Misal de coro.*
«S. XII-XIII. Grandes iniciales miniadas, una de ellas con figuras caprichosas» [364].
33. *Biblia.*
«S. XIII. Dos gruesos tomos en folio mayor, con profusión de historias iluminadas, ocupando página entera y aún dos páginas algunas de ellas. Son de arte gótico español, pero con mucho resabio románico, muy interesante para el estudio suntuario de la época y para el conocimiento de tradicionales ilustraciones bíblicas españolas» [339].
34. *Evangelios.*
«S. XIII. Iniciales iluminados de estilo gótico; han sido cortadas las de mayor tamaño» [375].
35. Pedro Trecense: *Historia Escolástica.*
«S. XIII. Capitales en colores» [374].
36. San Pablo: *Epístolas.*
«S. XIII. Pequeñas iniciales iluminadas» [363].
37. Gregorio IX: *Decretales.*
«Le han sido cortadas las iniciales que tenía al frente de cada libro. Sólo conserva sencillas capitales de adorno y orlas de finos tallos con nudos y palmetas de estilo italiano del siglo XIII-XIV» [340].
38. Graciano: *Decreto.*
«S. XIII-XIV. Sencillas capitales iluminadas de arte italiano» [373].
39. Gregorio XI: *Decretales.*
«S. XIII. Con iniciales de colores. Interesan especialmente cuatro hojas que sirven de guarda al códice; son del s. XII con tres bellas iniciales románicas y abundante notación musical» [346].
40. *Biblia.*
«S. XIV. Capitales iluminadas» [376].
41. *Psalterio.*
«S. XIV. En los primeros folios hay dibujos referentes al áureo número, letra dominical, etc.; una mano, un sol y un árbol; todo muy rudo» [350].
42. Raymundo de Peñafort: *Suma.*
«S. XIV. Pequeñas iniciales de adorno, de arte italiano» [380].
43. *Sermonario.*
«Letra francesa del siglo XV (no del XIII como dice Pérez Pastor). Conserva una hoja de guarda con escritura mozárabe y dos iniciales con figuras de estilo románico» [348].
44. Arredondo y Alvarado, Gonzalo: *Crónica de Fernán González.*
«Principios de siglo XVI. Con dibujos a pluma, de más interes suntuario que artístico» [381].

Relación de cuadros*

Sala de sesiones

1. Retrato al óleo de la Reina Isabel la Católica. Copia sobre tabla.
2. Retrato al óleo del Excmo. Sr. D. Luis López Ballesteros, decimosexto Director de la Real Academia de la Historia.
3. Retrato al óleo del P. Fr. Enrique Flórez.
4. Retrato al óleo de Fr. Francisco Méndez, agustino.
5. Retrato al óleo del P. Fr. Antolín Merino.
6. Retrato al óleo del P. Fr. Manuel Risco.
7. Retrato al óleo del Sr. D. Marcial Antonio López, Barón de Lajoyosa.

Gabinete de Comisiones

8. Retrato al óleo del Emperador Carlos V, copia del Ticiano.
9. Retrato al óleo de Felipe II, copia del Ticiano.

*10. Copia al óleo de un retrato del Gran Duque de Alba.
*11. Copia de un retrato de D. Luis Quijada, hecha al óleo por D. Manuel San Gil.
12. Retrato al óleo de Doña Isabel II.

Despacho del Señor Secretario

*13. Copia al óleo de un retrato de Fr. Francisco Ximénez de Cisneros.
*14. Copia al óleo de un retrato de San Francisco de Borja, Duque de Gandía.
*15. Copia al óleo de un retrato del Gran Cardenal de España, D. Pedro González de Mendoza.
*16. Copia de un retrato de San Ignacio de Loyola, hecha por D. Francisco Jover.
*17. Copia al óleo de un retrato del Patriarca Juan de Ribera.
*18. Copia al óleo de un retrato de Santa Teresa de Jesús.
*19. Copia al óleo de un retrato del Cardenal D. Juan de Tavera..
*20. Copia al óleo de un retrato del Cardenal D. Gil de Albornoz.
*21. Copia de un retrato de D. Benito Arias Montano, hecha al óleo por D. Miguel Aguirre Rodríguez.
*22. Copia de un retrato de D. Martín Gurrea de Aragón, hecha al óleo por D. Gabriel Maureta.
*23. Copia al óleo de un retrato de D. Juan Luis Vives.
24. Copia [sic] al óleo del Rvdo. P. Juan Fernández de Rojas, original de Francisco de Goya.
25. Reproducción al óleo de un ventanal de la Catedral de Sevilla. Donativo del Excmo. Sr. Marqués de la Vega Armijo.
26. Reproducción facsimilar del mosaico romano existente en la quinta de la Emperatriz Eugenia, sita en Carabanchel Alto, hecha a la acuarela por D. Manuel de Palacio Freire Duarte. El facsímile es propiedad del Excelentísimo Sr. D. Fidel Fita, actual Director de esta Real Academia.

---

* [Publicada por Antonio Avellan y Nory en el *Boletín de la Real Academia de la Historia,* en 1913] «Qué figuran en la Sala de sesiones ordinarias de la Academia, Gabinete de comisiones, Despacho del Sr. Secretario, Antesala, Galería, Biblioteca de San Román, Gabinete de medallas y Salón de Juntas Públicas.

Van señalados con asterisco los cuadros cedidos en depósito, en virtud de reales órdenes de 27 de febrero y 29 de marzo de 1913, por el Museo Nacional de Pintura y Escultura»

Antesala

*27. Copia de un retrato del primer Marqués de Santillana, hecha al óleo por D. Gabriel Maureta.
*28. Copia de un retrato del Condestable D. Alvaro de Luna, hecha al óleo por D. Matías Moreno.
*29. Copia de un retrato de D. Alvaro de Bazán, Marqués de Santa Cruz, hecha al óleo por D. Francisco Jover.
*30. Copia del retrato del primer Conde de Gondomar que existe en casa del Sr. Marqués de Malpica, hecha al óleo por D. José María Galván.

Galería

31. Retrato al óleo del Abate D. Lorenzo Hervás y Panduro, original de la gran artista alemana Angélica Kauffman.
*32. Copia de un retrato de Gonzalo Hernández de Córdova (el Gran Capitan), hecha al óleo por D. Eduardo Carrió.
*33. Copia del retrato de Hernán Cortés que existe en el Ayuntamiento de Méjico, hecha al óleo por el señor Palma.
*34. Copia de un retrato del P. Juan de Mariana que existe en el Palacio Arzobispal de Toledo, hecha al óleo por D. Francisco Díaz Carreño.
*35. Copia del retrato del P. Juan de Mariana que existe en el Palacio Arzobispal de Toledo, hecha al óleo por D. Matías Moreno.
*36. Copia del retrato de D. José Patiño que existe en casa de la Sra. Condesa de los Villares, hecha al óleo por don Esteban Aparicio.
*37. Copia de un retrato del Arzobispo de Toledo D. Luis Manuel Portocarrero, hecha al óleo por D. Matías Moreno.
*38. Copia de un retrato de San José de Calasanz, hecha al óleo por don Francisco Jover.
39. Retrato al óleo, en tamaño menor que el natural, de don Francisco Javier de Santiago Palomares.
*40. Copia de un retrato de D. Ramón Pignatelli y Moncayo, hecha al óleo por Don Francisco Lama.
*41. Copia del retrato del Cardenal D. Alfonso de la Cueva, existente en casa del Sr. Marqués de Bedmar, hecha al óleo por D. Manuel Ojeda.
*42. Copia del retrato de D. Alonso Gurrea y Aragón, que se halla en la casa del Sr. Duque de Villahermosa, hecha al óleo por D. Gabriel Maureta.
*43. Copia de un retrato del P. Fr. Enríquez Flórez, hecha al óleo por D. Andrés de la Calleja.
*44. Copia de un retrato del General D. Francisco Javier Castaños, primer Duque de Bailén, hecha al óleo por don José María Galván.
*45. Copia de un retrato del General D. Pedro Caro y Sureda, Marqués de la Romana, hecha al óleo por D. Eduardo Carrió.
*46. Copia de un retrato de D. Francisco Martínez de la Rosa.
*47. Copia del retrato de D. Diego de Covarrubias, original del Greco, que se halla en el Palacio Arzobispal de Toledo, hecha al óleo por D. Matías Moreno.
*48. Copia de un retrato del General D. José Palafox, Duque de Zaragoza, hecha al óleo por D. Francisco Jover.
*49. Copia de un retrato de D. Francisco Pizarro, hecha al óleo por D. Francisco Jover.
*50. Copia de un retrato del Conde de Campomanes, hecha al óleo por D. Eduardo Balaca.
51. Copia de un retrato del Conde de Aranda, hecha al óleo por D. Francisco Jover.
52. Retrato al óleo, en tamaño natural, de D. Francisco Javier Santiago Palomares.

Biblioteca de San Román

53. Retrato al óleo del Marqués de San Román.

Gabinete de Medallas

54. Retrato al óleo del P. Fr. José de la Canal, Decimocuarto Director de la Academia.
55. Retrato al óleo del señor Marqués de Urquijo, atribuido a D. Francisco de Goya.
56. Retrato al óleo de Fernando VII.
57. Retrato al óleo del Genera D. Evaristo San Miguel, Duque de San Miguel, decimoséptimo Director de la Academia.
58. Cuadro representando un episodio de la Batalla de Alcolea, hecho al óleo por el Sr. Rodríguez Losada. Donativo del Correspondiente D. Manuel Alfaro.
59. Retrato al óleo de D. Antonio Benavides, decimonoveno Director de la Academia.

*60. Copia al óleo de un retrato de D. Ángel de Saavedra, Duque de Rivas.

61. Retrato al óleo de D. Manuel Pardo de Figueroa (el Doctor Thebussem).

*62. Copia de un retrato del señor Conde de Toreno, hecha al óleo por D. Manuel San Gil.

63. Retrato al óleo de D. Vicente González Arnao, décimo Director de la Academia.
64. Retrato al óleo del Obispo de Mallorca D. Miguel Salvá, original de D. Juan Maestre y Bosch. Donativo del Correspondiente D. Rafael Ballester y Castel.

Salón de Juntas Públicas

65. Retrato al óleo de D. Francisco Martínez Marina, séptimo Director de la Academia.
66. Retrato al óleo de D. Pedro de Góngora y Luján, Duque de Almodovar, cuarto Director de la Academia.
67. Retrato al óleo de D. Ildefonso Verdugo de Castilla, Señor de Gor y Conde de Torrepalma, segundo Director de la Academia.
68. Retrato al óleo de la Reina María Luisa, mujer de Carlos IV, original de Francisco Goya.
69. Retrato al óleo de Carlos III, atribuido a D. Antonio Rafael Mengs.
70. Retrato al óleo de Felipe V, fundador de la Academia.
71. Retrato al óleo de Fernando VI.
72. Retrato al óleo de Carlos IV, original de D. Francisco de Goya.
73. Retrato al óleo de D. Agustín Montiano y Luyando, primer Director de la Academia.
74. Retrato al óleo de D. Pedro Rodríguez de Campomanes, Conde de Campomanes, tercer director de la Academia.
75. Retrato al óleo de D. Vicente María Vera, Duque y Señor de la Roca, sexto Director de la Academia.
76. Retrato al óleo de D. Martín Fernández de Navarrete, decimotercer Director de la Academia.
77. Retrato al óleo de D. José de Vargas Ponce, octavo Director de la Academia, orginal de Francisco de Goya.
78. Retrato al óleo del Excmo. Sr. D. Antonio Canovas del Castillo, vigésimo Director de la Academia, por D. José Casado del Alisal.
79. Retrato al óleo del Excmo. Sr. D. Antonio Aguilar y Correa, Marqués de la Vega de Armijo, vigesimoprimer Director de la Academia. Donativo de su sobrina la Excma. Sra doña María Vinyals.
80. Retrato al óleo del Excmo. Sr. D. Eduardo Saavedra y Moragas, vigésimosegundo Director de la Corporación. Original del Académico correspondiente en Córdoba, señor D. Enrique Romero de Torres (en depósito).
81. Retrato al óleo del Excmo. Sr. D. Marcelino Menéndez y Pelayo, vigésimotercer Director de la Academia. Original del laureado artista Excmo. Sr. D. José Moreno Carbonero, su generoso donante.

Los fondos documentales sobre Arqueología Española de la Real Academia de la Historia

Juan Manuel Abascal Palazón

CUALQUIER lector familiarizado con la arqueología o la epigrafía en España sabe de la imprescindible cita del *Boletín de la Real Academia de la Historia* en casi todas las publicaciones. Noticias, informes y hallazgos ocasionales cubrieron sus páginas durante décadas como consecuencia del impulso dado por la Institución al estudio del pasado peninsular en todas sus épocas [1].

Esos datos, a veces escuetos y en ocasiones adornados con prolijas descripciones, se fraguaron en los manuscritos atesorados por la Institución, en el trabajo continuado de sus miembros y en las cartas enviadas por sus Correspondientes; ese legado documental que dio origen a tan abultada bibliografía constituye hoy una parte fundamental del fondo manuscrito que atesora la Academia, cuyo conocimiento es hoy más fácil cuando a los catálogos ya existentes [2] se suma una rápida *Guía* que allana notablemente el camino [3].

Junto a la documentación manuscrita, la Biblioteca de la Academia alberga unas 380.000 obras impresas [4] que alcanzan hasta la época actual; una parte importante de esos fondos está constituida por monografías y publicaciones periódicas de los siglos XVIII y XIX, en gran parte referidas a temas arqueológicos, que fueron llegando a la Academia merced al sistema de donaciones institucionales e intercambios con el Boletín. En las relaciones periódicas de libros recibidos, que se publicaron regularmente en los primeros números de la revista, se puede advertir la importancia del fondo específicamente arqueológico, que incluye obras de imposible localización en otras bibliotecas, así como series periódicas ya muertas de incalculable valor documental [5].

[1] Este texto es una versión ampliada de la conferencia pronunciada el día 12 de marzo de 1998 en la Real Academia de la Historia. La exposición oral y esta redacción han sido posibles gracias a las continuas facilidades dispensadas en los últimos cinco años para manejar el fondo manuscrito de la *Real Academia de la Historia;* nos encontramos en deuda por ello con D. Eloy Benito Ruano, Secretario Perpetuo de la Institución y con D. Antonio López Gómez, Académico Bibliotecario; nuestra gratitud también para D. José Mª Blázquez Martínez y D. Martín Almagro Gorbea, que allanaron nuestro camino. El trabajo sobre los fondos documentales se benefició del apoyo prestado por el personal de la Biblioteca, a cuyo frente se encuentra Dª Mª Victoria Alberola, y de las facilidades dadas por Dª Carmen Manso, responsable del Servicio de Cartografía y Bellas Artes. A todos ellos nuestro más sincero agradecimiento.

[2] A. Rodríguez Villa, *Catálogo general de manuscritos,* ms. 1910-1912; F. Gómez Centurión, *Índice de fondos antiguos manuscritos,* ms. 1915.

[3] Mª V. Alberola, *Guía de la Biblioteca de la Real Academia de la Historia,* Madrid 1995; E. Ruiz García, *Catálogo de la Sección de Códices,* Madrid 1998.

[4] Mª V. Alberola, *op. cit.* (n. 3), p. 17.

[5] Una valoración completa de la riqueza documental de la Biblioteca puede encontrarse en Mª V. Alberola, *op. cit.* (n. 3), pp. 15-23.

Con tal premisa se puede entender que hablar de los fondos documentales sobre arqueología española en la Academia equivalga a hacerlo de la historia de la arqueología en los tres últimos siglos. Junto al importantísimo fondo documental sobre antigüedades de la *Biblioteca Nacional*[6], al *Archivo de la Administración* y al archivo del *Museo Arqueológico Nacional,* la *Real Academia de la Historia* constituye la referencia básica para conocer el desarrollo de la investigación arqueológica y epigráfica en España.

[6] Un inventario bastante completo y de enorme valor para iniciar cualquier pesquisa puede verse en H. Gimeno, «Manuscritos y epigrafía latina: datos para un censo español», en M.H. Crawford (ed.), *Antonio Agustín between Renaissance and counter - Reform,* Londres 1993, pp. 291-302.

Desde su fundación en 1738 la Institución tuteló una gran parte de las actividades arqueológicas desarrolladas en España, no sólo por sus miembros, sino por multitud de Correspondientes en provincias que enviaron a Madrid puntuales descripciones de sus trabajos. Planos, noticias, crónicas de excavaciones, etc., se fueron acumulando en las dependencias de la Academia durante décadas, tarea en la que jugaron un papel primordial las *Comisiones Provinciales de Monumentos,* gran parte de cuyos trabajos fueron remitidos a la Institución.

Junto a la documentación elaborada por Académicos y Correspondientes, el fondo bibliográfico de la Academia custodia un voluminoso conjunto de documentación manuscrita en el que pueden encontrarse casi todas las grandes obras de referencia de los últimos siglos.

La reunión de todo este acerbo documental va unida a las grandes figuras intelectuales que han formado parte de la Institución; personajes de la talla de Aureliano Fernández-Guerra, Marcelino Menéndez y Pelayo, Francisco Codera, Antonio Vives, Eduardo Saavedra, Fidel Fita, Manuel Gómez Moreno[7] y tantos otros, contribuyeron a formar las grandes colecciones de manuscritos propios y ajenos que hoy están a nuestro alcance.

[7] *Cfr.* Apéndice documental nº 4.

Ese fondo constituye, pues, una suma de proyectos individuales, a veces anónimos, que la Academia ha sabido preservar. Esa labor de conservación y ordenación, ajena a vaivenes administrativos y continuada durante dos siglos, constituye el principal mérito de la Institución, que a las puertas del tercer milenio ofrece a la investigación histórica una riqueza documental de valor incalculable y única en su género.

LAS SECCIONES DOCUMENTALES

En una sesión académica de febrero de 1883, la Real Academia de la Historia adoptó el acuerdo de constituir una Comisión cuyos miembros *recorran escrupulosamente las Actas del Cuerpo y saquen nota de todos los documentos epigráficos y arqueológicos de que se hubiese dado cuenta en los últimos años y cuyas noti-*

cias no hayan sido publicadas. Tal decisión suponía en la práctica constituir la Comisión de Antigüedades, que habría de ser la fuente primordial de notas arqueológicas y epigráficas con destino al *Boletín* de la Institución.

Aquella primera comisión estuvo formada por Eduardo Saavedra, Aureliano Fernández Guerra, Juan de Dios de la Rada y Fidel Fita, cuatro figuras señeras del estudio de la Antigüedad en aquellas décadas finales del siglo XIX.

El objeto de la recién creada Comisión era sacar a la luz cuantos informes hubieran sido discutidos en las sesiones de décadas anteriores y que en su mayor parte permanecían inéditos. El Boletín académico, cuyo primer número vio la luz en 1877, y que no se haría regular en su aparición hasta 1883, brindaba ahora una posibilidad editorial para publicar todos aquellos informes, algunos de importancia capital, que los correspondientes y otras instituciones habían hecho llegar a Madrid en el último siglo.

La búsqueda de noticias tuvo como primera consecuencia su ordenación; errores de toponimia en la correspondencia, dificultades de adscripción cultural de los datos, etc., fueron corregidos por los académicos de la Comisión hasta convertir los informes en piezas editoriales listas para ser publicadas; eso explica las diferencias temporales entre la emisión de informes y su publicación que se observan en los primeros volúmenes del *Boletín*.

Junto a esta labor callada de recopilación informativa, otras dependencias de la Academia continuaban atesorando, en aquellos años finales del siglo XIX, la gran cantidad de objetos de arte y antigüedades que ocasionalmente eran enviados a la Institución. A comienzos de siglo, uno de los Anticuarios de la Academia,

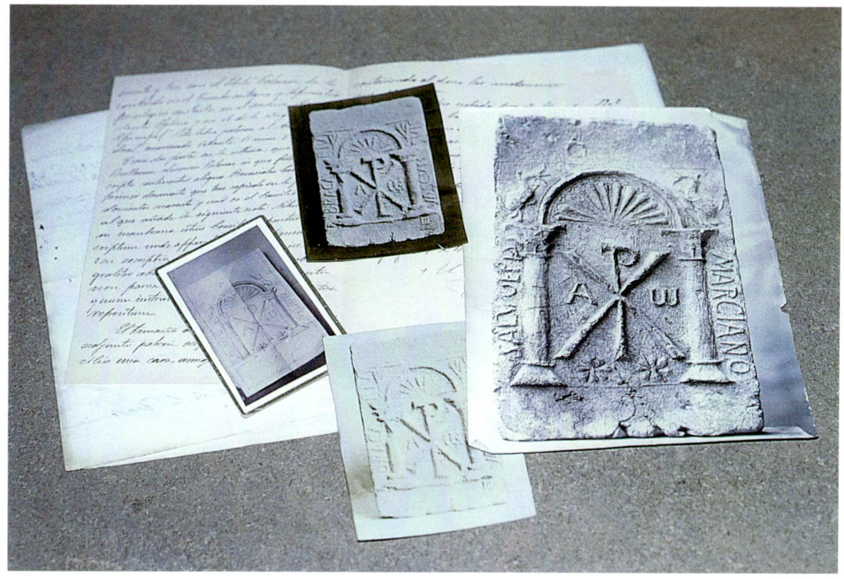

Fig. 1. *Documentos de diversa procedencia en uno de los expedientes de la Biblioteca (Real Academia de la Historia).*

Juan Catalina García López, publicó los primeros catálogos completos de estas colecciones [8], que muestran ya la importancia del *Gabinete de Antigüedades,* convertido en uno de los grandes centros arqueológicos de España.

[8] J.C. García López, «Inventario de antigüedades y objetos de arte que posee la Real Academia de la Historia», *BRAH* 42, 1903, pp. 311-316, 321-368, 484-505 y *BRAH* 43, 1903, pp. 25-322.

Desde su fundación en 1738 la *Real Academia de la Historia* había catalizado la información arqueológica y epigráfica de toda la Península. Como consecuencia de ello, no sólo informes manuscritos, sino planos, calcos de inscripciones y grabados se acumularon en sus dependencias hasta permitir la constitución de una sección de *Cartografía y Bellas Artes,* que constituye una de las joyas documentales de la Institución. La ordenación de estos fondos, cuya publicación se ha iniciado recientemente [9], ha permitido localizar valiosos ejemplares de grabados y planos de excavaciones de importancia capital para la arqueología española, cuya valoración exige una labor paciente y dilatada en los próximos años.

[9] C. Manso, *Cartografía histórica de América. Catálogo de manuscritos (siglos XVIII-XIX),* Madrid 1997.

Junto al *Gabinete de Antigüedades* y a la *Sección de Cartografía y Bellas Artes,* los fondos documentales de arqueología en la Academia se encuentran en la Biblioteca y Archivo, dependencias en que se localizan los legados particulares de antiguos académicos y la multitud de obras manuscritas de valor incalculable para conocer la historia de la arqueología en España en los últimos siglos.

Una evaluación de los fondos sobre arqueología en la Academia es por el momento una tarea necesariamente parcial, en tanto no se culminen las tareas de catalogación ya emprendidas tanto en el *Gabinete de Antigüedades* como en la *Biblioteca y Archivo.* Multitud de notas e informes se encuentran insertos en legajos cuyo título no traduce todo su contenido, de forma que esta tarea de catalogación informatizada se hace imprescindible.

Sin embargo, sí es posible realizar aquí una presentación somera de lo existente, de manera que el lector de estas notas pueda hacerse una idea de la importancia capital de los fondos y de su distribución. Para ello, nada mejor que hacer un seguimiento topográfico de la documentación.

BIBLIOTECA Y ARCHIVO

La Biblioteca de la *Real Academia de la Historia* es la mayor de su género en España y una de las más importantes del mundo, merced a la ingente cantidad de códices y manuscritos que atesora. Los nueve siglos de antigüedad de algunos de sus códices la convierten en punto de referencia ineludible no sólo para los estudios históricos sino para la evolución de la lengua.

[10] RAH 9/1-1498. B. Cuartero y A. Vargas, *Índice de la Colección de Don Luis de Salazar y Castro,* Madrid 1949-1979, 49 vols.; *cfr.* Mª V. Alberola, *op. cit.* (n. 3), pp. 98-100, con la descripción de la colección y sus índices.

[11] RAH 9/4095-4159; *cfr.* Mª V. Alberola, *op. cit.* (n. 3), pp. 111-112.

[12] RAH 9/7944-7982.

En sus fondos se encuentran algunas de las más grandes colecciones documentales de España, varias de las cuales tienen entidad propia y disponen de índices específicos por su volumen y complejidad; tal es el caso de la llamada colección Salazar, integrada por 1.498 volúmenes [10] o de la *colección Velázquez* [11].

En lo referente a la arqueología, la mejor y más importante documentación que conserva son los informes, notas y envíos de correspondientes remitidos a la Academia fundamentalmente a lo largo del siglo XIX y de las primeras décadas del XX.

La mayor parte de esos envíos fueron tratados en Comisiones o en las sesiones ordinarias de la Institución a medida que se fueron recibiendo, de modo que dieron lugar a expedientes individualizados, tal y como se refleja en las *Actas* de las sesiones semanales y en la propia documentación conservada. Casi todos ellos se encuentran agrupados en la llamada *Colección de Antigüedades,* integrada por 39 legajos [12] en los que los documentos han sido ordenados por provincias, permitiendo un fácil acceso a cada expediente.

El manejo de esta colección se puede realizar hoy con comodidad gracias al magnífico avance que supone el índice elaborado hace pocos años por la propia Biblioteca, en el que consta el contenido de los diferentes documentos. Esta *Colección de Antigüedades* alberga aún hoy multitud de informes y correspondencia inédita referida a una gran parte de los enclaves arqueológicos de España y a los hallazgos en ellos realizados. El interés de esta documentación radica fundamentalmente en la pormenorizada descripción de los descubrimientos y en su exacta ubicación geográfica, no siempre coincidente con la que figura en la bibliografía al uso.

Algunos documentos de esta *Colección de Antigüedades* ya fueron publicados en diferentes volúmenes del *Boletín de la Real Academia de la Historia* o dieron lugar a noticias en revistas especializadas; sin embargo, aún se encuentran aquí informes inéditos y, sobre todo, grabados y dibujos que nunca fueron dados a conocer. A ello hay que unir la correspondencia original en

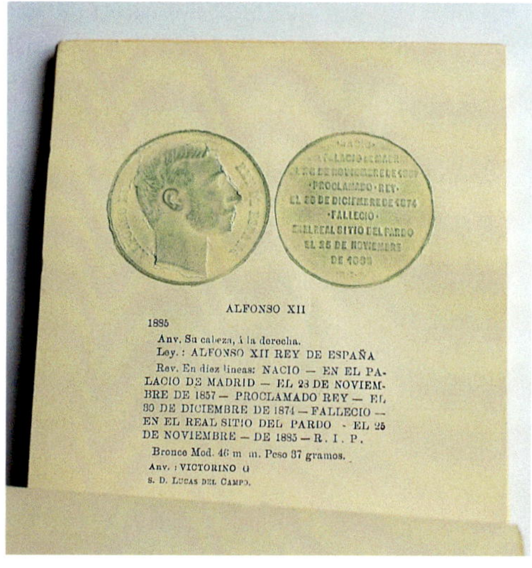

ALFONSO XII

1885

Anv. Su cabeza, á la derecha.

Ley.: ALFONSO XII REY DE ESPAÑA

Rev. En diez lineas: NACIO — EN EL PALACIO DE MADRID — EL 23 DE NOVIEMBRE DE 1857 — PROCLAMADO REY — EL 30 DE DICIEMBRE DE 1874 — FALLECIO — EN EL REAL SITIO DEL PARDO - EL 25 DE NOVIEMBRE — DE 1885 — R. I. P.

Bronce Mod. 46 m m. Peso 37 gramos.

Anv.: VICTORINO G

S. D. LUCAS DEL CAMPO.

▲ **Fig. 2.** *Antiguas fichas de la colección de medallas (Real Academia de la Historia. Gabinete de Antigüedades).*

que se da cuenta de los descubrimientos y las circunstancias particulares que los motivaron, datos que no siempre figuran en publicaciones posteriores y que poseen importancia capital para la historia de la arqueología [13].

Una muestra rápida de algunos de esos documentos, aún parcialmente inéditos, puede dar idea del valor de la colección y de su especial interés no sólo histórico sino historiográfico.

A modo de ejemplo pueden citarse las cartas remitidas en 1915 por el Marqués de Cerralbo a Fidel Fita comunicando el hallazgo de una inscripción latina junto a la necrópolis de Aguilar de Anguita (Guadalajara) [14], lo que puede significar una necesaria prolongación en el tiempo de este área funeraria, considerada hasta el presente como exclusivamente celtibérica a partir de los trabajos de Cerralbo [15].

En el riquísimo fichero de hallazgos extremeños podríamos entresacar el informe remitido el 3 de febrero de 1900 por la Comisión de Monumentos Histórico-Artísticos de Cáceres, en el que se da cuenta de los hallazgos epigráficos realizados en la *Dehesa Mezquita* de Ibahernando (Cáceres) [16]; los hallazgos se produjeron en el curso de labores agrícolas y las inscripciones, tal como llegaron a Madrid, corresponden a transcripciones realizadas sobre el terreno por el alcalde de la localidad. El informe, referido a la que hoy conocemos como una de las grandes necrópolis extremeñas, demuestra que los epígrafes descritos estaban reempleados en lo que debe ser una necrópolis tardía.

Aún en Extremadura es de sumo interés el expediente relativo al Puente de Alcántara [17], formado a raíz de la participación de la Academia en las importantes restauraciones llevadas a cabo entre 1859 y 1860 [18]; esta documentación es fundamental para determinar la autenticidad de alguna de sus inscripciones [19], como se ha demostrado recientemente [20].

Los documentos relativos a los hallazgos en la Meseta meridional son de muy diverso signo. Se pueden encontrar aquí desde los informes emitidos por Hugo Obermaier relativos a la situación de las cuevas de Alpera y Minateda en Albacete [21], hasta comunicaciones inéditas sobre hallazgos de bronces ibéricos en *Collado de los Jardines,* que fueron vendidos en Venta de Cárdenas [22].

Un expediente especialmente voluminoso se refiere a los hallazgos realizados en 1859 al excavar las trincheras para la vía férrea entre Guadalajara y Sigüenza en el ferrocarril Madrid-Francia [23], y llama la atención por su trascendencia histórica la Memoria de excavaciones redactada por Fernando Sepúlveda, un farmacéutico de Brihuega (Guadalajara), en la hasta ahora desconocida necrópolis celtibérica de Valderrebollo [24], que incluye unos

[13] Algunos de estos documentos de la Colección de Antigüedades han dado lugar ya a publicaciones específicas: H. Gimeno, «La inscripción del dintel del templo de Alcántara (CIL II 761): una perspectiva diferente», *Epigraphica* 57, 1995, pp. 87-145; J.M. Abascal, «De nuevo sobre Ataecina y Turobriga. Exploraciones del año 1900 en 'Las Torrecillas' (Cáceres)», *AEA* 69, 1996, pp. 275-280; *id.;* «Excavaciones y hallazgos numismáticos de Fernando Sepúlveda en Valderrebollo (1877-1879)», *Wad-al-Hayara* 22, 1995 [1996], pp. 151-175.

[14] RAH 9/7956-13.

[15] E. Aguilera y Gamboa, Marqués de Cerralbo, *Páginas de historia patria por mis excavaciones arqueológicas* (ms. Madrid 1912), vol. III: Aguilar de Anguita; *id., Las necrópolis celtibéricas,* Madrid 1916, pp. 83-85.

[16] RAH 9/7948-21.

[17] RAH 9/7948.

[18] A. Blanco, *El puente de Alcántara en su contexto histórico,* Madrid 1977; J. Liz Guiral, *El puente de Alcántara. Arqueología e Historia,* Madrid 1988; M. del C. Rodríguez Pulgar, *El puente romano de Alcántara: Reconstrucción en el siglo XIX,* Cáceres 1992.

[19] E. Hübner, «Il ponte d'Alcantara», *Annali dell'Instituto di correspondenza archeologica* 39, 1863, pp. 173-194; L. García Iglesias, «Autenticidad de la inscripción de municipios que sufragaron el puente de Alcántara», *Rev. de Est. Extremeños* 32, 1976; B.D. Hoyos, «In defence of CIL II 760», *Athenaeum* 66.3-4, 1978, pp. 391-395.

[20] H. Gimeno, «La inscripción del dintel del templo de Alcántara (CIL II 761): una perspectiva diferente», *Epigraphica* 57, 1995, pp. 87-145.

[21] RAH 9/7944-5 y 9/7944-8.

[22] RAH 9/7950-3.

[23] RAH 9/7956-4.

[24] RAH 9-7956-7; cfr. J.M. Abascal, «Excavaciones y hallazgos numismáticos de Fernando Sepúlveda en Valderrebollo (1877-1879)», *Wad-al-Hayara* 22, 1995 [1996], pp. 151-175.

espectaculares dibujos de los hallazgos numismáticos (Figura 3). No faltan en la documentación los informes sobre necrópolis mal conocidas como la de Cañizares (Cuenca) [25], o las noticias de inscripciones inéditas como las de Arguisuelas, también en Cuenca y vinculadas al grupo de Carboneras-Reillo [26].

[25] RAH 9/7953-24.

[26] RAH 9/7953-5.

Fig. 3. *Dibujos de F. Sepúlveda de los hallazgos numismáticos en Valderrebollo (Guadalajara) (Real Academia de la Historia. Biblioteca).*

Por su interés histórico y artístico podríamos añadir a esta breve relación de ejemplos los dibujos de grabados prehistóricos en Belmaco (La Palma, Islas Canarias), enviados por José Mª Fierro en 1858 [27].

[27] RAH 9/7950; *cfr.* ahora M.S. Hernández, «El arte rupestre de La Palma prehispánica. A propósito de algunos documentos en la Real Academia de la Historia y del yacimiento de Los Guanches», en *Homenaje a Celso Martín de Guzmán,* Las Palmas 1997, pp. 179-188.

La relación de documentos de interés por diferentes conceptos sería interminable debido a que en los legajos de la *Colección de Antigüedades* se atesora una gran parte de la correspondencia científica española del siglo XIX, fundamentalmente resultado de iniciativas locales y de envíos de particulares, que ponían en conocimiento de la Academia la existencia de antigüedades aparecidas de forma casual; claro está que no siempre esas noticias respondían a hallazgos de interés o de probada autenticidad, por lo que, a la correspondencia citada, se adjuntaron ocasionalmente informes de expertos enviados directamente por la Academia para autentificar los hallazgos; uno de esos «notarios» patrimoniales de principios de siglo es Hugo Obermaier, cuyos breves informes se conservan también en los respectivos expedientes.

En relación con la *Colección de Antigüedades* se encuentran también los expedientes de las *Comisiones Provinciales de Monumentos,* un total de 22 legajos que contienen la mayor parte de la correspondencia generada por estas entidades en su relación con la Academia; la información contenida en esos expedientes debe ser completada con la de la propia *Colección de Antigüedades* y con algunos legados de antiguos académicos, pues determinados documentos fueron separados de su lugar original para ser informados en fechas posteriores a la de su recepción, para ser publi-

[28] Fuera del ámbito estrictamente arqueológico hay que citar la donación de la biblioteca de D. Ángel Ferrari, estimada en unos 30.000 volúmenes y actualmente en curso de informatización; *cfr.* Mª V. Alberola, op. cit. (n. 3), p. 18.

[29] RAH, Expediente personal F. Fita, 8 de octubre de 1918.

[30] RAH, signatura 9/7580-7590. Cfr. J. M. Abascal, *Fidel Fita (1835-1918). Su legado documental en la Real Academia de la Historia,* Madrid, 1999.

[31] J.M. Abascal, «Inscripciones romanas y celtibéricas en los manuscritos de Fidel Fita en la Real Academia de la Historia», *Archivo de Prehistoria Levantina* 21, 1994 [1995], pp. 367 - 390; *id.*, «Fidel Fita y la epigrafía hispano-romana», BRAH 193.2, 1996, pp. 305 - 334; *id.*, «Las inscripciones romanas de la provincia de Cuenca cien años después de Aemil Hübner», en *Ciudades romanas de la provincia de Cuenca. Homenaje a Francisco Suay,* Cuenca 1997, pp. 347-357 (sobre algunas copias de manuscritos del P. Andrés M. Burriel).

cados en obras específicas o, simplemente, para ser consultados antes de que se elaborara el reciente índice.

Junto a los fondos de la Biblioteca hay que citar, por conservarse también en ella, los legados de antiguos Académicos; en la historia de la Institución se han producido con cierta frecuencia donaciones documentales y bibliográficas de fondos privados y entregas de documentación personal, bien de forma testamentaria o a través de familiares, que en algunos casos revisten una extraordinaria importancia [28].

Algunos de esos legados atesoran correspondencia, borradores, manuscritos de textos ya impresos, fotografías, etc. que permiten conocer la personalidad de algunos ilustres Académicos y, al mismo tiempo, completar nuestro conocimiento sobre evidencias arqueológicas y hallazgos de todo tipo.

En lo referente a la arqueología española, el más completo legado de este tipo es el de Fidel Fita (Arenys de Mar 1835-Madrid 1918), Director de la Academia entre 1912 y 1918 sucediendo a Menéndez Pelayo. A los papeles que quedaron en la Institución a su muerte en 1918 se unen las donaciones que hicieron tanto sus familiares como los PP. Jesuitas de la Casa Profesa de Madrid, en la que Fita había residido una gran parte de su vida; como consecuencia de diferentes entregas el fondo quedó constituido entre octubre de 1918 y mayo de 1919 [29].

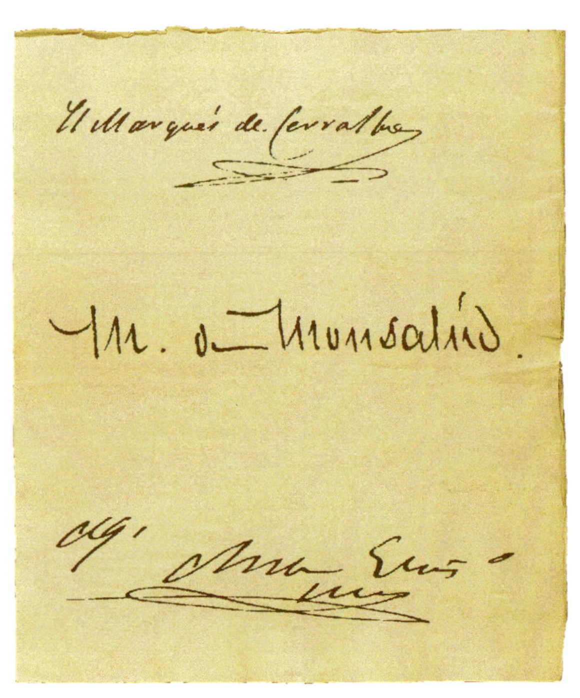

▲ **Fig. 4.** *Firmas del Marqués de Cerralbo, Marqués de Monsalud y Antonio Elías de Molins, en documentos de la Biblioteca de la Real Academia de la Historia.*

Los documentos de Fidel Fita que alberga hoy día la Academia están agrupados en 16 gruesos legajos conservados en la Biblioteca [30] a los que hay que añadir su expediente personal en la Secretaría de la Institución. Estos legajos fueron ordenados por Juan Pérez de Guzmán y Gallo, a quien la Academia encomendó elaborar una necrológica de Fita y una extensa biografía que no llegó a publicar, y que actuó como interlocutor con los jesuitas en el proceso de donación, fundamentalmente a través del P. Lesmes Frías.

La documentación, única en su género, contiene un riquísima correspondencia procedente de todos los rincones de España, grabados, dibujos, fotografías, calcos de inscripciones y manuscritos del sabio jesuita, algunos de ellos no exactamente coincidentes con lo publicado en su momento. Aunque una gran parte de la información contenida en el legado se refiere específicamente a la epigrafía hispano-romana [31], proliferan en ella las noticias numismáticas y arqueológicas de todo tipo.

Otro tanto se puede decir de los documentos del ilustre ingeniero Eduardo Saavedra (Tarragona 1829-Madrid

1912), que en 1862 sería elegido Académico de Número de la Real Academia de la Historia y cuyo discurso de ingreso versó sobre las obras públicas en la antigüedad [32]. Aunque la documentación fundamental de Saavedra sigue en manos de sus herederos, como se ha visto en el más completo estudio sobre su vida y su obra publicado hasta la fecha [33], la Academia conserva algunos de sus papeles mezclados en expedientes de otros Académicos, especialmente en los de su buen amigo Fidel Fita.

[32] E. Saavedra, *Las obras públicas en los antiguos tiempos. Discursos leídos ante la Real Academia de la Historia en la recepción pública de D. Eduardo Saavedra el 28 de diciembre de 1862. Contestación por el Señor D. Aureliano Fernández-Guerra y Orbe*, Madrid 1862 (3ª ed. Madrid 1967).

[33] J. Mañas, *Eduardo Saavedra, ingeniero y humanista,* Madrid 1983.

Estas notas de Saavedra son apuntes sobre inscripciones palentinas y leonesas remitidos a la Academia entre septiembre de 1863 y enero de 1864, que ya fueron empleados en su día por E. Hübner y que a la muerte de Fita quedaron confundidos entre sus papeles [34] debido a que carecen de firma; estas alteraciones topográficas de notas anónimas son relativamente frecuentes y constituyen una de las principales dificultades en la realización de inventarios.

[34] RAH 9/7581.

De enorme interés son los documentos del legado de J. Vargas Ponce (1760-1821), que fue elegido Académico de Número en 1791, y que recogió multitud de noticias y hallazgos en las ciudades a que le llevaron sus diferentes destinos en la Armada.

El fue responsable de la primera colección epigráfica que hubo en Cartagena, pues consiguió que la mayor parte de las inscripciones dispersas por la ciudad pasaran al antiguo Ayuntamiento, por cuyas escaleras se dispusieron en exposición.

Sus papeles ingresaron en la Biblioteca en 1821 y están agrupados en 82 volúmenes [35]; especial valor tienen los documentos referidos a los hallazgos en Cartagena, que incluyen datos únicos e informaciones de primera mano sobre los numerosos descubrimientos de finales del siglo XVIII; cabe citar entre estos el borrador de su *Descripción de Cartagena* o el vol. 57 de la colección, referido a los hallazgos en Mazarrón [36], ambos probablemente fechables entre 1794 y 1797 y editados hace algunos años [37].

[35] RAH 9/4174-4231 y 9/6060-6093; Mª V. Alberola, *op. cit.* (n. 3), pp. 110-111.

[36] RAH, 9/4230.

[37] J.Mª Rubio (ed.), *José Vargas Ponce. Descripción de Cartagena,* Murcia 1978.

Precisamente en Cartagena nació Adolfo Herrera, otro de los Académicos cuyos papeles fueron cedidos a la Biblioteca de la Institución en 1925 [38]. Fundador de la revista histórica *Cartagena Ilustrada* en 1871, impulsó la creación de un Museo epigráfico para su ciudad natal, que iba a ser instalado en el cuartel de *Guardias Marinas,* a donde se trasladaron en 1869 algunos epígrafes; aunque el proyecto fracasó, y concluyó con el envío al Museo Arqueológico Nacional de casi todas las piezas, se le puede recordar como autor de numerosas noticias arqueológicas sobre su ciudad que fueron publicadas posteriormente por Fidel Fita y Manuel Fernández-Villamarzo; algunos de sus papeles, situados fuera de los legajos que contienen el legado de su viuda, se encuentran en la *Colección de Antigüedades* [39].

[38] RAH 9/6361 - 6415; Mª V. Alberola, *op. cit.* (n. 3), p. 67.

[39] RAH 9/7963-39.

Fig. 5. *Fichas antiguas con descripción de monedas (Real Academia de la Historia. Gabinete de Antigüedades).*

Otros legados importantes son los de Aureliano Fernández Guerra o Juan Pérez de Guzmán, aún sin catalogar de forma exhaustiva, y en los que no faltan las referencias a antigüedades hispanas. De especial relevancia es el legado de L.J. de Velázquez, Marqués de Valdeflores [40] y Académico desde 1752, cuya documentación ingresó en la Academia en 1796 [41].

Junto a colecciones documentales y legados, la Biblioteca de la Academia alberga una gran cantidad de manuscritos, tanto originales como copias de algunos depositados en otras bibliotecas, de extraordinario interés para la arqueología y la epigrafía; muchos de ellos han sido ya identificados en publicaciones precedentes y su contenido sometido a la oportuna revisión, aunque no se puede descartar la identificación de nuevos textos en el futuro. A modo de ejemplo, entre estos manuscritos que atesora la Academia se puede citar el comentario del Itinerario de Antonino de Jerónimo Zurita, editado por primera vez en Colonia en 1600 [42] o las *Antigüedades de España* de Lorenzo de Padilla [43].

Las antigüedades de Andalucía están muy bien representadas no sólo por algunos documentos de A. Fernández Guerra, sino por manuscritos como el de Conde, con transcripciones epigráficas tomadas en la Biblioteca de Palacio [44], Hierro [45], Fernández Franco [46], etc., además de estudios específicamente locales como el manuscrito de B. de Feria sobre Castro del Río (Córdoba) [47] y tantos otros.

Esta breve muestra podría incluir también el manuscrito de J.F.A. de Uztarroz sobre antigüedades aragonesas [48], la copia del Códice Vaticano de J. Metello [49] o las falsas cartas de J. Fernández Franco recogidas por Cándido Mª Trigueros [50], o uno de los tres manuscritos conocidos del viaje de Pérez Bayer [51].

[40] RAH 9/4095 - 4159.

[41] Mª V. Alberola, op. cit. (n. 3), pp. 111-112; sobre la figura de Velázquez, *cfr.* ahora A. Canto, «Un precursor del CIL en el siglo XVIII: El Marqués de Valdeflores», *BRAH* 191.3, 1994, pp. 499 ss.

[42] RAH 9/5632. J. Zurita, *tinerarium Antonini cum notis variorum manu scriptis*, edición de A. Scotto, Colonia 1600 (1735²).

[43] RAH 9/1932; L. de Padilla, *Antigüedades de España recopiladas por D. Lorenzo de Padilla,* ms. mediados siglo XVI.

[44] RAH 9/3936. J.A. Conde, *Inscripciones de la Bética sacadas de manuscritos de la Biblioteca Real,* ms. siglo XVIII.

[45] RAH 9/5772. J. del Hierro, *Discursos geographicos sobre la Betica romana,* ms. siglo XVIII.

[46] J. Fernández Franco, *Demarcación de la Bética antigua y noticias de la villa de Estepa,* ms. 1571.

[47] Bartolomé de Feria y Morales, *Disertación histórica de la noble villa de Castro del Río sis leguas distante de Córdoba, dirigida a la Real Academia de la Historia por el Dr. D. ..., Colegial Theologo que fue en el de San Pelayo Martir de Cordoba. Profesor de Mathematicas y medico titular de dicha villa, Castro del Rio 15 de abril de 1749.* Una copia del manuscrito se conserva en la Biblioteca Nacional: *cfr.* H. Gimeno, «Manuscritos y epigrafía latina: datos para un censo español», en M.H. Crawford (ed.), *Antonio Agustin between Renaissance and counter-Reform,* Londres 1993, p. 297, nº 40.

[48] RAH 9/527. Juan F. Andrés de Uztarroz, *Zaragoza antigua y descripción de su convento jurídico en la España citerior,* ms. circa 1638; sobre su datación, *cfr.* H. Gimeno, *Historia de la investigación epigráfica en España en los siglos XVI y XVII,* Zaragoza 1997, p. 239, n. 145.

[49] RAH 6/9002. El original data de 1546.

[50] Sobre Trigueros, *cfr.* E. Hübner, «Inschriften von Carmona, Trigueros und Franco, zwei spanische Inschriftensammler», *RhM* 17, 1862, pp. 228-268; J. Gil, «Epigrafía antigua y moderna», Habis 12, 1981, pp. 163 ss.; F. Aguilar, *Un escritor ilustrado: Cándido María Trigueros,* 1987, pp. 42-48; G. Mora, «Trigueros y Hübner. Algunas notas sobre el concepto de falsificación», *AEA* 61, 1988, pp. 344-348; H. Gimeno, *Historia de la investigación epigráfica en España en los siglos XVI y XVII,* Zaragoza 1997, pp. 232-233.

[51] F. Pérez Bayer, *Diario del viaje que hizo desde Valencia a Andalucía y Portugal*

El fondo documental de la Biblioteca y Archivo de la Real Academia de la Historia no sólo permite acceder a esos manuscritos de importancia capital para la historia de la antigüedad peninsular, sino que proporciona la satisfacción de manejar los escritos de las grandes plumas de la arqueología española; esta cercanía a la documentación, que en sí misma es un requisito básico de cualquier investigación, adquiere aquí también un valor sentimental al reconocer en los documentos las firmas de figuras como el Marqués de Cerralbo, Jacobo Zóbel, Fidel Fita, Eduardo Saavedra, el Marqués de Monsalud, Elías de Molíns, B. Hernández Sanahuja y tantas otras personalidades.

En determinados documentos se identifican autores apenas conocidos en el momento de redactar sus escritos, pero que alcanzaron una gran notoriedad *a posteriori*. Es el caso de Romualdo Moro (? - Comillas 1896), que recorrió Santander y el norte de las provincias de Palencia y Burgos realizando excavaciones por cuenta del Marqués de Comillas; sus trabajos, cuyos resultados componen básicamente la citada colección cántabra, unieron los estudios de campo con la adquisición de inscripciones y otras antigüedades.

Los escritos parcialmente inéditos de este personaje, que rehusó aceptar su elección como Correspondiente [52], se conservan en la Biblioteca de la Academia, aunque unidos a otros documentos que imposibilitan una búsqueda directa [53]. Se trata de dos gruesas Memorias tituladas respectivamente «Monte Cildad» (Comillas, 26 de diciembre de 1890) y «Exploraciones en la Peña de Amaya» (Comillas, 1 de junio de 1891).

en 1782 (segunda parte), *ms.* Univ. de Valencia, Biblioteca, sign. M. 935 (la primera parte no se conserva); F. Pérez Bayer, *Diario del viaje que hizo desde Valencia a Andalucía y Portugal en 1782,* 2 vol., Madrid, Biblioteca Nacional, sign. 5953-5954 (sin ilustraciones); F. Pérez Bayer, *Diario del viaje que hizo desde Valencia a Andalucía y Portugal en 1782,* Madrid, Real Academia de la Historia, sign. C-77, transcrito por Vicente Joaquín Noguera (parcialmente impreso en *La Alhambra* 3, 1900, pp. 295 ss., 349 ss. y 4, 1901, pp. 9 ss. y 154 ss.); cfr. E. Hübner, *Corpus Inscriptionum Latinarum, volumen secundum. Inscriptiones Hispaniae Latinae,* Berlín, 1869, p. XXIII, nº 75, que dio por perdido el ejemplar valenciano y empleó los dos conservados en Madrid; A. U. Stylow, en *Corpus Inscriptionum Latinarum, volumen secundum. Inscriptiones Hispaniae Latinae. Editio altera, pars V, conventus Astigitanus,* Berlín, 1998, p. XXXV.

[52] Según Fita *(BRAH* 29, 1896, p. 269), Moro rehusó la condición de Correspondiente de la Real Academia de la Historia por considerarse «indigno de tanto honor».

[53] RAH 9/7580.

Fig. 6. *Ilustración de R. Moro sobre los hallazgos en Amaya (Burgos). (Real Academia de la Historia. Biblioteca)*

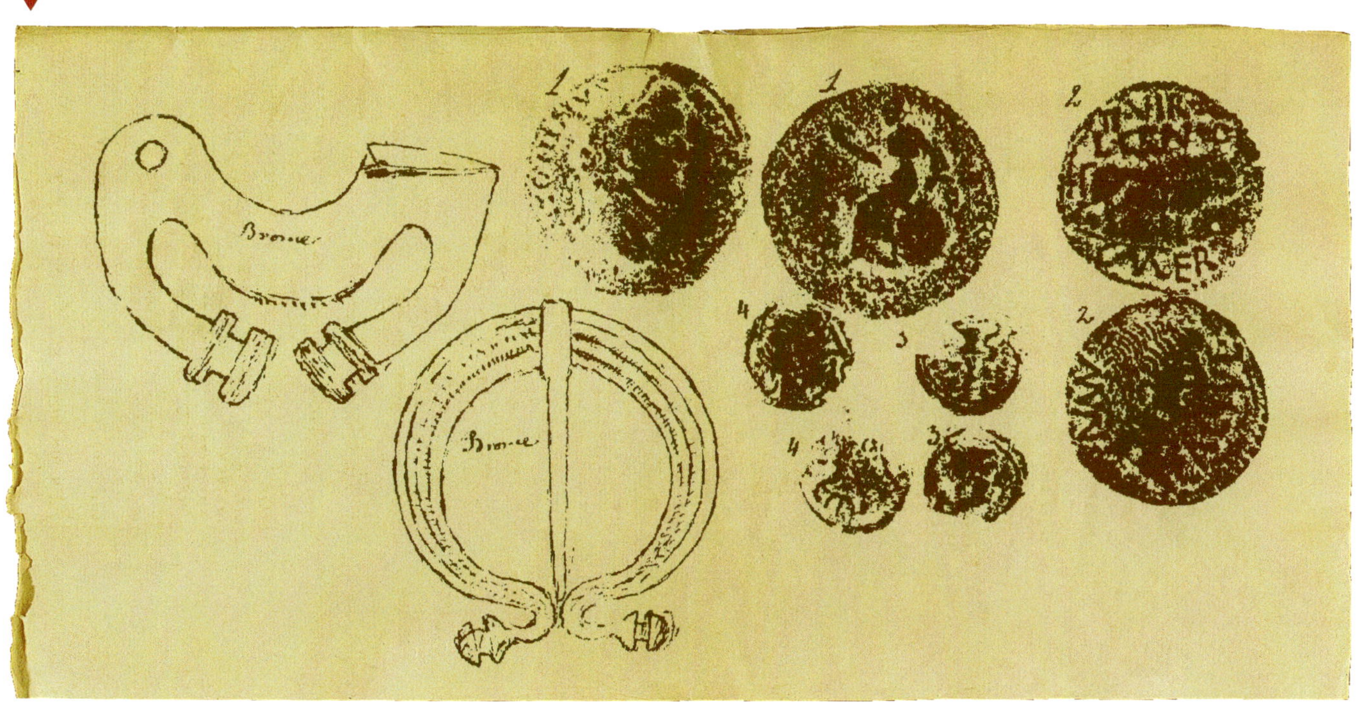

La primera de estas Memorias fue publicada bajo el título de «Exploraciones arqueológicas» tras numerosas correcciones de Fita, que suprimió el encabezamiento de las secciones que había propuesto Moro, y que en el manuscrito aún se reconocen: «Notas referentes á la planta del monte llamado Cildad, entre Aguilar del Campo y Mave», «Datos sobre las excavaciones en el Monte Vernorio», «Datos sobre las excavaciones verificadas entre Frómista y Población de Campos, sitio llamado Los Cejares» y «Apuntes sobre las excavaciones verificadas en la finca de Don Manuel (vacat) en el pueblo de Arconada»; el jesuita llegó a cambiar la fecha de redacción de la memoria por la del 2 y 26 de abril de 1891 para las dos partes en que fue organizada, haciéndola coincidir así con la del *Boletín* en que aparecía [54].

Más interés tiene la segunda Memoria, aún inédita, sobre las excavaciones en la Peña de Amaya (Burgos) en mayo de 1891, que incluye una detallada descripción de los trabajos junto a los dibujos de las monedas y objetos de interés allí encontrados, algunos de los cuales se reconocen en la colección Comillas. Excepto las inscripciones halladas, que fueron publicadas por Fita el mismo año en uno de sus característicos noticiarios del Boletín Académico [55], el resto de la Memoria ha permanecido inédita hasta la fecha.

Otro tanto se puede decir de Horace Sandars, el ingeniero de minas de origen belga, que desarrolló una parte importante de su actividad profesional en Sierra Morena como empleado de la *New Centenillo Silver Lead Mines Company Limited*. Conocido por sus obras sobre el armamento ibérico [56] y sobre las antigüedades de la *Puente Quebrada* en Linares (Jaén) [57], además de por algunas obras menores [58], sabemos ahora que mantuvo correspondencia con la Academia desde 1902, fecha a la que pertenece una abultada Memoria sobre la *Puente Quebrada* remitida a Fita [59]; en aquella época, Sandars era un desconocido aficionado a las antigüedades al que se le prestó una escasa atención [60]; sin embargo, sus continuos hallazgos en el ámbito minero de Sierra Morena le allanaron el camino, hasta el punto de que la propia Academia editaría su trabajo sobre la *Puente Quebrad*a diez años después, en 1912.

Este opúsculo, de extraordinario interés y no siempre empleado en ediciones posteriores, le abriría las puertas de la colabora-

[54] R. Moro, «Exploraciones arqueológicas», *BRAH* 18, 1891, pp. 426-440.

[55] F. Fita, «Lápidas romanas inéditas», *BRAH* 19, 1891, pp. 521-538, especialmente pp. 527-531.

[56] H. Sandars, *The Weapons of the Iberians,* Oxford 1913.

[57] H. Sandars, *Notes on the Puente Quebrada on the Guadalimar river, n.r Linares, province of Jaén (Sapin) / Notas sobre la Puente Quebrada del río Guadalimar, cerca de Linares, provincia de Jaén,* Madrid 1912 (bilingüe).

[58] H. Sandars, «Apuntes sobre el hallazgo de una inscripción sepulcral romana cerca de las minas de El Centenillo, en Sierra Morena», en *BRAH* 79, 1921, pp. 275-280; *id.*, «Apuntes sobre un tesoro de denarios romanos hallado en la Sierra Morena, en el sur de España», *BRAH* 84, 1924, pp. 489 ss.

[59] RAH, 9/7581, fechada en Londres el 11 de enero de 1902. Se trata de una extensa memoria de 36 páginas en forma de carta sobre inscripciones halladas en Andalucía y sobre las primeras investigaciones de Sandars en torno a la *Puente Quebrada* de Linares. El texto es extremadamente interesante, pues prueba que Fita recibió informaciones detalladísimas de las inscripciones AE 1922, 9 y EE 9, 329 ya a comienzos de 1902.

[60] *Cfr*. Apéndice documental nº 3.

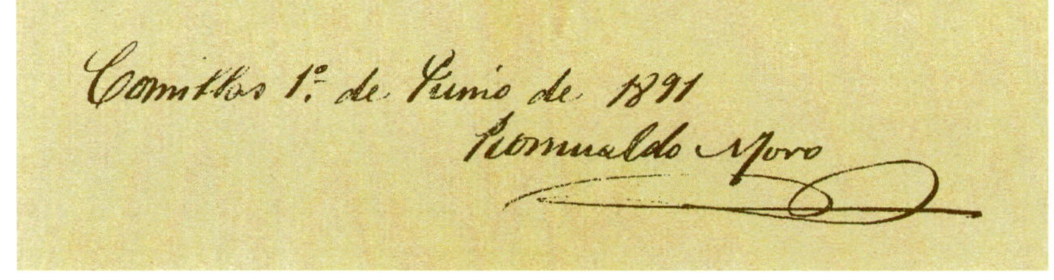

Fig. 7. *Pie y firma de la Memoria de Romualdo Moro sobre excavaciones en Peña Amaya (Burgos). (Real Academia de la Historia. Biblioteca)*

ción con Góngora desde 1915 [61], fecha en que en el *Boletín* académico se elogiaron públicamente las actividades del ingeniero belga, lo que indica que el asunto se había tratado en alguna de las sesiones académicas [62].

Entre los personajes cuya labor conocemos básicamente a partir de los documentos de la Academia se encuentra Pedro Mª Plano, un comerciante de Mérida que llegó a ser vicepresidente de la Subcomisión de Monumentos de la ciudad y auténtico impulsor de su Museo. Su contacto con la Academia se inició en 1894, coincidiendo con la edición de su obra «Ampliaciones a la historia de Mérida de Moreno de Vargas, Forner y Hernández» (Mérida 1894), con un apéndice epigráfico completamente actualizado.

Pedro Mª Plano mantuvo una relación muy intensa con la Academia a través de Fidel Fita durante todo el año 1894; la correspondencia entre ambos parecen comenzar en la primavera de aquel año, coincidiendo con la visita del jesuita a Mérida el día 17 de junio, para presidir una sesión pública sobre las actividades

[61] M. Góngora y H. Sandars, *Viaje literario por las provincias de Granada y Jaén*, Jaén 1915.

[62] F. Fita, J. Pérez de Guzmán y J.R. Mélida, «Noticias», *BRAH* 67, 1915, p. 604: «Son interesantes los artículos que nuestro correspondiente M. Horace Sandars está publicando en la revista de Jaén, titulada Don Lope de Sosa, sobre las piedras letreras que se encuentran en Sierra Morena, al poniente de Baños de la Encina».

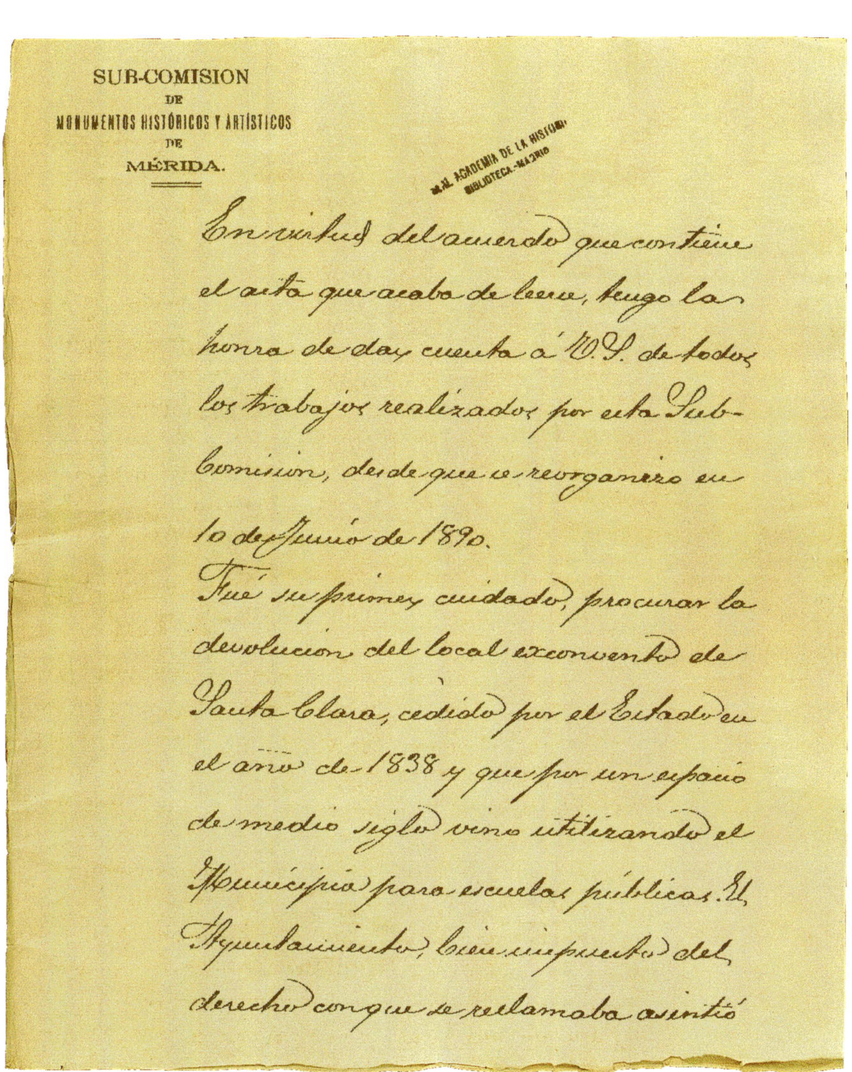
SUB-COMISION DE MONUMENTOS HISTÓRICOS Y ARTÍSTICOS DE MÉRIDA.

En virtud del acuerdo que contiene el acta que acaba de leerse, tengo la honra de dar cuenta á V.S. de todos los trabajos realizados por esta Sub-Comision, desde que se reorganizó en 10 de Junio de 1890.

Fué su primer cuidado, procurar la devolucion del local exconvento de Santa Clara, cedido por el Estado en el año de 1838 y que por un espacio de medio siglo vino utilizando el Municipio para escuelas públicas. El Ayuntamiento, bien impuesto del derecho con que se reclamaba asintió

Fig. 8. *Primera página del discurso pronunciado por Pedro Mª Plano en Mérida el 17 de junio de 1894. (Real Academia de la Historia. Biblioteca)*

arqueológicas en la ciudad [63]; aquella reunión, en la que Plano leyó una extensa memoria cuyo original se conserva en la Academia pues fue traido a Madrid para editarlo en el *Boletín* [64], serviría de impulso a las actividades de la Subcomisión local de Monumentos Históricos y Artísticos.

Aunque una gran parte de la correspondencia de Plano conservada en la Academia alude a temas de epigrafía emeritense, llaman la atención por su curiosidad las alusiones al soporte técnico que la Academia dio al erudito emeritense a través de Fortanet, el impresor de la Academia [65], para poder solucionar las dificultades tipográficas surgidas al intentar reproducir los caracteres griegos en sus publicaciones. Así, en una carta de Plano fechada en Mérida el 18 de agosto de 1894 se lee: *«Llegó el paquetito del Sr. Fortanet. Dige á U. que le pidiera el favor de prestarnos esas líneas que se le devolveran tan pronto como se haga la tirada pues no teniendo nosotros caja de esos tipos, para nada nos sirven luego las letras sueltas. Ahora si el Sr. Fortanet no quisiera volverse á ellas, hagame U. el obsequio de pagarle y yó ingresaré lo que sea en los fondos de la Sub-Comision».*

Las buenas relaciones de Plano con la Academia alcanzan también a otros ámbitos fuera del emeritense. Así, coincidiendo con su viaje al balneario de Baños de Montemayor (Cáceres), remitió a Madrid una relación completa con sus dibujos de las inscripciones que acababan de aparecer en el jardín de este centro [66]; tales notas, publicadas con inadecuadas modificaciones textuales de Fita [67], servirían de base para la entrada de estos epígrafes en la obra de Hübner [68] y constituyen hoy un documento de primera categoría para la historia de la epigrafía en España.

En el legado documental de la Real Academia de la Historia quedan también algunas cartas e informes del Marqués de Monsalud parcialmente inéditos o conocidos sólo a través de referencias [69]. En una de las cartas se leen comentarios poco amigables del erudito extremeño sobre las adquisiciones que el obispado de Vich está realizando para su nuevo Museo [70], y en la misma carta figura una valiosa indicación topográfica sobre el hallazgo del *Disco de Teodosio:* «La tierra de labor –que aquí llaman *Suertes* en

[63] Tras el viaje, Fita presentaría un amplio informe sobre el particular a la Real Academia de la Historia, editado en «Excursiones epigráficas», *BRAH* 25, 1894, pp. 65-72, con fecha 30 de junio de 1894.

[64] RAH 9/7585, publicado en *BRAH* 25, 1894, pp. 65-72.

[65] Ricardo Fortanet, Editor del Boletín de la Real Academia de la Historia. Calle de La Libertad, 29. Madrid.

[66] RAH 9/7585. Baños de Montemayor, 17 de julio de 1894.

[67] F. Fita, «Excursiones epigráficas», *BRAH* 25, 1894, pp. 145 - 151.

[68] CIL II 883 y EE 8, 71-79.

[69] 9/7585. Las cartas llevan las siguientes fechas: 11 de abril, 22 de abril, 18 de mayo y 21 de mayo de 1896.

[70] RAH 9/7585: Almendralejo, 11 de abril de 1896: «... El cambio del cipo de Mario Droso fue un trato de lo más inoportuno. Dos, creo que religiosos, emisarios del Prelado de Vich -á los que no he visto, mas sé que andan por este pais buscando objetos y practicando excavaciones». Las búsquedas guardan relación con la formación y apertura del Museo Episcopal de Vich, inaugurado en 1891, «en un momento de fervor nacionalista y de restitución eclesiástica del obispado de Vic y de Cataluña» *(cfr.* X. Barral i Altet, *La Arqueología en Cataluña,* Barcelona 1989, p. 26. La personalidad de Mariano Carlos Solano, VI Marqués de Monsalud, ha sido objeto de un estudio reciente de L. García Iglesias, *El noble estudioso de Almendralejo. Autógrafos del Marqués de Monsalud en el Archivo del P. Fidel Fita S.J.,* Badajoz 1997.

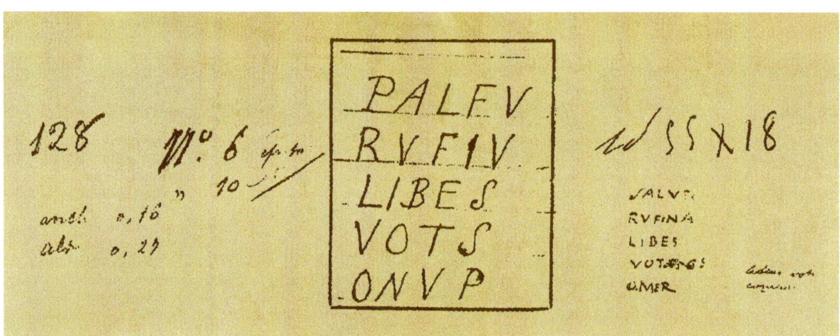

Fig. 9. *Diseño de una inscripción de Baños de Montemayor en el manuscrito de Pedro Mª Plano, con las anotaciones marginales de Fita. (Real Academia de la Historia. Biblioteca)*

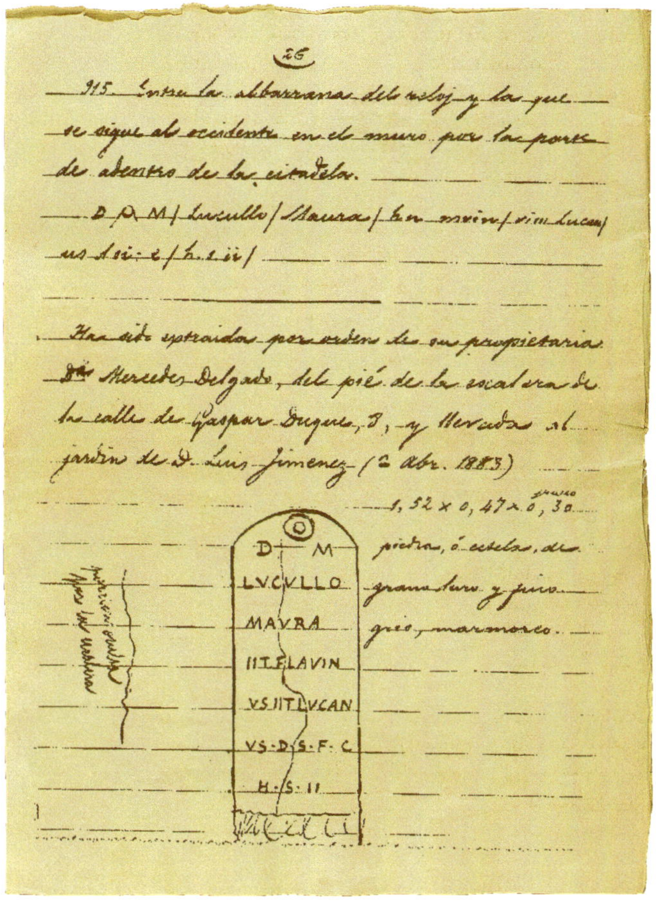

26

915 Entre la albarrana del reloj y la que se sigue al occidente en el muro por la parte de adentro de la ciudadela.

D. M / Lucullo / Maura / ... / ... / us ... / h. s. ii /

Ha sido extraidas por orden de su propietaria Dª Mercedes Delgado, del pié de la escalera de la calle de Gaspar Duque, 3, y llevada al jardin de D. Luis Jimenez (2 Abr. 1883)

1,52 x 0,47 x 0,30 grueso

piedra, ó estela, de grano duro y fino gris, marmoreo.

D M
LVCVLLO
MAVRA
IITFLAVIN
VSIITLVCAN
VS·D·S·F·C
H·S·II

▲
Fig. 10. *Ficha de Fidel Fita sobre una de las inscripciones de Talavera de la Reina. (Real Academia de la Historia. Biblioteca).*

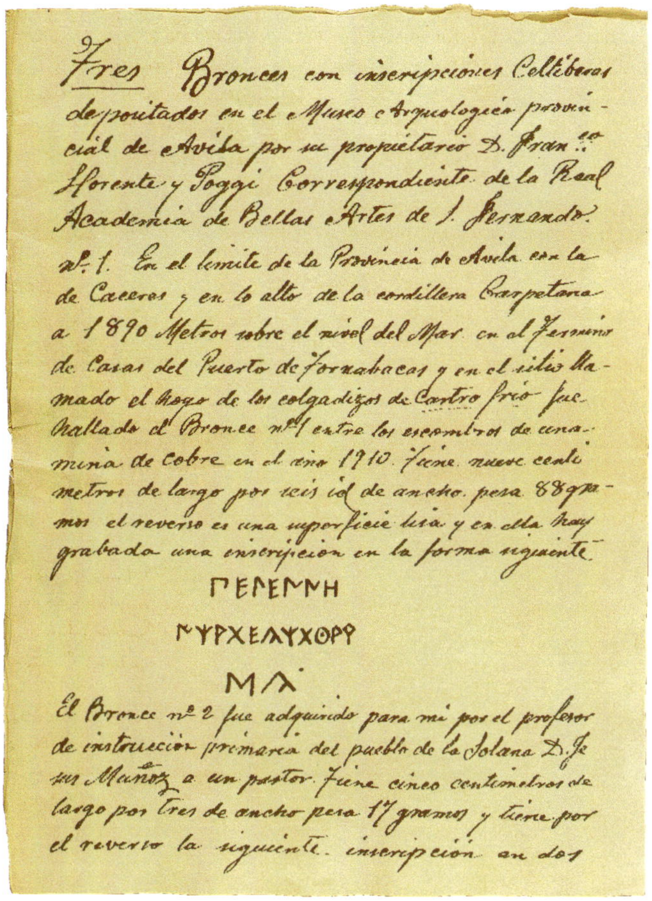

Tres Bronces con inscripciones Celtíberas depositados en el Museo Arqueologico provincial de Avila por su propietario D. Fran.co Llorente y Poggi Correspondiente de la Real Academia de Bellas Artes de S. Fernando.

Nº 1. En el limite de la Provincia de Avila con la de Caceres y en lo alto de la cordillera Carpetana a 1890 Metros sobre el nivel del Mar en el Termino de Casas del Puerto de Tornavacas y en el sitio llamado el Hoyo de los colgadizos de Castro frio fue hallado el Bronce nº 1 entre los escombros de una mina de cobre en el año 1910. Tiene nueve centimetros de largo por seis id de ancho. pesa 88 gramos el reverso es una superficie lisa y en ella hay grabada una inscripcion en la forma siguiente

ΓΕΡΕΜΝΗ

ΓΥΡΧΕΛΥΧΟΡΡ

ΜΛ

El Bronce nº 2 fue adquirido para mi por el profesor de instruccion primaria del pueblo de la Solana D. Jesus Muñoz a un pastor. Tiene cinco centimetros de largo por tres de ancho pesa 17 gramos y tiene por el reverso la siguiente inscripcion en dos

▲
Fig. 11. *Página del informe de Francisco Llorente sobre los hallazgos en Las Cogotas. (Real Academia de la Historia. Biblioteca).*

que tuvo lugar el descubrimiento del Disco se conoce por la *suerte de la Plata,* y hállase en el pago de *Zancho,* al lado opuesto, ó sea al poniente de la población, y unos cuatro kilómetros de la Calzada. No sé en qué pudo fundarse el autor de la memoria presentada á la R. Academia en nueve de Septiembre de 1848, para decir que el Disco fue encontrado en jurisdicción de Mérida, por consiguiente del pretor de la Lusitania, acaso en los datos de Moreno de Vargas y demás autores antiguos que traían la ciudad emeritense al actual Torremejía –á quince kilómetros de aquella !– en su afán de pintarnosla desmesurada y colosal, suponiendo todo este territorio casi un arrabal de aquella, que no creo tuvo nunca arriba de doce mil almas».

De extraordinario interés son las notas sueltas, apuntes y croquis relativos al hallazgo de los mosaicos de Milla del Río (León), un monumento descubierto en 1816 y excavado con detenimiento en 1859 y 1864 [71], en el que a la importancia de los pavimentos se unen las valiosas referencias a la posición original de la ins-

[71] RAH 9/7580.Hoja sin título con el croquis del hallazgo de varios mosaicos en la Milla del Río (León). Incluye documentación sobre el hallazgo y una carta de F. Javier García desde la Milla del Río el 14 de diciembre de 1864, así como el texto de CIL II 2636, hallada junto al mosaico. Cfr. M.A. Rabanal y S.Mª García Martínez, «La Milla del Río y Robledo de Torío en los manuscritos de Fidel Fita y Colomer», Astorica 14, 1995, pp. 203-210; J. M. Abascal, *Fidel Fita, op. cit.,* (nota 30), pp. 82-85, nº 24.8.

cripción allí hallada, y que testimonia un culto indígena atendido por magistrados de *Asturica Augusta* [72].

Similar importancia revisten las fichas elaboradas por Fidel Fita sobre las inscripciones de Talavera de la Reina [73], las cartas de Juan Ocaña Prados sobre los hallazgos de Villanueva de Córdoba [74], las de F. Llorente sobre la tésera de Las Cogotas (Cardeñosa, Ávila) [75], las de J. Soler i Palet sobre las excavaciones en Sabadell y Tarrasa [76], el *telefonema* de Luis del Arco anunciando con urgencia el 30 de marzo de 1917 el descubrimiento de *pinturas prehistóricas en La Valltorta* (Tirig, Castellón) [77], la memoria elabora por J. Sanguino sobre sus excavaciones en Alcuéscar (Cáceres) en 1900 [78], etc. Esta documentación, cuya relación exhaustiva excedería el objetivo de estas páginas, confiere a la Biblioteca de la Academia un valor único para la historia de la arqueología española.

GABINETE DE ANTIGÜEDADES

El *Gabinete de Antigüedades* constituye el núcleo del Museo de la Academia y a él se dedica un extenso trabajo de M. Almagro-Gorbea en este mismo volumen. Junto a su extraordinaria colección arqueológica y numismática, el Gabinete conserva una riquísima documentación escrita a la que nos referiremos aquí brevemente.

Desde el siglo XVIII la Academia fue recibiendo periódicamente donaciones de obras de arte y objetos arqueológicos que permitieron constituir una rica colección en la que se incluyen cuadros, inscripciones, monedas, etc. Con muchas de estas donaciones entraron en la Institución los correspondientes informes de los hallazgos, acompañados de las cartas de remisión, valoraciones técnicas de lo donado, etc., de modo que en el Gabinete se fueron formando expedientes individualizados de algunos de estos conjuntos.

Junto a la documentación administrativa generada por los nuevos ingresos, los sucesivos Académicos Anticuarios han ido elaborando inventarios de los bienes allí conservados, algunos de los cuales se remontan a los primeros años de la colección. Una gran parte de esta documentación pasó al fondo conservado en la Biblioteca y Archivo, de forma que es allí donde debe seguirse el rastro de estos ingresos y de su origen. Sin embargo, en el propio Gabinete se conservan algunos expedientes de cierta relevancia, como el referido al *Disco de Teodosio,* que incluye correspondencia, descripción, dibujo del mismo etc.

Otro expediente de importancia es el relativo al descubrimiento de la *Dama de Elche,* que nunca perteneció a la Acade-

[72] CIL II 2636. *Cfr.* sobre el texto las valiosas observaciones de F. Marco Simón, «Integración, interpretatio y resistencia religiosa en el occidente del Imperio», en J.Mª Blázquez y J. Alvar (eds.), *La romanización en Occidente,* Madrid 1996, pp. 217-238.

[73] RAH 9/7581; edición parcial en J.M. Abascal, «Inscripciones romanas y celtibéricas en los manuscritos de Fidel Fita en la Real Academia de la Historia», *Archivo de Prehistoria Levantina* 21, 1994 [1995], pp. 385-386.

[74] RAH 9/7585, referido a CIL II2 7, 776 (= CIL II 2349). Publicación original en F. Fita, «El trifinio romano de Villanueva de Córdoba. Nuevo estudio», *BRAH* 60, 1912, pp. 37-52.

[75] RAH 9/7581. Cfr. Apéndice documental nº 2.

[76] RAH 9/7585.

[77] RAH 9/7950-7.

[78] RAH 9/7848-22. J.M. Abascal, «De nuevo sobre Ataecina y Turobriga. Exploraciones del año 1900 en 'Las Torrecillas' (Cáceres)», *AEA* 69, 1996, pp. 275-280.

Fig. 12. *Memoria de E. Saavedra titulada* Descripción de la vía romana entre Uxama y Augustobriga *(Real Academia de la Historia. Gabinete de Antigüedades).*

mia pero que generó una amplia documentación por su relevancia arqueológica y por su azarosa venta y posterior donación al Estado español.

Junto a los expedientes, en el Gabinete se conservan algunos documentos de extraordinario valor histórico e historiográfico. Es el caso de la Memoria presentada por E. Saavedra con el título *Descripción de la vía romana entre Uxama y Augustobriga,* que fue premiada por la Academia en 1861 [79]. El original de este trabajo está contenido en una carpeta con cintas que incluye los planos dibujados por el famoso ingeniero, la explicación de los hallazgos arqueológicos practicados y un monetario de madera con las piezas recogidas en el itinerario. Fuera ya de su valor

[79] *Memorias de la Real Academia de la Historia* 9, 1879, pp. 3 - 116.

Fig. 13. *Una de las cajas en las que F. Fita recibía las monedas (Real Academia de la Historia. Gabinete de Antigüedades).*

informativo, esta carpeta constituye una de las joyas museísticas del Gabinete, en el que pueden encontrarse objetos tan curiosos como las cajas es las que F. Fita recibía monedas enviadas por sus colaboradores, y que contienen aún las indicaciones del valor declarado en Correos, la descripción del contenido, etc.

Junto a estos expedientes de antigüedades célebres y a los objetos con ellas relacionados, el Gabinete conserva un importante núcleo documental constituido por los inventarios y catálogos realizados a lo largo de su historia. Entre ellos figuran los relativos a cuadros y obras de arte dispersas por las diferentes salas de la Academia, así como a las monedas y medallas conservadas en la Institución. A esta importantísima colección numismática, una de las mayores de España, se refieren las relaciones que se conservan en la Institución; en alguno de estos inventarios, a veces en forma de fichas manuscritas con más de siglo y medio de antigüedad, pueden reconocerse desde pormenorizadas descripciones numismáticas hasta improntas obtenidas en diferentes épocas.

CARTOGRAFÍA Y BELLAS ARTES

Esta sección constituye el núcleo de la *memoria gráfica* de la Academia, toda vez que atesora los planos, grabados y fotografías que la Institución ha ido recogiendo a lo largo de su historia. En sus dependencias alberga aquellos documentos gráficos de cuya existencia o ingreso sabemos por los fondos documentales de la biblioteca, pero que por sus dimensiones o características requerían una conservación especial.

Es el caso de los calcos de inscripciones que continuamente recibió la Academia a lo largo del siglo XIX y de las primeras décadas de éste. Llegaban en rollos enviados desde todos los rincones de España, elaborados en papeles de distintas características, acompañados de cartas de los Correspondientes de la Academia o de particulares que sabían del interés de ésta por la epigrafía.

El procedimiento seguido con los calcos, que conocemos por las Actas de la Institución y las noticias publicadas en el *Boletín,* implicaba el informe en sesión ordinaria por parte del Anticuario o Académico experto y el archivo de la documentación enviada. En ese momento, el calco se pasaba al Gabinete de Antigüedades y la documentación escrita se adjuntaba al correspondiente expediente, de modo que uno y otra corrían diferentes caminos en su permanencia en la Institución. Esta separación, obligada por la naturaleza y dimensiones de los calcos, ha creado dos vías documentales que hoy es necesario poner en relación mediante el cotejo de datos, pues los calcos en sí mismos carecen de indicaciones de procedencia o fecha de remisión.

▲
Fig. 14. *Dibujos de J. Cornide sobre el templo romano de Evora (Real Academia de la Historia. Sección de Cartografía).*

El interés de estos calcos epigráficos, junto al de algunos vaciados en yeso conservados en el Gabinete de Antigüedades, estriba en que ocasionalmente se refieren a textos hoy perdidos de los que constituyen la única evidencia conocida. Aunque de estas inscripciones se dieron las correspondientes crónicas en el *Boletín* académico, cualquier comprobación ulterior de textos desaparecidos depende de estos calcos.

La reconstrucción de estos expedientes es una tarea ardua y laboriosa, pero necesaria para evaluar la participación de las grandes figuras de la arqueología española del siglo pasado en la elaboración del *Corpus Inscriptionum Latinarum* y para valorar patrimonialmente estos calcos de cara a su conservación y catalogación. De forma colateral, pero no menos importante desde el punto de vista historiográfico, queda ahora la tarea de establecer los tipos de papel empleados para su elaboración, los centros de distribución de estos papeles y las diferentes técnicas de calco empleadas.

La Sección de Cartografía alberga además una gran cantidad de planos y grabados de enorme valor e interés. Una parte de estos planos ha comenzado a publicarse [80] y la paulatina edición del gran fondo documental inédito permitirá en el futuro contribuir de forma importante al conocimiento histórico y geográfico.

Entre los grabados se encuentran documentos de desigual calidad pero todos del máximo interés. Por su calidad técnica y su valor documental destaca la serie del viaje de Cornide a Portugal, que incluye una colección completa [81] dedicada al templo

[80] C. Manso, *Cartografía histórica de América. Catálogo de manuscritos (siglos XVIII-XIX),* Madrid 1997.

[81] Citada por A. Blanco, «Arquitectura», *Historia de España fundada por Ramón Menéndez Pidal* 2, Tomo II, vol. II, Madrid 1982, p. 604, n. 107, fig. 304.

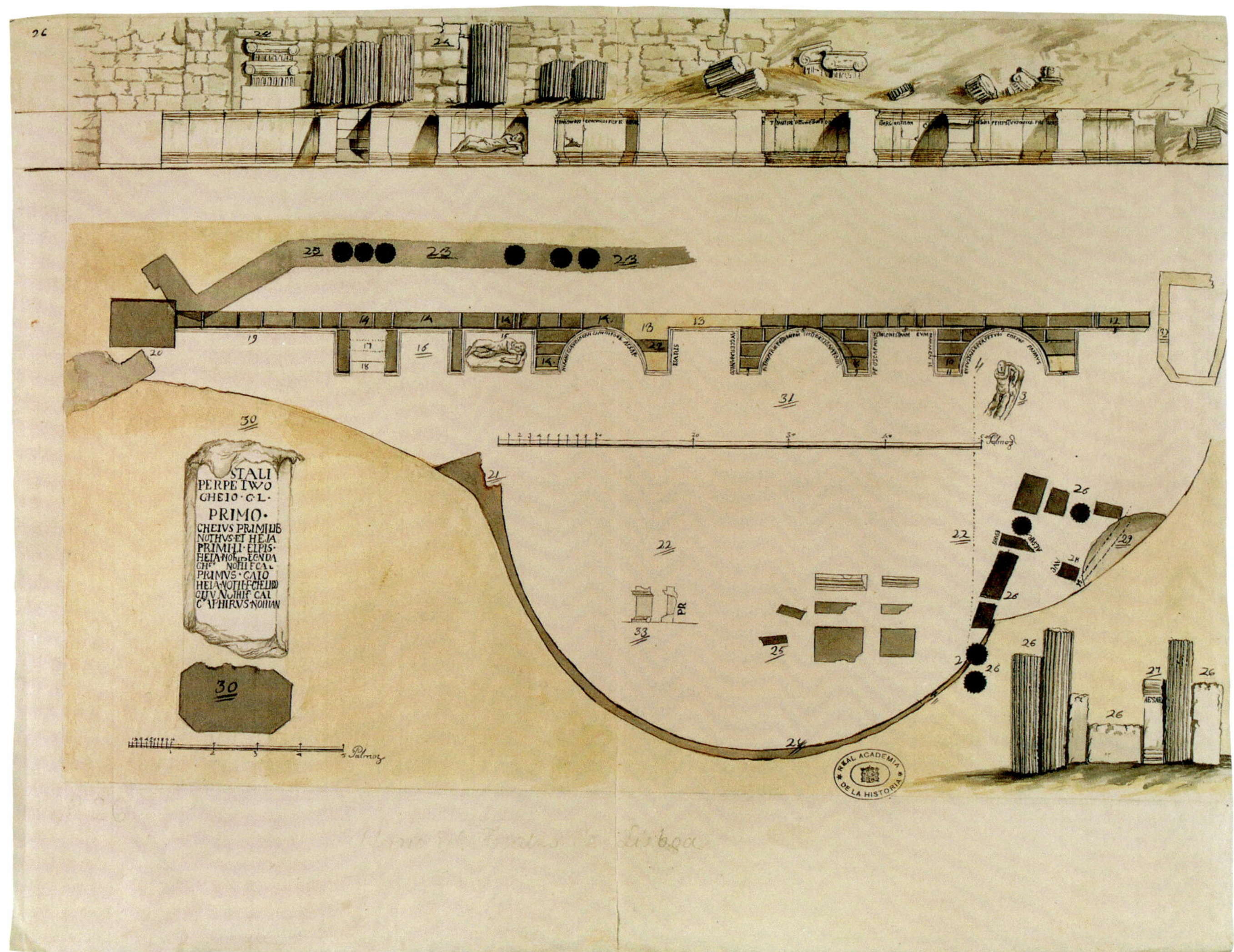

Fig. 15. *Teatro romano de Lisboa (Real Academia de la Historia. Sección de Cartografía).*

de Evora [82]; de enorme interés es el dibujo original del teatro romano de Lisboa [83] o la multitud de grabados de monumentos singulares que fueron ingresando en diferentes épocas en la Academia.

Entre los planos conservados cabría citar aquí el del anfiteatro de Carmona firmado por J. Bonsor, los del puente romano de Mérida o el de Talavera la Vieja.

Especial interés tiene la serie dedicada a Tarragona, en la que se reflejan las excavaciones llevadas a cabo en la llamada «cantera del puerto» en 1857 o 1858; la serie incluye una estratigrafía y un plano firmados por Buenaventura Hernández Sanahuja y un extraordinario dibujo del mosaico con escena de triunfo báquico [84].

La *Sección de Cartografía* conserva así mismo un buen número de fotografías entre las que podríamos destacar aquí el conjun-

[82] A. García y Bellido, «El recinto mural romano de Evora Liberalitas Iulia», *Conimbriga* 10, 1971, pp. 85-92; Th. Hauschild, «Untersuchungen am römischen Tempel von Evora. Vorbericht 1986-87», *MDAI(M)* 29, 1988, pp. 208-220; *id.*, «El templo romano de Evora», *Cuadernos de Arquitectura Romana* 1, Murcia 1992, pp. 107-117; *id.*, «Evora. Vorbericht über die Ausgrabungen am römischen Tempel 1989-1992. Die Konstruktionen», *MDAI(M)* 35, 1994, pp. 314-335; F. Teichner, «Evora. Vorbericht über die Ausgrabungen am römischen Tempel (1986-1992). Stratigraphische Untersuchungen und Aspekte der Stadtgeschichte», *MDAI(M)* 35, 1994, pp. 336-358.

[83] *Ibid.*, fig. 321.

[84] *Cfr.* J. Massó, «Bonaventura Hernández Sanahuja i l'arqueologia urban de Tarragona», en *Un home per a la Història. Homenatge a Bonaventura Hernández Sanahuja*, Tarragona 1992, pp. 40 ss.

to de las tomadas en el Museo Loringiano de Málaga [85] a comienzos de siglo.

LA LABOR DE FUTURO

Tras el somero repaso llevado a cabo en las páginas precedentes, es fácil deducir que la información contenida en las diferentes secciones documentales de la Academia es complementaria, y que se hace preciso poner todos los datos en relación.

Esta labor, cuya magnitud escapa a una actuación inmediata, cobra un mayor interés cuando la documentación a reunir alude a algunos de los grandes descubrimientos arqueológicos de los dos últimos siglos o a piezas de especial relevancia.

Es el caso de las esculturas halladas en el *Cerro de los Santos* (Montealegre del Castillo, Albacete), sobre las que pesa una sombra de duda permanente tras descubrirse que una parte de ellas había sido creada por un aficionado a las antigüedades [86]. Sobre las esculturas del Cerro de los Santos versó el Discurso de ingreso en la Academia de Juan de Dios de la Rada [87], lo que exigió un trabajo previo de calco de las inscripciones y de cotejo de los resultados con otros Académicos y Correspondientes.

Fruto de aquel trabajo fueron unos calcos en lamentable estado de conservación, realizados con papel plateado, que han llegado a nuestros días y que se conservan en la Biblioteca de la Academia [88]. De la Rada había consultado a Fita sobre la oportunidad de tratar sobre las esculturas del Cerro de los Santos en una carta fechada el 17 de septiembre de 1872, en la que ya le comunica sus sospechas sobre la falsedad de una parte del conjunto [89], y Fita le dirigió un total de cinco cartas desde Bañolas (Gerona) a lo largo de 1874 [90], en las que parece aceptar la autenticidad de las esculturas [91]; a esta documentación aún habría que unir una carta sobre el mismo tema, escrita en las mismas fechas por Eduardo Saavedra [92], lo que hace que toda esta serie deba ser con-

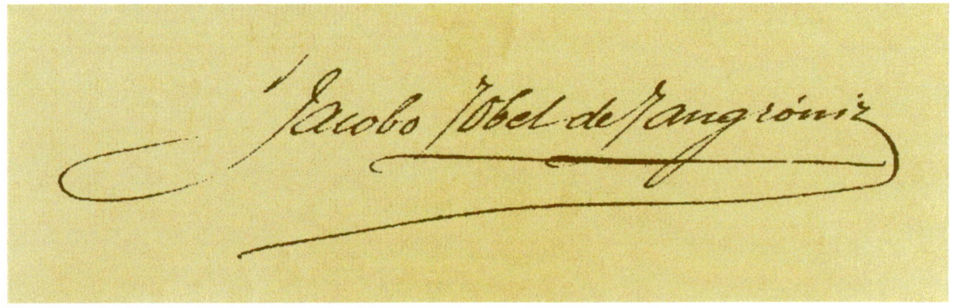

Fig. 16. *Firma de Jacobo Zóbel en su informe sobre el Bronce de Luzaga. (Real Academia de la Historia. Biblioteca).*

[85] M. Rodríguez de Berlanga, *Catálogo del Museo Loringiano,* Málaga 1903 (2ª ed., Málaga 1995, con introducción de P. Rodríguez Oliva).

[86] C. Lasalde, *Memoria sobre las notables excavaciones hechas en el Cerro de los Santos,* Madrid 1871; P. Paris, «Bulletin Hispanique, Sculptures du Cerro de los Santos», *REA* 3, 1901, pp. 147-168; J.R. Mélida, «Las esculturas del Cerro de los Santos. Cuestión de autenticidad I», *RABM* 8, 1903, pp. 85-90; II, *RABM* 8, 1903, pp. 470-485; III, *RABM* 9, 1903, pp. 140-148; IV, *RABM* 9, 1903, pp. 247-254; V, *RABM* 9, 1903, pp. 365-372; (continuación), *RABM* 10, 1904, pp. 43-50; VI, *RABM* 11, 1904, pp. 144-158; (continuación), *RABM* 11, 1904, pp. 276-287; (continuación), *RABM* 12, 1905, pp. 37-42; VII (conclusión), *RABM* 13, 1905, 19-38; J. Zuazo, *La villa de Montealegre del Castillo y su Cerro de los Santos. Arqueología e Historia,* Madrid 1915; A. Fernández de Avilés, «Las primeras investigaciones en el Cerro de los Santos (1860-1870). Cuestiones de puntualización», *BSEAA* 15, 1948-1949, pp. 57-70; *id.*, «Escultura del Cerro de los Santos en la colección del colegio de los PP Escolapios de Yecla», *AEA* 21, nº 73, 1948, pp. 360-377; *id., Cerro de los Santos (Montealegre del Castillo, Albacete), Excav. Arq. Esp.* 55, Madrid 1966; M. Ruiz Bremón, *Los exvotos del santuario ibérico del Cerro de los Santos,* Albacete 1989; *id.*, «Las falsificaciones del Cerro de los Santos: cuestión de actualización», en Homenaje al *Prof. Antonio Blanco Freijeiro. Estudios de Geografía e Historia* 3, Madrid 1989, pp. 131-161; F.P. López Azorín, «El Padre Lasalde y los descubrimientos del Cerro de los Santos», *Bol. Asoc. Esp. Amigos de la Arqueología* 33,1993, pp. 45-53; *id., Yecla y el Padre Lasalde,* Murcia 1994.

[87] J. de Dios De la Rada, *Antigüedades del Cerro de los Santos en término de Montealegre. Discursos leidos ante la Real Academia de la Historia en la recepción pública del señor D. Juan de Dios de la Rada y Delgado. Contestación de D. Aureliano Fernández-Guerra y Orbe.* Madrid 1875.

[88] RAH 9/7580.

[89] RAH 9/7585: «cada vez sigo creyendo más son maniquíes».

[90] RAH 9/7585: 24, 28 y 29 de abril; 2 y 5 de mayo.

[91] RAH 9/7585, carta del 24 de abril de 1874: «Los verdaderos jeroglíficos recién hallados, de qe me da V. aviso, ratifican mi apreciación fundamental sobre el carácter de todo el conjunto del monumento. Tanto ellos, como aquellos cuya fotografía me envió V., merecen detenido exámen, que no puedo hacer por falta de libros. La planta del edificio, si fuere una cella rectangular, se presta á diferentes destinos. La del Panteon era circular».

[92] RAH 9/7585, 15 de marzo de 1874.

siderada como parte de un mismo expediente a unir a los calcos ya citados. La reconstrucción completa de todo el dosier exige el cotejo minucioso de legajos, en el convencimiento de que tales documentos se encuentran accidentalmente archivados en diferentes lugares.

Un segundo ejemplo que ilustra esta necesidad de organizar la documentación es el llamado *Bronce de Luzaga,* una de las joyas de la epigrafía de la Celtiberia. Se trata de una placa hoy perdida que estuvo durante algunos meses en manos de Fidel Fita para su publicación [93]; en aquella ocasión se realizó un grabado, ahora encontrado de nuevo, que constituye la única documentación gráfica sobre la pieza [94], y que se conserva entre los papeles de Fita; el original fue devuelto a su propietario, como prueban varios documentos conservados [95].

Más datos sobre la misma pieza aparecen en otro expediente que contiene una carta de Juan M. Morales a Román Andrés de la Pastora, fechada en Sigüenza el 22 de mayo de 1881, en la que se ofrecen todos los datos sobre la pieza, algunos de ellos de máxima relevancia para precisar su origen y paradero final [96].

Aún se podría añadir al dosier una larga carta enviada por J. Zóbel a Fita en marzo de 1881 [97] en la que le ofrece su opinión sobre esta inscripción celtibérica; se trata del original que fue reproducido casi íntegramente en *BRAH* 2, 1883, pp. 35-44. La

[93] F. Fita, «Lámina celtibérica de bronce hallada en el término municipal de Luzaga. Partido judicial de Sigüenza», *BRAH* 2, 1887, pp. 35 ss.

[94] RAH 9/7581.

[95] RAH 9/7580: Una escueta nota de Fita dice: «Tésera de bronce de Huerta-Hernando. Debe devolverse al Sr. Ramon de la Pastora, Alcalá, 38, 2º - Suyos son estos datos: Se halló en El Despoblado. Perteneció á D. Lucas García. Sirvió de cobertera de olla, y de pantalla».

[96] RAH 9/7581. Vid. Apéndice documental nº 1.

[97] RAH 9/7580.

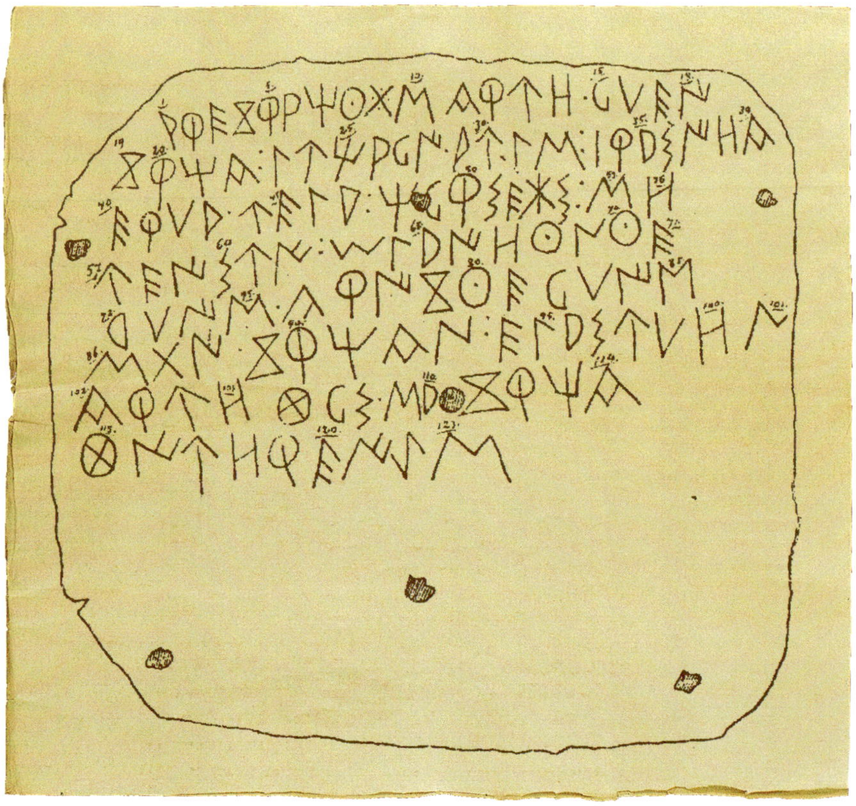

Fig. 17. *Dibujo del Bronce de Luzaga en el manuscrito de Stempf. (Real Academia de la Historia. Biblioteca).*

Fig. 18. *Dibujo del «Mosaico de las Estaciones» de la villa romana de Canabria (Álava).*

última parte de esta larga documentación es un manuscrito inédito, redactado por Víctor Stempf que transcribe y estudia el bronce de Luzaga interpretándolo como receta de cocina [98] (Figura 17). El título del manuscrito, «Remèdes et Confitures», con ocho páginas en folio, indica perfectamente el contenido de la traducción realizada [99].

[98] RAH 9/7581.

[99] V. Stempf, comerciante alemán establecido en Burdeos, que aprendió Vasco y realizó algunas traducciones de textos ibéricos publicadas entre 1896 y 1901 *(Cfr.* J. Caro Baroja, en *Historia de España de R. Menéndez Pidal,* I.3, pp. 689-690). Al comienzo de p. 3 indica «redaction modifiée en décembre 1898». Agradecemos a D. Luis Silgo sus datos sobre Stempf.

Aún estando repartidos en pocos legajos, todos los documentos referidos al *Bronce de Luzaga* se encuentran separados unos de otros, y sólo la comparación de las citas y alusiones temporales contenidas en ellos permite reconstruir la azarosa existencia de esta pieza hoy desgraciadamente perdida.

Del mismo modo, en diversos legajos de la Biblioteca se pueden encontrar copias de jeroglíficos egipcios, fotografías de monumentos y calcos de inscripciones separados de la documentación con que llegaron a la Academia, por lo que el inventario minucioso e informatizado de todas estas evidencias se convierte en tarea prioritaria.

El contenido documental de los manuscritos de la Academia es tan variado que los títulos por los que figuran clasificados los legajos no pueden hacer referencia a la diversidad topográfica o temática que encierran. Sólo algunas colecciones inventariadas minuciosamente permiten un acceso rápido a los documentos; para el resto se hace imprescindible la elaboración de índices actualizados en soporte informático que permitan relacionar la documentación del *Gabinete de Antigüedades* con la de la Biblioteca y las diferentes secciones documentales.

En este sentido, hay que resaltar la importante labor puesta en marcha en fechas recientes, que permitirá conocer el alcance y la importancia real de la documentación conservada y situar a la Academia a la cabeza de las grandes instituciones europeas de su género, con un archivo documental de referencia de valor incalculable para la historia de la arqueología.

APÉNDICE DOCUMENTAL

1

RAH 9/7581. Carta de Juan M. Morales a Román Andrés de la Pastora

Sigüenza, 22 de mayo de 1881

«Muy Sr. mio y de mi mayor aprecio y consideracion. A mi llegada á esta de donde he estado ausente una larga temporada me encuentro con sus dos gratas y el cromo de la plancha celtivera. Le agradezco esta atencion sintiendo no haber estado en esta para contestar a su devido tiempo.

Pocas son las noticias que puedo darles, mas si le fueran de alguna utilidad á D. Fidel Fita tendría en ello un gran placer.

La plancha fue encontrada en el termino de Luzaga, transmitiendose de unos á otros y pasando por las transformaciones de pantalla de belon y cobertera vino á parar a Huerta Hernando, en cuyo punto llego á nuestro poder.

No se puede fijar el sitio fijo que se encontro por hacer mucho tiempo que fue hallada.

El pueblo de Luzaga segun mis noticias debio llamarse en la antiguedad Luz-bella, perteneciendo á la antigua comarca celtivera de los Luzones o Luxones, que tanto se distinguiesen en las guerras con los romanos. Acaso fuese el pueblo de mas importancia (la corte, digamoslo asi) puesto que los romanos lo destruyeron por completo, teniendo sus habitantes que refugiarse en Luzon, pueblo que hoy existe con este nombre y que acaso lo tomaria en aquellas fechas.

Hoy dia se encuentra en Luzaga las ruinas de la antigua poblacion, así como las de un castillo que no hay mas que los cimientos y donde se encuentran algunas monedas de plata de aquella epoca. Yo poseo una encontrada en dicho punto.

En Huerta Hernando no se encuentra vestigio alguno de la epoca celtivera, pero en cambio lo hay de la romana. Devio existir una colonia ó por lo menos tenian el derecho de ciudadania, porque tengo un trozo de columna encontrado en un despoblado del termino, en la que leo muy claro el senatus consultus, aparte de otros caracteres para mi inteligibles. La distancia desde Huerta Hernando á Luzaga es de cuatro leguas.

Estos son todos los pormenores que puedo dar de Luzaga y Huerta Hernando referentes á la plancha.

Accederia gustoso á su indicacion de regalarla á la Academia si no fuera para mi un recuerdo de mucha estima; mas siempre estará ála disposicion de Don Fidel Fita para todos los estudios que sobre ella quiera hacer.

De las gracias en mi nombre al P. Fita por su recuerdo del cromo, haciendole presente me tiene á sus ordenes para lo que me crea util.

Con este motivo tiene el gusto de ofrecerse y ponerse á su disposicion este su affmo amigo y servidor, q.b.s.m. Juan M. Morales.»

2

RAH 9/7585. Carta de Francisco Llorente a Fita

Avila, 19 de junio de 1913

«Causas ajenas á mi voluntad me han pribado hasta hoy de tener la satisfacción de remitir a V. las fotografias que deseaba. A ellas he unido otras de unos bronces y las de otras dos lápidas de las cuales nadie ha hecho mención hasta el presente, y que yo he tenido la suerte de hallar en mi requisa de todos los muros de esta ciudad».

La carta presenta una anotación final manuscrita de Fita: «Bol. LVI, 29» y va acompañada de dos cuartillas redactadas por Llorente con el siguiente texto:

«Tres bronces con inscripciones celtíberas depositados en el Museo Arqueologico provincial de Avila por su propietario D. Francisco Llorente y Poggi Correspondiente de la Real Academia de Bellas Artes de S. Fernando.

nº 1. En el limite de la Provincia de Avila en la de Caceres y en lo alto de la cordillera Carpetana a 1890 metros sobre el nivel del mar en el termino de Casas del Puerto de Tornabacas y en el sitio llamado el Hoyo de los colgadizos de Castro Frío fue hallado el bronce nº 1 entre escombros de una mina de cobre en el año 1910. Tiene nueve centimetros de largo por seis id de ancho, pesa 88 gramos, el reverso es una superficie lisa y en ella hay grabada una inscripcion en la forma siguiente

El bronce nº 2 fue adquirido para mí por el profesor de instrucción primaria del pueblo de La Solana D. Jesus Martinez a un pastor. Tiene cinco centimetros de largo por tres de ancho, pesa 17 gramos y tiene por el reverso la siguiente inscripcion en dos lineas

Como V. podra apreciar por la fotografia la confluencia del Arte Egiccio es marcadisima en estos bronces. Por cierto que se parecen muchisimo a otro de mayor tamaño que fue hallado en un cerro junto al Puente del Congosto en el limite de esta provincia y la de Salamanca y a unos 40 jilometros de donde han aparecido estos. El Sr. Ballesteros lo publico en su obra Estudios Historicos de Avila el año 1896.

El nº 3 es un javalí de bronce de cinco centimetros de largo por cuatro y medio alto y 25 gramos de peso. Parecio en el termino de Cardeñosa en el sitio de la Cogotas donde tantas cosas se han hallado. Solo se diferencia en su ornamentación de los otros que V. ilustro hace años pues la leyenda es igual».

3

RAH 9-7581. Carta de Horace Sandars a Fita sobre la inscripción EE 9, 329 [100]
Transcripción parcial.

Londres, 11 de enero de 1902

«Sñr. Dn. Fidel Fita.- Madrid.

Mi estimado Sr. y amigo: Recibí en su tiempo su grata de 16 del mes p. pasado, y he sentido mucho no haber tenido el gusto de ver á V. cuando pasé por Madrid. Tenia mucho que participarle sobre lo que había hecho, y sobre lo que habia aprendido, durante mi reciente estancia en Linares. Pero como no me ha sido posible decirselo de viva voz se lo escribiré con todos los pormenores, y tan claramente que pueda pues poco maestro soy de la bella y discriptiva [101] *lengua castellana, al mismo tiempo que poco inesperto como lo verá V. en el arte de dibujar. He estado muy ocupado desde mi regreso á Londres, pero no quiero dejar pasar mas tiempo sin comunicarle el resultado de mis modestos trabajos en pro de la arqueología en España, sobre todo en vista de una carta que me escribió el Sr. Urra para decirme que deseaba V. algunos pormenores sobre la piedra en casa del Sr. Arista para participarles á digna Academia de Historia de que es V. tan ilustre miembro. No he podido terminar esta carta á tiempo para que llegue antes de la sesion del 10 de este mes, lo que siento; pero á fin de que supiera V. que me ocupaba del asunto le mandé un telegrama antes de ayer conteniendo las palabras »Pierre Arista ecrirai». Espero que habra sido comprendido por V. Ahora á mi tarea agradable !Piedra sepulcral* [102]*.*

Esta piedra con inscripción [103]*, me fue señalada por Dn. Perfecto Urra de Santiesteban del Puerto. Es la propiedad de don José Arista, de Linares (calle Ponton 54) y está en el corral de su casa. Es una losa magnífica ó piedra sepulcral en asperon (areniser) en perfecto estado y muy bien trabajada en el sentido que la superficie está lisa y los bordes muy retos. Fue encontrada hace catorce años en el cortijo del Sr. Arista cerca, y al Este, de Linares. Este cortijo está cerca del antiguo camino de Linares á Ubeda que pasaba en esos tiempos por el puente quebrado; pero que ya termina en el molino de arquillos. El cortijo, y el camino, estan mar-*

[100] *Editio princeps* en Fita, *BRAH* 40, 1902, pp. 87-88.
[101] Las erratas corresponden al texto original.
[102] Subrayado y al margen en el original.
[103] Esta parte de la carta fue comentada por Fita en *BRAH* 40, 1902, pp. 87-88 para dar a conocer la inscripción.

cados en el mapa del distrito de Linares que acava de publicar la direccion general del Instituto Geográfico y Estadístico de Madrid y que he tenido el gusto de dejar en su casa y de ofrecerle al pasar por Madrid el 16 de diciembre pasado. El cortijo está casi enfrente de la casa de campo de Don Gil Rey que lleva su nombre en el mapa. El punto del arado fué la vaca divinatoria que descubrió el tesoro como lo creía y esperaba su dueño el simpático don José Arista. Con mucho cuidado se desembarazó la losa de la tierra que pesaba encima hasta que estaba enteramente libre. Reposaba, evidentemente sobre una construcción de ladrillos. Se levantó poco á poco y se vió que tapaba una cavidad con paredes de ladrillo revestidas con cal, el todo hecho con mucho esmero; pero adentro, en lugar de sacos llenos de oro, no había más que los restos del esqueleto de una persona joven!. Poca cosa quedaba, milagrosamente, pero la quijada estaba en perfecto estado con una dentadura magnífica y con las muelas de sabiduría (dents de sagesse) crecidos solamente á la mitad de su tamaño normal; prueba de que eran de una persona joven. De alhajas ni de vestidos no había ni restos ni trazos; y no habia monedas tampoco. Lleva la piedra una inscripción en latín en dos renglones, y ni un punto ni una seña más.

La forma y las dimensiones de la piedra son las siguientes:

(sigue dibujo)

Observará V. que hay de cada lado de la cabeza de la piedra mortajas pura lañas (que están todavía llenas de plomo; y es evidente por consiguiente, que esta piedra á estado atada a otras, pero estaba suelta, por así decir, cuando se encontró. Es la verdad que se encontró otra piedra de grandes dimensiones, cerca de la losa sepulcral, que está también en el corral de la casa del Sr. Arista. Esta piedra es tambien de asperon (arenisca) pero está mucho más toscamente trabajada que la losa. Tiene una forma poco ordinaria.

(sigue dibujo)

Como verá V. las dimensiones no corresponden de ninguna manera con las de la piedra sepulcral. También lleva la piedra en cuestión mortajas para lañas, pero en la parte baja , y en la superficie.

(sigue dibujo)

La piedra no lleva inscripción ninguna. El Sr. Arista me ha dicho que se encuentran con bastante frecuencia monedas latinas en su cortijo. Me ha enseñado dos –un denario de Traiano IMP CAES NERVA TRAIAN AVG (cabeza del Emperador laureada á la derecha), Rv. P M TR P COS IIII(?) y una moneda en bronce (petit-bronze) de Constantinus (I) ó de Constantius. Cabeza del Emperador laureada á la derecha (no se puede leer la leyenda), Rv. Dos soldados con hasta y escudo en medio un labarum.»

4

Fragmento del discurso de ingreso en la Academia de D. Manuel Gómez Moreno [104].

«Yo vine traido por el P. Fita, como heredero suyo en epigrafía, abonado desde fecha casi remota por uno de mis descubridores, el benemérito maestro Emilio Hübner; y debo a la gran benevolencia del P. Fita el que me perdonase desvíos respecto de sus doctrinas y un gracioso juicio de mi discurso de entrada, diciendo que era cosa de poco ruido y muchas nueces. El se mantuvo durante muchos años cultivando con éxito y atrayendo corresponsales en la tarea de publicar inscripciones. Yo, pese a mi buen deseo, no he sabido fomentarlas; pues confieso que no me seducen los Dis manibus, votum solvit, in pace y demás fórmulas de la 'canaglia epigraphica'; pero también es verdad que ninguna pieza clásica trascendental se me ha venido a las manos, y en cambio con lo ibérico he tenido y sigo teniendo suerte: valga como descargo».

---

[104] *El concepto de la Epigrafía. Consideraciones sobre la necesidad de su ampliación. Discursos leídos ante la Real Academia de la Historia por los señores D. Joaquín Mª de Navascués y de Juan y D. Manuel Gómez-Moreno y Martínez en la recepción pública del primero el día 18 de enero de 1953.* Madrid 195, p. 88.

ESTE LIBRO SE TERMINÓ DE IMPRIMIR EL DÍA 12 DE OCTUBRE DE 1999, FESTIVIDAD DE LA HISPANIDAD, EN LOS TALLERES DE IMPRENSIÓN DE TARAVILLA. C/ MESÓN DE PAÑOS, 6. 28013 MADRID

NOX FUGIT HISTORIAE LUMEN DUM FULGET IBERIS